이병일의 나홀로 하는
민사집행

이병일

머 리 말

오랜 기간 법원과 검찰청 그리고 등기소에 들락거리며 업무를 처리하던 필자는 법무절차의 상세한 부분까지도 경험하여 오던 차에 일반인에게서 법원이란 문턱이 쉽지만은 않다고 생각되어 업무 관련한 매뉴얼 정도 쓰고자 하는 마음이 있었습니다.

우리 여건에서 아직도 소위 전문가를 통한 법무처리 비용은 수백만 원의 고액을 들여야만 가능하다는 사실입니다. 고액의 착수금과 성공보수를 주면서도 충분한 법률서비스를 받지 못하였다고 느끼는 것은 한번쯤 사건을 의뢰하여 경험한 사람이라면 쉽게 수긍할 수 있는 일일 것입니다.

세월이 흐르는 동안 법원도 많이 달라졌습니다.

일반 시민들이 이용할 수 있도록 많은 서식을 비치하고 상담실을 운영하는 한편 유·무선에 의한 법원이용시스템을 두는 등 하드웨어적 대민서비스는 놀라볼 정도로 좋아졌습니다. 그런데 아직도 일반 시민들이 그것을 이용하도록 하는 법무교육 등의 소프트웨어적 서비스는 전무한 실정입니다.

바로 이 책은 전문가의 도움을 쉽게 받지 못하는 일반 시민을 위해 쓴 것입니다.

기존의 법무서적들이 단순한 병렬식의 서식위주로 되어 있거나, 관념법학의 한계를 벗어나지 못하여 이해는 하지만 구체적인 해결방법을 얻을 수 없도록 꾸며져 있다면, 이 책은 법절차·해결방법에 주안점을 두고 있습니다. 표현상 조금 어렵게 느껴지는 부분이 있더라도 조금만 주의해서 본다면 그 정도의 개념은 쉽게 극복하여 법절차를 진행할 수 있는 자신감을 얻을 것입니다.

'나홀로 하는 민사집행'의 주요 내용은 소송을 통해 얻은 판결문 등의 집행권원을 가지고 채무자의 일정 재산에 어떻게 강제집행을 하여 환가해 받아 가는지 절차, 방법, 비용관계에 관하여 소개하였습니다.

민사집행 분야는 다른 어떤 분야보다 복잡하고 난해하지만, 본 교재에서는 일반에 많이 사용되는 절차를 중심으로 상세히 기술하고자 노력하였습니다. 아울러 최근의 실무상의 변동 내용(ex 절차, 비용, 서식 등)을 모두 반영하여 바로 문제해결을 하는데 도움이 될 것입니다.

아무쪼록 이 책으로 인하여 나도 전문가 못지 않은 법무실무가가 되었다라는 자신감을 심어주는 교재가 되기를 바라면서 이렇게 좋은 교재가 나올 수 있도록 허락하신 하나님께 우선 영광을 올립니다. 그리고 물심양면으로 도움을 주신 유로출판사의 김정원 사장님께 감사드립니다.

著者 이 병 일

차례

머리말 • 3

제1장
민사집행 총론

제1절 민사집행이란 무엇인가	• 21
1. 가사사건의 의미	• 21
2. 강제집행의 의의	• 22
1) 강제집행의 개념	• 22
2) 강제집행 개관도	• 23
제2절 집행기관에는 어떤 것이 있나	• 26
1. 집행기관	• 26
2. 집 행 관	• 26
1) 집행관의 조직상 지위	• 26
2) 직무영역	• 27
3) 집행실시에서 집행관의 지위	• 27
4) 집행일시의 지정·통지	• 28
5) 강력사용권	• 28
6) 집행에 관한 이의	• 28
3. 집행법원	• 29
1) 의 의	• 29

　　　　2) 관 할 · 29
　　　　3) 대 리 인 · 30
　　4. 수소법원 · 30
　　　　1) 의 의 · 31
　　　　2) 대체집행 · 31
　　　　3) 간접강제 · 34

제3절　강제집행을 하려면 어떤 요건이 필요한가 · 36
　　1. 집행을 위한 요건 · 36
　　2. 집행당사자의 확정 · 37
　　　　1) 의 의 · 37
　　　　2) 집행당사자 · 37
　　　　3) 당사자적격과 변동 · 37
　　3. 집행권원의 존재 · 39
　　4. 집행문을 부여받음 · 41
　　　　1) 의 의 · 41
　　　　2) 집행문의 필요여부 · 41
　　　　3) 집행문 부여기관 · 42
　　　　4) 집행문 부여절차 · 43
　　5. 송달 및 확정증명을 받음 · 58
　　　　1) 송달증명 · 58
　　　　2) 확정증명 · 60

제4절　집행에 대한 불복방법에는 어떤 것이 있나 · 62
　　1. 총 설 · 62
　　2. 채권자의 불복방법 · 62
　　　　1) 집행문부여 거부처분에 대한 이의신청 · 62
　　　　2) 집행문부여의 소 · 64
　　3. 채무자의 불복방법 · 67
　　　　1) 집행문부여에 대한 이의신청 · 67
　　　　2) 집행문부여에 대한 이의의 소 · 71

4. 집행에 관한 이의 • 75
    1) 의 의 • 75
    2) 집행에 관한 이의의 대상 • 75
    3) 이의사유 • 76
    4) 신청의 관할과 방법 • 76
    5) 심리와 재판 • 76
    6) 잠정처분 • 77

5. 즉시항고 • 83
    1) 의 의 • 83
    2) 당사자 • 83
    3) 항고방법 • 83
    4) 집행정지 • 84

6. 청구이의의 소 • 86
    1) 의 의 • 86
    2) 소의 대상 • 86
    3) 이의원인 • 87
    4) 이의의 동시 주장 • 88
    5) 항변사유 • 88
    6) 소송절차 • 89
    7) 판 결 • 89
    8) 사례의 해결 • 90
    9) 집행정지 • 93

7. 제3자 이의의 소 • 101
    1) 이의원인 • 101
    2) 소송절차 • 101
    3) 집행정지 • 104

8. 집행비용 • 104
    1) 의 의 • 104
    2) 집행비용의 예납 • 105
    3) 집행비용의 추심 • 105
    4) 집행비용액 확정결정 • 107

9. 집행에 관한 담보 · 보증 · 공탁 • 109
   1) 담보제공 • 109
   2) 보증제공 • 110
   3) 공 탁 • 110

제2장
강제집행을 위한 사전절차

제1절 집행을 개시하기 위한 요건과 정지 등 • 113
1. 강제집행 개시요건 • 113
   1) 적극적 요건 • 114
   2) 소극적 요건(집행장애) • 120
2. 강제집행의 정지 · 제한 · 취소 • 120
   1) 집행정지의 원인 • 121
   2) 집행정지의 방법 • 124
   3) 정지된 집행의 속행 • 125
   4) 집행의 취소 • 125

제2절 재산명시절차는 무엇인가 • 127
1. 재산명시의 의의 • 127
   1) 의 의 • 127
   2) 재산명시명령 • 127
2. 재산명시기일의 실시 • 131
   1) 재산명시기일의 지정 및 출석요구 • 131
   2) 명시기일에서의 절차 • 132
   3) 재산목록의 열람 · 등사 • 134
   4) 명시의무 위반자에 대한 제재 • 134
   5) 감치결정 • 135
3. 명시절차의 종료와 재신청 • 137

제3절 재산조회는 어떻게 하나 • 138
1. 의 의 • 138

　　　　2. 요 건 • 138
　　　　3. 위 반 • 139
　　　　4. 접수방법 • 139
　　　　5. 불복방법 • 147
　제4절　채무불이행자 명부등재신청이란 무엇인가 • 147
　　　　1. 채무불이행자 명부등재의 의미 • 147
　　　　2. 등재신청 • 148
　　　　　1) 요 건 • 148
　　　　　2) 신 청 • 148
　　　　　3) 관 할 • 149
　　　　3. 명부의 비치와 열람, 등사 • 151
　　　　4. 명부등재의 말소 • 152
　　　　　1) 신청에 다른 말소 • 152
　　　　　2) 직권말소 • 155
　　　　　3) 말소통지 • 155

제3장
부동산에 대한 경매

　제1절　부동산경매의 기초 • 159
　　　　1. 부동산경매란 • 159
　　　　2. 강제경매와 임의경매 • 159
　　　　　1) 강제경매 • 159
　　　　　2) 임의경매 • 160
　　　　3. 공매와의 차이점 • 160
　제2절　경매절차의 흐름 • 161
　　　　1. 경매신청 • 162
　　　　2. 배당요구종기일 • 162
　　　　3. 매각기일 • 162
　　　　4. 매각결정기일 • 163

제3절 부동산경매의 신청

5. 대금지급기한의 통지 • 163

제3절 부동산경매의 신청 • 163
  1. 경매신청의 이해 • 163
  2. 경매신청서 작성 • 165
  3. 경매비용의 내역 • 174

제4절 경매개시결정 • 177
  1. 경매신청서에 대한 조사 • 177
    가. 조사할 일반적 사항 • 177
    나. 강제경매 신청서의 조사 • 177
    다. 임의경매 신청서의 조사 • 178
    라. 부동산에 대한 조사 • 179
  2. 경매개시결정등기의 촉탁 • 180
  3. 경매개시결정의 송달 • 180
    가. 채무자에 대한 송달 • 180
    나. 채권자에 대한 송달 • 181
    다. 공유자에 대한 통지 • 181

제5절 채무자의 불복방법 • 181
  1. 강제경매개시결정에 대한 이의 • 182
  2. 임의경매개시결정에 대한 이의 • 184
  3. 이의신청에 따른 집행정지신청 • 187
  4. 변제증서를 제출하여 경매절차를 정지시키는 방법 • 189
    가. 강제경매의 경우 • 189
    나. 임의경매의 경우 • 189
  5. 집행정지신고에 따른 법원의 처리 • 189
  6. 채무를 변제한 채무자가 경매절차를 취소하는 방법 • 190
    가. 강제경매의 경우 • 190
    나. 임의경매의 경우 • 191

제6절 배당요구송기기일 • 193
  1. 배당요구의 종기결정 및 공고 • 193
  2. 이해관계인에 대한 채권신고 등의 최고 • 193

    1) 채권신고최고 · 193
    2) 가등기신고 · 195
    3) 임차인에 대한 통지 · 195
    4) 가압류권자의 경매절차에서의 지위 · 199
  3. 매각물건 명세서의 작성, 비치 · 201
    1) 매각물건 명세서의 열람 · 201
    2) 인터넷을 통한 열람 · 203
  4. 매각조건의 결정 · 206
    1) 매각조건의 의의 · 206
    2) 법정매각조건 · 207
    3) 특별매각조건 · 208
  5. 매각기일의 통지 · 209
    1) 매각기일의 통지 · 209
    2) 매각기일의 변경 · 210

제7절 매각기일 · 211
  1. 입찰참가 · 211
    1) 입찰시 준비사항 · 211
    2) 입찰표 작성 및 제출 · 212
  2. 입찰의 종결 · 218
    1) 입찰의 마감 및 개찰 · 218
    2) 최고가매수신고인의 결정 · 218
    3) 공유자의 우선매수신고 · 219
    4) 차순위매수신고인의 결정 · 222
    5) 입찰의 형태 · 222
  3. 새 매각 · 226
  4. 기간입찰 · 229
    1) 의 의 · 229
    2) 절 차 · 229
    3) 보증보험증권에 대한 책임 · 236
    4) 매수신청보증금의 반환 · 237
    5) 차순위매수신고인의 매각기일 참석 · 237

	6) 기타 공동입찰 등	• 238
제8절	매각결정기일	• 238
	1) 매각결정기일	• 238
	2) 매각허가에 대한 이의신청	• 239
	3) 매각에 관한 재판	• 244
	4) 매각허가결정의 취소	• 247
	5) 매각허가 여부에 대한 즉시항고	• 247
	6) 매각허부결정의 효력발생시기	• 250
제9절	무잉여 취소란	• 253
	1) 의 의	• 253
	2) 압류채권자의 채권에 우선하는 부동산의 부담	• 253
	3) 절 차	• 254
제10절	잔대금 납부는 어떻게 하나	• 255
	1) 대금지급기한	• 255
	2) 대금지급의 방법	• 255
	3) 대금지급의 효과	• 267
	4) 대금미납에 따른 법원의 조치	• 267
제11절	경매취하는 어떻게 하나	• 269
	1. 취하권자	• 269
	2. 취하의 시기와 요건	• 269
	가. 매수신고가 있기 전까지 취하하는 경우	• 269
	나. 매수신고가 있은 뒤에 취하하는 경우	• 269
	3. 취하의 방식	• 270
	4. 취하의 효과	• 270
제12절	부동산인도명령 신청은 어떻게 하나	• 276
	1. 인도명령의 당사자	• 276
	가. 신청인	• 276
	나. 상대방	• 276

2. 인도명령의 신청 • 277
가. 신청방법 • 277
나. 신청시기 • 278
3. 인도명령의 재판과 집행 • 278
4. 불복방법 • 280

제13절 배당기일이란 • 282
1. 배당요구를 할 수 있는 채권자 • 282
2. 배당요구 기한 • 283
3. 배당요구의 방식 • 284
4. 배당요구의 통지 • 284
5. 배당요구의 효력 • 284
6. 배당요구의 철회 • 285
7. 배당받을 채권자의 범위 • 285
1) 배당기일의 지정 • 289
2) 배당표 원안의 작성과 비치 • 289
3) 배당의 순위 • 289
4) 배당기일 • 290
5) 배당의 실시 • 296
8. 배당이의의 소 • 307
1) 의 의 • 307
2) 당사자 및 관할 • 308
3) 소제기의 효력 • 308
4) 소장 등 서면의 작성 • 309
5) 소송후의 배당실시 • 316

제4장
채권에 대한 강제집행

제1절 금전채권에 대한 강제집행은 어떻게 하나	• 319
1. 금전채권에 대한 강제집행	• 319
2. 금전채권의 집행의 대상	• 320
3. 피압류채권의 적격	• 320
1) 채권이 집행채무자의 책임재산에 속할 것	• 320
2) 독립된 재산으로서 재산적 가치가 있을 것	• 320
3) 양도할 수 있을 것	• 321
제2절 채권압류 및 추심명령절차란	• 323
1. 추심명령 신청	• 323
1) 추심명령의 의의	• 323
2) 관할법원	• 323
3) 추심권의 객관적 범위	• 324
4) 본압류 전이신청	• 333
5) 추심명령 신청취지	• 338
6) 압류할 채권의 표시례	• 339
2. 제3채무자에 대한 진술최고신청	• 352
1) 진술최고신청	• 352
2) 신청의 시기	• 352
3. 추심명령의 효력	• 355
4. 제3채무자의 채무액의 공탁	• 356
1) 가압류만 있는 경우	• 356
2) 금전채권에 관하여 배당요구서를 송달받은 제3채무자는 배당에 참가한 …	• 360
3) 본압류가 있는 경우	• 360
5. 추심명령에 대한 불복	• 366
6. 추심신고	• 366
1) 신고방법	• 366
2) 추심신고 후 정본의 회수	• 367
7. 집행권원의 반환	• 368

제3절 채권압류 및 전부명령절차란 • 370

1. 전부명령신청 • 370
1) 의 의 • 370
2) 전부명령의 요건 • 374
3) 전부명령의 효력 • 376

2. 집행력 있는 정본의 교부여부 • 380

3. 본압류로의 전이 • 381

4. 전부명령신청취지 • 385
1) 기 본 형 • 385
2) 본압류전이 : 가압류금액이 본압류 금액보다 클 경우 • 385
3) 본압류전이 : 가압류금액과 본압류 금액이 같을 경우 • 386
4) 본압류전이 : 가압류금액보다 본압류 금액이 클 경우 • 386

제4절 추심명령과 전부명령은 어떻게 다른가 • 386

1. 사례(事例比較) • 386
1) 채권의 이전유무 • 386
2) 채권의 경합시 • 387
3) 대상의 차이 • 388
4) 독점적 만족여부 • 388
5) 추가청구여부 • 389

2. 도표비교 • 389

제5절 압류시 채무자는 어떻게 불복하는가 • 390

1. 압류금지채권의 범위변경신청 • 390
가. 의미 • 390
나. 압류금지채권 • 390
다. 압류명령의 취소신청 • 393
라. 압류금지 채권의 압류 • 396

2. 집행의 취소 • 397
가. 의미 • 397
나. 집행취소의 원인 • 397
다. 그 밖의 집행취소사유 • 397

라. 집행취소의 방법 • 398
　　　마. 집행취소의 효과 • 399

제5장
동산 등에 대한 강제집행

제1절　유체동산에 대한 강제집행절차는 • 405
　1. 유체동산에 대한 강제집행 • 405
　　1) 집행기관 • 405
　　2) 대 상 • 406
　2. 압 류 • 406
　　1) 압류할 수 있는 경우 • 406
　　2) 압류의 제한 • 407
　3. 강제집행 위임 • 408
　　1) 강제집행의 신청 • 408
　　2) 집행위임 • 411
　4. 집행관의 집행 • 412
　　1) 집행방법 • 412
　　2) 보관 위탁 • 413
　　3) 압류물의 보존을 위한 처분 • 413
　　4) 어음·수표 등을 압류한 경우 • 414
　　5) 군인·군무원에 대한 집행의 특칙 • 414
　　6) 그 밖의 절차 • 414
　5. 야간휴일의 집행허가 • 416
　　1) 허가신청 • 416
　　2) 재 판 • 417
　　3) 허가 없이 공휴일 또는 야간에 한 집행행위 • 417
　6. 집행조서의 작성 • 418
　　1) 집행조서 작성의 의무 • 418
　　2) 집행조서의 기재사항 • 418

3) 집행참여자의 서명날인을 받지 못한 경우의 조치 • 418
　7. 압류의 효력 • 419
　8. 현금화 • 420
　　　1) 압류물의 매각방법 • 420
　　　2) 압류물의 매각절차 • 420
　　　3) 공유관계부인의 소 • 424
　　　4) 특수한 압류물의 현금화 • 427
　　　5) 집행법원의 명령에 따른 특별한 현금화 방법 • 427
　9. 집행의 경합 • 432
　　　1) 동시압류(공동압류) • 432
　　　2) 이중압류(중복압류) • 432
　10. 배당절차 • 433
　　　1) 채권자가 1인인 경우 • 433
　　　2) 채권자가 수인인 경우 • 434
　11. 압류의 취소(해제) • 434
　　　1) 압류해제의 원인 • 434
　　　2) 압류해제의 방법 • 435

제2절　자동차·건설기계 등에 대한 강제집행 • 437
　1. 자동차·건설기계 • 437
　　　1) 강제집행의 근거 • 437
　　　2) 인도명령 • 437
　2. 선박에 대한 강제집행 • 442
　3. 항공기에 대한 강제집행 • 442

부록 • 443
찾아보기 • 471

민사집행 총론

제1절 민사집행이란 무엇인가 • 21

제2절 집행기관에는 어떤 것이 있나 • 26

제3절 강제집행을 하려면 어떤 요건이 필요한가 • 36

제4절 집행에 대한 불복방법에는 어떤 것이 있나 • 62

제1장
민사집행 총론

제1절 민사집행이란 무엇인가

1. 가사사건의 의미

'민사집행'이란 '강제집행', '담보권실행', '민법·상법 등 특별히 법률의 규정에 의한 경매(형식적 경매)' 및 '보전처분'의 4가지 영역을 일컫는 말이다(민집 제1조).

(1) 여기서 '강제집행'이란 협의적 의미로 확정판결, 가집행선고부 판결, 공정증서 등 강제집행의 기본이 되는 문서인 집행권원(執行權原, 종래의 '채무명의'라는 명칭)에 의한 집행절차를 말한다. 이 강제집행은 채무자 소유의 재산권에 대하여 압류, 환가(매각)하여 그 매각대금으로 채권자의 금전채권의 만족을 얻을 것을 목적으로 하는 집행절차로서 민사집행의 주된 내용을 구성한다.

(2) '담보권실행'이란 질권·저당권에 의하여 집행권원이 없더라도 그 권리를 강제적으로 실현하는 것을 말하며, 통상 임의경매절차를 의미한다. 임의경매는 위 협의의 강제집행 중 금전집행과 마찬가지로 채무자의 재산을 강제적으로 현금화한다는 면에서는 동일한 면을 갖는다.

(3) 위 협의의 강제집행, 담보권실행절차 이외에 민법·상법, 기타 법률에는 특정재산을 가격보존 또는 정리·환가를 위하여 경매절차가 마련된 것이 있다. 예를 들면, 공유물

분할을 위한 경매(민 제269조), 상인간 매매목적물, 임치목적물 등의 자조매각(自助賣却)(상 제67조, 제70조, 제109조), 유치권에 의한 경매(민집 제274조) 등이 그것이다. 이러한 환가절차를 강학상 '형식적 경매'라 부른다.
(4) 그리고 위 협의의 강제집행을 확보하기 위하여 현상을 보전하는 방법으로 가압류·가처분이라는 보전절차가 있는데 그 집행을 보전처분 또는 보전집행이라 한다.

따라서 민사집행은 강제집행, 담보권실행, 형식적 경매, 보전집행의 네 가지를 포함한다. 위 4가지 절차 중 협의의 강제집행이 민사상 권리의 실현절차의 가장 핵심적인 모습이고 다른 절차는 말하자면 그 아종(亞種)이라 부를 수 있다. 따라서 본 교재의 민사집행은 협의의 강제집행을 중심에 두고 있으며 강제집행이라는 용어는 특별한 표시가 없으면 협의의 강제집행을 의미하는 것으로 사용한다.

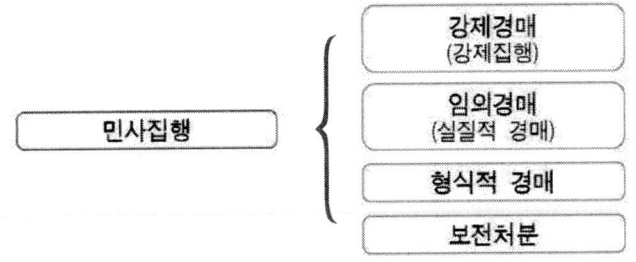

2. 강제집행의 의의

1) 강제집행의 개념

채무자가 자발적으로 채무를 변제하지 않은 경우 채권자는 법절차를 통하여 집행권원을 획득하고 이에 근거하여 국가의 공권력(법원)에 의하여 강제적으로 채무의 내용을 실현하도록 하는 것을 '강제집행'이라고 하며, 이는 민사집행의 한 내용으로 환가실현을 주된 목적으로 한다.

강제집행의 개념에는 협의의 의미에서 채권자의 신청에 의하여 "집행권원"에 표시된 사법상의 이행청구권을 국가권력에 의하여 강제적으로 실현하는 법적절차로서의 강제집행과, 광의로 질권, 저당권 등 담보권의 실행까지 포함한 넓은 의미로의 강제집행이 있다. 본 교재는 협의의 강제집행의 의미로 사용한다는 점에 대하여는 앞서 주지한 바와 같다.

2) 강제집행 개관도

강제집행을 통하여 실현될 권리가 금전채권인 경우의 집행을 '금전채권의 집행'이라 하고, 실현될 권리가 비금전채권인 경우의 집행을 '비금전채권의 집행'이라 한다.

가. 금전채권의 집행

금전채권의 집행은 집행대상 재산의 종류에 따라 부동산, 선박·자동차·항공기, 동산에 대한 집행으로 구분되며, 동산집행은 다시 유체동산에 대한 금전집행과 채권집행으로 세분된다.

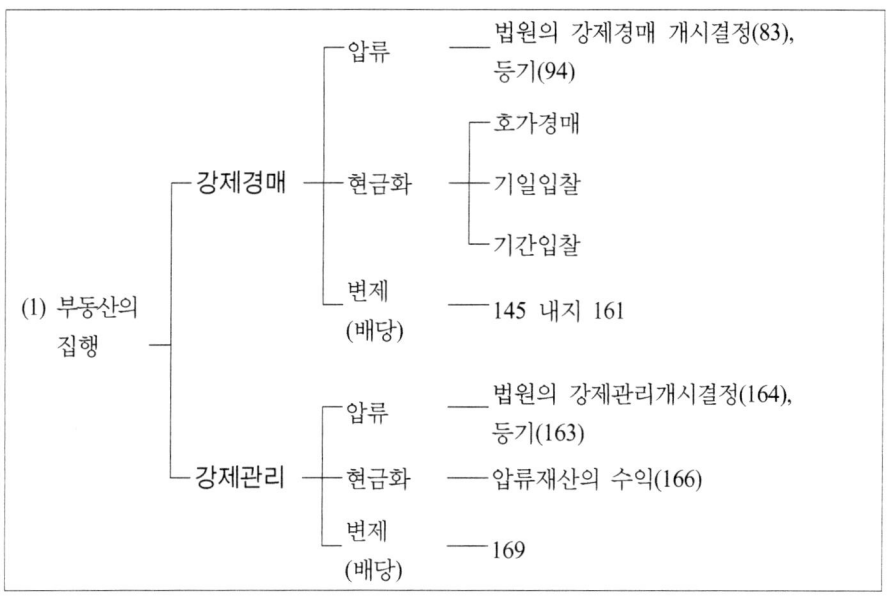

- (2) 동산의 집행
  - 유체동산의 집행
    - 압류 — 집행관의 압류(189~196)
    - 현금화
      - 집행관에 의한 현금화(197~214)
        - 입찰 · 호가경매
        - 임의매각(209, 210)
        - 특별현금화(214)
      - 집행관에 의하지 않은 특별현금화(214)
    - 배당 — 217 내지 222
  - 채권과그밖의 재산권의 집행(자동차, 중기)
    - 압류
      - 배서금지된 지시식 증권 — 집행법원의 압류명령, 집행관의 증권 점유
      - 그 밖의 채권과 재산권 — 집행법원의 압류명령
    - 현금화
      - 금전채권 — 추심 · 전부명령(229~232) 특별현금화
      - 유체물인도나 권리이전의 청구권 — 242 내지 244
      - 기타의 재산권(251) — 추심 · 전부명령 특별현금화
    - 배당 — 252 내지 256

나. 비금전채권의 집행

비금전채권의 집행은 물건의 인도를 구하는 청구권의 집행과 작위(대체적, 비대체적작위), 부작위, 의사표시를 구하는 청구권의 집행으로 나눌 수 있다.

- (1) 물건의 인도 청구권의 집행
  - 동산인도청구의 집행 — 집행관이 집행(257)
  - 부동산 · 선박의 인도청구권의 집행 — 집행관이 집행(258)
  - 제3자가 점유하는 물건의 인도 집행 — 집행법원의 인도청구권 압류 · 이전(259)

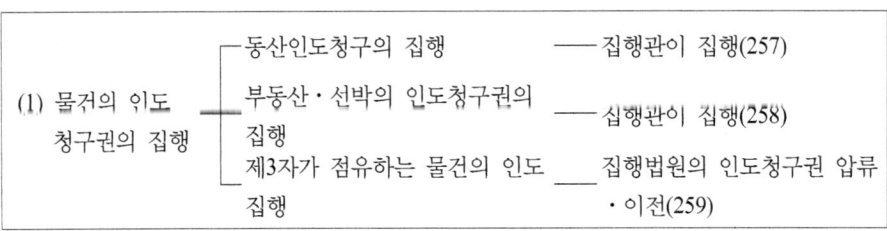

```
                                    ┌─ 대체적작위채권의 집행 ──── 수소법원의 대체집행명령(260,
    (2) 작위채권의 집행 ──┤                                민법 제389조 제2항②)
                                    └─ 비대체적작위채권의 집행 ── 수소법원의 간접강제(261)
```

```
    (3) 부작위채권의 집행 ── 수소법원이 위반상태의 제거와 적당한 처분을 명령(260, 민법
                              389③)
```

```
    (4) 의사진술을 명하는 ── 263①, ②
        재판의 집행
```

다. 강제집행의 방법에 따른 분류

(1) 직접강제

채무자의 협력없이 집행기관이 직접 채권의 내용을 실현시키는 집행방법을 말하고, '하는 채무'가 아닌 금전의 집행이나 물건의 인도집행과 같은 '<u>주는 채무</u>'의 집행방법으로 쓰인다.[1]

(2) 대체집행

채무자로부터 비용을 추심하여 그 비용으로 채권자나 제3자로 하여금 채권의 내용을 실현시키게 하는 집행방법으로, <u>직접강제가 불가능하거나 부적합한 채권</u> 중 채무자이외의 자가 채무를 이행하여도 채권자에게 동일한 원채무의 이행과 동일한 만족을 줄 수 있는 대체적 작위의무(예컨대 건물의 철거, 제692조)의 강제집행에 효과적이다.

(3) 간접강제

채무자에 대하여 손해배상을 명하거나 벌금을 과하거나 구금하는 등의 방법을 예고하여 심리적 압박을 가함으로써 채무자가 채무를 이행케 하는 집행방법이다. 작위·부작위 의무인 '<u>하는 채무</u>' 중 비대체적인 작위의무의 집행에 적합하고 배우의 공연의무, 재산관리, 청산의무 등이 그 예이다.

---

[1] 모든 채권, 채무관계는 '주는 채무'(물건의 인도 채무)와 '하는 채무'로 나누어진다. '주는 채무'는 금전을 주는 금전채무와 금전이외의 물건을 주는 물건의 인도 채무로 나누어 볼 수 있고, '하는 채무'는 '작위채무'와 '부작위 채무' 그리고 작위채무의 특수한 형태로서 '의사의 진술을 할 채무'로 나누어 볼 수 있다.

제2절 집행기관에는 어떤 것이 있나

> 〈사례〉 최고봉은 소송을 제기하여 판결을 얻으면 상대방 피고가 당연 돈을 줄 것으로 기대하였는데, 채무자인 홍길동은 요지부동이다. 참다못한 최고봉은 홍길동의 거주 장소에 있는 유체동산을 경매로 넘기고자 한다. 법원의 어느 곳에 신청을 하여야 할까? 답 [2]

1. 집행기관

민사집행의 기관이라 함은 국가의 민사집행권을 행사하는 사법(司法)기관이다. 우리 법제 하에서는 집행관(제2조), 집행법원(제3조), 제1심 수소(受訴)법원(제260조, 제261조)의 3종류가 있다.

집행기관의 수권(授權)에 의하여 집행행위를 보조하는 자, 이를테면 집행관의 강제집행을 원조하기 위하여 출동하는 경찰관 또는 군인(제5조 제2항), 강제경매신청의 기입등기를 하는 등기관(제94조), 대체집행에 있어서 수권결정에 의하여 대체집행을 하는 자(제260조) 등은 집행기관에 종속하여 비독립적으로 집행기관의 집행을 보조하는 것으로서 집행기관이 아니다. 그러나 집행보조기관의 행위의 하자(瑕疵)는 바로 집행기관의 행위의 하자로 평가된다.

2. 집 행 관

1) 집행관의 조직상 지위

집행관[3]은 관서(官署)로서의 지방법원에 소속되어 법률이 정하는 바에 의하여 재판의 집행, 서류의 송달 기타 법령에 의한 사무에 종사하는 독립적인 단독제 사법기관(司法機關)이며 법관의 보조기관이 아니다. 따라서 상사의 지휘를 받지 않고 자기의 판단에 의하여 필요

---

[2] 집행관 사무실에 유체동산강제경매신청을 한다.
[3] 집행관은 각 지방법원 및 지원에 소속된 국가공무원이다. 집행관은 법원주사보, 등기주사보, 검찰주사보 또는 마약주사보 이상의 직에 있던 자 중에서 지방법원장이 임면한다(법원조직법 제55조).

한 조사를 행하고 의사결정을 하여 권한을 행사한다.

집행관은 국가로 부터 봉급을 받지 않고 사건위임자로부터 수수료를 받으나(집행관법 제19조) '실질적 의미에 있어서 국가공무원'이다. 따라서 집행관은 영리업무를 겸직하지 못하며, 공무인 집행관의 업무를 방해하면 '공무집행방해죄'로 처벌된다.

2) 직무영역

집행관의 직무영역은 특별한 규정이 없으면 강제집행은 집행관이 실시하지만 현실적으로 사실행위, 실력행위를 요하는 집행처분에 한정되어 있다. 집행관의 직무영역은 ① 집행관이 직접 위임을 받아 독립적으로 하는 집행행위와, ② 집행법원이 행하는 집행절차를 부수적으로 수행하는 집행행위로 구분된다.

> **注意** **집행관의 직무**
> 가. 집행관의 독립적 집행행위
>   유체동산에 대한 금전집행, 유체동산에 대한 가압류, 동산의 인도집행(제257조), 부동산·선박의 인도·명도집행, 명도단행가처분(제258조) 등 일정한 내용의 가처분의 집행, 담보권의 실행 등을 위한 유체동산의 경매(제301조)
> 나. 집행법원이 행하는 집행절차의 부수적 행위
>   어음·수표 등의 지시증권상의 채권의 압류에 있어서 증권의 점유(제233조)
>   부동산, 선박, 자동차 등의 경매에 있어서의 자동차 등의 인도의 수령, 보관, 이전 및 경매(규칙 제111조), 부동산 강제경매 및 담보권 실행으로서의 경매에 관한 부동산의 현황조사 및 입찰의 실시(제85조)

3) 집행실시에서 집행관의 지위

집행관은 국가의 사법기관으로서 국가의 강제집행권을 행사하는 것이며, 집행을 위임한 채권자와의 관계는 사적위임(私的委任), 고용 또는 도급으로 보아서는 안 된다. 민사집행법과 집행관법 등에 "위임"이라는 용어를 쓰고 있으나 이는 집행의 "신청"이라는 뜻이다.

따라서 집행관은 집행실시에 있어서 채권자의 대리인 혹은 피용자가 아니며 일단 적법한 집행위임을 받으면 그 취하가 없는 이상 이후의 절차는 집행관이 자기의 책임과 판단 하에 그 권한을 행사할 것이고 채권자의 지시에 따를 필요가 없는 것이다.

4) 집행일시의 지정·통지

집행관이 집행의 위임을 받은 때에는 지체없이 집행을 개시할 일시를 정하여 신청인에게 통지하여야 한다. 다만, 신청인이 통지를 요하지 아니한다는 취지의 신고를 한 때에는 그러하지 아니한다. 위 집행을 개시할 일시는 특별한 사유가 없으면 위임을 받은 날로부터 1주일 이내에 정하여야 한다(규칙 제3조).

5) 강력사용권

집행관이 담당하는 집행행위는 집행대상물에 대한 채무자의 사실적 지배에 직접적으로 그리고 권력적으로 개입하지 아니하면 목적을 달성할 수 없는 경우가 대부분이므로 그 소재의 발견과 집행행위의 방해배제를 위한 '강력사용권'이 부여되어 있다(민집 제5조).

즉 집행관은 집행하기 위하여 필요한 경우 채무자의 주거, 창고와 기타 장소를 수색할 수 있고, 잠근 문과 기구를 여는 등 적절한 조치를 할 수 있으며, 집행시 저항을 받은 때에는 경찰 또는 국군의 원조를 받을 수 있다. 이 강력사용권은 집행관이 하는 모든 강제집행에 인정된다.

예컨대 압류자동차의 점유취득(규칙 제113조), 채권증서의 탈취(제234조), 부동산강제관리에 있어서의 참여(제166조)의 경우, 대체집행의 수권명령에 의하여 채무자가 하여야 할 작위를 대신하여야 할 제3자로 지정된 경우에도 위 권한을 행사할 수 있다.

다만 집행관은 집행을 하는데 저항을 받거나 채무자의 주거에서 집행을 실시하려는데 채무자나 사리를 분별할 지능이 있는 그 친족, 고용인을 만나지 못한 때에는 성인 2인이나 특별시·광역시의 구 또는 동직원, 시·읍·면직원 또는 경찰공무원 중 한 사람을 증인으로 참여하게 하여야 한다(제6조).

6) 집행에 관한 이의

집행관의 집행처분, 그 밖의 집행관이 지킬 집행절차(제16조 제1항)에 대하여 다툼이 있거나, 집행관이 집행을 위임받기를 거부하거나 집행행위를 지체하는 경우, 또는 집행관이 계산한 수수료(제16조 제3항)에 대하여 다툼이 있는 당사자 또는 이해관계인은 집행법원에 대하여 '집행에 관한 이의'(제16조)를 신청하여 그 시정을 구할 수 있다.

3. 집행법원

1) 의 의

집행법원이란 집행처분 또는 집행행위에 대한 협력 내지 간섭 등으로 집행기관으로서 집행절차에 관여하는 법원을 말한다(제3조). 집행법원은 원칙적으로 '지방법원'이 되며 단독판사가 담당한다. 그러나 예외적으로 채권이나 부동산에 대한 가압류·가처분명령의 집행은 발령법원이 집행법원으로 된다.

2) 관 할

집행법원의 관할은 특별한 규정4)이 없는 한 집행절차를 실시할 곳이나 실시한 곳을 관할하는 지방법원 전속관할이다(제3조, 제21조). 따라서 합의관할이나 변론관할(민소 제29조, 제30조)은 생길 여지가 없다. 집행법원이 집행절차의 진행 도중에 관할 원인이 변경된 경우5)에도 절차의 개시 때에 관할이 있으면 절차 전체에 관하여 관할권이 있다.

> **注意** | **법원의 집행내용**
> 가. 법원의 직접적 집행행위
>   (1) 재산명시절차, 채무불이행자명부등재절차, 재산조회절차
>   (2) 부동산 및 선박에 대한 집행(제264조~제269조)
>   (3) 항공기, 자동차, 건설기계에 대한 집행(제187조, 제192조~제198조)
>   (4) 채권 및 기타 재산권에 대한 집행(제273조)
>   (5) 동산에 대한 집행에 있어서의 배당절차(제199조)
>   (6) 제3자의 점유하에 있는 물건의 인도집행(제259조)
> 나. 집행관의 집행에 대한 협력 및 감독기관으로서의 행위
>   (1) 국군원조(제5조)
>   (2) 야간, 휴일의 집행허가(제8조)
>   (3) 집행에 관한 이의를 통한 감독(제16조)

---

4) 특별한규정의 예 - 채권집행에 있어서는 채무자의 보통재판적소재지, 부동산 집행에 있어서는 부동산소재지(제79조) 선박과 항공기 집행에 있어서는 압류당시에 그 선박이 있던 곳(제173조), 자동차와 건설기계의 집행에 있어서 자동차·건설기계등록원부에 기재된 채무자의 주소지(규칙 제109조)를 관할하는 지방법원이다.

5) 예를 들어 압류 후 압류대상물이 이동한 경우, 채권압류 후에 채무자의 주소가 변동된 경우 등을 들 수 있다.

> (4) 압류금지 동산의 지정(제196조)
> (5) 유체동산의 특별현금화 명령(제214조)
> 다. 집행에 부수하는 재판
> (1) 급박한 경우의 집행의 정지 또는 속행의 잠정처분(제46조)
> (2) 집행에 관한 특별대리인의 선임(제52조)

불복방법으로는 '즉시항고'와 '집행에 관한 이의'가 있으나, 즉시항고는 법에 즉시항고를 할 수 있다는 특별한 규정이 있는 경우에 한하여 가능하며, 집행법원의 집행절차에 관한 재판으로서 즉시항고를 할 수 없는 경우는 '집행에 관한 이의'에 의하여 불복한다(제16조).

3) 대 리 인

집행법원에서의 집행절차에 관한 당사자는 민사소송법 제88조에 의하여 집행법원의 허가를 얻어 대리인이 될 수 있다. 즉 소가 8,000만 원 이하의 단독판사가 심리·재판하는 사건에서, 배우자, 당사자와 밀접한 생활관계를 맺고 있는 4촌 이내의 친족관계에 있는 사람, 고용계약 등으로 그 사건에 관한 통상 사무를 처리·보조하는 등 일정한 관계에 있는 사람은 소송대리허가를 받아 소송대리인이 될 수 있다.

> **注意** | 집행대리인
> (1) 집행관에 의한 집행절차 : 대리인자격에 제한이 없다.
> (2) 집행법원의 집행절차 : 변호사만이 대리인 가능, 다만 단독판사 사건의 경우 민사소송법 제88조에 의하여 법원허가를 얻어 대리인이 될 수 있다
> (3) 판결절차에서의 각 심급소송대리인 : 그 판결에 기한 집행에서도 자격 있다.

4. 수소법원

> 〈사례〉 최고봉씨는 자신의 소유토지상에 불법건축을 한 홍길동을 상대로 지상건물을 철거하라는 판결을 받았음에도, 홍길동은 철거할 기미를 보이지 않는다. 이를 강제철거하기 위하여 어떤 절차를 밟아야 하나? 답[6]

---

[6] 집행관이 채무자 대신 철거 집행할 수 있도록 채권자는 '대체집행결정'을 받아 이후 결정정본과 송달증명을 첨부하여 집행관사무실에 철거집행을 의뢰하여야 한다.

1) 의 의

수소법원(受訴法院)이란 집행할 청구권의 존·부를 확정하기 위하여 집행권원을 형성하는 소송절차를 담당하는 법원을 말한다.

수소법원, 특히 1심 수소법원이 집행기관으로서 행하는 경우로는 청구의 내용과 관련하여 구체적인 집행방법의 판정이 필요한 때로 ① 대체집행(제260조)과 ② 간접강제(제261조)가 있다. 외국에서 강제집행을 할 경우에 하는 촉탁(제262조)은 집행보조기관으로서 행하는 경우이다.

수소법원의 재판은 '결정'의 형식으로 재판하며 수소법원이 집행기관으로서 하는 재판, 즉 대체집행과 간접강제에 있어서는 반드시 채무자를 심문하여야 한다. 각 재판에 대하여는 즉시항고[7]를 할 수 있다.

2) 대체집행

대체집행과 간접강제는 '주는 채무'가 아닌 작위나 부작위를 목적으로 하는 이른바 '하는 채무'에 대한 강제집행방법이다. 다만 '하는 채무' 중 대체성이 있는 경우와 없는 경우를 나누어 대체성이 있는 경우에는 대체집행을, 대체성이 없는 경우에는 간접강제의 방법을 사용하게 된다.

「대체집행」은 채무자의 행위가 채무자 이외의 다른 사람(통상 집행관)에 의하여 대체될 수 있는 경우에 집행법원의 수권결정에 따라 채무자에 갈음하여 채무자 이외의 사람으로 하여금 그 행위를 하도록 하고, 그 비용을 채무자로부터 강제로 추심하는 것을 말한다(민집 제260조). 이에 반하여 간접강제는 채무자에게 심리적 압박을 가하여 채무자 자신으로 하여금 채무의 내용을 실현하게 하는데서 차이가 있다.

> **注意** 하는 채무 중 대체성이 있는 경우는 대체집행을, 대체성이 없는 경우는 간접강제의 방법을 사용한다.

---

[7] 항고권자는 결정을 받은 1주일의 불변기간 내에 항고장을 원심법원에 제출하여야 한다(법 제15조 제2항). 민사집행법은 종전과 달리 항고이유서 제출강제주의를 도입하였는데, 항고장에 항고이유를 기재하지 않은 때에는 항고장 접수일로부터 10일안에 법령위반, 또는 사실오인 등 구체적인 사유를 기재한 항고이유서를 원심법원에 제출하여야 한다(법 제15조, 규 제13조).

통상 대체집행이 가능한 사례는 건물의 철거를 들 수 있는데 철거의 집행권원(ex 판결, 화해조서 등)을 얻은 원고는 법원으로부터 채무자의 비용으로 제3자에게 채무를 이행하게 하도록 권한을 부여 받아야 하는데 이를 '수권결정'(=대체집행결정)이라 하며 채권자는 이 결정문을 집행관에게 위임하여 철거집행을 하게 된다.

신청의 시기는 소멸시효 완성전이기만 하면 언제든지 신청할 수 있으며, 관할은 1심 법원의 전속관할에 속한다(민집 제260조). 집행권원이 제소전 화해조서와 조정조서인 경우는 그 조서를 작성한 법원이, 제소전화해조서, 조정조서나 화해조서를 작성한 법원이 시·군법원인 경우 그 시·군법원이 있는 곳을 관할하는 지방법원 또는 지원이 관할한다.

> **注意** | 대체집행결정신청은 1심법원이 전속관할 한다.

대체집행결정(수권결정)은 집행권원이 아니므로 집행문을 부여받을 필요가 없다. 다만 수권결정 후 '채무자'의 승계가 있으면 본래의 집행권원에 승계집행문을 부여받아 다시 수권결정신청을 하여야 한다. 수권결정 후 '채권자'의 승계가 있는 경우에도 채권자의 승계인이 승계집행문이 붙은 본래의 집행권원의 정본을 제출하여 자기를 위한 수권결정을 받아야 하는 것이다. 예컨대 건물철거를 명하는 판결이 있은 후 피고로부터 그 건물의 소유권과 토지의 점유를 넘겨받은 자는 비록 소송물인 의무 자체를 승계한 것은 아니나, 계쟁물에 관한 당사자의 승계인이므로 그에 대하여 집행하고자 한다면 집행권원을 가지고 승계집행문을 부여받고(대판 91다650, 667) 이후 수권결정을 받아야 한다.

대체집행의 결과는 채무자에게 중대한 영향을 끼치게 되므로 법원은 수권결정을 함에 있어서 채무자를 필요적으로 심문하여야 한다(민집 제262조). 다만 신청을 각하하거나 기각할 경우에는 심문할 필요가 없다. 이 때 서면 또는 구두로 채무자가 의견을 진술할 기회를 주면 충분하고 반드시 심문기일을 열어 채무자에게 기일통지를 하여야 하는 것은 아니다.

실무는 채무자에게 10일정도 답변기한을 준 심문서(대체집행신청서 사본을 첨부)를 보내어 진술의 기회를 주고 있는데 이에 채무자의 답변을 받아 보고 특별한 내용이 있는 경우에 한하여 심문기일을 지정하고 기한 내 답변이 없으면 곧바로 수권결정을 내리고 있는 실정이다. 이 수권결정에 대하여는 즉시항고가 가능하다(민집 제260조).

[서식] 대체집행신청서

대 체 집 행 신 청 서

채 권 자   홍 길 동 (560812-1203434)
          서울 강북구 도당로2길 23, 202호(쌍문동)
          ☎ 010-977-0912

채 무 자   최 고 봉 (600721-1098272)
          서울특별시 중랑구 동일로114길 7(상봉동)

신 청 취 지

채무자는 중랑구 상봉동 120-53 대 111.7㎡ 중 별지 도면표시 1, 2, 3, 4, 5, 1의 각 점을 순차로 연결한 선내 (다)부분 지상 목조스레트즙 평가건 가건물창고 1동 5.7㎡를 채권자가 위임하는 서울북부지방법원 소속 집행관으로 하여금 채무자의 비용으로 철거한다.
라는 재판을 구합니다.

신 청 이 유

채권자는 채무자와의 사이에 귀원 201○가합21122 건물철거 청구사건의 집행력있는 판결정본에 기하여 신청취지 기재의 건물철거청구권이 있는데, 채무자들이 이에 불응하므로 이건 신청을 합니다.

첨 부 서 류

1. 집행력있는 판결정본   1통
2. 송달증명원   1통

202○. . .

위 채권자 홍 길 동 (인)

서울북부지방법원 귀중

접수방법

1. 인 지 대 : 2,000원

2. 송 달 료 : 2회분, 19,200원(= 당사자수(2) × 2회 × 4,800원)
3. 접수방법 : 1심 수소법원에, 법원용1부와 상대방 수에 맞는 부본을 제출한다.
   신청서 접수시 판결문사본을 첨부하고 판결정본을 지참하되 원본대조필 확인을 받은 후 반환받는다(재판예규 제891호).
4. 신청사유 : ○ 직접강제가 불가능하거나 부적합한 채권 중 채무자 이외의 자가 채무를 이행하여도 채권자에게 원채무의 이행과 동일한 만족을 줄 수 있는 대체적 작위의무(예컨대 건물의 철거, 제692조)의 강제집행에 효과적이다.
   ○ 퇴거·인도·금전지급 등은 대체집행 대상이 아니므로, '철거부분'만으로 취지를 특정한다.
5. 대체집행결정 후
   ○ <u>대체집행결정 정본과 송달증명원</u>(확정된 경우는 확정증명원 추가)을 첨부하여 집행관 사무소에 철거집행을 위임한다.
   ○ 통상 집행권원 중에는 퇴거, 부당이득금 지급의 내용도 있는데 이 집행을 위하여 필요시 대체집행결정 담당재판부로부터 집행권원 환부신청을 하여 다른 집행에 사용하도록 한다.

3) 간접강제

[서식] 간접강제신청서

간 접 강 제 신 청

채 권 자 김 원 기 (670823-1209282)
　　　　　서울 강남구 개포로516, 701동 707호
　　　　　(개포동, 주공아파트)
　　　　　☎ 010-520-0987

채 무 자 이 은 규 (640712-1092834)
　　　　　서울 서초구 효령로34길 9, 3동 707호(방배동, 삼익아파트)

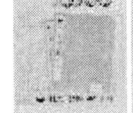

신 청 취 지

1. 채무자는 이 사건 결정의 고지를 받은 날로부터 7일 이내에 서울중앙지방법원 201○가합 1234호 간판제조 인도청구사건의 집행문부 판결정본에 표시된 간판을 제조 인도하라.

2. 만약 채무자가 제1항의 기간 내에 이를 이행하지 않을 때는 채권자에 대하여 손해배상으로서 위 기간이 경과한 다음 날부터 그 이행이 끝날 때까지 1일 금 150,000원씩에 해당하는 금원을 채권자에게 지급하라.
라는 재판을 구합니다.

신 청 이 유

채권자와 채무자간의 서울중앙지방법원 201○가합1234호 간판제조 인도 청구사건의 집행력 있는 판결정본에 의하여 채무자는 채권자에 대하여 간판을 제조 인도하여야 할 의무가 있음에도 불구하고 현재에 이르기까지 이를 이행하지 않고 있는 바, 채권자는 채무자의 위 이행 지연에 <별지> 손해액계산서 기재와 같은 1일 금 150,000원씩의 손해를 입게 될 것이므로, 신청취지의 기재와 같은 재판을 구하기 위하여 이 건 신청에 이른 것입니다.

첨 부 서 류

1. 손해액 계산서　　　　　1통
1. 집행력 있는 판결정본　　1통
1. 송달 · 확정증명원　　　　1통

202○.   .   .

위 채권자　김 원 기　（인）

서울중앙지방법원　귀중

접수방법

1. 인 지 대 : 2,000원
2. 송 달 료 : 2회분, @ 계산식 : 당사자수(2) × 2회 × 4,800원 = 19,200원
3. 접수방법 : 1심 수소법원에, 법원용 1부와 상대방 수에 맞는 부본을 제출한다.
4. 이의사유 : 작위 · 부작위 의무인 '하는 채무' 중 비대체적인 작위의무의 집행에 적합하고 그 예로서, 배우의 공연의무나 재산관리를 해야 할 의무에 위반한 경우, 소음발생을 금지할 채무에 위반하여 조업을 계속하는 경우, 배수를 유출하지 않을 의무에 위반하여 유출을 방치하는 경우, 부작위의무위반이 존재하지만 물적 위반상태를 남기지 않는 경우, 가령 가옥 출입금지 의무에 위반하여 가옥에 거주하는 경우 등은 간접강제 할 수 있다.
5. 재　　판 : 법원은 심리시 채무자를 반드시 심문하며 이유가 없으면 기각하고 이유가 있으면 간접강제를 명하는 결정을 한다.

제 3 절 강제집행을 하려면 어떤 요건이 필요한가

〈사례〉 A의 친형인 B는 C를 상대로 대여금반환청구의 소를 제기하여 금 5,000만 원에 대한 승소판결을 받았다. 하지만 여러 사정으로 그 판결상의 채권을 동생인 A에게 양도하고자 한다. 그리고 A가 채권을 양도받아 C의 재산을 강제집행하려고 한다. 어떻게 하여야 하는가? 답[8]

1. 집행을 위한 요건

강제집행을 위해서는 아래의 요건이 충족되어야 한다.
① 이행을 명하는 **집행권원 정본**
② 집행권원의 피고(채무자)에 대한 **송달증명원**
③ **집행문의 부여**
④ 승계집행문인 경우는 승계집행문 및 그 **송달증명원**
⑤ 집행권원상 이행일시의 도래
⑥ 동시이행 관계에 있는 집행권원인 경우는 **반대급부의 이행(제공)증명서**
⑦ 소극적 요건(집행장애)의 부존재

---

8) 일반적으로 채무자의 재산에 강제집행을 하려면 강제집행의 근거가 되는 집행권원과 강제집행을 실시하기 위하여 부여한다는 취지가 기재된 집행문 등이 필요하다.
 이미 A는 그 형님 B 명의로 승소판결이 확정되었으므로 판결에 표시된 채권을 양수한 A가 집행에 나아가기 위해서는 법원으로부터 '승계집행문'을 부여받아야 한다.
A는 승계인으로서 집행문부여를 신청하기 위하여
① 양도에 관한 계약서(양도증서)
② 채무자인 C에 대한 대항요건을 증명하는 서면, 즉 채무자인 C의 승낙서 또는 양도사실을 통지한 내용증명우편을 첨부하여 집행권원 기록을 보관한 법원에 승계집행문부여신청을 하면 된다.
 그러면 법원은 승계채권자에게는 승계집행문을 부여해주고(또는 승계집행문 부여된 집행권원 재도부여), 채무자에게는 그 승계집행문부여 사실의 통지를 하고, 송달이 이루어지면 A는 승계집행문부여의 송달증명을 받을 수 있다.

2. 집행당사자의 확정

1) 의 의

강제집행절차에서 대립되는 두 당사자를 말하며 강제집행을 요구하는 자를 '집행채권자'라고 하고, 강제집행을 요구받는 자를 '집행채무자'라고 한다.

실체법상 물권적 청구권을 가진 자도 집행법상으로는 채권자이며, 실체법상 채권을 가지지 않은 자도 집행권원이 있으면 집행법상으로는 채권자로 될 수 있다. 채권자, 채무자 이외의 자는 실체적 권리, 의무의 유무에 관계없이 집행에 관하여는 모두 제3자이며, 채무자에 대하여 채무를 부담하는 제3자를 제3채무자라고 한다.

2) 집행당사자

집행당사자는 '집행문의 부여'에 의하여 확정된다. 그를 위하여 집행문이 부여되어 있으면 채권자이고 그에 대하여 집행문이 부여되어 있으면 채무자이다. 집행 당사자 적격을 가진 자라도 집행문이 부여되지 않으면 집행당사자가 될 수 없고, 집행당사자 적격을 가지지 않은 자라도 집행문의 부여되면 집행당사자로 된다.

3) 당사자적격과 변동

가. 당사자 적격

강제집행절차에서 집행당사자로 되기에 적합한 자격을 가진 자를 '집행당사자 적격'이 있다고 말한다. 당사자 적격은 집행권원의 집행력이 미치는 주관적 범위에 의하여 정하여 진다. 즉 확정된 또는 가집행선고 있는 종국판결의 집행력이 미치는 주관적 범위는 그 판결의 기판력(旣判力)[9]의 주관적 범위와 동일하다.

---

9) '기판력'이란 확정된 재판의 판단 내용이 소송당사자와 후소법원(後訴法院)을 구속하고, 이와 모순되는 주장·판단을 하지 못한다는 소송법상의 효력을 말한다.

> **注意** **기판력이 미치는 제3자** (=기판력의 주관적 범위)
> (1) 변론종결 후의 승계인
> (2) 당사자 또는 승계인을 위하여 청구목적물(유체물)을 소지하고 있는 자
> (3) 제3자를 위하여 당사자가 된 자가 받은 판결에 있어서의 제3자 [10]
> (4) 독립당사자 참가 또는 소송인수에 의하여 소송을 탈퇴한 당사자
> ※ 위의 경우는 집행당사자적격이 있으므로, 승계집행문을 부여받아 집행당사자가 된다.

나. 당사자 적격의 변동

집행권원의 성립 후 집행문부여 전에 당사자의 사망, 기타 승계 등으로 집행권원에 기재된 집행당사자의 적격에 변동이 있으면 새로 적격을 취득한 자를 위하여 또는 그 자에 대하여 '승계집행문'을 부여하여야 집행당사자가 된다. 그러나 집행개시 후 채무자의 지위에 포괄승계(ex 상속, 합병)가 있는 경우에는 승계집행문 없이도 그 채무자에 속하는 책임재산에 대하여 집행할 수 있다(제52조 제1항).

다. 소송능력

채권자는 언제든지 '소송능력'을 구비하여야 한다. 즉 미성년자, 한정치산자, 금치산자는 법정대리인이 집행하여야 한다. 채무자는 집행절차에 적극적으로 관여하는 것이 아니고 소극적으로 집행을 수인하면 되는 것이므로 원칙적으로 소송능력을 필요로 하지 않는다.

라. 집행당사자의 대리

집행절차에 있어서 당사자는 대리인에 의하여 소송행위를 할 수 있다. '집행관'에 의한 집행절차에 있어서는 대리인 자격에 제한이 없으나, 집행법원·수소법원이 하는 집행절차에 있어서는 대리인은 원칙적으로 변호사여야 한다. 다만, 집행법원, 수소법원이 소가 5,000만 원 이하의 단독판사일 경우에는 변호사 아닌 자도 당사자의 배우자 또는 4촌 안의 친족으로서 당사자와의 생활관계에 비추어 상당한 관계에 있는 자, 고용관계에서 담당 사무와 관계있는 자는 법원의 허가를 받아 대리인이 될 수 있고(민소 제88조 제1항), 담보권실행 등

---

[10] 선정당사자, 파산관재인, 정리회사의 관리인(회사정리법 제96조), 선장(상 제859조) 등이 받은 판결의 집행력은 선정자, 파산자, 회사, 채무자에게 미친다.

을 위한 경매의 경우에도 같다. 판결절차의 각 심급의 소송대리인은 그 판결에 기한 집행에 관하여 당연히 대리인자격을 가진다.

☞ 판결문에는 소송대리인이 당사자(원고)와 함께 기재되어 있으므로 쉽게 파악이 된다.

3. 집행권원의 존재

판결문 등 집행권원(執行權原)은 일정한 사법상의 '이행청구권'의 존재 및 범위를 표시함과 동시에 법률이 강제집행에 의하여 그 청구권을 실현할 수 있는 '집행력'을 인정한 공정의 증서로서 기판력(旣判力)과는 상관이 없다.[11]

집행권원의 종류는 민사소송법과 다른 법률에 규정되어 있으며, 집행권원에 의하여 집행당사자 및 집행의 내용·범위가 결정되며, 집행문이 부여될 때는 집행권원과 결합하여 그 내용이 확정된다.

집행권원에 표시된 급여의 내용 자체가 부적법하거나 사회질서에 반하는 것일 때에는 무효이므로 집행할 수 없으나, 급여내용 자체가 부적법한 것이 아니면 그 원인이 불법이라 하더라도 집행은 가능하다. 또 급여의 성질이 강제이행에 적합하지 아니한 경우(부부동거의무의 집행 등)에는 집행할 수 없다.

현행 법률상 인정하는 집행권원

가. 민사집행법에 규정된 집행권원
   ① 판결, 가집행선고 있는 종국판결, 외국법원의 판결에 대한 집행판결(제26조)
   ② 소송상 화해조서와 제소전 화해조서, 인낙조서(제56조), 항고로만 불복을 신청할 수 있는 재판(제56조), 확정된 지급명령, 가압류·가처분명령, 집행증서(약속어음공정증서, 금전소비대차공정증서(제56조), 과태료의 재판에 대한 검사의 집행명령(제60조) 등
   ❖ 약속어음 공정증서인 경우 액면금액에 대한 법정이자는 청구금액에 포함될 수 없으므로(대판 94마542, 543) 처음부터 작성시 이자를 감안하여 액면금액을 정하여 놓을 필요가 있다.

나. 기타 법률에 규정된 집행권원
   ① 중재판정에 대한 집행판결(중재법 제37조),
   ② 파산채권자표(채무자회생및파산에관한법률 제448조)
   ③ 회생채권자표, 회생담보권자표, 주주·지분권자표(같은 법 제158조)
   ④ 조정조서(민사조정법 제29조)
   ⑤ 조정에 갈음하는 결정

---

11) 확정된 지급명령의 경우 집행력은 있지만 기판력은 없는 경우이다.

> ⑥ 가사소송법에 따른 확정된 종국판결, 심판(가사소송법 제41조), 조정조서(같은 법 제59조 제2항) 와 조정에 갈음하는 결정
> ⑦ 당사자가 예납하지 아니한 비용의 수납결정, 소송상의 구조와 구조의 취소에 따른 비용 추심의 결정(민사소송비용법 제12조)
> ⑧ 비송사건절차법에 따른 과태료의 재판에 대한 검사의 명령(비송 제249조)
> ⑨ 비송사건절차의 비용의 재판(비송 제29조)
> ⑩ 벌금, 과료, 몰수, 추징, 과태료, 소송비용, 비용배상 또는 가납의 재판에 대한 검사의 명령(형사소송법 제477조)
> ⑪ 특허권, 실용신안권, 의장권, 상표권의 심판에 관한 비용 또는 이들 법률에 따른 보상금액과 대가에 의하여 확정된 결정(특허법 제166조, 실용신안법 제56조, 의장법 제72조, 상표법 제77조)
> ⑫ 확정된 배상명령 또는 가집행선고 있는 배상명령(소송촉진등에관한특례법 제34조 제1항)이 적힌 유죄판결
> ⑬ 언론중재위원회의 중재화해조서와 중재조서(정기간행물의등록등에관한법률 제18조 제7항)
> ⑭ 중앙토지수용위원회의 보상금에 관한 재결(공익사업토지보상법 제34조), 기타 변호사징계위원회의 과태료결정(변호사법 제90조 제2항), 지방법원장의 소속 법무사에 대한 과태료의 처분에 대한 검사의 명령(법무사법 제48조 제3항) 등

집행권원은 집행권원에 표시된 청구권과 함께 제3자에게 양도할 수 있다.

한편 집행권원이 소멸하는 경우로는 ① 그 효력을 상실하는 경우와 ② 그 존재가 없어진 경우가 있다.

전자의 예로는 가집행의 선고가 있는 종국판결이 가집행선고의 취소 또는 본안판결을 변경하는 판결의 선고로 효력이 상실되는 경우 또는 확정판결이 재심판결에 의하여 취소되는 경우로, 채무자는 집행문부여에 대한 이의신청(민집 제34조)으로 다툴 수 있다.

후자의 예로서는 화재, 전란 등으로 소송기록이나 판결원본 기타 집행권원의 '원본'(법원보관)이 멸실된 경우로 새로운 소송이나 기타의 방법으로 다시 집행권원을 취득하여야 한다.[12] 단순히 집행권원 '정본'을 분실한 경우는 다시 교부받을 수 있다.

---

12) 공증사무소 보관의 공정증서 원본이 멸실(소실)된 경우에는 이미 공증인이 교부한 증서의 정본이나 등본을 회수하여 멸실한 증서에 대신하여 이를 보존토록 규정하고 있으므로(공증인법 제41조) 원본에 대신하는 정본이나 등본에 기하여 집행문을 부여받을 수 있다.

4. 집행문을 부여받음

1) 의 의

집행문(執行文)이란 '집행권원'에 집행력 있음과 집행당사자, 집행의 범위 등을 공증하기 위하여 법원사무관 등이 공증기관으로서 집행권원의 말미에 부기하는 공증 문언을 말한다. 집행문이 붙은 집행권원 정본을 '집행력 있는 정본'이라 한다(제28조 제1항).

집행문을 부여하는 목적은 재판기관과 집행기관의 분리로 인하여 청구권의 존부, 범위, 내용에 대한 판단은 재판기관이 담당하고, 집행기관은 집행력의 유무와 범위를 조사할 필요 없이 단순히 재판기관의 집행문을 붙인 집행권원에 따라 신속하게 강제집행을 실시하기 위함이다. 또 한편 집행문을 부여해줌으로써 허위판결문이 아님을 공적으로 확인해 주는 것이다.

2) 집행문의 필요여부

강제집행을 실시하기 위하여는 원칙적으로 집행력 있는 정본이 필요하므로 집행권원에 집행문의 부여가 필요하며, 금전지급·물품인도 등의 의무이행을 명하는 판결, 가사심판 또는 가사사건의 상소심판결, 조정조서, 화해조서(가사소송법 제41조)와 소송비용액 확정결정에도 집행문이 필요하다.

그러나 집행절차의 간이성 및 신속성이 요구되는 경우(가압류, 가처분명령, 이행권고결정, 지급명령 등)와 집행절차 중의 부수적 집행(채권압류명령에 기한 채권증서의 인도집행 등), 법률상 집행력 있는 집행권원과 동일한 효력이 있는 경우(과태료의 재판, 형소법상의 재산형 집행을 위한 검사의 집행명령 등), 배상명령, 판결이 확정됨으로써 의사의 진술이 있는 것으로 간주되는 경우에는 집행문의 부여가 필요 없다.

다만 집행에 조건이 붙거나 당사자의 승계가 있는 경우에는 조건집행문이나 승계집행문이 필요하다.

> **예 규** 집행문을 필요로 하지 않는 경우
>
> ① 가압류·가처분명령(제292조, 제301조),
> ② 집행법원이 집행절차의 일환으로 한 재판의 집행{부동산 인도명령의 집행(제136조 제6항), 채권압류명령에 따른 채권증서의 인도집행(제234조), 강제관리 개시결정에 따른 부동산의 점유집행(제166조 제2항)},
> ③ 검사의 집행명령(형사소송법 제477조),
> ④ 과태료의 재판에 대한 검사의 명령(제60조, 비송사건절차법 제249조),
> ⑤ 의사의 진술을 명하는 판결(예, 소유권이전·말소등기를 명하는 판결),
> ⑥ 확정된 지급명령(제58조 제1항), 이행권고결정
> ⑦ 확정된 배상명령 또는 가집행선고 있는 배상명령이 적힌 유죄판결(소송촉진등에관한특례법 제34조 제1항) 등.
> 다만, 집행문을 필요로 하지 않는 집행권원이라도 집행에 조건이 붙여진 경우, 또는 당사자의 승계가 이루어진 경우에는 집행문이 필요하다(대판 92다33251).

3) 집행문 부여기관

(가) 판결인 경우는 제1심의 수소법원의 법원사무관 등, 소송이 상급심에 계속 중이거나 소송기록이 상급심에 있는 경우에는 상급심 법원의 법원사무관 등.

(나) 항고로만 불복을 신청할 수 있는 재판, 확정된 지급명령은 당해기록을 보관하는 법원의 법원사무관 등.

(다) 제소전화해조서, 조정조서, 파산채권표, 회사정리채권자표 등은 당해 절차를 행한 법원사무관 등.

(라) 집행할 수 있는 공정증서인 경우는 그 증서를 보관하는 공증인, 법무법인 또는 공증인가 합동법률사무소.

(마) 각종 조정위원회의 조정조서 등은 그 조서를 작성한 조정위원회의 소재지를 관할하는 지방법원 법원사무관(각종분쟁조정위원회등의 조정조서등에대한집행문부여에관한규칙 제3조)[13]

---

[13] 법원 또는 법원의 조정위원회 이외의 각종 조정위원회, 심의위원회, 중재위원회 또는 중재부 기타의 분쟁조정기관(이하 "조정위원회"라고 한다)이 작성한 화해조서, 조정조서, 중재조서, 조정서 기타 명칭의 여하를 불문하고 재판상의 화해와 동일한 효력이 있는 문서(이하 "조서"라고 한다)에 대한 집행문의 부여신청은 그 조서를 작성한 조정위원회의 소재지를 관할하는 지방법원(그 소재지가 지방법원 지원의 관할구역에 속하는 경우에는 그 지방법원의 "본원"을 말함)에 신청하며, 인지 500원을 첨부하고, 송부촉

4) 집행문 부여절차

집행문의 부여신청은 서면 또는 구술(제28조)로 하며, 신청권자는 집행채권자 적격이 있는 자라야 한다.14)

판결의 집행에 '조건'15)이 붙은 경우나 당사자의 '승계'16)가 있는 경우 또는 '재도·수통'의 집행문을 부여하는 경우에는 재판장의 명령으로 집행문을 부여한다.

한편 공증인이 공정증서에 대하여 집행문을 부여할 때는 재판장의 명령을 받지 않고, 공증사무실에서 부여한다.17) (승계)집행문이 피고(채무자)에게 송달되지 않는 경우 그 사유가 폐문부재인 경우에는 집행관특별송달 신청을, 수취인불명 등으로 더 이상 주소보정을 할 수 없는 경우에는 공시송달신청이 가능하다. 양수인은 스스로 승계집행문의 부여를 구할 수 있다(민집법 제31조).

승계의 원인으로는 포괄승계이든 특정승계이든 불문하나 그것이 사실심 변론종결 후임을 요한다. 구체적인 예에 따라 승계집행문 신청시의 '첨부서류'를 보면 아래와 같다.

(a) 사망·합병 : 제적등본 및 가족관계증명서, 법인등기부등본
(b) 채권양도 : 양도증서, 양도인이 채무자에게 통지한 내용증명우편
(c) 채무인수 : 채권자, 채무자 및 인수인 등의 계약서 등
(d) 채권의 전부명령 : 전부명령정본 또는 등본과 그 확정증명원
(e) 대위변제 : 변제영수증 또는 임의대위에서 채권자의 승낙서, 채무자에의 대위변제통지서면 또는 채무자의 승낙서, 채권자로부터 교부받은 집행정본 등

피전부채권의 부존재로 인하여 '전부명령결정'이 무효인 경우 전부채권자는 전부명령신청당시 제출한 집행권원의 반환을 청구할 수 없으므로(재민62-9) 피전부채권이 존재하지 아

탁 및 집행문부여통지 등에 필요한 비용을 예납하게 된다.
14) 소송대리인은 당연히 집행에서도 대리권한이 있지만, 이 경우가 아닌 일반인이 대리인인 경우에는 위임장에 인감날인과 인감증명서가 첨부되어 있어야 집행문을 대리로 부여받을 수 있다.
15) 조건에 해당하는 것으로는 집행이 불확정기한, 정지조건, 채권자의 선급부, 채권자의 최고, 선택권의 행사, 의사진술이 반대급부의 조건이 있는 경우(제263조), 채권자에게 입증 책임있는 실권약관이 붙은 경우 등이 있다.
16) 집행권원에 표시된 당사자의 승계가 있는 경우에는 승계가 법원에 명백한 사실이거나 증명서로서 이를 증명한 때에 한하여 승계인을 위하여 또는 그 승계인에 대하여 집행문을 부여할 수 있다. 증명서에 의하여 집행문을 부여한 때에는 그 증명서의 등본을 강제집행을 개시하기 전에 채무자에게 송달하거나 동시에 송달하여야 한다(제39조).
17) 공증사무소에서의 집행문부여는 증서 작성한 다음날부터 7일이 지나야 하며, 그 비용은 10,000원이다.

니함을 입증하여 다시 집행력 있는 정본을 부여받을 수 있고, 그 입증방법으로는 전부금청구 소송에서의 전부채권자 패소판결문을 제출하는 것이 실무례이다.

채권자는 집행문부여거부처분에 대한 이의신청(법 제34조, 제59조), 집행문부여의 소송(법 제33조, 제59조)을 제기할 수 있고, 채무자는 집행문부여에 대한 이의신청, 집행문부여에 대한 이의의 소송으로 불복할 수 있다.

채권자는 집행문부여 거절처분에 대한 이의, 또는 집행문부여의 소에서 승소한 경우에도 다시 집행문부여신청을 하여야 하고, 그 신청서에는 집행권원과 재판의 정본을 첨부하여야 하며, 부여기관은 재판장의 명령이 필요한 경우에도 따로 그 명령없이 당연히 집행문을 부여하게 된다.

재도부여를 신청함에 있어서 첫 번 교부시에 조건을 이행한 증명서 또는 승계된 사실의 증명이 제출되어 있으면 다시증명을 요하지 아니한다.

집행문부여 신청서에는 500원의 인지를 붙여야하고, 수통·재도부여를 신청할 때에도 500원의 인지와 아울러 1통마다 500원의 수입인지를 붙여야한다.

정본도 함께 교부되는 경우는 따로 원본 5장까지 1,000원, 초과 1장당 50원의 수수료를 인지로 납부한다.

Q 질의

홍길동에 대하여 점유이전금지 가처분집행이 완료되었음에도 불구하고 이후 점유가 제3자인 최고봉에게 이전된 경우, 후에 얻어진 홍길동에 대한 명도이행판결로 최고봉에 대하여 명도집행을 하려면 어떻게 해야 할까.

A 회신

점유이전금지가처분 채무자는 가처분채권자에 대한 관계에 있어서만 당사자 항정(恒定)의 효력이 인정될 뿐이므로, 가처분채권자는 가처분 자체의 효력으로 직접 제3자의 퇴거를 강제할 수는 없고, 본안판결(명도이행)의 집행단계에서 승계집행문을 부여받아 그 제3자인 최고봉의 점유를 배제할 수 있다[대판 98다591118].

한편 이미 법원으로부터 발부받은 집행정본을 분실·멸실 등의 경우에는 '다시' 집행문이 부여된 판결정본을 발급받아야 하는데 이렇듯 집행력 있는 정본을 다시 발급 받는 것을 "재도부여"라 한다. 한번 집행문을 부여받은 이후부터는 집행문부여신청이 아닌 재도(또는 수통)부여신청이 된다.

참고로 집행권원의 발급에 따른 수수료(인지)는 1,000원이고, 집행문부여의 수수료(인지)는 500원이다.

> **注意**
> ○ 종전 판결문 등 집행권원을 분실하여 재도부여(재발급) 신청을 할 때에는 가까운 경찰관서(지구대 포함)로부터 사건번호가 기재된 '분실신고접수증'을 받아 첨부하였으나, 실무는 발급신청 당사자가 '분실사유서'를 작성하여 제출하는 것으로 변경되었다.
> ○ 반면 '약속어음' 공정증서를 분실한 경우는 법원에의 공시최고신청에 따른 제권판결을 받아야 재도부여가 가능하고, '금전소비대차' 공정증서 분실의 경우는 경찰관서로부터 분실신고접수증을 교부받아 재도부여가 가능하다.

[서식] 분실사유서

분 실 사 유 서

사건번호및사건명	201○가단46885 매매대금반환			
분실물	의정부지방 법원 202○가소135817 사건의 집행력 있는 □ 판결정본 □ 이행권고결정정본 □ 지급명령정본 □ 화해권고결정정본 □조정조서정본 □ 조정에갈음하는결정(조서)정본 □소송비용액확정결정정본 □ 기타( )			
분실자	성명	이진실	주민번호	660410-2463024
	주소	서울 영등포구 선유로25길 31-43, 1층 평화부동산(양평동2가)	연락처	010-9511-8028
분실일시	201○. 7. 10. 오후 3:00경			
분실장소	1호선 지하철 선반에서			
분실경위 (필요 시 별지 사용 가능)	201○. 7. 10.경 발부받은 집행력있는 판결정본이 든 서류봉투를 신청인이 1호선 시청역에서 신도림역 가는 도중 지하철선반 위에 올려놓고, 내리는 통에 분실하였습니다. 이후 분실물 센타를 찾아갔지만 도저히 찾을 수가 없습니다.			

위와 같이 분실한 사실을 소명합니다.

202○년   월   일

신청인 성명 __이진실__ 서명 _____(인)

서울남부지방법원 귀중

❖ 주의사항
1. 집행문을 분실하여 다시 신청한 때에는 재판장(사법보좌관)의 명령이 있어야만 이를 내어 줍니다(민사집행법 제35조 제1항, 법원조직법 제54조 제2항).
2. 위 서류는 신청인(사건당사자 또는 소송대리인)이 작성하여야 하며, 소송대리인을 제외한 대리인이 제출하는 경우 신청인의 위임장이 필요합니다.

비용정리

① 집행권원(ex 판결문) 재도부여신청

  인   지 : 1,000원(정본발급) + 인지 500원(집행문부여)

  * 수통부여와 전자독촉의 경우 : 송달우표 : 4,800원(1회분)

② 승계집행문 부여신청 : 인지 500원(집행문부여) + 송달우표 4,800원 × 2회분

③ 송달증명, 확정증명 등 각종증명 : 1건에 인지 500원

④ 승계집행문부여에 대한 송달불능시

 ⅰ) 폐문부재인 경우 : 집행관 특별송달료로서 16,000원(주간인 경우), 16,500원(야간, 주말인 경우)
       (금융기관 송달납부서 형태로 납부한다.)
         타관할 법원에 거주한다면 - 송달우표 2회분(집행관의뢰) 추가
 ⅱ) 수취인불명 등 : 공시송달신청
 ⅲ) 이사불명 : 채무자 주민등록초본을 재발급 받아 주소보정

[서식] 판결정본에 '집행문'을 부여받고자 하는 경우

집 행 문 부 여 신 청

사 건   201○가단11519호 대여금
원 고   (주) 새한티앤에스
피 고   김영욱 외 3

위 사건에 관하여 귀원에서 201○. 3. 14. 선고한 가집행선고부 판결정본에 대하여 집행문을 부여하여 주시기 바랍니다.
* 첨부: 판결정본 1통

202○. . .
위 원고 (주) 새한티앤에스
대표이사 이 정 우 (인)

서울중앙지방법원   귀중

접수방법

- 집행문부여신청서 1부를 현재 재판기록이 있는 재판부에 제출한다. 사건이 종결된 경우는 1심 수소법원 '기록보존계'에서 부여를 받는다.
- 2심 또는 3심을 진행한 경우는 금액의 변동이 있는 경우는 각 심급의 판결 정본을 모두 첨부한다.
  그러나 금액의 변동이 없는 경우(ex 항소기각)는 이행판결을 내린 심급의 판결문에 대하여만 집행문을 부여받는다.
- 인지 : 500원
- 통상적으로 집행문부여신청과 송달증명·확정증명신청을 같이 신청하고 있다.

▶ 종결된 사건의 기록을 보존하는 기록관리과(또는 보존계)의 모습

[서식] 판결정본에 '집행문'을 부여받고, 송달증명 및 확정증명을 받는 경우

① 신 청 서	신청인은 ●로 표시된 부분을 기재합니다.
● 사 건	201○가단2198 대여금
● 원 고	이진성
● 피 고	박영진

위 사건에(판결, 결정, 명령, 화해조서, 인낙조서, 조정조서, 기타 :   ) 에 대한 아래의 신청에 따른 제증명을 발급하여 주시기 바랍니다.

202○. . .

전화번호 : 010-1136-2754
● 신청인 :   위 신청인(채권자)   이 진 성   (인)

신청할 제증명 사항을 신청번호에 ○표하시고,
필요한 통수와 발급 대상자의 성명을 기재 합니다.

신청 번호	발급 통수	신청의 종류	발급 대상자의 성명 (※주) 재판서의 당사자 모두에 대하여 신청할 경우에는 기재하지 아니함	인지 붙이는 곳
1	1통	**집행문 부여**		수수료 : 1통당 500원 (단, 재판서·조서의 정본·등본·초본은 1통당 1,000원) 사무실 내에 위치한 신한은행에서 구입
2	1통	**송 달 증 명**		
3	1통	**확 정 증 명**		
4		승계송달증명		
5		재판서·조서의 정본·등본·초본		

서울서부지방법원   귀중

위 증명 문서를 틀림없이 수령 하였습니다.	202○. . .	● 수령인 성명: 이 진 성 (인)

[서식] 집행권원 분실로 판결문 및 집행문을 '재발급' 받고자 하는 경우

집행문 재도부여신청서

사 건   201○가단90887 양수금
원 고   박 대 성
         ☎ 010-1875-0298
피 고   이 연 구

 위 사건에 관하여 귀원에서 선고한 판결의 집행력 있는 정본 1통을 이미 부여받은바 있으나, 분실하였으므로(또는 서울북부지방법원 201○타채1232호 채권압류 및 추심명령신청에 사용하였으므로) <u>집행력 있는 판결정본 1통을</u> 재도부여해 주시기 바랍니다.

첨부서류 : 분실경위서(또는 사용증명원)   1통

202○. . .
위 원고   박 대 성   (인)

서울중앙지방법원 기록관리과   귀중

접수방법

1. '재도부여신청'은 이미 법원으로부터 부여받은 집행력있는 정본을 분실·멸실·사용 등의 경우에 다시 집행력있는 정본(집행문부여 및 집행정본)을 재발급받고자 하는 신청으로 기록을 보관하고 있는 법원의 허가가 필요하다.
2. 위 신청의 경우에는 사유를 기재하여야 하며 이를 증명할 서류(분실신고접수증) 또는 집행력있는 정본을 다른 곳에서 사용하였음을 증명하는 '사용증명원'을 첨부한다.
   ※ 정본을 분실한 경우는 분실사유서 내지 분실경위서를 신청인이 작성하여 위 신청서에 첨부한다(종전 경찰서 분실접수증 첨부를 통한 방법은 폐지됨).
3. 인지 - 집행문부여시 인지액 : 500원, 정본교부시 인지액 1,000원(5장 이하)
   ※ 송달증명원(500원), 확정증명원(500원)은 별도로 각 증명신청시 첨부한다.
4. 송달우표 : 4,800원, 신청서 상단에 고정시킨다.
5. 지급명령정본과 이행권고결정정본의 경우 정본자체에 송달·확정증명이 되어 있으므로 정본교부비 1,000원의 인지만을 첨부한다.
6. 위 신청서 1부를 재판기록이 있는 법원에 제출한다. 사건이 종결된 경우는 1심 수소법원 '기록관리과'에서 부여한다. 위 신청서 제출시 송달증명과 확정증명원을 같이 발부받을 수 있도록 그 신청서를 함께 준비함이 좋을 것이다.

[서식] 분실경위서

분 실 경 위 서

분실자(원고) 박대성 (720916-1119218)
경기도 의정부시 신촌로 53번길 20-5(가능동)
연락처 : 010-1136-2754

위 분실자는 사용증명원을 보관하던 중 분실하였는바, 다음 아래와 같이 분실경위 진술합니다.

아　　래

위 분실자는 위 당사자간 의정부지방법원 201○차2500 대여금 독촉 사건의 재도부여받은 지급명령 확정 정본은 201○. 3. 9.자 접수의 수원지방법원 201○타채6579 채권압류 및 추심명령 신청 사건에서 사용한 바 있습니다.

그리고 위 당일 '사용증명원'을 발부 받은 적이 있습니다. 그러나 이후 채권자는 위 사용증명원을 가지고 집행권원 재도부여를 받지 못한 채 단지 보관하던 중 분실을 하였습니다.

후일 분실된 사용증명원이 발견되더라도 이를 가지고 권리를 남용하는 일은 없도록 할 것이며, 이에 대하여는 어떠한 처벌도 감수하겠습니다.

202○년　○월　○일
위 분실자 (채권자)　　박 대 성　(인)

[서식] 사용증명원을 첨부하여 결정정본을 '재발급' 받고자 하는 경우

집행문 재도부여신청서

사　건　　201○가단123221 물품대금
원　고　　이 원 영
　　　　　☎ 010-5432-0987
피　고　　김 영 규

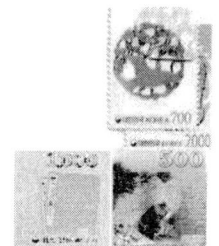

　귀원 201○가단123221 물품대금 청구사건의 화해권고결정 정본을 의정부지방법원 201○타채23432 채권압류 및 추심명령에 사용하였으나, 피압류 여부가 불투명한 상태이고, 채무자의 다른 재산에 강제집행을 하고자 하오니 집행력있는 화해권고결정 정본 1통을 부여해 주시기 바랍니다.
* 첨부서류 : 사용증명원 1통

202○.　.　.
위 원고　이 원 영　(인)

서울중앙지방법원 기록관리과　귀중

접수방법

1. 위 신청은 이미 발부받은바 있는 집행력있는 집행권원 정본이 다른 곳에서 사용 중임을 증명하는 서류(사용증명원)를 첨부하여 재도부여받는 예이다.
   ※ 사용증명원은 강제집행신청서(ex 채권압류 및 추심명령신청서)의 접수시 교부받는다.
2. 인지액
   가. 집행문부여 인지액 : 500원
   나. 정본이 없는 경우에는 정본교부비용 인지액 1,000원(5장 이하)
   ※ 송달증명(500원), 확정증명(500원)은 별도로 각 증명신청시 첨부한다.
3. 송달우표 : 4,800원, 채무자에게 재도부여사실을 통지하기 위한 것으로 상단에 고정시킨다.
4. 위 집행문부여신청서 1부와 별도로 송달증명·확정증명신청서를 재판기록이 있는 재판부에 제출한다. 사건이 종결된 경우는 1심 수소법원 '기록관리과'에서 부여를 받는다.

[서식] 상소심까지 진행한 경우 집행문의 '수통(여러 통)' 부여신청

집행문 수통 부여신청서

사 건 인천지방법원 201○가합252(1심) 대여금
       서울고등법원 201○나2555(2심)
       대법원   201○다3683(3심)
원 고 배현정
피 고 이영복

　귀원 위 대여금 청구사건은 최근 대법원에서 확정되었는바, 원고 청구 인용금액이 6억원인데 반하여 피고 재산은 아래 여러 곳에 산재되어 있는 사유로 이를 동시에 집행하고져 하오니, <u>각 심급(3개)</u>의 집행력있는 <u>판결정본을 수통(3통)</u>부여하여 주시기 바랍니다.

1. 판결정본의 사용용도
   (1) 부천시 소재 금강리빙스텔 113호에 대한 집행(부천지원 관할)
   (2) 인천 석남동 토지 및 건물에 대한 집행(인천지방법원 관할)
   (3) 기타, 금융재산에 대한 추심용
2. 첨부 : 등기부등본 3통

　　　　　　　　　　　20○. . .
　　　　　　　　위 원고   배 현 정
　　　　　　　　　　　　 010-1853-9955

인천지방법원 기록관리과 귀중

접수방법

1. '수통부여신청'은 한 번에 여러 통의 집행문을 신청하는 경우로서, 피고가 2명 이상이거나 한 번에 여러 곳에 집행할 필요가 있거나 채권금액이 고액인 경우 신청하도록 한다.
　　막연히 수통부여라고만 표현하기 보다는 구체적으로 필요한 숫자를 기재하도록 한다. 수통의 경우 집행할 재산에 관하여 구체적인 기재 또는 소명자료를 요구하기도 하므로 이에 관하여 소명자료를 첨부하도록 한다.
2. 대법원에서 판결이 선고된 경우 재판기록은 2심을 거쳐 1심 보존계(기록관리과)로 송부되므로 기록이 존재하는 곳을 확인하여 집행문을 부여받도록 한다.
　　통상 본안 사건 확정 후 1~2개월이면 기록을 보존계(기록관리과)로 송부하여 관리하므

로, 본안사건이 종료되었다면 기록의 보존여부를 확인하도록 한다. 보존되지 않은 경우 담당재판부에서, 보존된 경우 기록관리과에서 재도(또는 수통)부여를 받는다.
3. 상소심(2-3심)을 진행한 경우의 집행문부여는 각 심급의 판결정본 모두에 대하여 이루어져야한다.
4. 인지액
   가. 집행문부여 인지액 : 500원 × 필요한 집행권원 수
   나. 정본이 없는 경우에는 정본교부비용 인지액 1,000원(5장 이하) × 필요한 집행권원 수
   ※ 송달증명원(500원), 확정증명원(500원)은 별도로 각 중명신청시 첨부한다.
   ※ 위 사례의 경우 인지액 : 인지 10,500원
     {= 9,000(정본 3부 3,000원 × 3통) + 1,500원(3통에 대한 각 집행문 1,500원}
5. 송달우표 : 4,800원, 채무자에게 수통부여사실을 통지키 위함이며 상단에 고정시킴.

[서식] 판결상 채권을 양수받은 자가 판결정본의 재발급 및 승계집행문을 부여받고자 하는 경우

승계집행문 재도부여신청

사　　건　　201○가소36936 매매대금
원　　고　　주식회사 코리아종합물류
　　　　　　남양주시 별내면 화접1리 398-1
　　　　　　대표이사 조권사
신　청　인　이성준
(특별승계인)　경기도 의정부시 신촌로 45(가능동)
　　　　　　☎ 010-1136-2754
피　　고　　양옥진 (790228-2482313)
　　　　　　경기도 남양주시 도농로17번길 5-3, 마동 202호(도농동, 소망아트빌라)

　위 당사자간 귀원 201○가소36936 매매대금 청구사건에 관하여, 이건 신청인(특별승계인)은 201○. 5. 18.자로 위 사건의 원고로부터 집행권원상 채권을 양수를 받은 바 있고, 이 사실에 관하여는 201○. 5. 30. 확정일자 있는 내용증명 우편으로 피고에게 통지한바 있어 그 즈음 피고에게도 송달된 것입니다.
　따라서 신청인은 위 채권을 양수받은 특별승계인이므로, 이건 피고에 대하여 강제 집행할 수 있도록 판결문의 재도부여와 승계집행문을 부여하여 주시기 바랍니다.

첨 부 서 류

1. 채권양도통지서   1통
2. 채권양도증서   1통
3. 인감증명서   1통
4. 주민등록초본   1통
5. 분실신고접수증   1통

202○. . .
위 원고 특별승계인(신청인) 이 성 준 (인)

의정부지방법원 남양주시법원 기록보존계 귀중

접수방법

- 인   지 : 판결문재발급(1,000원) + 승계집행문부여(500원) = 1,500원
- 송달우표 : 2회분(4,800원 × 2개)을 호치킷 등으로 상단에 찝어 제출한다.
- 관할 : 소송기록을 보관하고 있는 법원에 1부를 제출한다.
  판결문 등이 재발급(재도부여)되더라도 승계집행문 부여사실에 대한 송달증명원이 있어야만 집행요건을 갖추게 되는 것이므로, 승계송달증명원(500원)까지 발부받으려면 통상 수일이 소요된다. <u>위 피고에 대한 송달에 관하여는 특별송달, 공시송달이 가능하다.</u>
- 판결상의 채권을 양도한다는 '양도증서'에는 양도인의 인감날인과 인감증명서가 첨부되거나 인감날인이 되도록 하고, 만일 그렇지 않은 경우에도 양도인의 신분증사본 정도는 첨부되어야 그 진정성을 인정받을 것이다.

[서식] 판결상 채권을 양수받아 승계집행문 부여받는 경우

승 계 집 행 문 부 여 신 청

사　　건　　201○가단12323 대여금
채 권 자　　김 승 겸
승 계 인　　김 태 겸 (700812-1092822)
　　　　　　서울 중랑구 면목로31길 13(면목동)
　　　　　☎ 010-977-0912
채 무 자　　장 영 철

　승계인은 위 채권자와 채무자간 귀원 201○가단12323호 대여금 청구사건에 기한 채권을 채권자로 부터 양수하였으므로 위 채무자에 대한 집행을 위하여 판결정본에 승계집행문을 부여하여 주시기 바랍니다.

첨 부 서 류

1. 판결정본　　　　　　　　　　　1통
2. 채권양도증서　　　　　　　　　1통
3. 채권양도통지서　　　　　　　　1통

202○. . .

위 신청인(승계인)　김 태 겸　(인)

서울북부지방법원 기록보존계　귀중

접수방법

- 승계집행문부여신청서 1부를, 현재 재판기록이 있는 재판부에 제출한다. 사건이 종결된 경우는 1심 수소법원 '기록보존계'에서 집행문을 부여 받는다.
- 비용 : 인 지 액 : 500원(승계집행문부여)
　　　 송달우표 : 2회분(4,800원 × 2개) - 상단에 호치키스로 고정시킨다.
- 양도증서에는 양도인의 인감날인과 인감증명서가 첨부되거나 인감날인이 아닌 경우 양도인의 신분증사본이 첨부되도록 한다.
- 첨부된 판결정본

※ 주의 : 승계집행문부여신청에 따라 승계집행문이 부여되면 채무자에 대한 부여사실의 통지가 있게 되는데 통지가 되어야만 '승계집행문부여에 대한 송달증명원'(이하 승계송달증명원이라 함)을 발부받을 수 있다. 집행력 있는 집행권원이 되려면 승계집행문이 채무자에게 송달되었다는 <u>승계송달증명원</u>이 첨부되어야 하는 것에 유의한다.

[서식] 승계집행문부여에 대한 송달증명원

승계집행문부여에 대한
송 달 증 명 원

사　　건　　201○가소12323 대여금
원　　고　　김 승 겸
승 계 인　　김 태 겸
피　　고　　장 영 철

　위 당사자간 사건의 원고의 특별승계인은 201○. 4. 10. 귀 법원으로부터 승계집행문을 부여 받은 바, 당해 승계집행문 부여의 통지가 201○. 5. 3. 피고에게 송달되었음을 증명하여 주시기 바랍니다.

　　　　　　　　　　　　　202○.　.　.
　　　　　　　　　위 신청인(승계인)　김 태 겸　　(인)

서울북부지방법원 기록보존계　귀중

접수방법

- 승계집행문승계집행문부여 사실에 대한 통지가 채무자(피고)에게 송달되면 '승계집행문부여에 대한 송달증명원'을 발부받을 수 있다.
- 승계집행문부여에 대한 송달불능시
  ⅰ) 폐문부재인 경우 : 집행관 특별송달료로서 16,000원(주간인 경우), 16,500원(야간, 주말인 경우)
  　　　　　　　(금융기관 송달납부서 형태료 납부다.)
  　타관할 법원에 거주한다면 - 송달우표 2회분(집행관의뢰) 추가
  ⅱ) 수취인불명 등 : 공시송달신청

iii) 이사불명 : 채무자 주민등록초본을 재발급받아 주소보정
- 수수료 : 증명원 1개당 인지 500원
- 발부받고자 하는 증명원의 수에 1을 더한 수를 제출한다. 예를 들어 1부를 증명받고자 한다면 증명원 2부를 준비하고, 인지는 500원을 첨부한다.

❖ 집행문의 기재례

① 일반적인 경우

> 이 정본은 피고 최고봉에 대한 강제집행을 실시하기 위하여 원고 홍길동에게 내어 준다.
> 202○. . .
> 서 울 중 앙 지 방 법 원
> 법원사무관   김 정 직   (인)

② 판결의 집행에 조건이 있는 경우

> 이 정본은 재판장(또는 사법보좌관)의 명령에 의하여 피고 최고봉에 대한 강제집행을 실시하기 위하여 원고 홍길동에게 내어 준다.

③ 당사자(원고)에게 승계가 있는 경우

> 이 정본은 재판장(또는 사법보좌관)의 명령에 의하여 피고 최고봉에 대한 강제집행을 실시하기 위하여 원고 홍길동의 승계인 홍말자(680723-2398720)에게 내어 준다.

注意
- ❖ 재판장(또는 사법보좌관)의 명령에 의하여 집행문을 내어 주는 경우(수통, 재도부여 및 조건성취, 승계의 경우) 그 명령은 집행문에 적어야 하는바(법 제32조 제3항), 통상적으로 "이 정본은 재판장(또는 사법보좌관)의 명령에 의하여…준다"라고 기재한다.
- ❖ 재판장의 심문없이 수통 또는 재도부여를 하는 때에는 법원사무관등은 그 명의로 채무자에게 그 사유를 통지한다(제35조 제2항). 그런데 채무자에의 통지규정은 훈시규정이므로 이를 통지하지 아니하였다고 하여 그 집행절차가 위법하게 된다고 할 수는 없다[대결 80마394].
- ❖ 재도부여를 신청함에 있어서 첫 번 교부시에 조건을 이행한 증명서 또는 승계된 사실의 증명을 제출한바 있으면 다시 증명을 할 필요가 없다.

5. 송달 및 확정증명을 받음

1) 송달증명

집행권원을 가지고 바로 집행하기 위하여는 상대방 피고에게 집행권원이 송달되었다는 '송달증명'을 받아야 한다.

다만 보전처분(가압류·가처분)은 송달증명이 없이도 집행이 가능하다. 그러나 채권가압류의 경우 후일 '가압류를 본압류로 전이하는 채권압류 및 추심(또는 전부)명령'이 효력을 가지려면 가압류결정문이 제3채무자에게 송달되었다는 송달증명을 받을 것을 요하므로 본압류전이 채권압류 및 추심(또는 전부)명령의 신청단계에서 가압류결정문의 제3채무자에의 송달증명을 첨부하고 있다.

본안의 소송을 거친 집행권원, 이를테면 판결, 지급명령결정, 이행권고결정, 화해권고결정, 강제조정결정 등은 모두 송달증명을 요한다. 그러나 지급명령이나 이행권고결정은 송달증명이 집행권원에 표기되어 있으므로 별도 송달증명을 받을 필요는 없다.[18]

한편 조정조서, 화해조서, 인락조서 등은 피고가 법정에서 그 내용을 확인한 것이므로 별도 확정증명을 받지 않지만, 각 조서정본의 '송달증명'을 받아야만 집행을 할 수 있다.

송달증명은 기록이 있는 곳에서 발부를 받는다. 예컨대 1심 판결선고 후 피고가 항소제기를 하여 항소심 법원에 기록이 있는 경우 가집행에 기하여 강제집행을 하려는 원고는 항소심법원으로 부터 송달증명신청을 받을 수 있다. 소송이 종결된 경우는 기록이 보존되므로, 1심 수소법원 기록보존계에서 송달증명을 받는다. 1개 송달증명을 받는데 500원의 인지를 첨부한다.

상소심 법원에서 사건이 확정된 경우 집행을 위한 송달증명은 각 심급 판결문의 송달증명을 모두 받을 필요는 없고, 최종 상소심판결의 송달증명만 있으면 된다.

> 📖 **판례** **집행권원의 송달없이 한 집행행위의 효력은 어떻게 될까.**
> 판례는 취소설[19]에 입각한 것도 있고, 무효설에 입각한 것도 있다. 판례에 의하면 집행

---

18) 그러나 지급명령결정, 이행권고결정이라도 승계집행문을 부여받는 경우에는 승계집행문이 채무자에게 송달되었다는 송달증명은 받아야 한다.

19) [대판 80다438] : 승계집행문이 부여된 화해조서정본을 송달한 증명없이 그 집행정본에 따라 소유권이전등기가 행하여졌다면 이는 위법하지만 그 등기가 무효라고 할 수는 없다.

권원이 허위주소로 송달된 후의 부동산강제경매[20]와 전부명령[21]은 무효이다.

> **注意** **각종 증명을 발부받는 방법**
> ❖ 법원으로부터 증명(ex 송달증명, 확정증명, 접수증명 등)을 받고자 할 때의 법원실무는 신청인이 법원용과 발부용을 각 준비한다.
> ❖ 법원용에는 발급증명서 1개당 인지 500원(ex 송달증명을 3통 발부받고자 한다면 1,500원)을 첩부하고, 영수의 의미로 하단 여백에 신청인이 날인을 한 채 신청을 하고 있다. 따라서 법원용 1부와 희망하는 발급용 부수를 준비한다. 아래 법원용과 발부용을 확인한다.
> ※ 다만 최근 법원의 온라인 전산시스템 완비로 즉시 증명원을 발부하여 주고 있기 때문에 법원보관용 증명원 1부만을 제출하여도 무방하다.

[법원제출용]

송 달 증 명 원

사　　건　　201○가합34689　손해배상(기)
원　　고　　이 연 구
피　　고　　박 대 성

위 당사자간 사건에 관하여 201○. 8. 30. 조정으로 종결된바 위 사건의 조정조서가 201○.
．．피고에게 송달되었음을 증명하여 주시기 바랍니다.

202○．．．
위 원 고　　이 연 구　(인)

의정부지방법원 제11민사단독(소액)　귀중

---

20) [대판 71다1252] : 허위주소로 송달된 집행권원의 효력은 집행채무자에게 미친다고 볼 수 없으므로 이에 기한 부동산강제경매절차는 집행권원 없이 경매가 진행된 것이나 다를 바 없다.
21) [대판 86다카2070] : 가집행선고부 판결정본이 허위주소로 송달되었다면 그 송달은 무효이고 그 판결에 기한 채권압류 및 전부명령은 집행개시요건으로서의 집행권원의 송달 없이 이루어진 것으로서 무효이다.

[교부용]

송 달 증 명 원

사　　건　　201○가소34689　양수금
원　　고　　이 연 구
피　　고　　박 대 성

　위 당사자간 사건에 관하여 201○. 8. 30. 조정으로 종결된바 위 사건의 조정조서가 201○.
．　．피고에게 송달되었음을 증명하여 주시기 바랍니다.

202○．　．　．
위 원 고　　이 연 구 ㊞

의정부지방법원 제11민사단독(소액)　귀중

접수방법

- 송달증명원을 2부를 준비하여 기록이 있는 법원 접수처를 경유하여, 담당재판부(또는 기록보존계)에서 증명을 받는다. 2부 중 1부는 법원에서 영수의 의미로 보관하고, 나머지 1부에는 증명을 하여 발부한다. 증명원 1개당 500원의 인지를 첨부한다.

---

2) 확정증명

　위 송달증명 외에도 집행권원이 소송상 확정되었다는 '확정증명'을 받아야만 집행이 가능하다. 예외로 집행권원 주문에 '가집행할 수 있다'라는 문언이 기재되어 있으면 사건이 확정되지 않아도 집행이 가능하다.
　예컨대 부동산 관련한 소유권이전등기청구의 소 등과 같은 의사진술을 명하는 판결에서는 사건이 확정되어야만 승소한 원고명의로의 등기가 가능하기 때문에 소유권이전등기 신청시 확정증명원을 첨부하여야 한다.
　조정조서, 화해조서, 인낙조서 등은 피고가 법정에서 그 내용을 확인한 것이므로 별도 확정증명을 받을 필요가 없이 집행력을 갖는다.
　확정증명 역시 송달증명과 마찬가지로 소송기록이 있는 곳에서 증명을 받는다. 소송이 종결된 경우는 기록이 보존되므로, 1심 수소법원 기록보존계에서 확정증명을 받는다. 1개 확정증명을 받는데 500원의 인지를 첨부한다.

확 정 증 명 원

사 건   201○가합8765호 손해배상(기)
원 고   주식회사 엘케이컨설팅
피 고   대한운수 주식회사

 위 당사자간 귀원 201○가합8765호 손해배상(기) 청구사건이 201○. . .자로 확정되었음을 증명하여 주시기 바랍니다.

202○년   월   일
위 채권자   엘케이컨설팅 주식회사
대표이사 조 장 형   (법인)

서울중앙지방법원 기록보존계 귀중

접수방법
- 앞 송달증명편을 그대로 참조한다. 인지 500원

제 4 절　집행에 대한 불복방법에는 어떤 것이 있나

1. 총 설

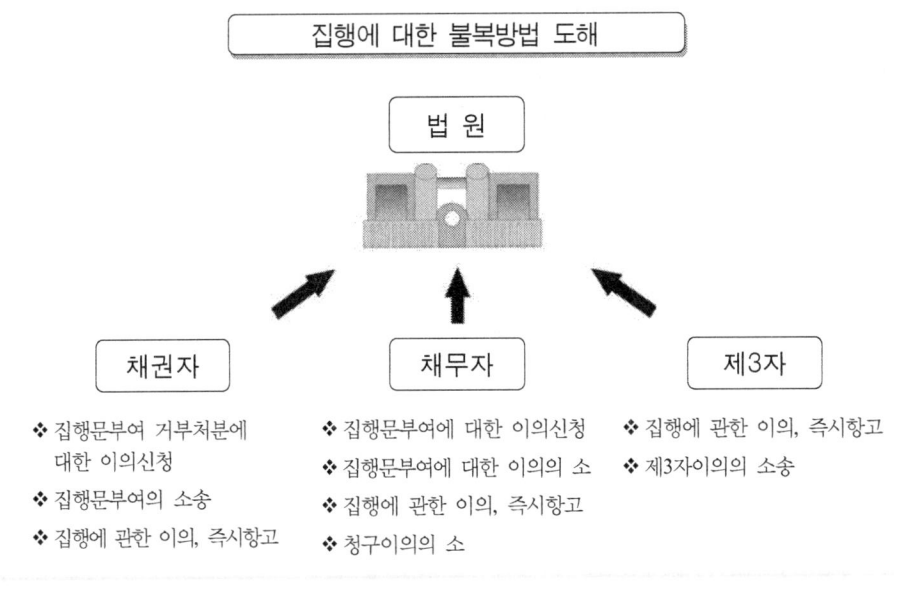

2. 채권자의 불복방법

1) 집행문부여 거부처분에 대한 이의신청

가. 의 의

법원사무관등이나 공증인 등이 집행문을 내어 주기를 거부한 때에는 '채권자'는 그 거부처분에 대하여 소속 또는 관할 법원에 이의신청을 할 수 있다(민소법 제223조, 민사집행법 제59조 제2항 유추).

이의신청은 서면 또는 구술로 할 수 있다(민소법 제161조). 법원사무관 등의 거부처분에 대하여는 그 소속법원에, 공증인 등의 거부처분에 대하여는 그 사무소가 있는 곳을 관할하는 지방법원에 이의신청을 하여야 한다.

나. 재 판

이의신청에 대하여 법원은 결정으로 재판한다. 이의신청이 정당하면 거부처분을 취소하고 부여기관에 대하여 집행문을 내어 줄 것을 명한다.

[서식] 집행문부여 거부처분에 대한 이의신청서

집행문부여 거부처분에 대한 이의신청서

신 청 인(원고) 김 영 권
     부산광역시 서구 망양로 123(동대신동3가)
     ☎ 010-2965-0981

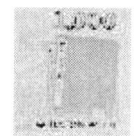

신 청 취 지

1. 신청인(원고)과 피고 홍성렬 사이의 부산지방법원 201○가합2322호 소유권이전등기 청구사건의 판결에 대하여 같은 법원 법원사무관 김무열이 201○. 3. 5.자로 한 집행문부여거부처분은 이를 취소한다.
2. 같은 법원 법원사무관 김무열은 위 판결에 대하여 집행문을 부여하라.
라는 재판을 구합니다.

신 청 이 유

1. 신청인은 부산지방법원 201○가합2322호 소유권이전등기 청구사건의 판결에 대하여, 반대급부인 금 20,000,000원을 변제공탁함으로써 집행의 조건이 성취되었으므로, 그 사실을 증명하는 증명서를 첨부하여 집행문부여신청을 하였으나, 그 부여에 대한 재판장의 명령을 얻을 수 없다는 이유로 위 법원 법원사무관 김무열로부터 집행문부여의 거부처분을 받았습니다.
2. 그러나 위 법원 법원사무관 김무열의 거절처분은 부당하므로 그 처분을 취소하고 집행문을 부여하라는 취지의 재판을 구하기 위하여 이 신청에 이르렀습니다.

첨 부 서 류

  1. 판결정본   1통
  1. 변제공탁서   1통

202○.   .   .

위 신청인(원고) 김 영 권   (인)

부산지방법원 귀중

> **접수방법**
> - 이의신청서 1부를 거절처분을 한 법원에 제출한다.
> - 인   지 : 1,000원
> - 송달료 : 2회분 9,600원(당사자1 × 2회 × 4,800원)

2) 집행문부여의 소

가. 의 의

'채권자'가 집행문을 부여받기 위하여 증명서로 조건의 이행, 승계 또는 집행력이 미치는 사유를 증명하여야 할 필요가 있는 경우에 이를 증명서로써 증명할 수 없는 때에 채권자는 채무자를 상대로 소를 제기하여 그 판결에 따라 집행문을 받을 수 있다(제33조). 이를 '집행문부여의 소'라 한다. 원고적격자는 채권자이고, 피고적격자는 채무자이다.

나. 관 할

(1) 판결, 그 밖의 재판, 소송상의 화해조서, 인낙조서에 관하여는 '제1심 수소법원'의 관할에 속하며(제33조, 제57조), (2) 확정된 지급명령, 제소전 화해, 각종 조정조서에 관하여는 그것이 성립한 지방법원의 단독판사 또는 합의부가(제58조 제4항, 제5항), (3) 집행증서[22])에 관하여는 채무자의 보통재판적이 있는 곳의 지방법원 또는 그 법원이 없는 때에는 민소법 제11조의 규정에 따라 채무자에 대하여 소를 제기할 수 있는 법원(제59조 제4항)이 관할한다. 이들 관할은 전속관할이다(제21조).

소가 정당하다고 인정되면 판결로써 부여기관에 대하여 집행문 부여를 명한다.

---

22) '집행증서'란 공증인, 법무법인 또는 공증인가 합동법률사무소가 작성한 공정증서 중에서 일정한 금전의 지급을 목적으로 작성한 약속어음공정증서 또는 금전소비대차공정증서를 말하며, 이 증서에는 채무자가 강제집행을 승낙하는 취지(집행수락문언)가 기재되어 있다.

소 장

원　고　　홍 길 동 (560812-1203434)
　　　　　 서울 중랑구 면목로31길 13(면목동)
　　　　　 ☎ 010-2977-0912

피　고　　최 고 봉 (600721-1098272)
　　　　　 서울 강북구 한천로139가길80, 204호(수유동, 동일하이츠빌라)

집행문부여의 소

청 구 취 지

1. 소외 홍성남과 피고 사이의 서울북부지방법원 201○가단4542호 대여금사건의 확정판결 정본에 서울북부지방법원 법원사무관 등은 피고에 대한 강제집행을 위하여 소외 홍성남의 승계인인 원고에게 집행문을 부여하여야 한다.

2. 소송비용은 피고의 부담으로 한다.
　　라는 판결을 구합니다.

청 구 원 인

1. 소외 홍성남은 피고에 대하여 서울북부지방법원 201○가단4542호 대여금 청구사건의 확정판결에 기한 원금 채권 5,000만 원과 소송촉진등에관한특례법 소정의 법정이자율에 의한 이자금 채권을 가지고 있었습니다.

2. 원고는 소외 홍성남으로부터 판결의 내용인 위 채권을 사실심 변론 종결 후인 201○. 11. 7. 양도받고 피고의 승인을 얻은 것으로서 위 집행권원을 승계하였습니다.

3. 그러나 피고는 위 채무의 이행을 하지 않기 위하여 원고의 위 승계사실을 거부하며 다투어 원고로서는 위 승계사실을 민사집행법 제31조 제1항 단서에 의한 법원에 명백한 사실이거나 증명서로 승계를 증명하기 곤란하여 소외 홍성남의 승계인 원고를 위하여 집행문을 부여받고자 이 사건 소제기에 이른 것입니다.

입 증 방 법

　　1. 갑 제1호증　　　　　　판결정본
　　1. 갑 제2호증　　　　　　채권양도계약서
　　1. 갑 제3호증　　　　　　채권양도승낙서

첨 부 서 류

1. 위 입증방법   각 1통
1. 소장부본   1통
1. 송달료납부서   1통

202○. . .

위 원고 홍 길 동   (인)

서울북부지방법원 귀중

> **접수방법**
>
> - 소장은 법원용1부와 상대방수에 맞는 부본을 관할법원(1심 수소법원)에 제출한다.
> - 인지 : 집행문부여 또는 집행문부여에 대한 이의의 소에 있어서의 소가는 그 대상인 집행권원에서 인정된 권리의 가액의 10분의 1 (민사소송등인지규칙 제16조).
>   <ex> 집행권원상의 채권인 5,000만 원의 10분의 1인 '500만 원'이 집행문부여의소에서의 소가가 되므로 인지액은 25,000원(= 500만 × 5/1,000)이 된다.
>   - 인지납부는 1만 원 이상인 경우 종전 인지를 첨부하기도 하였으나 2011. 8. 1.부터는 '현금납부서' 방식(법원취급 은행에서 납부서에 의한 납부)으로 변경되었다.
>   - '민사소송 등에서의 전자문서 이용 등에 관한 법률'에 따라 소장을 전자문서로 제출하는 경우에는 원래의 인지액에 10분의 9를 곱한 금액에 해당하는 인지를 붙여야 한다.
> - 송달료 : 단독사건으로 15회분 144,000원(당사자2 × 15회 × 4,800원)을 송달납부서로 납부한다.

3. 채무자의 불복방법

1) 집행문부여에 대한 이의신청

〈사례〉 甲돌이는 乙순이가 甲돌이 명의로 발행된 약속어음공정증서에 기하여 甲돌이의 부동산에 강제경매를 신청하여 경매개시결정이 되었기에 경위를 알아본 결과, 甲돌이의 동생 丙순이가 甲돌이의 명의를 모용(冒用)하였음을 확인하였습니다. 그러므로 甲돌이는 위 약속어음공정증서를 작성한 공증인가 법무법인이 위 공정증서에 부여한 집행문의 취소를 구하는 이의신청을 하였습니다. 그런데 이러한 경우에는 청구이의의 소송으로 다투어야 한다는 말도 있는바, 집행문부여에 대한 이의로써 다툴 수는 없는가?

가. 의 의

집행문 부여 요건의 흠을 이유로 하여 집행문의 취소를 구하는 '채무자'의 신청을 말한다(민집 제34조). 재판장의 명령에 따라 법원사무관 등이 집행문을 내어 주었다든가, 집행문 부여의 거부에 대하여 채권자가 이의를 한 결과 법원의 명령에 따라 부여된 경우도 상관없다.[23]

이 이의신청은 집행문을 내어 준 뒤면 언제든지 할 수 있는 것이며, 집행의 개시 여부와는 관계가 없다. 그러나 채무가 소멸하는 등의 집행권원의 내용이 완전히 실현된 뒤(전체로서의 집행이 끝난 뒤)에는 할 수 없다.[24]

나. 이의사유

(가) 집행문 부여를 위법으로 부여시에 조사하여야 할 부여요건의 흠은 모두 이의사유로 된다.

---

[23] 집행문부여거부처분에 대한 채권자의 이의신청을 인용하여 그 집행문의 부여를 명하는 결정에 대한 채무자의 불복에 대하여, 판례는 채무자는 직접 항고할 수 없고 다만 그 결정에 터 잡은 법원사무관의 '집행문부여에 대한 이의'로서만 다툴 수 있다고 판시하고 있다(大決 77마348 ; 同旨 大決 78마249 결정).

[24] 대결 92마46 결정.

① 형식적 요건의 흠

집행권원이 유효하게 존재하지 않는 경우(집행증서의 무효, 판결 후 소의 취하), 집행력이 현존하지 않는 경우(판결의 미확정, 청구이의의 소의 판결의 확정), 집행문의 방식 위배(재판장의 명령이 없는 경우, 승계가 명백지 않은 경우, 사망자에 대한 집행문 부여) 등이다.

② 실체적인 요건의 흠

조건 성취의 사실(제30조 제2항) 또는 승계의 사실(제31조 제1항)이 존재하지 않거나 위 사실에 대한 증명이 빠져 있음을 주장하여 이의신청을 주장할 수 있다(제45조 단서). 그 외 상속한정승인 또는 상속포기심판이 있는 경우, 집행증서의 명의를 모용당한 경우를 들 수 있다.

조건의 불성취나 승계의 부존재와 같은 실체적 요건의 흠에 관하여는 채무자는 집행문 부여에 대한 이의의 소(제45조)를 제기하여 주장할 수도 있다.

(나) 이의사유는 이의에 관하여 판단하는 시기(재판시)를 기준으로 하여 그 존부를 결정한다. 집행문을 내어 준 때를 기준으로 하는 것이 아니다.

다. 관 할

집행문을 부여한 법원사무관 등의 소속 법원(제34조 제1항, 제1심 법원일 때도 있고 상급법원일 때도 있다), 공증인의 사무소가 있는 곳을 관할하는 지방법원 단독판사(제59조 제2항)의 전속관할이다.

라. 재 판

적법한 신청이 있으면 임의적 변론을 거쳐 '결정'으로 재판한다. 이의가 정당하면 당해 집행문부여를 취소하고 그 집행정본에 기초한 집행의 불허를 선언한다. 이 경우 채무자는 결정정본을 집행기관에 제출하여 집행처분의 취소를 구할 수 있다(민집 제50조). 이의가 이유 없으면 신청기각의 결정을 한다.

집행문 부여에 대한 이의신청의 재판(인용 또는 기각결정)에 대하여는 불복이 허용되지 않는다. 만약 그 재판에 불복하여 항고장을 제출한 경우에는 이를 특별항고로 보아 대법원에 송부하여야 한다[대판 97마250].

마. 잠정처분

이의신청에 따라 집행이 당연히 정지되는 것은 아니므로 재판장은 이의에 대한 재판 전에 직권으로 집행의 일시정지 그 밖의 잠정처분을 명할 수 있다. 이 경우 채무자에게 담보제공을 조건으로 또는 담보제공 없이 집행의 일시정지를 명할 수 있고, 채권자에게 담보제공을 조건으로 그 집행의 속행을 명할 수 있다(제34조 제2항, 제16조 제2항). 이 명령에 대하여는 불복할 수 없다.

바. 사례의 해결

집행권원이라 함은 일정한 사법(私法)상의 금전청구권의 존재 및 범위를 표시하고 그 청구권에 집행력을 인정한 공정의 문서를 말하며, 집행문이란 집행권원에 집행력 있음과 집행당사자를 공증하기 위하여 법원사무관 등이 공증기관으로서 집행권원의 말미에 부기(附記)하는 공증문언을 말하고, 집행문이 붙은 집행권원의 정본을 집행력 있는 정본이라고 하며, 집행문은 강제집행을 실시하기 위하여 신청에 의해 부여되는 것으로서 채권자가 집행기관에게 강제집행을 신청 또는 위임함에 있어서 첨부·제출하는 것이다.

집행문부여 등에 관한 이의신청에 관하여「민사집행법」제34조 제1항은 "집행문을 내어 달라는 신청에 관한 법원사무관 등의 처분에 대하여 이의신청이 있는 경우에는 그 법원사무관 등이 속한 법원이 결정으로 재판한다."라고 규정하고 있고, 같은 법 제59조 제2항은 "집행문을 내어 달라는 신청에 관한 공증인의 처분에 대하여 이의신청이 있는 때에는 그 공증인의 사무소가 있는 곳을 관할하는 지방법원 단독판사가 결정으로 재판한다."라고 규정하고 있다.

그런데 집행증서상의 명의를 모용 당한 채무자가 집행문부여에 대한 이의로써 그 취소를 구할 수 있는지에 관하여 판례는 "집행증서상의 명의를 모용 당하였다고 주장하는 채무자는 위 집행증서에 채무자 본인의 집행촉탁 및 집행수락의 의사가 결여되었음을 내세워 집행문부여에 대한 이의로써 무효인 집행증서에 대하여 부여된 집행문의 취소를 구하는 것도 가능하다 할 것이고, 그 경우 이의를 심리하는 법원으로서는 임의적 변론을 거쳐 결정의 형식으로 그 당부를 판단하면 족하며, 반드시 심문 또는 변론절차를 열거나 제출된 자료만으로 소명이 부족하다 하여 신청인에게 추가 소명의 기회를 주어야 하는 것은 아니다."라고 하였다(대법원 1999. 6. 23.자 99그20 결정).

따라서 위 사안의 경우 甲돌이는 집행문부여에 대한 이의신청으로써도 다투어 볼 수 있을 것이다.

[서식] 집행문부여에 대한 이의신청서

집행문부여에 대한 이의신청서

신 청 인(피고) 박 정 균 (670712-1292822)
　　　　　　　서울 성북구 종암로 166, 701호(하월곡동, 광남캐스빌아파트)
　　　　　　　☎ 010-2876-2928

피신청인(원고) 김 시 원 (560213-1209876)
　　　　　　　서울 서초구 효령로34길 9, 3동 707호(방배동, 삼익아파트)

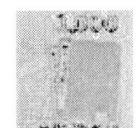

신 청 취 지

1. 신청인과 피신청인 사이의 서울중앙지방법원 201○가단29221 건물명도청구사건의 판결에 대하여, 같은 법원 법원사무관 정인식이 201○. 7. 7. 부여한 집행문은 이를 취소한다.
2. 위 집행력있는 판결정본에 의한 강제집행은 이를 불허한다.

라는 재판을 구합니다.

신 청 이 유

1. 신청인(피고)과 피신청인(원고) 사이의 서울중앙지방법원 201○가단29221 건물명도청구사건의 판결에 대하여, 201○. 7. 7. 같은 법원 법원사무관 정인식은 피신청인의 집행문부여신청에 의하여 그 집행문을 부여하였습니다.

2. 그러나 위 판결 집행에 '조건'을 붙인 경우로서 그 집행문을 부여하기 위해서는 피신청인이 증명서로 그 조건의 이행을 증명하여야 하고 재판장의 명령이 있는 때에 한하여 부여할 수 있는바, 피신청인은 이를 전혀 이행한 사실이 없음에도 불구하고, 이에 집행문을 부여한 것은 절차에 위배한 것이므로 취소되어야 할 것입니다. 따라서 신청인은 이에 불복하여 이 신청에 이른 것입니다.

첨 부 서 류

1. 판결문 사본　　　　　　　　1통

　　　　　1. 집행조서등본　　　　　　1통

　　　　　　　　　202○.　.　.
　　　　　　　위 신청인(피고)　박 정 균　　(인)

서울중앙지방법원　귀중

> **접수방법**
> - 이의신청서 2부를, 집행문을 부여한 법원사무관이 소속한 법원에 제출한다.
> - 인　지 : 1,000원
> - 송달료 : 2회분, 19,200원(= 당사자2 × 2회 × 4,800원)을 송달납부서로 납부한다.

2) 집행문부여에 대한 이의의 소

가. 의 의

채무자가 집행문 부여시에 증명된 조건의 성취 또는 당사자의 승계 등의 사유를 다투어 집행문 부여의 위법을 주장함으로써 강제집행을 막기 위한 소이다(제45조). 채권자의 집행문 부여의 소에 대응하는 것이다.

나. 이의사유

이 소의 이의사유는 집행권원에 표시된 조건의 불성취와 당사자에 관한 승계의 부존재이다. 그 외의 사유로만 집행문 부여의 위법함을 주장하는 경우에는 집행문 부여에 대한 이의신청만 가능하다.

조건의 성취나 승계사실을 이의신청으로 다툴 수도 있으므로(제45조 단서), 채무자는 본소와 이의신청 중 어느 것을 선택하여도 무방하다. 또 이의신청이 기각된 뒤에도 동일 사유로 본소(=집행문부여에 대한 이의의 소)를 제기할 수 있다. 그러나 본소의 판결이 확정된 경우에는 기판력이 생기므로 같은 이유로 이의신청을 할 수는 없다.

다. 관 할

집행권원이 '판결'인 경우에는 '제1심 판결법원'의 관할에 속한다(제45조, 제44조 제1항). 그 밖의 경우는 집행문 부여의 소의 관할에 관한 설명과 같다.25)

라. 재 판

이 소에 관하여는 청구이의의 소에 관한 규정이 준용된다(제45조). 청구가 정당하면 당해 집행력 있는 정본에 기초한 집행의 불허를 선언하는 판결을 한다. 이 판결에는 직권으로 제46조에 정해진 명령을 하거나 이미 한 명령을 취소·변경 또는 인가해야 하며 또 이에 대하여는 반드시 가집행선고를 붙여야 하고, 가집행선고의 재판에 대하여는 불복하지 못한다(제47조).

이 판결이 확정되면 채무자는 그 판결정본을 집행기관에 제출하여 집행의 취소를 구할 수 있다(제49조 제1호, 제50조).

마. 잠정처분

이 소의 제기는 강제집행의 속행을 막지는 못하나 수소법원은 강제집행의 일시정지 등의 잠정처분을 명할 수 있다(제46조, 제47조).

[서식] 승계집행문부여에 대한 이의의 소

```
                           소       장

원  고   안 경 수 (750212-123928)
         경기도 안산시 단원구 강서길 7, 201동 1202호(와동, 한국아파트)
```

---

25) ※ 집행권원 및 관할
    1. 판   결 : 제1심 판결법원(제44조 제1항, 제45조)
    2. 지급명령 : 지급명령을 내린 지방법원(제58조 제4항)
    3. 집행증서 : 채무자의 보통재판적이 있는 곳의 법원(제59조 제4항)
    4. 소송상의 화해, 인낙조서 : 제1심의 수소법원(제57조, 제44조)

☎ 010-231-9980
피 고 이 복 남 (710723-1092762)
         경기도 시흥시 복지로 68, 103동 1102호(대야동, 신명아파트)

승계집행문부여에 대한 이의의 소

청 구 취 지

1. 피고의 원고에 대한 수원지방법원 안산지원 201○가단109호 대여금사건의 판결에 대하여 같은 법원 법원사무관 김영호가 201○. 7. 2. 부여한 집행력있는 판결정본에 기한 강제집행은 이를 불허한다.
2. 위 제1항 기재 집행력있는 정본에 기한 강제집행은 이를 정지한다.
3. 소송비용은 피고의 부담으로 한다.
4. 제2항은 가집행할 수 있다.
   라는 판결을 원합니다.

청 구 원 인

1. 피고의 강제집행 실시

    피고는 201○. 3. 2. 수원지방법원 안산지원에 소외 백남치를 상대로 대여금청구의 소를 제기하여 대여금원금 5,000만 원에 대한 승소판결을 받았고, 이 판결은 201○. 4. 21. 확정되었습니다(갑 제1호증 판결문).
    그런데 피고는 201○. 5. 5. '원고와 피고, 그리고 소외 백남치간 3자의 계약으로 201○. 6. 3. 소외 백남치의 피고에 대한 채무를 원고가 면책적으로 인수하였다'고 주장하면서 귀 수원지방법원 안산지원에 승계집행문 부여신청을 하였습니다. 결국 귀원 법원사무관 김영호는 201○. 7. 2. '원고는 위 확정판결상 채무자 백남치의 변론종결 이후의 승계인에 해당한다'는 피고의 주장을 받아들여 승계집행문을 부여하였고, 피고는 이에 기하여 원고의 재산에 강제집행을 실시하였습니다(갑 제2호증 승계집행문).

2. 피고의 위조사실

    그러나 원고는 위 면책적 채무인수를 한 바 없고, 특히 피고가 승계집행문을 부여받기 위하여 제출한 계약서(소외 백남치의 피고에 대한 채무를 원고가 면책적으로 인수한다는 합의를 기재한 위 3자 명의의 계약서)는 위조된 것으로, 원고는 이에 서명·날인한 사실이 없습니다.
    원고는 이 억울한 사정을 풀기 위하여 201○. 7. 10. 피고를 시흥경찰서에 사문서위조 및 위조사문서행사죄로 고소한 바 있습니다(갑 제3호증 고소장).

3. 결 론

그렇다면 피고의 원고에 대한 확정판결에 받은 승계집행문부여는 위법하므로, 그 적법을 전제로 한 피고의 원고에 대한 강제집행은 인정될 수 없을 것이므로 원고는 이 사건 소에 이르게 되었습니다.

입 증 방 법

1. 갑 제1호증   판결등본
1. 갑 제2호증   승계집행문
1. 갑 제3호증   고소장

첨 부 서 류

1. 위 입증방법   각 1통

202○. . .

위 원고 안 경 수 (인)

수원지방법원 안산지원 귀중

접수방법

- 소장은 법원용 1부와 상대방 수에 맞는 부본을 '1심 수소법원'에 제출한다.
- 인지 : 집행문부여 또는 집행문부여에 대한 이의의 소에 있어서의 '소가'는 그 대상인 집행권원에서 인정된 권리의 가액의 10분의 1(민사소송등인지규칙 제16조).
  위 사례에서 집행권원상의 채권인 5,000만 원의 10분의 1인 '500만 원'이 집행문부여에 대한 이의 소에서의 소가가 되므로 인지액은 25,000원(500만 × 5/1,000)이 된다.
  - 인지납부는 1만 원 이상인 경우 종전 인지를 첩부하기도 하였으나 2011. 8. 1.부터는 '현금납부서' 방식(법원취급 은행에서 납부서에 의한 납부)으로 변경되었다.
  - '민사소송 등에서의 전자문서 이용 등에 관한 법률'에 따라 소장을 전자문서로 제출하는 경우(전자소송)에는 원래의 인지액에 10분의 9를 곱한 금액에 해당하는 인지를 붙여야 한다.
- 송달료 : 단독사건으로 15회분, 144,000원(= 당사자2 × 15회 × 4,800원)을 송달납부서로 납부한다.

4. 집행에 관한 이의

1) 의 의

민사집행의 절차에 관한 집행법원의 재판으로서 즉시항고를 할 수 없는 것과, 집행관이 지킬 집행절차에 관한 위법·부당을 이유로 집행법원에 대하여 그 시정을 구하는 불복 방법을 말한다(제16조 제1항).

2) 집행에 관한 이의의 대상

가. 집행법원의 집행절차에 관한 재판으로서 즉시항고를 할 수 없는 것

'즉시항고'가 허용되는 집행법원의 재판에 대하여는 '집행에 관한 이의'를 할 수 없다. 재판이란 법원 또는 법관의 판단행위를 가리키고 재판에 해당하는 한 그것이 집행처분의 성질을 가진 여부는 묻지 않는다(예, 야간·공휴일 집행의 허가 등).

재판이 아닌 '사실행위'(예, 매각물건명세서의 작성, 공공기관에 대한 최고, 강제관리인의 감독 등)는 집행에 관한 이의의 대상이 되지 아니한다.

강제집행의 절차란 강제집행의 신청에 의하여 개시된 구체적인 집행절차를 말하고, 그 준비를 위한 절차는 포함되지 아니한다.

나. 집행관의 집행처분, 그 밖에 집행관이 지킬 집행절차

집행관의 집행처분은 집행기관으로서 하는 법률효과를 수반하는 처분을 말한다. 집행관이 지킬 집행절차는 집행관의 집행처분 외에 집행관이 민사집행절차에서 조사, 판단하여 지켜야 하는 절차를 말한다. 예컨대, 법률효과를 수반하지 않는 집행관의 사실행위가 위법인 경우, 집행관이 당사자의 신청을 각하하는 경우, 집행관이 집행기록의 열람을 거부하는 경우 등이 이에 해당한다.

집행관이 집행법원의 보조기관으로서 하는 행위(예컨대, 현황조사, 매각의 실시 등)는 집행에 관한 이의의 대상이 되지 아니한다.

3) 이의사유

집행기관이 집행을 실시할 때 그의 책임하에 조사·판단하여야 할 집행절차의 형식적 흠이 이의사유로 된다. 예컨대, 집행권원의 흠, 집행정본의 흠, 강제집행 개시요건의 흠, 집행장애 사유의 무시, 집행정지 사유의 무시, 집행위임의 흠, 집행관의 무권한, 기록열람의 거절, 집행위임의 거부, 집행관 개개의 집행행위의 하자, 집행관 수수료의 과다계산 등이 이에 해당한다. 집행권원의 내용인 청구권의 부존재, 소멸 또는 외관상의 명의나 점유가 실체상의 권리와 부합되지 않는 것을 다투는 것은 청구에 관한 이의의 소나 제3자이의의 소에 의하여야 한다.

4) 신청의 관할과 방법

집행법원이 관할법원이 된다. 집행관의 집행행위에 대하여는 그 집행절차를 실시할 곳이나 실시한 곳을 관할하는 지방법원이 집행법원으로 된다(제16조, 제3조). 이 관할은 전속관할이다.

<u>이의신청은 집행기관의 위법한 처분에 대하여 불복의 이익이 있는 집행채권자, 집행채무자 및 이해관계 있는 제3자가 할 수 있다.</u>[26]

상대방이 필요한 절차는 아니나 상대방을 표시하는 경우에도 집행관을 상대방으로 하여서는 안 된다.

이의신청은 원칙적으로 강제집행이 개시되고 나서 마치기 전까지는 언제든지 할 수 있다. 다만, 집행관의 수수료의 계산에 대한 이의신청은 집행이 끝난 뒤에도 할 수 있다. 기일에 출석하여 하는 경우를 제외하고는 서면에 의하여야 하며 이의의 이유를 명시하여야 한다. 신청서에는 1,000원의 인지를 붙이고, 구술신청에는 조서에 인지를 붙인다.

5) 심리와 재판

이의에 대하여는 변론을 거친 여부에 관계없이 결정으로 재판한다(제3조 제2항). 변론을 열지 아니하는 경우에는 법원은 이의신청인을 심문할 수 있다(민소법 제134조 제2항).

---

26) 장차 경매절차에서 응찰할 예정이라는 사유만으로는 그 경매절차에 관하여 법률상 이해관계를 가진다고 할 수 없어 집행에 관한 이의를 신청할 적격이 없다[대결 99마2551 결정].

이의가 정당하다고 인정할 때에는 집행관의 경우에는 그 취지에 좇아 그 집행을 하여야 할 것 또는 집행을 불허한다는 것을 선언하여야 하며, 집행법원의 집행행위의 경우에는 이를 스스로 취소하거나 바꾼다.

6) 잠정처분

이의신청이 있어도 집행은 당연히 정지되지는 않는다.

그러나 집행법원은 그 재판 전에 집행정지 또는 집행속행명령(이른바 잠정처분)을 할 수 있다(제16조 제2항). 신청인은 이 재판의 정본을 집행기관에 제출하여 정지 또는 집행의 속행을 구할 수 있다. 이 잠정처분의 재판에 대하여는 불복을 신청할 수 없다(민소법 제500조 제3항의 유추). 집행방법의 이의를 신청한 자는 위 집행정지의 잠정처분을 구할 신청권은 없으나 집행법원의 직권발동을 촉구하는 의미에서 신청이 가능하며 인지는 필요없다.

[서식] 집행에 관한 이의신청

집행에 관한 이의신청

신 청 인 이 영 순 (591225-2389923)
　　　　　서울 동작구 노량진로6길 29, 101동 707호(노량진동, 우성아파트)
　　　　　☎ 010-239-9876
피신청인 김 경 희 (570204-2080014)
　　　　　서울 관악구 관천로17길 23, 303호(신림동)

신 청 취 지

피신청인이 서울중앙지방법원 201○가단84839 계금 청구사건의 집행력있는 판결정본에 의하여 201○. 5. 23. 서울서부지방법원 소속집행관에게 위임하고, 별지 목록 기재 동산에 대하여 한 강제집행은 이를 불허한다.
라는 재판을 구합니다.

신 청 이 유

1. 신청인은 피신청인에 대하여 계금 반환 등을 내용으로 하는 금 7,500만 원의 채권이 있는 바, 그 중 48,000,000원에 관하여 현재 피신청인을 상대로 서울중앙지방법원 201○가단

226978호로 1심 소송 진행 중에 있습니다.
　　그리고 신청인은 피신청인에 대한 위 채권을 보전하기 위하여 피신청인이 신청외 이명화(서울 중구 남창동 49 대도상가 E동 지하 가27호)에 대하여 갖는 채권을 대상으로 201○. 3. 21. 서울중앙지방법원 201○카단82034호 채권가압류 결정을 받았습니다.

2. 그럼에도 불구하고 채무자인 피신청인은 제3채무자인 신청외 이명화에 대한 자신의 채권을 소송상 행사한 결과, 서울중앙지방법원 201○가단84839호로 위 이명화는 '피신청인에게 금 48,000,000원을 지급하라'는 취지의 집행권원를 얻게 되었고, 이에 기하여 201○. 5. 23. 귀원 집행관으로 하여금 위 이명화의 유체동산에 대하여 압류집행을 하였습니다.

3. 그런데 피신청인의 위 이명화에 대한 채권은 현재 신청인이 이를 가압류하여 가압류결정을 받은 상태로서 현재 피신청인을 상대로 본안의 소가 진행 중이므로, 피신청인은 위 가압류결정의 효력에 의하여 위 이명화에 대한 채권을 행사할 수 없음은 물론, 나아가 제3채무자인 위 이명화 역시 채무를 이행할 수 없다 하겠습니다. 다시 말하면 피신청인이 자신의 채권의 만족을 위하여 위와 같이 제3채무자인 이명화의 재산에 대하여한 동산 압류집행은 신청인의 채권가압류결정에 따르는 처분 금지 및 지급 금지 효력에 의하여 집행 장애 사유를 무시한 집행으로서 허용될 수 없다 하겠습니다.

4. 그러므로 신청인은 피신청인이 제3채무자인 이명화에 대하여 취하고 있는 권리남용적 행위의 저지 및 신청인의 피신청인에 대한 채권 보전의 일환으로 피신청인의 위 강제집행의 취소를 구하기 위하여 민사집행법 제16조에 따라 본 이의신청에 이른 것입니다.

소 명 방 법

1. 집행조서 등본　　　　　　　　　1통
1. 채권가압류결정등본　　　　　　　1통
1. 소계속증명원　　　　　　　　　　1통

202○. . .
위 신청인　이 영 순　(인)

서울중앙지방법원　귀중

〈별 지〉
서울서부지방법원 201○부1287호 동산압류조서에 의해 201○. 5. 23. 채권자 김경희가 같은 법원 소속 집행관 박원영에게 위임하여 채무자 이명화를 상대로 실시한 동산 압류 목적물 총 14점. 끝.

접수방법

1. 인 지 대 : 1,000원
2. 송 달 료 : 2회분, 19,200원(= 당사자수(2) × 2회 × 4,800원)
3. 접수방법 : 법원용 1부와 상대방 수에 맞는 부본을 제출한다.
4. 이의사유 : • 집행관의 집행처분, 그 밖의 집행관이 지킬 집행절차에 대하여 다툼이 있거나, 집행관이 집행을 위임받기를 거부하거나 집행행위를 지체하는 경우, 또는 집행관이 계산한 수수료에 대하여 불복할 때
   • 집행법원의 집행절차에 관한 재판으로서 즉시항고를 할 수 없는 경우(제16조)
5. 신 청 인 : 집행에 관한 이의는 채권자, 채무자, 이해관계 있는 제3자가 할 수 있다.
6. 재   판 : • 집행법원은 변론없이 심리할 수 있으며 결정으로 재판한다. 이의사유가 있다고 인정하는 때에는 그 집행처분을 허가하지 않거나 또는 집행관에게 특정의 집행을 하여야 한다는 취지로 결정한다. 부적법한 경우는 각하결정을, 이유가 없을 때에는 기각결정을 한다.
   • 집행에 관한 이의신청에 의하여 강제집행은 정지되지 않는다. 따라서 신청인은 이의신청을 하면서 강제집행의 일시정지를 명하는 '집행정지신청'을 할 수 있다.

[서식] 집행정지신청서

집 행 정 지 신 청 서

관련사건 201○가단84839호 계금
신 청 인 이 영 순 (591225-2389923)
         서울 동작구 노량진로6길 29, 101동 707호(노량진동, 우성아파트)
피신청인 김 경 희 (570204-2080014)
         서울 관악구 관천로17길 23, 303호(신림동)

신 청 취 지

신청인과 상대방사이의 서울중앙지방법원 201○가단84839호 계금 사건의 집행력있는 판결정본에 기한 강제집행은 귀 법원에 201○. 6. 3.자로 접수한 집행에 관한 이의신청 사건의 결정시까지 이를 정지한다.
라는 재판을 구합니다.

신 청 이 유

1. 신청인은 피신청인에 대하여 계금 반환 등을 내용으로 하는 금 7,500만 원의 채권이 있는 바, 그 중 48,000,000원에 관하여 현재 피신청인을 상대로 서울중앙지방법원 201○가단226978호로 1심 소송 진행 중에 있습니다.

   그리고 신청인은 피신청인에 대한 위 채권을 보전하기 위하여 피신청인이 신청외 이명화(서울 중구 남창동 49 대도상가 E동 지하 가27호)에 대하여 갖는 채권을 대상으로 201○. 3. 21. 서울중앙지방법원 201○카단82034호 채권가압류 결정을 받았습니다.

2. 그럼에도 불구하고 채무자인 피신청인은 제3채무자인 신청외 이명화에 대한 자신의 채권을 소송상 행사한 결과, 서울중앙지방법원 201○가단84839호로 위 이명화는 피신청인에게 금 48,000,000원을 지급하라는 취지의 집행권원을 얻게 되었고, 이에 기하여 201○. 5. 23. 위 이명화의 유체동산에 대하여 압류 집행을 하였습니다.

3. 그런데 피신청인의 위 이명화에 대한 채권은 현재 신청인이 이를 가압류하여 가압류결정을 받은 상태로서 현재 피신청인을 상대로 본안의 소가 진행 중이므로, 피신청인은 위 가압류결정의 효력에 의하여 위 이명화에 대한 채권을 행사할 수 없음은 물론, 나아가 제3채무자인 위 이명화 역시 채무를 이행할 수 없다 하겠습니다. 다시 말하면 피신청인이 자신의 채권의 만족을 위하여 위와 같이 제3채무자인 이명화의 재산에 대하여 동산 압류집행은 신청인의 채권가압류결정에 따르는 처분 금지 및 지급 금지 효력에 의하여 집행 장애 사유를 무시한 집행으로서 허용될 수 없다고 하겠습니다.

4. 그런데 신청인은 피신청인이 제3채무자인 이명화에 대하여 취하고 있는 권리남용적 행위의 저지 및 신청인의 피신청인에 대한 채권 보전의 일환으로 피신청인의 위 강제집행의 취소를 구하기 위하여 이 건 본안의 집행에 관한 이의신청을 201○. 6. 3. 귀법원에 제기하였는바, 급박한 저지를 위하여 이 신청에 이른 것입니다.

소 명 방 법

1. 집행조서 등본　　　　　　　1통
1. 채권가압류결정등본　　　　　1통
1. 접수증명원　　　　　　　　　1통

202○.　．　．
위 신청인　이 영 순 (인)

서울중앙지방법원　귀중

접수방법

1. 인 지 대 : 1,000원

2. 송 달 료 : 2회분, 19,200원(= 당사자수(2) × 2회 × 4,800원)
3. 접수방법 : 집행정지신청서 1부를 집행에 관한 이의의 소가 진행하는 법원에 제출한다.
4. 유의사항 : 위 집행정지신청에 따라 담보조건부로 집행정지결정이 나올 수 있는데, 이 경우 지급보증위탁계약문서(보증보험증서)에 의한 담보제공이 허용되지 않음에 유의한다. 후에 **본안 소송이 종결되면 (보증)공탁에 의해 제공된 담보금은 담보취소신청을 통하여 회수할 수 있다**(원고승소 또는 상대방동의에 의한 경우는 담보취소신청, 패소 또는 일부 승소시 권리행사최고에 의한 담보취소신청).

[서식] 집행정지신고서

집 행 정 지 신 고 서

사　　건　　　　201○본2342호
신 청 인(채무자)　　이 영 순
　　　　　　　　　　☎ 010-2675-0921
피신청인(채권자)　　김 경 희

위 당사자간 유체동산 강제집행사건에 관하여 별첨과 같이 서울중앙지방법원 201○카기848호 집행정지결정이 있었으므로 위 강제집행을 정지하여 주시기 바랍니다.

첨 부 서 류

1. 강제집행정지결정정본　　　　1통

202○.　.　.

위 신청인(채무자)　이 영 순　 (인)

서울중앙지방법원 집행관사무소(제3부)　귀중

접수방법

- 집행정지결정을 받았다고 집행기관이 알아서 집행을 정지해 주는 것이 아니고, 집행기관에 집행정지결정정본이 제출되어야 알 수 있는 것이다.

- 1부를 집행기관(ex 유체동산인 경우는 집행관사무실)에 제출한다.
- 인지 등 비용없음.

[서식] 강제집행속행신청

강 제 집 행 속 행 신 청

사　건　　201○본1234호
채권자　　최 고 봉
　　　　　☎ 010-2615-2098
채무자　　홍 길 동

　위 당사자간 유체동산 강제집행사건은 서울중앙지방법원 201○카기4567호 집행정지결정에 의하여 정지중인바 이에 관련한 본안소송에서 채권자의 승소판결이 있어 그 집행정지결정은 실효되었으므로 이건 강제집행을 속행하여 주시기 바랍니다.

첨 부 서 류

1. 판결등본　　　　　　　　　　　1통

202○.　.　.

위 채권자　최 고 봉　　(인)

서울중앙지방법원 집행관사무소(제7부)　귀중

접수방법

- 1부를 집행기관(ex 유체동산인 경우는 집행관사무실)에 제출한다.
- 인지 등 비용없음
- 사례 : 채권자(원고)가 1심 판결에 기하여 강제집행을 실시하자 2심(항소심) 불복 제기한 채무자(피고)가 항소제기하면서 집행정지결정을 받아 채권자의 집행을 저지한 이후, 항소심에서도 채권자가 승소하였다면 계속적인 강제집행을 위하여 판결문을 첨부하여 집행기관에 위 속행해달라는 취지의 신청을 하여야 한다.

5. 즉시항고

1) 의 의

강제집행절차에 관한 집행법원의 재판에 대하여는 '특별한 규정'이 있어야만 즉시항고를 할 수 있다(제15조 제1항).

원래 항고는 판결 이외의 재판인 결정과 명령에 대한 독립한 불복신청 방법으로서, 불복신청 기간의 정함이 없는 '통상항고'와 기간의 정함이 있는 '즉시항고'로 구별되는데, 강제집행절차의 재판에 대하여는 특별한 규정이 있는 경우에 한하여 즉시항고가 인정된다.

2) 당사자

항고권자는 불복을 신청할 재판에 따라 불이익을 받을 채권자, 채무자, 그 밖의 이해관계인이다. 매각허부결정에서의 매수인·매수신고인, 채권압류에서의 제3채무자 등도 포함된다. 항고권자의 채권자가 항고권자를 대위하여 항고하는 것은 허용되지 않는다.

즉시항고 절차는 편면적인 불복절차로서 판결절차에 있어서와 같은 대립되는 당사자를 예상하고 있지 않으므로 엄격한 의미에서 상대방은 없다. 따라서 항고장에 반드시 피항고인의 표시가 있어야 하는 것은 아니고 또 항고장을 반드시 상대방에게 송달하여야 하는 것도 아니다.

3) 항고방법

항고권자는 재판을 고지받은 날부터 1주의 불변기간 이내에 항고장을 원심법원(즉 집행법원)에 제출하여야 한다(제15조 제2항).

항고장에 항고이유를 적지 아니한 때에는 <u>항고인은 항고장을 제출한 날부터 10일 이내에 항고이유서를 원심법원에 제출하여야 하고</u>(제15조 제3항), 항고이유서를 제출하지 아니한 때에는 원심법원이 결정으로 즉시항고를 '각하'하며(제15조 제5항), 항고법원은 원칙적으로 항고장 또는 항고이유서에 적힌 이유에 대하여서만 조사한다(제15조 제7항).[27]

---

27) 항고이유서 강제제출제도는 민사소송법에는 없던 것이다.

항고제기기간은 항고권자가 재판의 고지를 받아야 할 자가 아닌 때에는 그 재판고지를 받아야 할 자 전원에게 고지된 날로부터 진행한다.

기간준수 여부는 항고장이 원심법원에 접수된 때를 기준으로 하여 결정한다. 항고장에는 2,000원의 인지(민사소송등인지법 제11조)를 붙여야 한다.

4) 집행정지

일반적으로 소송에서는 즉시항고가 제기되면 집행을 정지시키는 효력이 있으나(민소법 제447조), 강제집행 절차에서의 즉시항고는 집행정지의 효력을 가지지 아니한다(제15조 제6항 본문).

그러나 이와 같이 집행정지의 효력을 무차별적으로 부정하면 항고인에게 돌이킬 수 없는 손해를 입힐 염려가 있다.

이에 법은 즉시항고 할 수 있는 재판을 「확정되어야 효력이 발생하는 재판」과 「즉시 효력이 발생하는 재판」으로 나누어, 재판의 내용이 당사자 그 밖의 이해관계인에게 중대한 이해관계가 있는 것에 관하여는 즉시집행력을 부정하여 확정되어야 효력이 발생하도록 하였다.

> **注意** | **확정되어야 효력이 발생하는 재판**
> (1) 강제집행 절차를 취소하는 결정, 집행절차를 취소한 집행관의 처분에 대한 이의신청을 기각·각하하는 결정 또는 집행관에게 강제집행 절차의 취소를 명하는 결정(제17조 제2항)
> (2) 매각허가 여부의 결정(제126조 제3항)
> (3) 선박운행허가결정(제176조 제4항)
> (4) 전부명령(제229조 제7항)
> (5) 채권의 특별한 현금화명령(제241조 제4항) 등이 있다.
> ※ <u>위의 경우는 집행정지신청이 불필요하다.</u>

위 경우 이외의 재판에 대하여는 즉시항고를 제기하더라도 당연히 집행이 정지되지 않으므로(제15조 제6항 본문), 집행정지신청을 할 필요가 있다.

[서식] 즉시항고 : 경매개시결정에 대한 이의

즉 시 항 고 장

항고인(채무자)　김 철 중 (700212-19282821)
　　　　　　　　서울 광진구 천호대로130길20, 203호(구의동)
　　　　　　　☎ 010-2201-2902

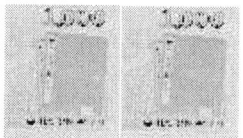

　위 항고인은 귀 서울동부지방법원 201○타경28703호 부동산임의경매사건에 관한 201○년 6월 3일자 경매개시결정에 대한 이의신청에서의 결정에 대하여 불복인 바, 이에 항고합니다(동 결정은 201○. 6. 24. 송달받았음).

항 고 취 지

　원결정을 취소하고 다시 상당한 재판을 하라.
라는 재판을 구합니다.

항 고 이 유

　이 사건 채권자는 이미 채무자로부터 201○. 5. 12. 서울동부지방법원 송파등기소 제12345호로 접수된 근저당채권최고액 5,000만 원에 기하여 이건 경매를 신청한 것이오나, 이미 채무자는 채권자에 대하여 피담보채권을 모두 변제하였으므로 201○년 6월 3일자 경매개시결정에 이의신청에서 기각결정을 내린 것에 대하여 불복하여 이건 항고에 이른 것입니다.

　　　　　　　　　　　202○.　　.　　.
　　　　　　　위 항고인(채무자)　김 철 중　　(인)

서울중앙지방법원　귀중

접수방법

1. 근거 : 경매신청을 기각하거나 각하하는 재판(제83조 제5항), 또는 경매개시결정에 대한 이의신청결정에 대하여(제86조 제3항) 신청인이 즉시항고할 수 있다는 근거에 의한 것임.
2. 불복을 신청할 재판에 의하여 불이익을 입은 채무자(또는 채권자)는 재판의 고지일로부터 <u>7일 이내</u>에 즉시항고를 제기하여야 한다. 항고장은 결정, 명령을 한 원심법원에 제출하며, 항고장 제출한 날로부터 10일 이내에 항고이유서를 제출하여야 한다.
3. 비용 : 인지대 2,000원, 송달료는 당사자수 × 3회분.

6. 청구이의의 소

〈사례〉 甲돌이는 乙순이에 대한 대여금채권의 승소확정판결에 기하여 乙순이 소유의 아파트에 대한 강제경매를 신청하여 경매가 진행되던 중 乙순이는 위 채무원금 및 지연손해금만을 지급제시하여 수령거절하자 위 채무원금 및 지연손해금만을 변제공탁한 후 청구이의의 소를 제기해왔다. 이 경우 乙순이가 집행비용을 공제한 채무원금 및 지연손해금만을 변제공탁한 후 제기한 청구이의의 소가 인용될 수 있을까? 답)[28]

1) 의 의

청구이의의 소는 채무자가 집행권원의 내용인 사법상의 청구권이 현재의 실체상태와 일치하지 않는 것을 주장하여 그 집행권원이 가지는 집행력의 배제를 구하는 소이다. 즉 이 소는 집행권원의 성립절차와 집행절차를 분리하고 있는 제도에서 실체적 권리상태를 제대로 반영하지 않는 집행권원의 집행력을 배제하여 집행을 막는 구제방법이다.

2) 소의 대상

원칙적으로 모든 종류의 집행권원에 대하여 인정되지만, 가집행선고 있는 판결에 대하여는 상소로 다툴 수 있으므로 확정된 후가 아니면 이 소를 제기할 수 없고, 또 보전집행의 집행권원인 가압류·가처분 명령에 대하여는 별도의 이의(제283조, 제301조)나 사정변경에 따른 취소신청(제288조, 제301조)이 인정되므로 이 소로 다툴 수 없다. 대체집행(제260조 제1항)의 수권결정, 검사의 집행명령(형소법 제477조), 확정된 의사의 진술을 명하는 재판[29]도 대상이 아니다.

청구이의의 소가 긍정되는 것에는 소송비용 확정결정, 대체집행에서 수거비용지급명령(제260조 제2항), 간접강제에서 배상금지급명령(제261조 제1항), 임의경매(채무부존재확인소송, 근저당권말소청구소송), 부동산인도명령 등이 있다.

청구이의의 소송이 경매절차에서 가능한 경우는 '부동산강제경매'에서 채무자가 경매신

---

28) 후면의 '8) 사례의 해결'을 참조한다.
29) 대법원 1995. 11. 10. 선고 95다37568 판결.

청채권자에게 채무를 변제하려고 하지만 채권자가 수령을 거절하여 변제공탁을 하여 채무가 소멸된 경우 강제집행의 취소를 구하는 소를 제기하는 것이다.

3) 이의원인

이의원인은 집행권원에 표시된 청구권의 전부 또는 일부를 소멸케 하거나, 영구적 또는 일시적으로 그 효력을 잃게 하는 사유이다. 집행권원이 확정판결과 같이 기판력이 있는 경우에는 청구권의 소멸이나 청구권의 행사를 저지할 수 있는 원인이 이에 해당하고, 집행증서와 같이 기판력이 없는 경우에는 청구권의 불성립이나 무효가 이에 해당한다.

판결이 집행권원인 때에는 이의의 원인이 변론종결 후에 생긴 경우에 한하여 할 수 있다. 변론종결 후의 사유라면 채무자가 항소를 제기하지 아니하고 판결확정 후에 청구이의의 소를 제기하여 주장하여도 무방하다.

① 집행권원에 표시된 청구권의 전부 또는 일부의 소멸

변제, 대물변제, 경개, 소멸시효의 완성, 면제, 포기, 상계, 공탁, 혼동, 계약해제, 화해, 채무자의 책임 없는 사유로 인한 이행불능, 청구권이 부작위를 목적으로 하는 경우에 작위를 할 수 있는 권리의 취득, 일부변제로 인한 청구권 소멸부분 등이 이에 해당한다.

② 청구권의 불발생

사회질서위반, 대리권의 흠, 불공정한 법률행위 등이 이에 해당한다.

③ 청구권의 귀속변동

청구권의 양도, 청구권에 대한 전부명령의 확정, 면책적 채무인수 등이 이에 해당한다.

④ 청구권의 효력정지 또는 제한

기한의 유예, 합의에 따른 연기, 이행조건의 변경 등이 이에 해당한다.

⑤ 부집행(不執行)의 합의, 한정승인, 권리의 남용

부집행의 합의란 특정의 집행권원에 터잡아 강제집행을 하지 않겠다는 내용의 계약을 말한다. 이러한 합의의 존재도 이의사유로 된다.[30]

집행권원인 판결에 한정승인의 취지가 반영된 경우에는 채무자(상속인)는 자기의 고

---

30) 대법원 1996. 7. 26. 선고 95다19072.

유재산에 대한 집행에 대하여는 제3자 이의의 소를 제기할 수 있다.

판결에 기초한 강제집행 그 자체가 권리의 남용 내지 불법행위로 되는 경우(예컨대, 확정판결의 편취)에 채무자의 구제방법으로서 판례는 편취된 집행권원으로 강제집행에 나서는 것이 사회생활상 용인되지 아니하는 경우에 한하여 본소에 따른 집행력의 배제를 인정한다.31)

4) 이의의 동시 주장

채무자는 이의의 이유가 여러 가지인 때에는 동시에 주장하여야 한다(제44조 제3항). 집행이 늦어지는 것을 막고 소송경제를 꾀하기 위한 것이다.

그러나 여기서 '동시에'라 함은 '같은 소송에서'라는 의미이므로 이의의 주장은 청구이의의 소의 변론 종결 시까지 추가하거나 바꿀 수 있다.

5) 항변사유

이에 대한 피고의 항변사유는 다음의 것을 들 수 있다.

① 집행권원이 판결인 경우 변론종결 뒤에 생긴 이의원인이어야 한다.
② 변론종결 전에 생긴 이의원인은 기판력에 의하여 배제되어 청구이의로써 주장할 수 없다. 단 항소심 진행 중 가집행을 하거나 가집행을 막기 위해 변제한 경우는 청구이의가 가능하다.
③ 형성권이 변론종결 전에 있었으나 이에 대한 행사가 기판력의 변론종결이후인 경우 : ex 취소·해제권의 행사, 소멸시효의 주장을 청구이의의 소에서 주장할 수는 없다.

  ※ 변론종결전 상계적상에 있었으나 상계의 의사표시를 하지 않고 있다가 변론종결 뒤 상계의사표시를 한 경우에는 청구이의의 소로 주장가능하다.
  ※ 집행권원이 확정된 지급명령, 이행권고결정, 공정증서, 배상명령인 경우 : 이는 간이한 절차로 기판력이 없어 이의원인의 발생시기는 제한이 없다.

---

31) 대법원 1997. 9. 12. 선고 96다4862.

6) 소송절차

가. 소의 제기 및 당사자적격

 소장에는 청구의 원인으로 이의의 대상인 집행권원과 그 이행의무에 대한 이의의 원인을 명확히 적어야 한다. 본소의 소송목적의 값은 소멸을 주장하는 집행권원의 값이고 집행된 목적물의 값이 아니다.

 이 소는 이의 있는 청구권에 관하여 집행권원이 성립하고 유효하게 존속하고 있는 이상 집행문 부여 전이라도 제기할 수 있다. 집행권원이 미확정의 판결인 때에는 확정된 뒤에 제기하여야 한다.

 원고는 집행력있는 집행권원의 '채무자'가 된다. 상속에 기한 승계집행시 상속인이 된다. 채권자대위권을 행사할 수 있는 채권자도 원고가 될 수 있다.

 피고는 집행권원에 채권자로 표시된 자 또는 승계 그 밖의 권원으로 채권자에 대신하여 강제집행을 신청할 수 있는 자로 집행문이나 승계집행문 부여 여부를 묻지 않는다.

나. 관할법원

① 확정판결 : 제1심 판결법원(제44조 제1항). 가사판결이면 가정법원이 관할법원이다.
② 확정된 지급명령 : 지급명령을 내린 지방법원의 단독판사 또는 합의부(제58조 제4항, 제5항)
③ 항고로만 불복을 신청할 수 있는 재판 : 그 재판을 한 제1심의 법원(제57조, 제56조 제1호, 제44조 제1항)
④ 청구의 인낙조서, 소송상의 화해조서, 조정조서 : 제1심 수소법원(제57조, 제56조 제4호, 제44조 제1항). 항소심(고등법원)에서 화해가 성립한 경우에도 제1심 법원이다.
⑤ 제소전화해조서 : 절차를 행한 법원의 단독판사 또는 합의부
⑥ 집행증서(공정증서) : 채무자(원고)의 주소지(보통재판적) 관할법원 또는 그 법원이 없는 때에는 재산권이 있는 곳의 법원(제59조 제4항)

7) 판 결

 이의를 인용할 때에는 집행권원에 기초한 집행의 일시적 혹은 영구적 불허, 집행의 일부

내지 전부의 불허를 선언하는 재판을 한다.

8) 사례의 해결

집행비용의 부담에 관하여「민사집행법」제53조는 "① 강제집행에 필요한 비용은 채무자가 부담하고 그 집행에 의하여 우선적으로 변상을 받는다. ② 강제집행의 기초가 된 판결이 파기된 때에는 채권자는 제1항의 비용을 채무자에게 변상하여야 한다."라고 규정하고 있고, 「민사집행규칙」제24조 제1항은 "법 제53조 제1항의 규정에 따라 채무자가 부담하여야 할 강제집행비용으로서 그 집행에 의하여 변상 받지 못한 비용과 법 제53조 제2항의 규정에 따라 채권자가 변상하여야 할 금액은 당사자의 신청을 받아 집행법원이 결정으로 정한다."라고 규정하고 있다.

그런데 집행권원에 표시된 채무는 소멸되었으나 집행비용을 변상하지 아니한 경우, 그 집행력 전부의 배제를 구할 수 있는지에 관하여 판례는 "강제집행에 필요한 비용은 채무자의 부담으로 하고 그 집행에 의하여 우선적으로 변상을 받게 되어 있으므로, 이러한 집행비용은 별도의 집행권원 없이 그 집행의 기본인 당해 집행권원에 터 잡아 당해 강제집행절차에서 그 집행권원에 표시된 채권과 함께 추심할 수 있고, 따라서 <u>집행권원에 표시된 본래의 채무가 변제공탁으로 소멸되었다 하여도 그 집행비용을 변상하지 아니한 이상 당해 집행권원의 집행력 전부의 배제를 구할 수는 없다.</u>"라고 하였다(대판 89다2356, 89다카12121, 91다41620 판결).

다만, "채권자에 대한 변제자의 공탁금액이 채무의 총액에 비하여 아주 근소하게 부족한 경우에는 당해 변제공탁은 신의칙상 유효한 것이라고 보아야 한다."라고 하면서 채무총액 69,384,761원에서 248,816원이 부족한 69,135,945원을 공탁하였는데, 집행비용의 차이, 계산상 과오 등으로 인하여 근소한 부족금액이 발생하였던 것이고, 그 부족비율이 0.35%에 지나지 않는 경우 그 공탁은 그 공탁시점에서 신의칙상 유효한 것으로 볼 수 있다고 한 사례가 있다(대판 2002. 5. 10. 선고 2002다12871 판결).

그러므로 위 사안에서 乙순이가 집행권원에 표시된 채무원금 및 지연손해금만을 변제공탁 한 경우 경매수수료 등 집행비용이 포함되어 있지 아니하므로 乙순이의 위 변제공탁은 공탁으로서의 효력이 없다고 하여야 할 것이고, 따라서 乙순이의 청구이의는 인용되기 어려울 것으로 보인다.

[서식] 청구이의의 소장 : 고리사채업자에 대한 채무의 소멸을 주장

소 장

원 고 홍 성 순 (731016-2552128)
　　　　서울 성북구 종암로 166, 701호(하월곡동, 광남캐스빌아파트)
　　　　송달장소 : 서울 서초구 반포대로34, 401호(서초동)
　　　　☎ 010-9126-0234

피 고 김 선 화 (530715-2117417)
　　　　서울 강북구 도당로2길 23, 202호(쌍문동)

청구이의의 소

청 구 취 지

1. 피고의 원고에 대한 공증인가 법무법인 북부합동사무소 작성 201○년 제1913호 약속어음공정증서에 기한 강제집행을 불허한다.
2. 소송비용은 피고의 부담으로 한다.

라는 판결을 구합니다.

청 구 원 인

1. 공정증서 작성경위

   가. 성동구 행당동에서 조그만 포장마차를 하는 원고의 모친 소외 최선희는 급전이 필요하여 지역신문광고를 보고(갑 제1호증), 201○. 2. 26. '그린하우스'라는 상호로 사채업을 하는 피고를 찾아가 금 300만 원을 연 66%의 고리로, 80일간 차용하게 되었습니다. 그리고 위 차용에 대하여 원고는 모친 최선희의 보증인이 될 의도로 모친에게 인감증명서를 맡긴 바 있습니다.

   나. 그런데 피고는 원고와 원고의 모친 최선희가 전혀 생각할 수 없었던 금 1,000만 원에 기한 채권으로 공릉동 소재 공증인가 법무법인 북부합동법률사무소에서 201○년 제1913호 약속어음공정증서를 임의 작성하여, 사채금전을 차용한지 불과 2달이 채 지나지 않아 이미 변제한 금전은 전혀 고려함 없이 201○. 4. 21.자로 이건 원고의 부동산에 대하여 터무니없는 채권액 1,000만 원을 피보전채권으로 하여 귀원에 부동산 강제경매신청을 한 것입니다(갑 제3호증의1내지2 강제집행신청서, 공증증서).

   다. 소 결
   따라서 피고는 약속어음 증서 기재 1,000만 원의 금액에 대하여는 하등 권한을 위임받은 바가 없어 위 약속어음공정 증서는 권한을 넘어 유가증권변조의 범법 행위를 저지른 것입니다.

2. 차용관계와 변제

가. 201○. 2. 26. 원고가 피고에게서 차용하려고 한 금액은 300만 원인데, 그 중 선이자를 떼이고 피고로부터 현실적으로 수령한 금전은 255만 원입니다. 갑 제2호증 외환은행수령계좌를 보면 '김승정' 명의로 255만 원이 입금된 것이 바로 그것입니다.

그 후 1주일 지난 3. 6.부터 원고는 연 66%의 이자인 금 30만 원씩을 피고(수금자명의 : 조정현)에게 지급하였는데, 그 지급일자는 3.6, 3.13, 3.26, 4.7, 4.15.와 같이 5회에 걸쳐 도합 150만 원(5회 × 30만)을 지급하여(갑 제4호증의 1내지5 각 입금영수증) 결국 잔여채무는 105만 원(255만-150만)이 있을 뿐입니다.

나. 따라서 201○. 4. 21.자 기준으로 잔여채무 원금 105만 원과 연 66%의 사채이자가 있음에도 불구하고, 피고는 터무니없게도 약속어음금을 1,000만 원으로 임의로 정하여 원고 소유인 '중랑구 묵동 155-1 3층 주택'에 대하여 201○. 4. 21.자로 귀원에 201○타경7746호 부동산강제경매신청을 하여 현재 귀원 경매2계에 계속되어 있습니다.

다. 원고는 위 강제경매 신청이 있자 곧 피고에게 연락하여 잔여 채무를 해결해주겠다고 하였으나 피고는 공증비, 법원비용, 기타 등등의 명목을 붙여 결과적으로 강제경매신청 채권금액이 된다는 억측을 쓰는 바,

라. 원고는 부득이 201○. 5. 6.자로 서울중앙지방법원 공탁관에게 201○금 제4237호로 차용 잔대금 105만 원과 대여원금 255만 원에 대한 연 66%(월 5.5%)해당의 이자금, 도합 1,377,250원을 변제공탁 한 바 있습니다(갑 제5호증 공탁서).

마. 따라서 원고는 피고에 대하여 차용금전과 관련하여 모든 채무를 변제한 것이므로, 공증인가 법무법인 북부합동법률사무소에서 201○년 제1913호로 작성된 약속어음공정증서에 의해 귀원에 진행 중인 강제경매 사건(201○타경7746)은 취소되어야 하기에 원고는 이건 소를 제기하였습니다.

입 증 방 법

1. 갑 제1호증   지역신문조각
1. 갑 제2호증   외환은행 대출금 수령계좌
1. 갑 제3호증의 1   부동산강제경매신청서
              2   공정증서
1. 갑 제4호증의 1-5 무통장입금증
1. 갑 제5호증   공탁서

202○. . .

위 원고 홍 성 순 (인)

서울묵무지방법원 귀중

접수방법

- 소장은 법원용 1부와 상대방 수에 맞는 부본을 1심 수소법원에 제출한다.
- 인지 : 청구이의의 소에 있어서는 "집행력 배제의 대상인 집행권원에서 인정된 권리의 가액"(민사소송등인지규칙 제16조[32]).
  위 사례에서 집행권원상의 채권은 1,000만 원이므로 결국 이 금액이 소가가 되므로 인지액은 50,000원(1,000만 × 5/1,000)이 된다.
  - 인지납부는 1만 원 이상인 경우 종전 인지를 첨부하기도 하였으나 2011. 8. 1.부터는 '현금납부서' 방식(법원취급 은행에서 납부서에 의한 납부)으로 변경되었다.
- 송달료 : 단독사건으로 15회분, 144,000원(당사자 2 × 15회 × 4,800원)을 송달납부서로 납부한다.
- 청구취지 기재례 - 판결인 경우
  ① 「피고의 원고에 대한 서울중앙지방법원 남부지원 201○가단 2577호 대여금 청구 사건의 집행력있는 판결정본에 기하여 별지 부동산에 대하여 한 강제집행은 이를 불허한다.」
  ② 「피고의 소외 최정균에 대한 귀원 201○. 8. 23. 선고 201○가단19246 손해배상(기) 사건의 판결에 기한 강제집행은 이를 불허한다.」

9) 집행정지

(가) 본소가 제기되더라도 강제집행의 개시, 속행에 아무런 장애가 되지 아니한다(제46조 제1항).

그런데 본소의 판결시까지 내버려 두면 집행이 끝나 버리기 때문에, 이의사유가 법률상 정당한 이유가 있다고 인정되고 사실에 대한 소명이 있을 때에는, 수소법원은 채무자 보호의 견지에서 잠정처분으로 당사자의 신청(인지 1,000원)에 따라 판결 선고가 있을 때까지 담보를 제공하게 하거나 담보를 제공하게 하지 아니하고 강제집행을 정지하도록 명할 수 있고, 담보를 제공하게 하고 그 집행을 계속하도록 명하거나

---

32) 민사소송등인지규칙 제16조 (집행법상의 소)
민사집행법에 규정된 각종 소의 소가는 다음 각 호에 규정된 가액 또는 기준에 의한다.
1. 집행판결을 구하는 소에 있어서는 외국판결 또는 중재판정에서 인정된 권리의 가액
2. 집행문부여 또는 집행문부여에 대한 이의의 소에 있어서는 그 대상인 집행권원에서 인정된 권리의 가액의 10분의 1
3. 청구이의의 소에 있어서는 집행력 배제의 대상인 집행권원에서 인정된 권리의 가액
4. 제3자이의의 소에 있어서는 집행권원에서 인정된 권리의 가액을 한도로 한 원고의 권리의 가액.

실시한 집행처분을 취소하도록 명할 수 있다(제46조 제2항). 급박한 경우에는 재판장이나 집행법원도 위 명령을 할 수 있다(제46조 제3항, 제4항).

담보액은 잠정처분의 내용에 따라 담보의 목적을 고려하여 법원이 재량으로 정하나, 최근에는 채무액 전액에 상당하는 담보의 제공을 명하는 경향이고, 지급보증위탁계약을 체결한 문서의 제출에 의한 담보제공은 허용되지 아니한다(즉 현금공탁으로만 담보제공을 하게한다). 일반 가처분의 방법에 의한 강제집행정지는 허용되지 않고,[33] 잠정처분(: 집행정지결정)에 대하여는 불복할 수 없다.

(나) 집행이 정지되면 집행기관은 새로운 집행을 개시할 수 없고, 개시된 집행을 계속할 수는 없게 된다.

만일 정지사유가 있음에도 불구하고 집행기관이 집행을 계속하는 경우에는 이해관계인은 '집행에 관한 이의신청'으로 그 시정을 구할 수 있다. 그러나 정지, 취소됨이 없이 집행절차가 끝나면 이제는 그 효력을 부인할 수 없다.[34]

(다) 채권자는 집행정지 사유가 소멸한 것을 증명하여 집행의 개시 또는 속행을 신청할 수 있는데 실무상 '강제집행 속행신청서'를 제출하고 있다.

예컨대 항소심의 판결 선고시까지 집행을 정지한다는 결정에 따라 집행이 정지되어 있는 경우에 채권자는 항소심의 판결이 선고되었다는 것을 증명(ex 판결문의 제출)하여 절차의 속행을 신청할 수 있다. 만일 집행기관이 부당하게 집행의 속행을 거부한 때에는 채권자는 '집행에 관한 이의신청'으로써 다툴 수 있다.

[서식] 청구이의의 소를 제기하면서 집행정지 신청한 사례

<h2 style="text-align:center;">집행정지신청서</h2>

신 청 인(원고)   홍 성 순 (731016-2552128)
　　　　　　　　서울 성북구 종암로 166, 701호(하월곡동, 광남캐스빌아파트)

---

33) 대법원 1986. 5. 30.자 86그76 결정.
34) 대법원 1992. 9. 14. 선고 92다28020 판결.

송달장소 : 서울 서초구 반포대로34, 401호(서초동)
☎ 010-9126-0234
피신청인(피고)   김 선 화 (530715-2117417)
서울 강북구 도당로2길 23, 202호(쌍문동)

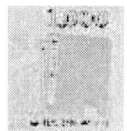

신 청 취 지

위 당사자간 서울북부지방검찰청 소속 공증인가 법무법인 북부합동사무소에서 201○. 3. 26. 작성된 201○년 제1913호 약속어음공정증서에 기한 강제집행은 서울북부지방법원 201○ 가단20517 청구이의 사건의 본안판결 선고시까지 이를 정지한다.
라는 재판을 구합니다.

신 청 이 유

1. 공정증서 작성경위

가. 성동구 행당동에서 조그만 포장마차를 하는 신청인의 모친 소외 최선희는 급전이 필요하여 지역신문광고를 보고(소갑 제1호증) 201○. 2. 26. '그린하우스'라는 상호로 사채업을 하는 피신청인(직접 피신청인를 보지는 못하였고 피신청인의 여직원들)를 찾아가 금 300만 원을 연 66%의 고리로, 80일간 차용하게 되었습니다. 그리고 위 차용에 대하여 신청인은 모친 최선희의 보증인이 될 의도로 모친에게 인감증명서를 맡긴 바 있습니다.

나. 그런데 신청인의 모친 최선희는, 사채업을 하는 피신청인의 직원들에게 그들이 내민 약속어음용지에 신청인 성명과 최선희 성명 우측에 각 인장을 날인하고 그 위임장에 인감을 날인하여 그것이 약속어음공증을 하는데 이용될 것이라는 짐작은 하였지만, 약속어음 지면의 어음금액을 이자 포함한 금액을 정확히 기재하여 달라는 최선희의 요구에 대하여 피신청인측 직원들은 "걱정하지 말라 이자를 포함한 금액을 기재할 것인데 공증사무실에서 잘못될 여지를 위하여 후에 정확히 기재하겠다."는 취지의 말을 하며 최선희를 기망하였던 것입니다.

그런데 피신청인은 신청인과 신청인의 모친 최선희가 전혀 생각할 수 없었던 금 1,000만 원에 기한 채권으로 공릉동 소재 공증인가 법무법인 북부합동법률사무소에서 201○년 제1913호 약속어음공정증서를 임의 작성하여, 사채금전을 차용한지 불과 2달이 채 지나지 않아 이미 변제한 금전은 전혀 고려함 없이 201○. 4. 21.자로 이건 신청인의 부동산에 대하여 터무니없는 채권액 1,000만 원을 피보전채권으로 하여 귀원에 부동산 강제경매신청을 한 것입니다(소갑 제3호증의 1 내지 2 강제집행신청서, 공증증서).

다. 소 결

따라서 피신청인는 약속어음 증서 기재 1,000만 원의 금액에 대하여는 하등 권한을 위임받은 바가 없어 위 약속어음공정 증서는 권한을 넘어 유가증권변조의 범법 행위를 저지른 것입니다.

2. 차용관계와 변제

201○. 2. 26. 신청인이 피신청인에게서 차용하려고 한 금액은 300만 원인데, 그 중 선이자를 떼고 피신청인으로부터 현실적으로 수령한 금전은 255만 원입니다. 소갑 제2호증 외환은행수령계좌를 보면 '김승정' 명의로 255만 원이 입금된 것이 바로 그것입니다.

그 후 1주일 지난 3. 6.부터 신청인은 연 66%의 이자인 금 30만 원씩을 피신청인(수금자명의 : 조정현)에게 지급하였는데, 그 지급일자는 3. 6, 3. 13, 3. 26, 4. 7., 4. 15.와 같이 5회에 걸쳐 도합 150만 원(5회×30만)을 지급하여(소갑 제4호증의 1 내지 5 각 입금영수증) 결국 잔여 채무는 105만 원(255만-150만)이 있을 뿐입니다.

3. 결 어

따라서 신청인은 피신청인에 대하여 차용금전과 관련하여 모든 채무를 변제한 것이므로, 공증인가 법무법인 북부합동법률사무소에서 201○년 제1913호로 작성된 약속어음공정증서에 의해 귀원에 진행 중인 강제경매 사건(201○타경7746)은 취소되어야 하기에 <u>신청인은 201○. 5. 22.자로 귀원에 201○가단 20517호 청구이의의 소를 제기하였습니다</u>(소갑 제6호증 소장접수증명원).

소 명 방 법

1. 소갑 제1호증　　　　　지역신문조각
1. 소갑 제2호증　　　　　외환은행 대출금 수령계좌
1. 소갑 제3호증의 1　　　부동산강제경매신청서
　　　　　　　　2　　　공정증서
1. 소갑 제4호증의 1-5　　무통장입금증
1. 소갑 제5호증　　　　　공탁서
1. 소갑 제6호증　　　　　소장 접수증명원

202○.　.　.

위 신청인　홍 성 순　(인)

서울북부지방법원　귀중

접수방법

- 신청서는 1부를 청구이의의 소를 제기한 법원에 제출한다.

- 인 지 : 1,000원
- 송달료 : 2회분, 19,200원(= 당사자2 × 2회 × 4,800원)을 송달납부서로 납부한다.
- 집행정지결정의 경우 통상 집행정지 사건의 대상채권해당 금액을 담보조로 공탁하는 조건으로 결정이 내려짐에 주의한다. 이때는 실무상 담보제공에 대한 이의서를 제출하여 재판부의 재조정을 모색할 수도 있다.
- 신청서 접수 후 4~5일 후 아래와 같은 현금 공탁조건부의 강제집행결정문을 송달받게 될 것이다.

서 울 북 부 지 방 법 원
제 3 단독

결 정

사　　건　　201○카기530 강제집행정지
신 청 인　　홍 성 순 (731016-2552128)
　　　　　　서울 성북구 종암로 166, 701호(하월곡동, 광남캐스빌아파트)
피신청인　　김 선 화 (530715-2117417)
　　　　　　서울 강북구 도당로2길 23, 202호(쌍문동)

주 문

위 당사자간 사이의 서울북부지방검찰청 소속 공증인가 법무법인 북부합동사무소에서 201○. 3. 26. 작성된 201○년 제1913호 약속어음공정증서에 기한 강제집행은 신청인이 피신청인을 위하여 담보로 5,000,000원을 공탁하는 조건으로 서울북부지방법원 201○가단20517 청구이의 사건의 판결 선고시까지 이를 정지한다.

이 유

이 사건 신청은 이유있으므로, 담보를 제공하는 것을 조건으로 주문과 같이 결정한다.

202○. . .
재판장 판사 김 태 경   (인)

[제1-2호 양식]

금전공탁서(재판상의 보증)

공 탁 번 호	201○년 금제 호	년 월 일 신청	법령조항	민집법 제46조2항 제44조
공탁자	성 명 (상호, 명칭)	홍성순	피공탁자	성 명 (상호, 명칭)	김선화
	주민등록번호 (법인등록번호)	731016-2552128		주민등록번호 (법인등록번호)	530715-2117417
	주 소 (본점, 주사무소)	서울 성북구 종암로 166, 701호(하월곡동, 광남 캐스빌아파트)		주 소 (본점, 주사무소)	서울 강북구 도당로2길 23, 202호(쌍문동)
	전화번호	010-9126-0234		전화번호	
공 탁 금 액	한글 오백만 원 숫자 5,000,000원		보 관 은 행	은행 지점
법원의 명칭과 사 건	서울북부지방법원 201○카기530 강제집행정지
	당사자	신청인	홍성순	피신청인	김선화

공탁원인사실
1. 가압류보증
2. 가처분보증
3. 가압류 취소보증
4. 가처분 취소보증
⑤ 강제집행 정지의 보증
6. 강제집행 취소의 보증
7. 강제집행 속행의 보증
8. 소송비용 담보
9. 가집행 담보
10. 가집행을 면하기 위한 담보
11. 기타(   )

| 비고(첨부서류 등) | 집행정지결정문, 위임장 | ☐ 계좌납입신청 |

1. 공탁으로 인하여 소멸하는 질권, 전세권 또는 저당권
2. 반대급부 내용

위와 같이 신청합니다.   대리인 서울 서초구 반포대로34, 401호(서초동)
                              010-4436-2887
       공탁자 성명 홍성순   최고봉   (인)

위 공탁을 수리합니다.
공탁금을   년 월 일까지 위 보관은행의 공탁관 계좌에 납입하시기 바랍니다.
위 납입기일까지 공탁금을 납입하지 않을 때는 이 공탁 수리결정의 효력이 상실됩니다.
     202○년   월   일
                          서울북부지방법원 공탁관   (인)

(영수증) 위 공탁금이 납입되었음을 증명합니다.
     202○년   월   일
                          공탁금 보관은행(공탁관)   (인)

※ 1. 도장을 날인하거나 서명을 하되, 대리인이 공탁할 때에는 대리인의 주소, 성명을 기재하고 대리인의 도장을 날인(서명)하여야 한다.
2. 공탁당사자가 국가 또는 지방자치단체인 경우에는 법인등록번호란에 '사업자등록번호'를 기재
3. 공탁금 회수청구권은 소멸시효완성으로 국고에 귀속될 수 있으며, 공탁서는 재발급 되지 않으므로 잘 보관하여야 한다.

제출방법

- 사례의 공탁서는 '청구이의의 소'를 제기하면서 채권자의 강제집행의 정지를 구하기 위한 담보공탁의 일종이다. 담보공탁의 경우 '법령조항'은 아래를 참조한다.

  i. 청구에 관한 이의의 소(민집 제44조, 제46조 제2항)·집행문부여에 대한 이의의 소(민집 제45조, 제46조 제2항)·제3자이의의 소(민집 제48조 제3항, 제46조 제2항) 제기 시 강제집행정지·속행·취소를 위한 담보공탁.
  ii. 가압류(민집 제280조)·가처분(민집 제301조)을 위한 담보공탁.
  iii. 가압류(민집 제288조 제1항)·가처분(민집 제307조) 취소를 위한 담보공탁.
  iv. 가압류(가처분) 이의신청에 결정시 가압류(민집 제286조 제3항)·가처분(민집 제301조, 제286조 제3항) 인가, 변경, 취소를 위한 담보공탁.
  v. 재심의 소 또는 추완항소(상고) 신청시 강제집행정지를 위한 담보공탁(민소 제500조 제1항, 제502조).
  vi. 가집행선고가 붙은 판결에 대한 항소, 상고를 제기한 이후의 집행정지 담보공탁(민소 제500조, 제501조).

- 공탁서 <u>2부</u>를 작성하여, 1부에는 집행정지결정문(또는 담보제공명령서) 사본과 위임장을 첨부하여 강제집행결정을 내린 법원의 공탁소에 제출한다(원칙상 담보공탁의 관할법원은 없으므로 다른 법원도 무방함).
- 공탁시 비용없음.
- 계좌납입신청 : 공탁금을 직접 공탁관이 지정하는 계좌로 입금하고자 한다면 '계좌납입신청'란에 체크를 한다. 이 경우 공탁관은 계좌로 입금할 수 있도록 공탁금납입가상계좌와 금액, 납입마감일(통상 다음날까지)을 고지하여 주는데 주의할 점은 납입자와 공탁자가 동일해야하며 분할납부는 허용되지 않으므로 사전에 이체한도를 확인해야할 것이다.
- 납입 이후

  공탁금을 납입하였다고 하여 바로 강제집행이 정지되는 것이 아니다. 강제집행 기관에 이 사실을 신고함으로서 정지가 되는 것이다. 즉 공탁금 납입 후 강제집행 중인 법원에 '집행정지신고서'에 강제집행정지 결정문과 위 공탁서 '사본'을 제출한다. 제출시 공탁서는 원본 대조필을 하므로 공탁서 원본을 지참한다. 제출 즉시 강제집행은 중지된다.

[서식] 강제집행정지 신고서

강제집행정지 신고서

사　　　　건　　201○타경7746　부동산강제경매
채　권　자　　김선화
채무자겸소유자　홍성순

위 당사자간 귀원 201○타경1209호 부동산 강제경매 사건에 관하여 채무자는 동 법원으로부터 201○카기530호 강제집행 정지결정을 받았으며 위 결정의 공탁조건부 담보를 제공하였으므로 위 부동산 강제경매 사건을 정지하여 주시기 바랍니다.

첨 부 서 류

1. 강제집행정지 결정문　1부
2. 공탁서 사본　　　　　1부

202○. . .
채무자 홍성순 (인)

서울북부지방법원 귀중

접수방법

- 비용없음
- 위 정지신고서 1부를 강제집행이 진행 중인 집행기관에 제출한다.
- 첨부서류인 공탁서는 사본을 제출하되 접수시 공탁서 원본을 대조하므로 원본을 지참하도록 한다.
- 집행정지의 효력은 본안의 해당 심급 소송 판결 선고시까지이므로 본안의 결과 채권자가 승소한 경우는 판결문과 송달증명원을 첨부하여 집행법원에 정지된 강제집행을 속행해달라는 취지로 '강제집행속행신청서'를 제출하고, 채무자가 승소한 경우는 '집행취소신청'을 하여 강제집행을 취소시키도록 한다.

7. 제3자 이의의 소

제3자 이의의 소는 제3자가 집행의 목적물에 대하여 소유권이 있거나 목적물의 양도 또는 인도를 막을 수 있는 권리를 가진 때 이를 침해하는 강제집행에 대하여 이의를 주장하여 집행의 배제를 구하는 소이다(제48조 제1항).

강제집행은 채무자의 책임재산만을 대상으로 하여야 한다. 그런데 집행기관은 외관에 따라서만 책임재산 여부를 판단하고, 그 실체적 심사를 할 권한이나 의무가 없다. 따라서 외관을 기준으로 집행이 행하여지는 한 책임재산 외의 물건에 대하여 집행이 행하여지더라도 당연히 위법이 되는 것은 아니므로, 집행에 관한 이의나 항고로 불복할 수 없는 것이 보통이다. 이 소는 이와 같이 실체적으로 부당한 집행에 의하여 권리 침해를 받은 제3자를 구제할 목적으로 인정된 것이다.

이 소는 제3자의 재산에 대한 침해의 가능성이 있는 한 금전채권의 집행이건 비금전채권의 집행이건, 본집행이건 가집행이건, 또는 만족집행이건 보전집행이건 묻지 않고 인정된다. 담보권의 실행을 위한 경매절차에서도 본소를 제기할 수 있다.

그러나, 이 소로써 집행권원 자체의 집행력 배제를 구할 수는 없다.

1) 이의원인

이의의 원인은 "제3자가 강제집행의 목적물에 대하여 소유권이 있다고 주장하거나 목적물의 양도나 인도를 막을 수 있는 권리가 있다고 주장"하는 것이다(제48조 제1항).

이 소의 원인이 되는 권리, 즉 양도나 인도를 막을 수 있는 권리는 집행채권자에게 대항할 수 있는 것이어야 한다. 이와 같은 권리는 압류가 행하여질 당시 이미 제3자에게 귀속되어 있는 동시에 이 소의 사실심의 변론종결시까지 존재하여야 하고, 압류채권자에 대한 우선적 지위를 대항할 수 있는 것이어야 한다.

2) 소송절차

관할법원은 집행법원 곧 집행행위가 있는 곳을 관할하는 지방법원에 전속한다(제48조 제2항, 제21조). 사물관할은 소송목적의 값(소가)에 따라 결정된다. 즉, 소송물이 단독판사의 관할에 속하지 아니할 때에는 집행법원이 있는 곳을 관할하는 법원의 합의부가 이를 관할

한다(제48조 제2항).

 원고는 강제집행의 목적물에 대하여 소유권이나 목적물의 양도 또는 인도를 막을 수 있다고 주장하는 제3자가 된다. 피고는 목적물에 대하여 집행을 하는 채권자이며 집행관 기타 집행기관은 피고가 되지 않는다. 제3자의 채권자는 제3자를 대위하여 이 소를 제기할 수 있지만, 채무자는 그 목적물이 제3자의 재산인 것을 이유로 이의를 주장할 수 없다.

 소의 제기에 관하여는 청구에 관한 이의의 소와 같으며, 소송 목적의 값(소가)은 집행권원에서 인정된 권리의 가액을 한도로 한 원고의 권리의 가액을 기준으로 한다(민사소송등인지규칙 제16조 제4호). 즉 소유권일 때에는 그 물건의 가액, 점유권일 때에는 그 물건 가액의 3분의 1, 지상권일 때에는 그 물건 가액의 2분의 1이다(같은 규칙 제10조).

소 장

원 고   정 기 섭 (730912-1028762)
   서울 중랑구 동일로114길 7, 130동 1207호(상봉동, 주공아파트)
   ☎ 010-2962-7232

피 고   장 홍 섭 (701002-1208762)
   서울 중랑구 면목로31길 13, 204호(면목동, 진명빌라)

제3자 이의의 소

청 구 취 지

1. 피고가 귀원 201○카단66701호 유체동산가압류결정에 의하여 한 가압류집행은 이를 불허한다.
2. 소송비용은 피고의 부담으로 한다.
라는 판결을 구합니다.

청 구 원 인

1. 피고는 귀원 201○카단66701호에 의하여 별지목록 기재 유체동산에 대하여 금 1,000만 원 채권에 기하여 가압류를 하였으나 동 유체동산은 201○. 3. 15. 원고가 소외 주식회사 한국물산(대표이사 석기연, 서울 서대문구 홍제동 55)로부터 의뢰받은 동 회사 소유의 보관품입니다.
 그런데 피고는 압류물건이 채무자 변우민의 물건인 줄 잘못 알고 가압류한 것입니다. 원고는 201○. 11. 1.자로 채무자 변우민이 사용하던 소재지 건물 지층을 건물주로부터 임차하여 대한상사라는 상호로 의류업체(개인사업)를 운영하고 있습니다(갑 제1호증 임대차계약서, 갑 제2호증 사업자등록).

2. 그런데 201○. 3. 26. 서울북부지방법원 집행관이 원고의 영업소에 와서 보관중인 별첨 유체동산가압류 집행조서에 기재된 물건을 압류하였는바 이에 대하여 직원들이 항의하였으나 이의신청을 하라는 말만 되풀이하고는 가버렸습니다(갑 제3호증 압류조서).

3. 원고는 내용을 몰라 알아본 즉, 먼저 임차인이었던 소외 변우민(티엠통상 대표)의 개인재산인 줄 알고 압류하였다는 것입니다. 원고는 가압류물건을 보관할 뿐만 아니라 물건의 도난, 훼손방지 등 일체 보관책임을 져야 하므로 이 소를 제기하는 바이며 소외 변우민과는 아무 상관이 없는 데도 이 건물건에 대하여 가압류를 한 것은 불법입니다.

4. 가압류결정을 하므로 원고에게 피해를 줌은 물론 물건을 맡긴 소외 주식회사 한국물산에게 막대한 피해를 주고 있으므로 이 건 가압류결정에 대한 집행을 불허하여 주시기 바랍니다.

입 증 방 법

1. 갑 제1호증　　　　　　　부동산임대차계약서
1. 갑 제2호증　　　　　　　사업자등록증
1. 갑 제4호증　　　　　　　유체동산 압류조서

첨 부 서 류

1. 위 증거서류　　　　　　　각 1통

202○.　.　.
위 원고 정 기 섭   (인)

서울북부지방법원 귀중

접수방법

- 소장은 법원용1부와 상대방수에 맞는 부본을 1심 수소법원에 제출한다.
- 인지 : 제3자 이의의 소에 있어서는 "집행권원에서 인정된 권리의 가액을 한도로 한 원고의 권리의 가액"(민사소송등인지규칙 제16조). 위 사례에서 집행권원상의 채권은 1,000만 원이므로 결국 이 금액이 소가가 되므로 인지액은 50,000원(= 1,000만 × 4.5/1,000 + 5,000)이 된다.
  - 인지납부는 1만 원 이상인 경우 종전 인지를 첨부하기도 하였으나 2011. 8. 1.부터는 '현금납부서' 방식(법원취급 은행에서 납부서에 의한 납부)으로 변경되었다.

> - '민사소송 등에서의 전자문서 이용 등에 관한 법률'에 따라 소장을 전자문서로 제출하는 경우에는 원래의 인지액에 10분의 9를 곱한 금액에 해당하는 인지를 붙여야 한다.
> - 송달료 : 단독사건으로 15회분, 144,000원(= 당사자2 × 15회 × 4,800원)을 송달납부서로 납부한다.

3) 집행정지

제3자 이의의 소가 제기되어도 이미 개시된 강제집행이 당연히 정지되지는 않는다. 다만, 이 소의 원고를 보호하기 위하여 제46조, 제47조의 규정을 준용하여 청구이의의 소에서와 마찬가지로 강제집행의 정지와 집행처분의 취소를 할 수 있도록 하고 있다(제48조 제3항). 이 재판에 대하여서도 불복을 할 수 없다.[35]

청구이의의 소와 다른 것은 담보를 제공하게 하지 아니하고도 집행처분의 취소를 할 수 있다는 점과, 정지·취소의 대상이 원고가 주장하는 피압류재산에 대한 집행에만 한정되고 집행권원에 기한 집행의 일반적 정지·취소는 허용되지 아니한다는 점이다. 신청서에는 1,000원의 인지를 첩부하여야 한다.

8. 집행비용

1) 의 의

강제집행(협의의 강제집행)에 필요한 비용 즉 강제집행의 준비 및 실시를 위하여 필요한 비용을 말한다.

집행비용	집행준비 비용	재판상의 비용	집행문부여신청, 집행권원 송달신청 등의 수수료(인지)
		당사자 비용	집행문부여신청서기료 및 제출비용
	집행실시 비용	재판상의 비용	강제집행신청 또는 속행신청수수료(인지), 유체동산강제집행에 관한 집행관 수수료
		당사자 비용	강제집행신청시기료, 배당기일 출석 일당

---

35) 대법원 1963. 3. 30.자 63마5 결정.

비용은 강제집행 또는 담보권의 실행 등을 위한 경매신청을 준비하기 위하여 지출한 비용으로, 집행력 있는 정본의 작성·부여에 필요한 비용, 집행개시의 요건을 충족시키기 위하여 지출한 서류의 교부, 송달비용이나 수수료, 인지대 등 '집행준비비용'도 필요한 한도 내에서 집행비용이 된다.

'집행실시비용'은 집행신청 이후 채권자 및 집행기관이 집행절차의 수행을 위하여 필요한 비용이다.

2) 집행비용의 예납

집행비용은 종국적으로 채무자가 부담하나 나중에 채무자로부터 추심되기 까지는 우선 채권자가 그 비용을 지출해야 하므로, 채권자가 예납하여야 한다. 예납을 하지 않으면 집행관은 위임에 응하지 아니하거나 사무를 행하지 아니할 수 있고, 집행법원은 신청을 각하하거나 이미 실시한 집행절차를 취소할 수 있다. 집행채권자가 소송구조를 받을 때 또는 대체집행에 있어서 채권자의 신청에 의하여 법원이 미리 채무자에게 집행비용을 지급할 것을 명한 때에는 예납할 필요가 없다.

예납하여야 할 비용은 집행법원이 집행절차의 수행에 필요로 하는 재판상의 비용 중 법원이 지급할 비용(송달비용, 공고비용, 현황조사수수료, 평가료, 경매수수료 등)이다. 송달료 이외의 비용은 '법원보관금'으로서 송달료와 별도로 취급된다.

부동산경매사건과 같이 송달료 처리의 특례에 관한 규칙이 적용되는 사건은 대법원장이 지정하는 송달료수납은행에 현금을 납부하도록 되어 있으며, 신청서상의 이해관계인 수+3에 10회분을 곱하여 산출한 금액이 그 기준이 된다.

3) 집행비용의 추심

가. 추심방법

집행비용은 별도의 집행권원 없이 본래의 강제집행에 의하여 우선적으로 변상을 받는다. 그러나 <u>인도집행과 같은 비금전집행의 경우 또는 금전집행이더라도 그 집행절차에서 변상을 받지 못한 경우에는 별도로 '집행비용액 확정결정'을 얻고 집행문을 부여받아 이를 집행권원으로 하여 집행비용을 추심할 수밖에 없다.</u>

주의 할 점은 집행비용을 '소송'으로써 청구하는 것은 허용되지 않는다(대법원 1996. 8. 21.자 96그8 결정). 또한 집행개시 후 집행권원상에 표시된 채무는 변제공탁으로 소멸되었으나 집행비용을 변제하지 않는 경우에는 집행비용의 추심을 위하여 계속하여 강제집행을 진행할 수 있다.36)

나. 부동산·선박 등에 대한 집행

강제경매·임의경매에서의 집행비용은 집행기관이 집행기록과 채권계산서를 참작하여 집행비용을 계산하며 매각대금에서 최우선으로 추심된다.

이중경매에서 후행사건의 신청채권자는 선행사건이 취하·취소되지 않는 한 경매신청비용을 공익비용으로 변제받을 수 없다. 선박, 자동차, 건설기계, 항공기에 대하여도 강제경매의 경우와 같다.

다. 유체동산에 대한 집행

압류물의 매각대금에서 청구채권과 함께 집행비용을 추심할 수 있다. 압류가 경합된 채로 집행절차가 진행되는 것이라도 추가압류비용뿐만 아니라 후행압류에 소요된 모든 비용이 집행비용으로 우선변제를 받을 수 있다.

라. 채권 등에 대한 집행

금전채권에 대한 강제집행에서는 채권압류명령에 집행비용을 표시하여 전부명령 또는 추심명령에 의해 변제충당 또는 추심한다.

압류명령과 전부명령이 다른 시기에 있게 될 때 전부명령신청비용은 신청서에 기재하면 전부명령에 부기하여 변제를 받을 수 있고, 추심명령도 같다.

채권압류명령신청서에 기재를 누락한 집행비용은 후일 집행비용액확정결정신청의 대상이 된다. 집행법원이 배당절차를 행하는 경우(민집 제236조, 제248조)에는 그 절차에서 집행비용을 추심한다.

---

36) 대법원 1992. 4. 10. 서고 91다41620 판결 : 집행비용을 변제하지 않은 이상 '청구이의의 소'에서 집행력 전부의 배제를 구할 수 없다.

제1장 민사집행 총론   107

그 외의 재산권에 대한 강제집행에서는 권리의 종류에 따라 추심, 전부, 매각, 관리, 양도, 임의매각 등의 절차에서 추심한다.

마. 비금전채권의 집행

물건인도청구권의 집행에서는 따로 '집행비용액 확정결정' 신청을 하여 그 결정을 받아 금전집행으로 추심하여야 한다.

> **대체집행의 경우는 선지급결정을 받음**
>
> '대체집행'에서는 채권자가 제1심 수소법원에 채무자에 갈음하여 하는 행위에 소요되는 비용을 미리 지급할 것을 명하는 '대체비용 선지급결정'을 신청하고 그 결정에 의하여 추심하거나(민집260), 임의로 지급하지 않을 경우에는 이 결정에 집행문을 부여받아 금전집행을 하여 추심할 수 있다.
> 간접강제에서도 집행비용액 확정결정을 받아 금전집행을 하여야 한다.

바. 보전처분의 집행

가압류 집행비용은 채권자가 소명을 하여 본안의 강제집행과 동시에 추심할 수 있다. 그리고 본집행과 별도로 추심하기 위하여는 '집행비용액 확정결정' 신청을 하여 그 결정을 받아야 한다.

금전지급을 명하는 가처분집행은 금전집행의 절차 내에서 추심할 수 있으나, 그 외의 물건의 인도·명도 등 급부를 명하는 경우, 채무자에게 작위·부작위를 명하는 경우, 부동산의 처분금지를 명하는 경우 등에서는 별도로 집행비용액 확정결정을 받아 금전집행을 하여야 한다.

4) 집행비용액 확정결정

가. 신 청

집행비용액 확정결정신청은 민사소송법 제110조 제2항(소송비용액확정결정)이 준용된다. 따라서 비용계산서, 그 등본과 비용액 소명자료를 제출하여야 하며, 1,000원의 인지를 붙여야 한다.

신청을 받은 집행법원은 결정전에 상대방에 대하여 비용계산서의 등본을 교부하고 이에 대한 진술을 할 것과 일정한 기간 내에 비용계산서와 비용액의 소명에 필요한 서면을 제출할 것을 최고하여야하는데 이 경우 상대방은 '집행비용액에 대한 의견서 또는 진술서'로 제출한다.

나. 불복신청방법

집행비용액 확정결정의 신청에 관한 결정에 대하여는 <u>7일내</u>에 '즉시항고'를 제기할 수 있다. 이 결정은 집행권원이 되고(민집56조1호), 집행문이 필요하며 비용변상의무는 이 결정의 확정에 의하여 비로소 이행기가 도래한 것으로 본다.

[서식] (대체) 집행비용확정결정신청

(대체)집행비용확정결정신청

채 권 자 김 환 준
　　　　　서울 강남구 학동로20길 21, 203호(논현동, 고급빌라)
　　　　　☎ 010-234-9876

채 무 자 김 기 수
　　　　　서울 관악구 관천로17길 23, 303호(신림동)

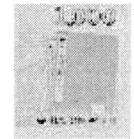

　위 당사자간 201○타기232호 대체집행사건에 관하여 신청인은 201○. 2. 23. 채무자의 부담으로 별지목록 기재 부동산에 대하여 명도를 집행할 수 있는 취지의 대체집행 명령을 구한바 있으므로, 채권자는 201○. 4. 27. 위 부동산에 대하여 명도를 집행함으로써 합계 금 770,000원의 비용이 지출되었습니다. 따라서 위 비용액을 확정하여 지출하여 주시기 바랍니다.

* 첨부 : 영수증 1부

　　　　　　　　　　　　202○.　.　.
　　　　　　　　　　　위 채권자 김 환 준　(인)

서울중앙지방법원 귀중

접수방법

- 인지 1,000원, 송달료 2회문, 신청서 2무를 집행법원에 제출한다.
- 집행비용액 확정결정정본은 집행권원이 된다.

9. 집행에 관한 담보·보증·공탁

1) 담보제공

당사자 또는 제3자가 집행을 실시, 정지 또는 취소함으로 인하여 상대방에게 발생될 수도 있는 손해의 배상을 미리 확보하기 위하여 제공시키는 집행법상의 수단이다. 집행에 관한 담보도 소송비용의 담보 등과 함께 소송상의 담보에 속하므로 달리 규정이 있는 것을 제외하고 소송비용의 담보에 관한 규정이 준용된다.

가. 채무자의 담보제공

재심 또는 상소의 추후보완신청(민소법 제500조)·상소제기 또는 이의신청(같은 법 제501조)·청구에 관한 이의의 소 및 집행문 부여에 관한 이의의 소(제46조, 제47조)에 의한 집행정지 및 취소, 집행문 부여와 집행에 관한 이의신청(제34조, 제16조)·압류금지 물건 확장신청(제196조)에 의한 집행정지, 가압류와 가처분에 대한 이의신청(제286조, 제301조) 및 취소신청(제288조, 제307조) 등이 있다.

나. 채권자의 담보제공

재심 또는 상소의 추후보완신청(민소법 제500조)·상소제기 또는 이의신청(같은 법 제501조)·청구에 관한 이의의 소(제46제, 제47조)·집행문부여에 관한 이의의 소(제46조, 제47조) 및 이의신청(제34조)·집행에 관한 이의신청(제16조)·압류금지물 확장신청 등에 있어서 집행속행(제196조), 가압류(제280조) 및 가처분(제301조)에 대한 이의신청에 있어서 명령의 변경(제286조, 제301조) 등이 있다.

다. 제3자의 담보제공

제3자 이의의 소에 의한 집행의 정지·취소(제48조, 제46조, 제47조 제1항)와, 집행에 관한 이의신청에 의한 집행정지(제16조 제2항) 등이 있다.

2) 보증제공

여기서 말하는 '보증'은 모두 배당재단의 형성을 확보하기 위하여 제공된 것으로 '담보'와 전혀 성질이 다르다.

따라서 보증에 관하여는 집행법상의 담보에 관한 규정이 적용될 여지가 없고, 각칙에서 개별적으로 정하는 바에 따라 처리된다. 채권자가 매수인인 경우 인수할 채무나 상계할 매수인의 채권에 대하여 이의가 있어 담보를 제공하는 것은 매각대금의 지급방법의 하나이고, 담보가 아니다.

> **注意** 보증의 제공에 관한 규정
> (1) 부동산에 대한 강제경매에 있어서 최저매각가격으로 남을 것이 없겠다고 인정될 때 경매절차의 속행을 위하여 압류채권자에게 보증을 제공하도록 한 것(제102조 제2항, 제104조 제1항)
> (2) 매수신청시에 매수신고인에게 보증을 제공하도록 한 것(제113조)
> (3) 매각허가결정에 대한 항고를 할 때 항고인이 제공하는 보증(제130조 제3항)
> (4) 선박에 대한 강제경매에 있어서 강제경매절차를 취소받기 위하여 채무자가 제공하는 보증(제181조 제1항, 제2항)

3) 공 탁

채무자, 제3채무자 또는 집행관이 상대방에 대한 손해담보를 위하여서가 아니라 이행의 강제를 면하기 위하여, 손해를 피하기 위하여, 절차의 완결을 짓기 위하여 이행으로써 또는 집행의 목적물이나 이에 갈음하는 금전을 공탁하는 것을 말하며, 집행법상의 담보와는 개념과 본질을 달리한다.

> **注意** 공탁에 관한 규정
> (1) 보전집행의 정지·취소를 위하여 채무자가 목적물에 갈음하는 금전을 공탁하는 경우(제282조, 제299조: 가압류해방공탁)
> (2) 압류채권의 제3채무자가 채무를 면하기 위하여 채무액을 공탁하는 경우(제248조 제1항: 제3채무자의 권리공탁)
> (3) 배당협의가 불성립된 때에 집행관이 매각대금을 공탁하는 경우(제222조 제1항, 제2항)
> (4) 채무자가 강제집행의 목적물이 아닌 동산의 수취를 태만히 한 때 집행관이 법원의 허가를 얻어 매각한 대금을 공탁하는 경우(제258조 제6항)
> (5) 집행관이 가압류한 금전을 공탁하거나 매각대금을 공탁하는 경우(제296조 제4항, 제5항)
> (6) 채권추심의 신고 전에 다른 압류, 가압류 또는 배당요구가 있는 때에 채권자가 추심한 금전을 공탁하는 경우(제236조 제2항)

강제집행을 위한 사전절차

제1절 집행을 개시하기 위한 요건과 정지 등 • 113

제2절 재산명시절차는 무엇인가 • 127

제3절 재산조회는 어떻게 하나 • 138

제4절 채무불이행자 명부등재신청이란 무엇인가 • 147

제 2 장
강제집행을 위한 사전절차

제 1 절 집행을 개시하기 위한 요건과 정지 등

1. 강제집행 개시요건

　강제집행을 신청함에 있어서 구비할 필요는 없으나, 집행기관이 현실로 집행을 개시함에 있어 그 존부가 요구되는 각종의 요건을 말한다.
　요건이 존재하여야 집행을 개시할 수 있는 적극적 요건과 그 요건이 존재하면 집행을 개시할 수 없는 소극적 요건이 있다. 적극적 요건에는 각종의 집행에 공통되는 '일반적 요건'과 특정한 집행에만 필요한 '특별요건'이 있다.
　집행당사자의 표시 및 집행권원의 송달은 일반적 요건이고, 특별요건에는 집행문 또는 증명서의 송달, 이행일시의 도래, 담보제공의 증명서의 제출과 그 등본의 송달, 반대의무의 이행 또는 이행의 제공, 집행불능의 증명 등이 있다. 집행개시요건은 집행기관이 조사하여야 한다.

1) 적극적 요건

가. 집행당사자의 표시

집행력 있는 정본에 집행당사자의 표시가 있어야 집행기관이 집행을 개시할 수 있다. 집행당사자를 확정할 수 있는 것이면 성명뿐만 아니라 아호나 상호도 무방하다. 집행정본에 표시되어 있지 아니한 자를 위하여 또는 그러한 자에 대하여 한 집행은 집행권원 없이 한 집행과 다름이 없으므로 위법할 뿐 아니라 무효이다.

나. 집행권원의 송달

집행할 집행권원은 채무자에게 이미 송달하였거나 늦어도 집행개시와 동시에 송달한 때에 한하여 개시할 수 있다. 송달하여야 하는 것은 집행권원 그 자체이고 집행정본이 아니며, 등본이라도 무방하다.

그러나 가압류·가처분명령의 집행, 비송사건절차법상의 비용재판에 의한 집행, 과태료재판에 대한 검사의 명령의 집행, 벌금 등의 형사재판에 대한 검사의 명령의 집행에는 집행권원의 송달을 요하지 않는다.

채권자는 공정증서 정본 등의 송달과 동시에 강제집행 할 것을 위임하는 경우 또는 우편송달에 의하여 그 목적을 달할 수 없는 경우에는 집행관에게 공정증서 정본 등의 송달을 위임할 수 있다.

집행권원의 송달이 있었는가의 여부는 집행기관이 조사할 사항이므로 채권자는 증명서로써 송달을 증명하여야 한다. 확정판결에 의한 집행에도 송달증명서의 제출을 요한다.

> **注意** 그러나, 이행권고결정정본 또는 집행력 있는 지급명령정본에 의한 강제집행신청에 있어서는 채무자에 대한 송달증명원 및 확정증명원을 필요로 하지 아니한다.

[서식] 송달증명원

송 달 증 명 원

사　건　　201○가단3950　양수금
원　고　　벽산건설 주식회사
피　고　　주식회사 대구온천

　위 당사자간 사건의 판결 정본이 201○.　.　.자로 채무자에게 송달되었음을 증명하여 주시기 바랍니다.

202○.　.　.
위 채권자　벽산건설 주식회사　　(법인)
대표이사　김 영 일

대구지방법원　귀중

접수방법

- 사건기록이 있는 재판부에 증명원 2부를 제출하여 1부를 증명 후 교부받는다(1부는 법원보관).
- 비용 : 인지대 500원

다. 집행문 및 증명서의 송달

　집행이 채권자의 담보제공 이외의 조건에 달린 경우 또는 집행권원에 표시된 자 이외의 자(승계인)를 위하여 또는 그 자에 대하여 집행문을 부여하는 경우(승계집행문)에는 집행권원 외에 이에 부기한 집행문을 집행개시 전 또는 동시에 채무자 또는 그 승계인에게 송달하여야 한다. 법원이 집행기관인 때는 항상 집행개시 전에 송달되어야 한다.

　이 경우 채권자는 증명서로써 조건의 이행사실 또는 승계사실(법원에 명백한 사실이 아닌 한)을 증명하여야 하고, 채무자를 보호하기 위하여 집행개시 전 또는 동시에 그 증명서의 등본을 채무자에게 송달하여야 한다. 증명서의 제출 없이 집행문이 부여되는 경우 또는 집행문부여의 소에 의하여 집행문을 부여받고 그 판결이 송달된 경우에는 증명서의 송달이 필요 없다.

집행문 및 증명서는 그 등본을 송달하며, 이를 누락한 집행행위의 효력은 집행권원의 송달이 없는 경우와 같이 보아야 한다.

라. 이행일시의 도래

집행을 받을 사람이 일정한 시일에 이르러야 그 채무를 이행하게 되어 있는 때에는 그 시일이 지난 뒤에 강제집행을 개시할 수 있다(제40조 제1항). 위 시일은 집행권원에 표시되어 있는 것임을 요한다. 확정기한의 도래는 역일(歷日)의 조사에 의하여 용이하게 알 수 있으므로 집행기관의 조사에 맡기고 있다. 불확정기한의 도래는 조건의 경우와 마찬가지로 집행문 부여시에 조사할 사항으로 되어 있다. 확정기한의 도래 전에 착수한 집행은 위법하나 집행에 관한 이의 또는 즉시항고(제15조) 등에 의하여 취소되기 전에 그 기한이 도래하면 그 하자는 치유된다.

마. 담보제공증명서의 제출과 그 등본의 송달

담보제공을 조건으로 가집행을 선고한 경우에는 채권자가 담보를 제공한 증명서류(공탁증명서 기타 법원의 담보제공증명서)를 제출하여야 하고, 채무자에게 이의 등 불복의 기회를 주기 위하여 그 등본을 집행개시 전 또는 동시에 채무자에게 송달하여야 한다(제40조 제2항, 제16조).

담보의 제공은 공탁 후 공탁서 사본[1]을 채권자 또는 채무자의 보통재판적 소재지의 지방법원이나 집행법원에 제출함으로써 하나 담보제공명령법원에 제출하여도 된다.

담보제공 없이 실시한 집행은 당연무효이나, 담보제공증명서 등본의 송달만이 미비된 집행은 당연무효가 아니고, 취소 전에 송달하면 하자가 치유된다.

바. 집행문부여요건과 집행개시요건

(1) 집행문부여요건

○ 법원에서 집행문부여시[2] '조건'이 걸려있는 경우 그 조건의 이행여부를 집행문부여

---

[1] 실무상 원본대조필을 하여야 하기에 담보제공 접수시 공탁서원본을 가지고 있어야 한다.

시점에 판단하는 것을 「집행문부여요건」이라 하고 이에는 정지조건, 불확정기한, 선급부의무의 경우를 들 수 있다.

○ 반대의무의 이행과 상환으로 권리관계의 인낙(認諾)이나 의사진술을 할 의무에 대하여는 채권자가 그 판결확정 후에 그 반대의무를 이행한 사실을 증명하고 재판장의 명령에 의하여 '집행문 부여'를 받았을 때 의사표시의 효력이 생기므로, 반대의무의 이행 또는 이행의 제공은 '집행문부여 요건'이 된다.

○ 또 집행권원이 되는 화해조항에 일정한 반대의무의 불이행을 조건으로 하여 일정한 의무의 이행을 약속한 경우에는 집행에 '조건'을 붙인 경우에 해당하므로 그 의무에 대한 집행문을 부여하기 위하여는 채권자가 증명서로써 그 조건의 성취를 증명하여야 한다.

○ 법원이 집행기관인 경우에는 집행 전에 반대의무의 이행 또는 이행의 제공증명서를 제출해야 한다. 집행관이 집행기관인 경우에는 채권자가 집행관과 동행하여 제공하거나 집행관이 채권자의 위탁에 의하여 제공할 수 있고 제공증명서를 집행관에게 제출할 수도 있다. 반대급부의 제공 없이 한 집행행위는 무효이다.

❖ 집행문 부여의 조건 : ① 판결이 확정된 때, ② 가집행의 선고가 있는 때
❖ 집행문 부여시 재판장 또는 사법보좌관의 명령이 있어야 하는 경우
　① 조건성취집행문 - 재판의 집행에 조건을 붙인 경우(법 제30조 제2항, 사보규 제2조 제1항 제4호)
　② 승계집행문(법 제31조 제1항, 사보규 제2조 제1항 제4호)
　③ 집행문 수통부여 신청시
　④ 집행문의 재도부여신청시
　※ 확정된 지급명령, 이행권고결정에 기하여 수통, 재도부여신청하는 경우 법원사무관 등은 재판장 또는 사법보좌관의 명령없이 부여한다.
　⑤ 의사진술을 명하는 판결이 반대의무의 이행에 걸려있는 경우의 집행문부여
❖ 집행문 부여시 조건의 성취를 증명하여야 하는 경우(집행조건의 경우)
　① 불확정기한 : 「피고는 원고에 대하여 소외(갑)이 사망한 때에 금 500만원을 지급하라」고 한 경우, 소외(갑)이 <u>사망한 증명</u>을 제출하여야 한다.

---

2) 집행문부여는 법원의 재판장 또는 사법보좌관의 명령을 통하여 이루어진다.

② 정지조건 : 「피고는 원고에 대하여 피고가 소외(갑)에게 대여한 금원을 수령하면 즉시 금 500만원을 지급하라」고 한 경우, 피고가 소외(갑)으로부터 금원을 <u>수령한 증명</u>을 제출하여야 한다.
③ 선급부의무 : 「피고는 원고로부터 이사비용으로 금 100만 원을 받고 그 1개월후에 가옥을 명도하라」고 한 경우, 피고에게 금 100만 원을 <u>지급한 사실</u>에 관한 증명을 제출하여야 한다.
④ 선택권의 행사 : 집행권원의 급여의무가 선택적 급여의무인 경우에는 선택권을 행사한 사실이 조건에 해당되어 그 <u>선택사실을 증명</u>한 때에 한하여 집행문을 부여한다.
⑤ 채권자의 최고 : 「피고는 원고에 대하여 원고로부터 10일 이상의 유예기간을 두고 지급의 최고가 있으면 그 지정기일에 금 500만 원을 지급하라」고 한 경우, 그 지급을 <u>최고한 서면</u>을 제출하여야 한다.
⑥ 동시행이면서도 집행문을 부여받기 전에 그 이행의 증명이 있어야 하는 경우 : 「<u>피고는 원고로부터 1억 원을 지급받음과 동시에 부동산에 대한 소유권이전등기절차를 이행하라</u>」고 한 경우 일반적으로 동시이행관계는 집행개시요건에 불과하여 집행관이 집행개시시에 조사하면 충분하지만, 의사표시를 명하는 집행권원의 경우에는 별도의 집행절차가 존재하지 않으므로 집행문 부여기관이 동시이행에서 반대급부의 제공여부를 조사하여 <u>집행문부여 절차를 밟도록 하고 있다</u>(법 제263조 제2항).

❖ 집행문 부여시 조건의 성취에 관한 증명을 요하지 않는 경우
① 확정기한 : 「피고는 원고에 대하여 20○○. 12. 31.까지 금 500만 원을 지급하라」고 한 경우, 날짜의 경과 확인만 하면 되기 때문이다.
② 해제조건 : 「피고는 원고에 대하여 20○○. 5. 5.까지 금 500만 원을 지급한다. 단, 원고가 20○△. 10.경 시행하는 ○○시험에 합격한 경우에는 위 금원은 이를 지급하지 않는다」라고 한 경우, 우선은 원칙상 지급을 명한 경우이기 때문이다.
③ 대상적 급부 : 「피고는 원고에게 백미 5가마(가마당 80kg들이)를 인도하라. 만약 인도할 수 없을 때에는 금 50만 원을 지급하라」고 한 경우 본래적 급부청구권에 관한 집행불능은 집행문 부여의 조건이 아니라 집행개시의 요건이다.
④ 동시이행 : 「피고는 원고에 대하여 원고로부터 금 6,000만 원을 수령함과 동시에 승용차 1대를 인도하라」고 한 경우, 이는 집행개시요건으로 보기 때문에 집행문부여단계에서 그 성취여부를 증명할 필요가 없다.
⑤ 담보제공의 사실 : 「원고가 금 500만 원을 담보로 제공한 때에는 가집행할 수 있다」는 내용의 판결에 대하여 집행문을 내어 줌에는 그 공탁증명서는 필요하지 않다. 이 경우 담보제공은 집행개시요건이기 때문이다.
⑥ 해태약관 : 「피고는 원고에게 금 500만 원을 지급하되, 20○△. 12. 31.까지 200만 원, 20○○. 3. 31.까지 200만 원, 20○○. 6. 30.까지 100만 원을 각 분할하여 지급하라. 단 위 1회의 분할지급을 해태한 때에는 기한의 이익을 상실하고 즉시 전액을 지급한다」고 한 경우 해태의 증명을 할 필요가 없다.

주의할 점은 「<u>피고는 원고로부터 5,000만 원을 지급받음(수령함)과 동시에 별지 부동산을 인도하라</u>」고 '판결'을 받은 경우, 만일 '피고'가 위 판결에 따라 원고에게 부동산을 인도하여 주었음에도 불구하고 피고의 기대와는 달리 원고가 5,000만 원을 지급치 않는다면 피고는 <u>5,000만 원의</u>

집행을 위하여 집행문을 부여받을 수 있을까.

결론은 그렇지 않다. 위 경우는 동시이행관계로서, 비록 집행문부여 요건이 아니라 집행개시요건이지만 원고가 아닌 '피고'가 집행문을 신청한데에 문제가 있다.

판결이란 소송상 원고의 청구범위를 넘을 수는 없고, 원고가 이행해야할 반대급부는 원고의 급부의무의 태양(態樣)에 불과하여 원고가 청구하지도 않은 반대급부의 집행을 위하여 피고에게 집행문을 부여하여 줄 수는 없는 것이다.

반대급부에 관하여 기판력도 집행력도 생기지 않으므로 피고가 이를 집행권원으로 하여 원고에게 집행할 수는 없다.

그러나 판결이 아닌 화해조서, 조정조서, 화해권고결정, 강제조정결정, 반소제기에 의한 판결에서는 '피고'를 위하여 집행문을 부여받을 수 있다. 이 절차에서는 원고의 청구범위를 넘어서 피고의 청구를 인정할 수 있기 때문이다.

(2) 집행개시요건

이에 반하여 집행문부여 시점이 아닌, 집행개시3) 당시 시점에 조건의 이행여부를 판단하는 것을 「집행개시요건」이라 한다. 이에는 동시이행 관계에 있는 반대급부의 이행조건을 들 수 있다(제41조).4)

❖ **집행개시 요건**

① **집행당사자의 표시** : 강제집행은 이를 신청한 채권자와 집행을 받을 채무자의 이름이 집행문이 부여된 집행권원의 정본에 표시된 경우에 한하여 개시할 수 있다.

② **집행권원의 송달** : 강제집행을 하기 위해서는 원칙상 집행할 집행권원을 집행개시 전 또는 늦어도 집행개시와 동시에 채무자에게 송달되어야 한다(법 제39조 제1항).

※ 집행권원의 송달없이 한 강제집행의 효력은 ㉠ 절대무효라고 보는 견해(무효설), ㉡ 무효이나 압류 후라도 송달이 되면 그 후부터는 유효하다는 견해, ㉢ 채무자의 이의나 항고로 취소되지 않는 한 유효라는 견해(취소설)가 있으나, 이에 관하여 판례 중에는 무효설에 입각한 것도 있고(대판86다카2070), 취소설에 입각한 것도 있다(80다438).

---

3) 집행을 신청함에 있어서는 구비할 필요는 없으나 집행기관이 현실로 집행을 개시함에 있어서는 그 요건을 갖출 것을 요한다. 예컨대 실무상 집행관의 유체동산 집행시 갖출 것을 요하는 요건을 말한다.

4) <사례> 판결주문이「피고는 원고로부터 금 5,000만 원을 지급받음과 동시에 승용차 1대를 인도하라」고 한 경우, 위 금원지급의무와 승용차 1대의 인도의무는 동시이행관계에 있다.

사. 본래 청구권의 집행불능증명

대상(代償)판결의 집행에 있어서 본래의 청구권의 집행불능은 집행개시의 요건이다. 집행권원상의 의무가 그 집행권원상에 표시된 다른 의무의 집행불능시에 그에 갈음하여 집행할 수 있는 것으로 되어 있는 경우에는 그 본래의 의무의 집행불능 여부는 집행기관이 쉽사리 판단할 수 있는 사항이므로 그 집행불능증명은 집행문 부여의 요건이 아니다.

2) 소극적 요건(집행장애)

집행의 개시 또는 속행에 장애가 되는 사유를 말한다. 집행법원은 이를 직권으로 조사하여야 하며 발견되면 집행의 개시 또는 속행을 정지하여야 한다. 집행장애는 집행의 전체에 관한 것이므로 각개의 집행행위에 특별한 장애사유(압류금지물의 압류금지 등)와 구별된다.

> **注意** 집행장애의 사유
> (1) 채무자의 파산 (채무자회생및파산에 관한법률 제348조)
> (2) 개인회생의 개시 (채무자회생및파산에 관한법률 제600조)
> (3) 집행정지 또는 취소의 서면의 제출 (제49조)
> (4) 집행채권의 가압류·압류 (제227조 제1항)

2. 강제집행의 정지·제한·취소

'집행의 정지'는 집행기관이 법률상 특정의 집행권원에 기초한 전체로서의 강제집행의 개시·속행 또는 이미 개시된 집행절차의 속행을 할 수 없는 상태를 말한다.

강제집행절차가 집행기관이나 당사자의 태도(예컨대, 연기신청)에 따라 사실상 중단상태에 있는 경우는 여기서 말하는 정지가 아니다.

집행의 정지가 집행의 범위를 감축하는데 불과한 경우, 즉 집행채권의 일부나 다수 채권자 중의 일부, 집행 목적물의 일부 또는 어느 집행행위에 대하여서만 집행이 정지되는 경우를 특히 '집행의 제한'이라고 한다.

> **판례** 의사진술을 명하는 재판(ex 소유권이전등기절차이행 또는 말소등기절차이행)은 확정된 때에 의사를 진술한 것으로 보는 것이므로(단, 조건부의사진술을 명하는 재판은 그 조

건의 성취를 증명하여 집행문을 내어준 때에 효력발생) 현실적인 강제집행절차가 존재할 수 없고, 따라서 집행정지도 인정되지 아니하며 등기관은 집행정지결정이 제출되더라도 이에 구애됨이 없이 그 등기신청을 받아들여 등기의 기입을 하여야 한다[대판 95다37568].

1) 집행정지의 원인

아래 민사집행법 제49조에 규정되어 있는 서류 중 1호·3호·5호·6호 서류는 취소서류이고, 2호·4호 서류는 정지(일시유지)서류이다. 집행기관이 집행을 당연무효로 하는 집행요건의 흠결 또는 집행장애 사유의 존재를 발견한 때에는 직권으로 집행을 정지한다. 그리고 다음과 같은 서류가 제출되면 집행을 정지(취소포함)하여야 한다.

(1) 집행할 판결 또는 가집행을 취소하거나(집행권원의 취소) 강제집행을 허가하지 아니하거나 그 정지를 명하는 취지 또는 집행처분의 취소를 명한 취지를 적은 집행력 있는 재판의 정본(제49조 제1호) 5)

① <u>집행할 판결을 취소하는 재판</u> - 집행권원을 취소하는 재판, 예컨대 가집행선고 있는 판결을 취소하는 항소심판결, 확정판결을 취소하는 재심판결, 화해조서를 취소하는 준재심판결 등

② <u>가집행을 취소하는 재판</u> - 본안판결 전에 가집행선고만을 취소하는 판결(민소법 제215조)

③ <u>강제집행을 허가하지 아니하는 재판</u> - 집행의 종국적 불허가를 선고하는 취지의 재판, 예컨대 집행문 부여에 대한 이의를 인용한 결정(제34조), 집행에 관한 이의 또는 즉시항고를 인용한 결정(제16조, 제15조), 청구이의의 소, 집행문 부여에 대한 이의의 소, 제3자 이의의 소를 인용한 종국판결(제44조, 제45조, 제48조) 등

④ <u>강제집행의 정지를 명하는 재판</u> - 위 ③의 재판 중에서 집행의 일시적 불허를 선언하는 재판, 예컨대 변제기한의 일시적 유예를 이유로 한 청구이의의 소를 인용한 판결, 기한도래 전의 집행개시를 이유로 한 집행에 관한 이의를 인용한 결정 등

⑤ <u>집행처분의 취소를 명한 재판</u> - 잠정처분 또는 집행정지재판 중 이미 실시한 집행처분

---

5) 이는 대금납부 전까지 제출하여야 하고(규칙 제50조 제1항), 제출되면 집행을 취소하여야 한다(제50조 제1항).

의 취소를 명한 결정 또는 판결(민소법 제55조 제1항, 제501조, 민사집행법 제46조 제2항, 제47조 제1항, 제48조 제3항 등)
⑥ 집행력 있는 재판의 정본 - 넓은 의미의 집행력 있는 재판의 정본을 말하며, 집행문이 부여된 것을 요하지 않는다.

(2) 강제집행의 일시정지를 명한 취지를 적은 재판의 정본(제49조 제2호)

대금납부 전까지 제출할 수 있으며(규칙 제50조 제1항),[6] 집행처분을 일시 유지하게 한다(제50조 제1항). 잠정처분 또는 집행정지에 관한 재판 중 집행의 일시적 정지를 명한 취지를 적은 재판을 말한다. 담보의 제공을 조건으로 정지를 명한 때에는 담보를 제공한 증명서를 동시에 제출하여야 한다.

〈사례〉 ① 항고결정이 있을 때까지의 집행정지, ② 즉시항고·집행이의·집행문부여등에 대한 이의신청의 경우에 잠정처분으로 하는 집행정지, ③ 청구이의의 소와 집행문부여에 대한 이의의 소 제기시에 잠정처분으로 하는 집행정지, ④ 수소법원이 이의의소의 판결에서 한 집행정지, ⑤ 제3자이의의소제기로 말미암은 집행정지, ⑥ 압류금지물의 확정부분에 대한 집행정지 등

(3) 집행을 면하기 위하여 담보를 제공한 증명서류(제49조 제3호)

매수신고의 전에 제출할 수 있으며(제93조 제3항), 후에 제출할 때는 최고가매수신고인 또는 매수인과 차순위매수신고인의 동의가 필요하다. 제출되면 집행을 취소하여야 한다.

〈사례〉 가집행면제선고가 있는 가집행선고 판결(민소법 제213조 제2항, 제3항)에서의 담보제공증명서, 가압류해방금액의 공탁증명서 등이 이에 해당한다.

---

6) 매수인이 매각대금을 낸 뒤에 위 서류가 제출되면 절차를 속행하되 당해 채권자를 배당에서 제외할 뿐이다.

(4) 집행할 판결이 있은 뒤에 채권자가 변제를 받았거나, 의무이행을 미루도록 승낙한 취지를 적은 증서(제49조 제4호)

위와 같은 사유로 인한 집행의 종국적인 저지는 청구에 관한 이의의 소(제44조)에 의하여야 하나, 채권자가 작성한 것을 매수신고 전까지 제출하면 채무자의 보호를 위해 일응 정지하되 정지기간의 제한이 있다. 이 증서는 판결선고 후의 증서뿐 아니라 기타 집행권원 성립 후의 증서도 포함되며 공정증서임을 요하지 않으며 사문서라도 무방하다.

변제를 받았다는 취지를 기재한 증서의 제출에 의한 강제집행의 정지기간은 <u>2개월</u>로 한다(제51조 제1항). 의무이행을 미루도록 승낙하였다는 취지를 적은 증서의 제출에 따른 강제집행의 정지는 2회에 한하며 통산하여 6월을 넘길 수 없다(제51조 제2항).

경매실무에서 흔히 볼 수 있는 채무자의 매각기일연기신청서는 그것만으로는 아무런 정지효과를 가져올 수 없고, 위 연기에 채권자의 동의를 받은 경우에만 비로소 여기서 말하는 의무이행의 유예를 승낙한 취지를 적은 증서가 된다.

> 〈사례〉 대물변제증서, 채무면제증서, 채권포기증서, 상계의 의사표시를 기재한 증서, 채권양도통지서, 영수증, 변제증서, 채권 전액을 변제받았음을 이유로 한 경매신청취하서(취하에 동의가 필요한 경우)도 변제수령문서로 볼 수 있을 것이다.[7]
>
> 채권자에 대한 압류명령, 전부명령정본은 위 서면에 해당되지만, 변제공탁서에 관하여는 다툼이 있다. 채무자의 경매기일연기신청서는 채권자의 동의를 받은 경우에만 변제유예증서로 본다.

(5) 집행할 판결, 그 밖의 재판이 소의 취하 등의 사유로 효력을 잃었다는 것을 증명하는 조서등본 또는 법원사무관 등이 작성한 증서(제49조 제5호)

대금납부 전까지 제출하여야 하고(규칙 제50조 제1항) 집행 취소사유이다(제50조 제1항). 취소결정에 즉시항고는 불가하며, 매각대금을 낸 후에 제출되면 절차를 속행하되 당해 채권자를 배당에서 제외한다.

---

7) 대법원 1979. 10. 31.자 79마132 결정.

> 〈사례〉 가집행선고 있는 판결에 터 잡아 강제집행을 개시한 뒤에 그 판결에 대한 상소심의 본안심리 중 소가 취하되거나 청구의 포기가 있는 경우, 가집행선고 있는 판결의 상소심에서 화해가 성립되거나 청구의 포기가 있는 경우 등에서 그 사실을 적은 조서의 등본 등이 집행정지서류가 된다. 그러나 사인이 작성한 문서는 해당되지 않는다.

(6) 강제집행을 하지 아니한다거나 강제집행의 신청이나 위임을 취하한다는 취지를 적은 화해조서의 정본 또는 공정증서의 정본(제49조 제6호)

매수신고 후에 제출할 때는 최고가매수신고인 또는 매수인과 차순위매수신고인의 '동의'가 있어야 하며(제93조 제3항), 제출되면 집행을 취소하여야 한다(제50조 제1항). 不執行의 합의가 화해조서 또는 공정증서에 적힌 경우를 말한다.

2) 집행정지의 방법

집행정지기관은 실제로 강제집행을 실시하고 있는 집행기관이다. 신청에 의한 정지(집행정지서류의 제출에 의한 정지)는 집행기관에 위 소정의 서류를 제출하여 정지를 구한 경우에만 집행정지가 되는 것이며, 정지명령 또는 정지의 효과가 수반되는 재판의 성립이나 그 확정과 동시에 당연히 정지되는 것은 아니다.

집행정지의 서류는 집행신청 후이면 집행개시 전후를 불문하고 집행기관에 제출하면 된다. 그러나 집행신청 전, 즉 강제경매 신청 전에는 집행정지서류를 제출할 수 없다. 매각허가결정에 대한 항고 등으로 집행기록이 상급법원에 있는 동안에는 기록이 있는 상급법원에 제출하는 것이 실무례이다.

부동산강제경매에 있어서 제49조 제1호, 제2호, 제5호의 서류는 매수인이 매각대금을 내기 전까지 제출하면 된다(규칙 제50조 제1항). 매각허가결정이 있은 뒤에 제49조 제2호의 서류가 제출된 경우에는 매수인은 매각대금을 낼 때까지 매각허가결정의 취소신청을 할 수 있다(규칙 제50조 제2항).

매수인이 매각대금을 낸 뒤에 제49조 각 호 가운데 어느 서류가 제출된 때에는 절차를 계속 진행하여야 한다(규칙 제50조 제3항). 제49조 제3호, 제4호, 제6호의 서류는 매수의 신고가 있은 뒤에 제출하는 경우에는 최고가매수신고인 또는 매수인과 차순위 매수신고인의 동의를 받아야 그 효력이 생긴다(제93조).

담보권 실행을 위한 경매절차에서 제266조 제1항 제1호 내지 제5호의 문서가 제출된 때에도 위에서 본 각 경우에 준하여 처리한다(제275조).

집행이 정지되면 집행기관은 새로운 집행을 개시할 수가 없고 개시된 집행을 속행할 수 없지만, 이미 행하여진 집행처분은 특히 취소되는 경우를 제외하고는 그 효력이 그대로 존속한다(제50조 제1항).

3) 정지된 집행의 속행

집행정지서류의 제출에 의하여 집행이 정지되어 있는 경우에는 정지사유의 소멸을 증명하는 서류를, 담보의 제공으로 집행을 속행할 수 있는 때는 그 담보제공증명서를 채권자가 제출하여야 한다.

그러나 변제영수증서의 제출이나 의무 이행의 유예증서의 제출에 의한 집행정지의 경우에는 소정의 정지기간을 경과하면 채권자의 신청에 관계없이 집행기관이 직권으로 집행을 속행한다.

집행취소서류(제49조 제1호, 제3호, 제5호, 제6호)의 제출로 이미 실시한 집행처분을 취소한 때에는 그 후 이들 서류에 관계된 재판이 취소되거나 소 취하 등의 사유로 효력이 없게 된 것이 증명되더라도 이미 끝난 집행절차를 재개하여 속행할 수 없으므로 다시 집행을 신청하는 수밖에 없다.

그러나 그 밖의 경우에는 이미 실시된 집행처분은 일시 유지되고 있으므로 단순히 종전의 집행절차를 속행하면 된다. 집행기관이 부당하게 집행의 속행을 거부한 때에는 채권자는 집행에 관한 이의로써 다툴 수 있다.

4) 집행의 취소

(1) 집행의 취소는 집행절차 진행 중에 이미 실시한 집행처분의 전부 또는 일부의 효력을 잃게 하는 집행기관의 행위를 말한다. 집행이 개시되기 전에는 집행의 취소가 있을 수 없고, 또 집행절차가 완전히 끝난 뒤에는 실시한 집행처분을 취소할 여지가 없다.

민사집행법 제49조 **제1호, 제5호**의 서류를 대금납부 전에 제출한 경우와, **제3호, 제6호**의 서류를 매수신고 전에 제출한 경우(매수신고 후에 제출할 때는 최고가매수신고인 또는 매수인과 차순위 매수신고인의 동의가 있을 경우)에는 집행을 취소한다.

그 밖의 개별적 취소사유로는, 집행비용을 미리 내지 아니한 경우, 부동산의 멸실 등, 남을 가망이 없을 경우, 부동산의 수익으로 전부 변제를 받은 경우, 관할위반, 보증의 제공 등이 있다.

(2) 집행기관이 집행 또는 집행처분을 당연무효로 하는 집행요건의 흠(예컨대, 집행력 있는 집행권원이 없는 경우)을 발견한 때에는 직권으로 강제집행절차를 취소하여야 한다.

집행의 취소는 집행처분의 존재를 없애는 방법으로 한다. 즉, 유체동산압류를 취소하는 때에는 집행관은 압류물을 수취할 권리를 갖는 사람에게 압류취소의 취지를 통지하고 압류물이 있는 장소에서 이를 인도하여야 한다. 다만, 압류물을 수취할 권리를 갖는 사람이 그 압류물을 보관 중인 때에는 그에게 압류취소의 취지를 통지하면 된다. 집행법원이 집행기관인 경우에는 집행행위인 재판(예컨대 경매개시결정, 채권압류명령)을 취소하는 결정을 하여야 한다.

> ❖ 집행취소는 그 집행처분을 한 집행기관이 한다. 집행취소는 집행당사자 또는 제3자의 신청에 따라 하는 것이 원칙이나, 집행기관 자체에 취소사유가 명백한 때에는 직권으로 취소한다.
> ❖ 취소신청은 집행취소서류의 제출로써 한다. 집행기관이 집행취소 신청서를 제출받고도 집행을 계속하면 집행에 관한 이의를 할 수 있다(대판 1986. 3. 26. 85그130).

(3) 집행행위는 취소에 의하여 법률상 존재하지 아니한 것으로 되어 이에 따른 효과도 소멸한다. 그러나 이미 완결된 집행행위의 효과는 소급하여 소멸하지 않고 원상회복을 하여야 하는 것도 아니다.

> ❖ 집행처분을 취소하는 재판은 원칙적으로 확정되어야 효력이 발생하고 이에 대하여는 즉시항고가 허용되나(법 제17조), 법 제49조 제1호·제3호·제5호·제6호의 집행취소 서류의 제출에 따라 취소하는 경우에는 집행취소결정이 송달되면 곧바로 효력이 발생하고 즉시항고도 허용되지 아니한다(법 제50조 제2항).
> ❖ 그러나 '집행에 관한 이의신청'의 방법으로 불복할 수 있다(법 제16조 제1항, 대결 94그4, 99마3754). 집행관의 집행취소에 대하여도 집행에 관한 이의신청이 가능하다. 집행에 관한 이의의 방법으로 불복할 수 있으므로 특별항고도 허용되지 않는다(대결 94그4).

제 2 절   재산명시절차는 무엇인가

〈사례〉 갑돌이는 乙에 대한 대여금 1,000만 원 청구소송에서 승소확정판결을 받았는데, 상대방의 재산관계를 파악할 수 없어 강제집행을 하지 못하고 있다. 이 경우 법원절차를 이용하여 재산을 파악하는 방법은 어떤 방법이 있을까? 답)8)

1. 재산명시의 의의

1) 의 의

재산명시절차는 일정한 집행권원에 따라 금전채무를 부담하는 채무자가 채무이행을 하지 아니하는 경우에, 법원이 그 채무자로 하여금 강제집행의 대상이 되는 재산과 일정기간 내에 그 재산의 처분상황을 명시한 재산목록을 제출하게 하고 그 진실성에 대하여 선서하게 함으로써 그 재산상태를 공개하는 절차이다.

채권자는 채무자의 책임재산을 탐지할 수 있어 강제집행이 용이하게 되고, 채무자 재산의 처분내용도 밝혀짐으로써 채권자취소권의 행사도 용이하게 되며, 재산의 공개를 꺼리는 채무자가 채무를 자진 이행하도록 유도하여 간접강제의 효과도 부수적으로 거둘 수 있다.

재산명시절차는 다른 강제집행절차에 앞서 부수적으로 행해지는 절차가 아니라 그 자체가 독립적인 강제집행의 절차이므로, 강제집행의 착수 여부와는 상관없이 진행된다.

2) 재산명시명령

명시명령은 법원이 채무자에 대하여 명시기일에 출석하여 재산상태를 명시한 재산목록을 제출하고 그 진실성을 선서할 것을 명하는 결정이다.

---

8) '채무자 재산명시제도'란 채무자의 책임재산을 공개시켜 채권자의 강제집행을 용이하게 하도록 한 제도인바, 이것은 채무자가 확정판결 등 집행권원에 대한 금전채무를 이행하지 않고 또한 그 채무자의 재산발견마저 용이하지 아니할 때 채권자가 법원에 채무자로 하여금 자기의 재산관계를 명시해서 법원에 제출케 하는 명령을 하도록 신청하는 것이다.
 법원은 채무자로 하여금 법원에 출석하게 하고 선서 후 진실된 채무자의 재산목록을 제출하게 하는데(민사집행법 제64조 제1항) 채권자는 재산목록을 보거나 복사할 것을 신청할 수 있다(법 제67조).

가. 요 건

(1) 채무자가 집행권원에 따라 금전채무를 부담할 것 - "금전의 지급을 목적으로 하는 집행권원" 중 가집행의 선고가 붙어 집행력을 가지는 집행권원을 제외한 - 즉 확정된 - 모든 집행권원에 기초한 재산명시신청이 가능하다(제61조 제1항).
(2) 채무자가 채무를 이행하지 않을 것
(3) 채권자가 강제집행을 개시할 수 있을 것 - 따라서 <u>채권자는 집행력 있는 정본과 함께 강제집행을 개시함에 필요한 문서를 첨부하는</u>(제61조 제2항) 등 강제집행개시의 요건을 갖추어야 한다.

> **注意** | **판결정본을 첨부해야 하는가**
> 판결정본인 경우 정본 외에 송달증명·확정증명·집행문부여가 되어 있어야 재산명시 신청할 수 있다(공정증서인 경우는 집행문부여만이 필요). 실무상 재산명시 신청서 접수시 신청서에는 판결서의 사본을 첨부하고, 판결정본은 원본대조필 후 반환해 주고 있다.

(4) 채무자가 소송능력이 있는 자이거나, 소송무능력자인 경우에는 법정대리인이 있을 것

> **注意** | 법정대리인이 재산목록을 작성·제출할 의무와 재산명시기일에 출석하여 선서할 의무를 부담하고, 감치재판을 받을 대상자도 채무자 본인이 아니라 법정대리인이다.

(5) 채무자의 재산을 쉽게 찾을 수 있다고 인정할 만한 사유가 없을 것(제62조 제2항) - 국가, 지방자치단체 그 밖의 공공단체 또는 공기업이나 대기업이 채무자인 때에는 통상 그 재산을 쉽게 찾을 수 있다고 인정할 만한 사유가 있다고 할 것이다.

나. 신청서의 접수 및 관할

재산명시신청의 관할법원은 채무자의 보통재판적이 있는 곳을 관할하는 지방법원 전속관할이다(제61조). 집행권원상 채무자가 여러 명이면 각 명시신청서는 채무자의 주소지를 <u>관할하는 각 법원에 신청한다</u>. 다만 채권자가 여러 명인 경우는 1개 신청서로 제출하면 병합하여 재판하게 된다. 시·군법원은 재산명시신청을 처리할 수 없다.

신청서가 제출되면 법원사무관 등은 "201○카명1○○호 재산명시"로서 사건번호를 부여

하게 된다.

[서식] 확정된 지급명령정본에 기한 재산명시신청

재 산 명 시 신 청

채 권 자   최 고 봉 (660916-1139218)
           경기도 구리시 동구릉로151, 202동 1701호(인창동, 건영아파트)
           ☎ 010-9126-1234

채 무 자   권 영 민 (341120-1031411)
           경기도 양주시 백석읍 권율로 145-15, 103동 303호(오산리, 백석한승아파트)

집행권원의 표시

    의정부지방법원 201○차3679호 양수금 독촉사건에 대하여 201○. 4. 15.에 확정된 지급명령정본.

※ 집행증서인 경우: 201○. 5. 26. 공증인가 법무법인 성실에서 201○년 제682호로 작성된 집행력있는 약속어음공정증서.

불이행 채무액

    금 15,000,000원 (집행권원상의 원금) 및 이에 대한 201○. 2. 22.부터 연 20%의 이자.

신 청 취 지

  채무자는 재산관계를 명시한 재산목록을 제출하라.
라는 재판을 구합니다.

신 청 원 인

  채권자는 채무자에 대하여 위 표시 집행권원을 가지고 있고 채무자는 이를 변제하지 아니하고 있으므로 민사집행법 제61조에 의하여 채무자에 대한 재산관계명시명령을 신청합니다.

첨 부 서 류

1. 집행력있는 지급명령확정정본   1부
   ※ 사본 가능하며, 다만 원본대조필 요함

1. 채무자 주민등록초본   1부
   ※ 판결의 경우 송달·확정증명원을 추가로 첨부

202○.   .   .
위 채권자   최 고 봉

의정부지방법원 귀중

접수방법

1. 신청서는 1,000원의 인지를 붙인다(여러 채권자 또는 채무자가 있더라도 1,000원).
2. 송달료는 당사자수의 5회분으로, 채권자와 채무자 각 1명이라면 48,000원이다(5회분 × 2명 × 4,800원 = 48,000원).
3. 제 출 : 신청서 1부를 <u>채무자의 주소지</u>(보통재판적소재지) 법원에 제출한다(관할의 소명자료로 채무자 주민등록초본을 첨부하는 것임. 법인은 법인등기부등본).
   ※ 가집행에 기한 재산명시는 불가하다. 사건은 확정되어야 한다.
4. 신청서가 제출되면 법원사무관 등은 사건번호(201○카명2332 재산명시)를 부여하게 된다. <u>신청서에는 집행력있는 집행권원의 사본을 첨부하되 그 정본도 함께 제출하여 원본대조필 확인을 받은 후 돌려받는다</u>(단, 송달·확정증명원은 원본을 제출).
5. 민원우편제도를 이용하여 우편으로 위 신청을 접수하고, 집행권원 정본을 반송용 우편봉투로 돌려받을 수 있다.
6. 재산명시서류의 송달이 안되어 보정명령에 따른 특별송달을 신청할 경우 종래 우체국 소액환을 첨부하였으나, 현재는 현금 납부방식(송달납부서)에 의하여 송달료를 추가 납부(: 추납)하도록 한다.

다. 재 판

 명시신청이 이유 있다고 인정한 때에는 채무자에 대하여 재산관계를 명시한 재산목록의 제출을 명하는 명령(명시명령)을 한다. 이 명령을 재산명시신청을 한 채권자 및 채무자에게 송달하여야 하며, 채권자가 주소보정을 명령받고도 이를 이행하지 아니한 때에는 법원은 재산명시명령을 취소하고 재산명시신청을 '각하'하게 된다(민집 제62조 제7항).
 각하결정에 대하여 채권자는 결정을 받은 1주일 내에 '즉시항고' 할 수 있으며, 명시명령에 대하여는 즉시항고를 허용하지 않고 이의신청만을 할 수 있다.
 재산명시명령이 채무자에게 송달되면 시효중단사유인 '최고'(민법 제174조)로서의 효력이 있을 뿐이고, 강제집행의 준비행위에 불과하여 소멸시효 중단사유인 압류, 가압류, 가처분에 준하는 효력까지 인정할 수 없다는 것이 판례이다[대판 2001다32161].

라. 재산명시명령에 대한 이의

채무자는 명시명령을 송달받은 날로부터 <u>1주 이내에 이의신청</u>을 할 수 있으며, 요건이 구비되지 않았음을 이유로 하여야 하고 1,000원의 인지를 첨부하여야 한다.

이의신청이 있으면 법원은 기일을 정하여 채권자와 채무자를 출석하게 하여 조사한 다음 이에 대한 재판을 한다. 이의신청이 정당하면 법원은 명시명령의 취소결정을 하여야 한다. 취소결정에 대하여는 채권자가 1주일 내에 즉시항고할 수 있다(제63조 제5항).

이의신청이 이유 없거나 채무자가 정당한 사유 없이 심문기일에 출석하지 아니한 때에는 법원은 이의신청의 기각결정을 하여야 한다. 기각결정에 대하여는 채무자가 즉시항고 할 수 있으나 집행정지의 효력이 없으므로 법원은 다음 절차, 즉 명시기일의 실시절차로 들어가야 한다. 이는 재산의 명시를 지연시킬 목적으로 항고권을 남용하는 것을 막게 된다.

───◎ 이의사유 ◎───

❖ 재판명시 이의사유
채권자가 강제집행개시의 요건을 구비하지 못한 경우, 채무의 내용이 금전채무가 아닌 경우, 채무자의 재산발견이 용이하다고 인정할 만한 명백한 사유가 있는 경우, 채권자・채무자의 대리인의 자격흠결, 채무자가 법인 또는 비법인사단이나 재단의 대표자가 자격에 흠결이 있는 경우, 채무를 이행한 변제증서가 있는 경우, 변제・대물변제・변제의 유예・면제・시효의 완성・상계 등의 채무소멸사유가 있는 경우, 상속포기 또는 한정승인한 경우 등이다.

2. 재산명시기일의 실시

1) 재산명시기일의 지정 및 출석요구

명시명령에 대하여 채무자의 이의신청이 없거나 이를 기각한 때에는 법원은 재산명시를 위한 기일을 정하여 채무자에게 출석하도록 요구하여야 하고 채권자에게도 기일을 통지하여야 한다. 채무자에 대한 출석요구서의 송달은 소송대리인이 선임되어 있는 경우에도 <u>채무</u>

자 본인에게 하여야 한다. 명시기일의 불출석에 감치처분이 가해지는 것을 고려할 때 현실적인 송달 가능성이 불확실한 등기우편 또는 공시송달은 허용되지 않는다(제62조 제5항). 채무자가 소송무능력자인 경우에는 법정대리인에게 송달하여야 한다.

명시기일은 채무자로 하여금 재산목록을 제출하고 그것이 진실함을 선서하게 하기 위하여 실시하는 것이다.

2) 명시기일에서의 절차

가. 채무자의 출석

명시기일에는 채무자가 출석하여야 하며, 채무자가 법인 또는 비법인 사단, 재단인 때에는 대표자 또는 관리인이 출석하여야 한다. 대리선서는 허용되지 않기 때문에 대리인만 출석하여서는 안 되나, 채무자가 미성년자 등 소송무능력자인 경우에는 법정대리인이 출석하여야 한다.

채무자가 정당한 사유 없이 명시기일에 출석하지 아니하면 법원은 결정으로 20일 이내의 '감치'에 처한다(제68조 제1항 제1호).[9]

채권자는 명시기일에 반드시 출석할 필요는 없으며, 소송대리인으로 하여금 출석하게 할 수 있다.

> **注意** | **채무자가 법인인 경우**
> 채무자가 법인 또는 비법인사단·재단인 경우에는 현실적으로 법인 등을 위하여 재산목록을 작성하고 제출할 의무와 재산명시기일에 출석하여 선서할 의무를 부담하고, 감치재판을 받게 되는 자는 법인 등의 대표자 또는 관리인이 된다.

나. 재산목록의 제출

채무자는 명시기일에 재산목록을 제출하여야 한다. 재산목록에는 다음 사항을 적어야 한다(제64조 제2항).

---

[9] 실무상 채무자가 2회 명시기일에 불출석하면 감치개시결정기일을 정하여 통지하고 이때에도 불출석하면 감치결정을 내리며 구인장을 발부한다. 이 후 3개월 내 관할 경찰서에서 신병을 확보하지 못하면 집행기간 도과로 사건은 종결된다.

(가) 강제집행의 대상이 되는 재산 - 채무자가 현재 소유하고 있는 재산으로서 강제집행의 대상이 될 수 있는 것은 모두 적어야 한다. 유체동산, 채권 그 밖의 재산권, 부동산, 선박, 자동차, 건설기계, 항공기 등 종류를 불문한다. 다만, 규칙 제28조 제2항 단서는 제195조에 규정된 압류금지 동산과 제246조 제1항 제1호 내지 제3호에 규정된 채권은 적는 대상에서 제외하도록 하였다. 타인에게 명의신탁한 재산도 집행의 대상이 되므로 재산목록에 적어야 한다.
(나) 명시명령이 송달되기 전 1년 이내에 채무자가 한 부동산의 유상양도(제64조 제2항 제1호)
(다) 명시명령이 송달되기 전 1년 이내에 채무자가 배우자, 직계혈족 및 4촌 이내의 방계혈족과 그 배우자, 배우자의 직계혈족과 형제자매에게 한 부동산 이외의 재산의 유상양도(제64조 제2항 제2호)
(라) 명시명령이 송달되기 전 2년 이내에 채무자가 한 재산상의 무상처분(제64조 제2항 제3호), 다만 사회통념상 인정되는 의례적인 선물은 제외됨(같은 호 단서)
(마) 이상에서 본 바와 같은 민사집행법에 규정한 재산목록에 적을 사항대로라면 채무자는 그 소유재산을 그 종류, 가격 여하를 불문하고 빠짐없이 모두 적어야 하는데, 이는 사실상 불가능하고 또 의례적인 선물의 한계도 모호하므로, 법은 재산목록에 적을 구체적인 사항과 범위는 대법원규칙으로 정하도록 하였다(제64조 제3항). 이에 따라 민사집행규칙은 재산목록에 적을 사항, 재산의 종류, 범위 등에 관하여 상세하게 규정하고 있다(규칙 제28조).

다. 선 서

채무자는 명시기일에 재산목록이 진실하다는 것을 선서하여야 한다(제65조 제1항). 채무자가 소송무능력자인 경우에는 법정대리인이, 법인 또는 비법인 사단·재단인 경우에는 대표자 또는 관리인이 선서를 하여야 한다.

라. 재산목록의 정정

채무자는 명시기일에 제출한 재산목록에 형식적인 흠이 있거나 불명확한 점이 있는 때에는 선서를 한 뒤라도 법원의 허가를 얻어 이미 제출한 재산목록을 정정할 수 있다(제66조).

마. 명시기일의 연기

명시기일에 출석한 채무자가 3개월 이내에 채무를 변제할 수 있음을 소명한 때에는 법원은 그 기일을 3개월의 범위 내에서 연기할 수 있고, 또 채무자가 새 기일에 채무액의 3분의 2이상을 변제하였음을 증명하는 서류를 제출한 때에는 다시 1개월의 범위 내에서 기일을 연기할 수 있다(제64조 제4항).

3) 재산목록의 열람 · 등사

채무자에 대하여 강제집행을 개시할 수 있는 채권자는 재산목록의 열람 또는 등사를 청구할 수 있다(제67조).

명시신청을 한 채권자는 물론 명시신청을 하지 아니한 채권자라도 강제집행을 개시할 수 있는 요건을 갖추었다면 채무자가 제출한 재산목록을 이용할 수 있게 한 것이다. 다만, 명시신청을 한 채권자는 별도의 구비서류 없이 열람 · 등사를 청구할 수 있으나, 그 밖의 채권자는 집행력 있는 정본과 강제집행의 개시에 필요한 문서를 붙여 열람 · 등사를 청구하여야 한다.

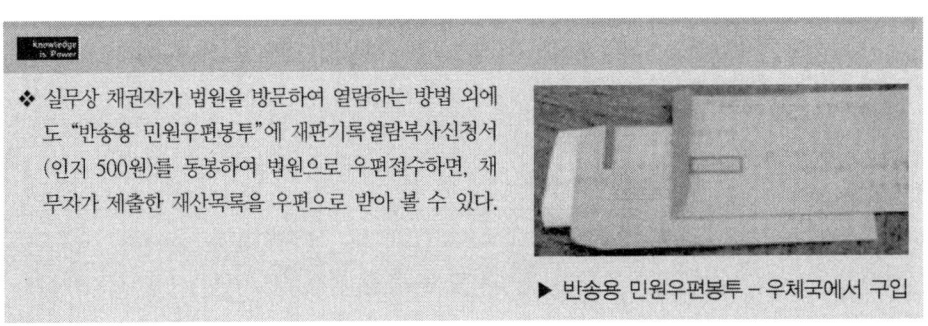

❖ 실무상 채권자가 법원을 방문하여 열람하는 방법 외에도 "반송용 민원우편봉투"에 재판기록열람복사신청서(인지 500원)를 동봉하여 법원으로 우편접수하면, 채무자가 제출한 재산목록을 우편으로 받아 볼 수 있다.

▶ 반송용 민원우편봉투 – 우체국에서 구입

4) 명시의무 위반자에 대한 제재

명시명령의 효용성을 보장하기 위하여 명시명령에 따른 의무를 위반한 자에 대한 제재가 필요하다.

법원은 채무자가 (a) 정당한 사유 없이 '명시기일'에 불출석하거나, (b) 명시기일에 출석하더라도 재산목록의 제출을 '거부'하거나, (c) '명시선서'를 거부한 경우 20일 이내의 감치에 처하고, 거짓의 재산목록을 낸 경우 3년 이하의 징역 또는 500만 원 이하의 벌금에 처한다(제68조 제9항).10)

채무자가 법인 또는 비법인사단이나 재단인 경우에는 그 대표자 또는 관리인을 감치에 처하고(제68조 제2항), 법인 또는 비법인 사단이나 재단이 거짓의 재산목록을 낸 때에는 그 대표자 또는 관리인을 징역 또는 벌금에 처한다.

5) 감치결정

채무자에게 적법하게 송달되었음에도 불구하고, 채무자가 정당한 사유없이 명시기일에 불출석한 경우 법원은 '감치개시결정'을 내리고 이후 '감치재판기일'11)을 연다.

감치재판기일에 감치결정을 내리기 전까지 채무자가 재산목록을 제출한 때에는 불처벌 결정을 하고, 새 명시기일을 연다.

> **注意**
> ❖ 감치기일에 채무자가 출석하여 '재산목록'을 제출한 경우는 재산명시기일로도 겸하여 재산목록기재내용의 진실함을 확보하기 위하여 '선서'를 하게하며 불처벌 된다.
> ❖ 그러나 채무자가 감치기일에 출석하지 않은 경우 법원은 관할경찰서에 구인장을 내려 보내 감치집행을 한다. 다만 구인장이 발부되었더라도 명시기일신청과 재산목록을 재판부에 제출하면 감치집행을 않고 명시기일로 진행한다.

법원은 감치재판기일에 채무자의 위반행위에 대하여 정당한 사유가 있는지 여부를 심리한 후 정당한 이유가 없다고 인정되고 위와 같이 불처벌 결정을 할 경우가 아니면 채무자를 20일 이내의 기간 감치에 처하는 결정을 내리게 된다. 채무자는 감치결정에 대하여 7일 이내에 즉시항고 할 수 있다. 즉시항고는 집행정지효력이 없으므로 별도 집행정지신청을 하여야 한다.

7일의 항고기간에 채무자가 책임질 수 없는 사유로 항고제기하지 못했다면 항고권의 회복청구를 할 수 있다.

---

10) 구민사소송법 제524조의8 제1항은 "정당한 사유 없이 명시기일에 출석하지 아니한 자, 재산목록의 제출을 거부한 자, 허위의 재산목록을 제출한 자는 3년 이하의 징역 또는 500만 원 이하의 벌금에 처한다."고 규정하고 있었다.

11) 이 '감치재판기일'에 채무자가 재산목록을 제출하고 선서를 하면 별도 명시기일의 정함이 없이 명시절차는 종료한다.

채무자가 감치의 집행 중에 (a) 재산명시명령을 이행하겠다고 신청한 때에는 바로 재산명시기일을 열고,12) 재산명시기일에 출석하여 재산목록을 내고 선서한 때, (b) 신청채권자에 대한 채무를 변제하고 이를 증명하는 서면을 낸 때에는 법원은 바로 감치결정을 취소하고 그 채무자를 석방하도록 명한다(민집 제68조 제6항).

[서식] 감치명령을 취소하고자하는 경우의 취하서

재산명시 및 감치명령 취하서

사　　건　　201○정명519 채무자감치
채 권 자　　조　헌
채 무 자　　오주영

　위 사건은 201○카명2103 재산명시명령에 따라 명시기일 불출석으로 인하여 감치명령 내려진 건으로 본 채권자는 위 사건을 취하하오니 감치명령을 취소하여 주시기 바랍니다.

202○.　.　.
위 채권자　조　헌　(인)

수원지방법원 민사신청과　귀중

접수방법

1. 취하서는 2부를 제출한다. 비용없음.
2. 감치명령의 취소는 재산명시취하를 함으로써 이루어지므로, 위 제출은 '재산명시과'에 제출한다.
3. 대리인에 의해 접수할 경우 취하서와 제출위임장에 각 채권자 본인의 인감날인과 인감증명서 1통을 첨부하여야 한다.

---

12) 감치재판기일에도 불출석하면 법원은 관할경찰서에 구인장 등 첨부하여 공문을 보내고 관할 경찰서에서 감치명령을 집행한다. 집행시 채무자가 경찰관에게 재산명시를 이행하겠다고 하면 경찰관의 통보에 따라 법원은 명시기일을 정하게 진행하게 된다.

3. 명시절차의 종료와 재신청

명시절차는 명시신청의 취하 또는 기각, 명시기일의 채무자의 불출석, 재산목록 제출의 거부, 선서의 거부, 그리고 채무자의 명시선서 등으로 종료한다.

<u>채무자의 명시선서 이외의 사유로 명시절차가 종료된 때에는 채권자는 다시 명시신청을 할 수 있다.</u> 다만, 명시신청이 기각·각하된 경우에는 그 명시신청을 한 채권자는 기각·각하 사유를 보완하지 아니하면 같은 집행권원으로 다시 명시신청을 할 수 없다(제69조).

채무자가 명시선서를 한 후 새로운 재산을 취득하였거나(예컨대, 상속, 취직, 직업의 변경 등) 제출된 재산목록이 거짓임을 소명하면 다시 명시신청을 할 수 있다.

[서식] 취하서

취 하 서

사　건　　201○카명2144 재산관계명시
채권자　　나홀로스쿨 주식회사
채무자　　주식회사 엘케이컨설팅

위 당사자간 신청사건에 대하여 채권자는 이 건 재산관계명시 신청을 취하합니다.

202○.　.　.

위 채권자　나홀로스쿨 주식회사
대표이사　김 영 광

서울중앙지방법원　귀중

접수방법

1. 취하서는 2부를 제출한다. 비용없음.
2. 대리인에 의해 접수할 경우, 위 취하서와 제출위임장에 각 채권자 본인의 인감날인과 인감증명서 1통을 첨부하여야 한다.

제3절 재산조회는 어떻게 하나

1. 의 의

재산명시절차가 끝난 경우에, 채권자의 신청에 따라 법원이 개인의 재산과 신용에 관한 전산망을 관리하는 공공기관·금융기관·단체 등에 채무자 명의의 재산에 관한 조회를 하고, 그 결과를 재산목록에 준하여 관리하도록 하는 제도이다(제74조 제1항, 제75조 제1항).

2. 요 건

재산조회는 재산명시절차가 끝난 후에 그 재산명시를 신청한 채권자만이 신청할 수 있다. 즉 재산조회를 신청하기 위해서는 '다음' 중 하나에 해당하는 사유가 있어야 한다.

조회요건

가. 채무자가 재산명시기일에 불출석하거나 재산명시기일에 출석하더라도 재산목록의 제출 또는 명시선서를 거부한 경우
나. 채무자가 거짓의 재산목록을 낸 경우
다. 채무자가 제출한 재산목록만으로는 집행채권의 만족을 얻기에 부족한 경우

재산조회의 신청사유는 재산명시기일의 통지를 받고도 불출석하는 등의 경우이므로, 결국 채무자가 소재불명으로 재산명시기일을 송달받지 못한 경우는 이 재산조회절차를 진행할 수가 없다. 즉 채무자가 도주한 경우 채무자에게 송달되지 않으므로 재산명시절차를 종료할 수 없어 채무자 명의의 재산에 대하여 재산조회가 불가능하게 되는 문제가 있었다.

이에 개정된 민사집행법은 재산조회의 신청인 적격으로서 "재산명시절차가 끝난 후"라는 요건을 삭제하고, 재산조회 신청사유에 소재불명 등으로 인한 공시송달의 사유가 있는 경우(제74조 제1항 제1호)를 추가하였다.[13]

---

13) 민사집행법 제74조(재산조회)
① 재산명시절차의 관할 법원은 다음 각 호의 어느 하나에 해당하는 경우에는 그 재산명시를 신청한

이에 따른 법원실무는 채권자가 재산명시신청서 접수 후 ① 채무자에 대한 재산명시결정문 등의 송달불능이 될 시 보정명령을 받은 후 재산조회신청을 하게 하거나 ② 채무자의 '말소자주민등록초본'을 첨부하거나 ③ 명시기일에 채무자의 불출석이 기재된 명시기일조서등본을 첨부하여 재산조회신청을 진행하고 있다. 주의 할 점은 이 경우 재산명시절차가 종료되어야 재산조회절차가 가능하므로 재산명시절차를 '취하'하거나 '각하'되어야 진행할 수 있다.

3. 위 반

공공기관·금융기관·단체 등은 정당한 사유 없이 조회를 거부하지 못하고(제74조 제4항), 조회를 받은 기관·단체의 장이 정당한 사유 없이 거짓 자료를 제출하거나 자료를 제출할 것을 거부한 때에는 결정으로 500만 원 이하의 과태료에 처한다(제75조 제2항).

재산조회의 결과를 강제집행 외의 목적으로 사용하여서는 아니 되며, 이에 위반한 사람은 2년 이하의 징역 또는 500만 원 이하의 벌금에 처한다(제76조).

4. 접수방법

관할법원은 재산명시절차를 실시한 법원이고(제74조), 이는 전속관할이다(제21조). 부동산의 등기부상의 소유자의 주소와 주민등록번호 또는 부동산등기용등록번호가 표시되어 있

> 채권자의 신청에 따라 개인의 재산 및 신용에 관한 전산망을 관리하는 공공기관·금융기관·단체 등에 채무자명의의 재산에 관하여 조회할 수 있다.
> 1. 재산명시절차에서 채권자가 제62조 제6항의 규정에 의한 <u>주소보정명령을 받고도 민사소송법 제194조 제1항의 규정에 의한 사유로 인하여 채권자가 이를 이행할 수 없었던 것으로 인정되는 경우.</u>
> 2. 재산명시절차에서 채무자가 제출한 재산목록의 재산만으로는 집행채권의 만족을 얻기에 부족한 경우.
> 3. 재산명시절차에서 제68조 제1항 각 호의 사유 또는 동조 제9항의 사유가 있는 경우.
>
> 민사소송법 제194조(공시송달의 요건)
> ① 당사자의 주소 등 또는 근무장소를 알 수 없는 경우 또는 외국에서 하여야 할 송달에 관하여 제191조의 규정에 따를 수 없거나 이에 따라도 효력이 없을 것으로 인정되는 경우에는 재판장은 직권으로 또는 당사자의 신청에 따라 공시송달을 명할 수 있다.
> ② 제1항의 신청에는 그 사유를 소명하여야 한다.

어서 이에 관한 자료를 알아야만 조회가 가능할 것이므로 채무자의 '주민등록등(초)본'을 제출하며, 채무자가 법인인 경우는 '사업자등록번호'를 알아야 금융기관조회가 가능하다.

   (a) 신청서에는 1,000원의 수입인지를 붙인다. (b) 신청인은 별지 조회비용의 합계액은 법원보관금의 형태로 납부를 하고, (c) 송달료는 송달필요기관수에 2를 더한 횟수의 송달료를 납부서로 예납한다.

$$송달료 = (송달필요기관수 + 2) \times 4,800원$$

   신청서가 제출되면 사건번호(201○카조2322 재산조회)가 부여되며 신청대상 기관의 결과 도착 여부에 대하여는 인터넷 대법원 홈페이지에서 조회가 가능하므로 그 결과가 도착되었으면 법원에 '기록열람복사신청서'를 준비하여 이를 담당에게 제출하고 회신결과를 수령하도록 한다.

>
>
> ❖ '조회비용의 납부'는 법원보관금 형태(보관금종류 : 민사예납금)14)로 납부하여야 하는데 '사건번호'가 있어야만 납부가능 하므로, 다음의 2가지 중 하나의 방법으로 한다.
>   ① 재산조회신청서 접수만을 우선적으로 처리하고, 접수시 사건번호를 부여받으면 이후 법원보관금으로 납부하거나, ② 재산명시 사건번호를 기재하여 법원보관금으로 납부한다.

---

14) 법원구내 금융기관에 법원보관금 용지가 비치되어 있으며, 이에 사건번호, 당사자명 등을 기입한 후 창구에서 보관금을 납부하여 처리한다.

재산조회신청서

채 권 자	최 고 봉 (680916-1239218) 경기도 의정부시 가능1동 633-10 ☎ 031) 875-2757 011-9126-1234
채 무 자	권 영 민 (341120-1031411) 경기도 양주군 회천읍 덕정리 280-5 융보아파트 12층 1207호
조회대상기관 조회대상재산	1. 법원행정처 : 토지·건물의 소유권 2. 은 행 : 계좌별시가합계액이 50만 원 이상인 것 3. 새마을금고 : 상 동 4. 농협의 지역조합과 중앙회 : 상 동 5. 축 협 : 상 동
소 급 조 회	□ (소급조회를 함께 신청하는 경우에는 ∨ 표시)
재산명시사건	의정부지방법원 201○카명1669호
집 행 권 원	의정부지방법원 201○차3679호 양수금 독촉사건에 대하여 201○. 9. 15.에 확정된 지급명령정본.
불이행채권액	원금 2,500만 원 및 201○. 6. 2.부터 완제일까지의 연20%의 법정이자
신 청 취 지	위 기관의 장에게 채무자 명의의 위 재산에 대하여 조회를 실시한다.
신 청 이 유	채권자는 채무자에 대한 재산명시절차를 거쳤으나 아래와 같은 사유가 있으므로 민사집행법 제74조 제1항의 규정에 의하여 채무자에 대한 재산조회를 신청합니다(해당란 □에 ∨표시). □ 명시기일 불출석 □ 재산목록 제출거부 □ 선서 거부 □ 거짓 재산목록 제출 □ 집행채권의 만족을 얻기에 부족함 ☑ 주소불명으로 인하여 명시 절차를 거치지 못함
채 무 자 의 과 거 주 소	1. 경기도 양주군 회천읍 고암리 121-2 (201○. 1. 19 전입) 2. 서울 노원구 중계동 140-12 (201○. 6. 4. 전입)
비용 환급용 예 금 계 좌	국민은행 : 027-24-0283-205 예금주: 최 고 봉
첨 부 서 류	1. 집행권원 사본 2. 채무자 주민등록초본 3. 신청사유 소명하는 자료 : 재산명시기일조서, 재산목록 재산명시각하결정문 사본(주소불명시)

202○. . .
신청인 최 고 봉   (인)

의정부지방법원 귀중

【별 지】

순번	기관 분류	재산 종류	조회대상 재산 / 조회대상기관의 구분	갯수	기관별/ 재산별 조회비용	예납액
1	법원 행정처	토지, 건물의 소유권	☐ 현재조회		20,000원	
			☐ 현재조회와 소급조회 ※ 소급조회는 명시명령 송달일로부터 2년 내에 채무자가 보유한 재산을 조회합니다.		40,000원	
	과거주소 1. 2. 3. ※ 부동산조회는 채무자의 주소가 반드시 필요하고, 현재주소 이외에 채무자의 과거주소를 기재하면 보다 정확한 조회를 할 수 있습니다.					
2	국토 교통부	건물의 소유권	☐ 국토해양부		10,000원	
3	특허청	특허권, 실용신안권, 의장권, 상표권	☐ 특허청		20,000원	
4	한국교통 안전공단	자동차, 건설기계의 소유권	☐ 서울특별시 ☐ 광주광역시 ☐ 전라북도 ☐ 부산광역시 ☐ 울산광역시 ☐ 강원도 ☐ 경상남도 ☐ 대전광역시 ☐ 충청북도 ☐ 제주특별자치도 제주시 ☐ 대구광역시 ☐ 충청남도 ☐ 제주특별자치도 서귀포시 ☐ 경기도 ☐ 경상북도 ☐ 전라남도 ☐ 인천광역시 중구청 ☐ 인천광역시 동구청 ☐ 인천광역시 남구청 ☐ 인천광역시 연수구청 ☐ 인천광역시 남동구청 ☐ 인천광역시 부평구청 ☐ 인천광역시 계양구청 ☐ 인천광역시 서구청 ☐ 인천광역시 강화군청 ☐ 인천광역시 옹진군청 *인천시 차량등록사업소가 없어지고, 각 구청에서 담당함		기관별 5,000원	
5	은행법에 의한 금융기관	금융자산 중 계좌별로 시가 합계액이 50만 원 이상인 것	☐ 경남은행 ☐ 우리은행 ☐ 기업은행 ☐ 광주은행 ☐ 전북은행 ☐ 하나은행 ☐ 국민은행 ☐ SC제일은행 ☐ 한국산업은행 ☐ 대구은행 ☐ 제주은행 ☐ 한국외환은행 ☐ 부산은행 ☐ 신한은행		기관별 5,000원	
			☐ 한국씨티은행 ☐ 뉴욕은행 ☐ 야마구찌은행 ☐ 도쿄미쓰비시UFJ은행 ☐ 제이피모간 체이스은행 ☐ 메트로은행 ☐ 중국은행 ☐ 멜라트은행 ☐ 파키스탄국립은행 ☐ 뱅크오브아메리카 ☐ 아랍은행 ☐ 크레디아그리콜코퍼레이트앤인베스트먼트뱅크서울지점 (구, 칼리온은행)		기관별 5,000원	
			☐ 노바스코셔은행 ☐ 에이비엔 암로은행 ☐ 대화은행 ☐ 유바프은행 ☐ 도이치은행 ☐ 유비에스은행 ☐ 미쓰이스미토모은행 ☐ 미즈호코퍼레이트은행 ☐ 인도해외은행 ☐ 바클레이즈은행 ☐ 중국건설은행 ☐ 중국공상은행 ☐ 비엔피 파리바은행 ☐ 소시에테제네랄은행 ☐ 크레디트스위스은행(구, 크레디트스위스퍼스트보스톤은행) ☐ 스테이트스트리트은행 ☐ 싱가폴개발은행(DBS은행) ☐ 호주뉴질랜드은행 ☐ 홍콩상하이은행(HSBC) ☐ OCBC은행 ☐ ING은행		기관별 5,000원	

제2장 강제집행을 위한 사전절차　143

순번	기관 분류	재산 종류	조회대상 재산 / 조회대상기관의 구분	갯수	조회비용	예납액
6	상호저축 은행법에 의한 상호저축 은행과 그 중앙회	금융자산 중 계좌별로 시가 합계액이 50만 원 이상인 것	☐ 상호저축은행중앙회 ☐ (　　　) ☐ (　　　) ☐ (　　　) ※ 중앙회에 조회신청하면 전국 115개 중 65개 상호저축은행에 대하여만 조회됩니다. ※ 개별상호저축은행에 대한 조회를 원하는 경우에는 그 명칭을 별도로 기재하여야 합니다. ※ (　)속에 조회대상기관 명부에 기재된 순번을 기재합니다.		20,000원 기관별 5,000원	
7	농업협동 조합법에 의한 지역조합 및 품목조합	금융자산 중 계좌별로 시가 합계액이 50만 원 이상인 것	☐ 농협중앙회 및 전국단위지역조합 ☐ 농협중앙회 ☐ (　　　) ☐ (　　　) ☐ (　　　) ※ 개별 단위지역조합에 대한 조회를 원하는 경우에는 그 명칭을 별도로 기재하여야 합니다. ※ (　)속에 조회대상기관 명부에 기재된 순번을 기재합니다.		20,000원 5,000원 기관별 5,000원	
8	수산업협 동조합법 에 의한 조합 및 중앙회	금융자산 중 계좌별로 시가 합계액이 50만 원 이상인 것	☐ 수협중앙회 및 전국단위지역조합 ☐ 수협중앙회 ☐ (　　　) ☐ (　　　) ☐ (　　　) ※ 개별 단위지역조합에 대한 조회를 원하는 경우에는 그 명칭을 별도로 기재하여야 합니다. ※ (　)속에 조회대상기관 명부에 기재된 순번을 기재합니다.		20,000원 5,000원 기관별 5,000원	
9	신용협동 조합법에 의한 신용협동 조합	금융자산 중 계좌별로 시가 합계액이 50만 원 이상인 것	☐ (　　　) ☐ (　　　) ☐ (　　　) ※ 개별 신용협동조합에 대한 조회를 원하는 경우에는 그 명칭을 별도로 기재하여야 합니다. ※ (　)속에 조회대상기관 명부에 기재된 순번을 기재합니다.		기관별 5,000원	
10	산림조합 법에 의한 지역조합, 전문조합, 및 중앙회	금융자산 중 계좌별로 시가 합계액이 50만 원 이상인 것	☐ 산림조합중앙회 ☐ (　　　) ☐ (　　　) ☐ (　　　) ※ 중앙회에 조회신청을 하면 전국 모든 산림조합에 대하여 조회됩니다. ※ 개별 산림조합중앙회에 대한 조회를 원하는 경우에는 그 명칭을 별도로 기재하여야 합니다. ※ (　)속에 조회대상기관 명부에 기재된 순번을 기재합니다.		20,000원 기관별 5,000원	

순번	기관 분류	재산 종류	조회대상 재산 / 조회대상기관의 구분	갯수	조회비용	예납액
11	새마을금고법에 의한새마을금고 및 중앙회	금융자산 중 계좌별로 시가 합계액이 50만 원 이상인 것	☐ 새마을금고연합회 ☐ (　　　　　　　　) ☐ (　　　　　　　　) ☐ (　　　　　　　　) ※ 연합회에 조회신청을 하면 전국 1,716개 중 1,677개 새마을금고에 대하여 조회됩니다. ※ 개별 새마을금고에 대한 조회를 원하는 경우에는 그 명칭을 별도로 기재하여야 합니다. ※ (　) 속에 조회대상기관 명부에 기재된 순번을 기재합니다.		20,000원 기관별 5,000원	
12	자본시장과 금융투자업에 관한 법률에 의한 증권회사 등	금융자산 중 계좌별로 시가합계액이 50만 원 이상인 것	☐ 금호　　　　　　☐ 교보증권 ☐ 굿모닝신한증권　☐ 우리투자증권(구, LG투자증권) ☐ 대신증권　　　　☐ 유화증권 ☐ 대우증권　　　　☐ 이트레이드증권 ☐ 하나대투증권(하나IB증권과 합병) ☐ 증권예탁원　　　☐ 코리아RB증권중개 ☐ 동부증권　　　　☐ 키움닷컴증권 ☐ 동양종합금융증권　☐ 푸르덴셜투자증권 ☐ 리딩투자증권　　☐ 홍국증권(구, 홍국증권중개) ☐ 리먼브러더스인터내셔널증권 ☐ 한국투자증권(구, 동원증권) ☐ 메리츠종금증권(구, 메리츠종금, 메리츠증권) ☐ KB투자증권　　　☐ 미래에셋증권 ☐ 한양증권　　　　☐ 부국증권 ☐ 한화증권 ☐ 골든브릿지투자증권(구, 브릿지증권) ☐ 현대증권　　　　☐ 애플투자증권중개 ☐ 비엔지증권중개　☐ 씨티그룹글로벌마켓증권 ☐ 크레디트스위스증권(구, Credit Suisse First Boston) ☐ 삼성증권 ☐ 하이투자증권(구, CJ투자신탁증권) ☐ 유진투자증권　　☐ Merrill Lynch ☐ NH투자증권　　　☐ 솔로몬투자증권 ☐ 신영증권　　　　☐ SK증권 ☐ HMC투자증권(구, 현대차IB증권)　☐ IBK투자증권 ※ 우리종합금융은 우리은행으로 합병됨		기관별 5,000원	
			☐ 도이치증권　　　☐ Goldman Sachs ☐ 맥쿼리증권　　　☐ Indosuez Cheuvreux ☐ 한국증권금융(주)　☐ J.P Morgan ☐ ABN AMRO　　　☐ KIDB채권중개 ☐ Barclys Capital　☐ Morgan Stanley Dean Witter ☐ BNP파리바페레그린 증권중개 ☐ Nomura　　　　☐ CLSA ☐ SG　　　　　　☐ Daiwa SMBC ☐ UBS Warburg　　☐ 홍콩상하이증권(HSBC)		기관별 5,000원	

순번	기관 분류	재산 종류	조회대상 재산 / 조회대상기관의 구분	갯수	조회비용	예납액
13	보험업법에 따른 보험회사	해약환급금이 50만 원 이상인 것	☐ 악사손해보험(주)(구, 교보악사손해보험(주)) ☐ 흥국쌍용화재해상보험(주) ☐ 한화손해보험(주) ☐ 그린화재해상보험(주) ☐ 제일화재해상보험(주) ☐ 롯데손해보험(주) ☐ 퍼스트어메리칸 권원보험(주) ☐ 동부화재해상보험(주) ☐ 현대해상화재보험(주) ☐ 메리츠화재해상보험(주) ☐ FEDERAL ☐ 삼성화재해상보험(주) ☐ LIG손해보험 ☐ 서울보증보험(주) ☐ 삼성생명보험주식회사 ☐ 교보생명보험주식회사 ☐ 신한생명보험주식회사 ☐ 금호생명보험주식회사 ☐ 알리안츠생명보험주식회사 ☐ 뉴욕생명보험주식회사 ☐ 푸르덴셜생명보험주식회사 ☐ 녹십자생명보험주식회사 ☐ 하나생명보험주식회사 ☐ 대한생명보험주식회사 ☐ 흥국생명보험주식회사 ☐ 동부생명보험주식회사 ☐ AIG생명보험주식회사 ☐ 동양생명보험주식회사 ☐ ING생명보험주식회사 ☐ 라이나생명보험주식회사 ☐ PCA생명보험주식회사 ☐ 우리아비바생명보험주식회사(구, LIG생명보험주식회사) ☐ 미래에셋생명보험주식회사 ☐ 메트라이프생명보험주식회사		기관별 5,000원	
			☐ 교원나라자동차보험 ☐ 에이스아메리칸화재해상보험(주)(구, ACE AMERICAN) ☐ 다음다이렉트자동차보험 ☐ 동경해상일동화재보험 ☐ A. H. A(AIG손해보험) ☐ 미쓰이스미모토해상화재보험 ☐ KB생명보험 ☐ 아메리카생명보험 ☐ 카디프생명보험(구, SH&C 생명보험)		기관별 5,000원	
14	지식경제부	금융자산 중 계좌별로 시가합계액이 50만 원 이상인 것	☐ 지식경제부		5,000원	
				송달필요 기관수	합계	

주 ① 신청서에는 1,000원의 수입인지를 붙여야 한다.
　② 신청인은 별지 조회비용의 합계액과 송달필요기관수에 2를 더한 횟수의 송달료를 예납하여야 한다.
　③ "불이행 채권액"란에는 채무자가 재산조회신청 당시까지 갚지 아니한 금액을 기재한다.
　※ 참조 : 민집규 제35조, 제25조, 재산조회규칙 제7조, 제8조

재판기록 열람등사 청구서			허	부

청구인	성 명	최 고 봉	전화번호	031) 875-2757
			담당 사무원	
	자 격	채 권 자	소명자료	

청구구분	☑ 열 람	☑ 등 사

대상기록	사건번호	사 건 명	재 판 부
	201○카조12	재산조회	

등사할 부분	재산조회 회신서 일체 (등사매수 매)

등사방법	□ 필 사	□ 변호사단체 복사기	☑ 법원복사기

청구수수료	□ 500원 □ 면 제	[500원 수입인지]

등사비용	원 (매 × 100)	

비 고	

영수일시	201○. . . :	영수인	

1. 청구인, 영수인 란은 서명 또는 기명날인
2. 소송대리인·변호인의 사무원이 열람·등사하는 경우에는 담당사무원 란에 그 사무원의 성명을 기재
3. 청구수수료는 1건당 500원(수입인지로 납부). 다만, 사건의 당사자 및 그 법정대리인·소송대리인·변호인(사무원 포함)·보조인 등이 그 사건의 계속 중인 열람·등사하는 때에는 청구수수료 면제
4. 법원복사기로 등사하는 경우에는 1장당 100원의 등사비용을 수입인지로 납부

5. 불복방법

법원은 재산조회신청에 대하여 조회 신청이 정당하다고 여겨지면 재산조회를 실시하면 되고 별도로 결정문을 작성하지는 않는다. 다만 채권자의 조회신청에 대하여는 각하 혹은 기각의 결정을 내리기도 한다.

이 경우 당사자의 불복제기에 관하여는 별도 규정이 없기 때문에 학설이 대립하는데 ① 통상항고설, ② 집행에 관한 이의신청설, ③ 불복불가설이 있을 수 있으나, 집행에 관한 이의신청설이 타당하다고 여겨진다.

제4절 채무불이행자 명부등재신청이란 무엇인가

> 〈사례〉 갑돌이는 사업을 하는 乙에게 2,000만 원을 빌려주었으나 돌려받지 못하여 승소판결문까지 받았습니다. 그러나 乙이 재산전부를 타인명의로 빼돌려 강제집행을 하지 못한 채 2년이 흘렀습니다. 乙은 타인명의로 사업을 계속하면서도 자신은 재산이 없다고 합니다. 이 경우 갑돌이가 乙을 제재할 수 있는 방법은 없는지요?

1. 채무불이행자 명부등재의 의미

채무불이행자명부는 일정한 금전채무를 일정 기간 내에 이행하지 아니하거나 재산명시절차에서 감치 또는 벌칙대상이 되는 행위를 한 채무자에 관한 일정사항을 법원의 재판에 따라 등재한 후 일반인의 열람에 제공하는 명부를 말한다.

이 제도는 채무자가 채무를 임의이행하지 아니한 경우 또는 재산명시의무를 위반한 경우에 채무불이행자명부라는 일종의 블랙리스트(Black List)에 그 사실을 등재한 후 이를 법원과 채무자의 주소지 행정관서에 비치하고 일반인에게 그 열람과 등사를 허용함으로써, 불성실한 채무자로 하여금 이 명부에 등재됨으로 인하여 받게 될 명예, 신용의 훼손 등의 불이익을 피하기 위하여 채무의 자진이행 또는 명시명령의 충실한 이행에 노력하도록 하는 등 간접강제의 효과를 거둠과 동시에, 일반인으로 하여금 거래 상대방에 대한 신용조사를 쉽게 하여 거래의 안전을 도모하려는데 그 목적이 있다.

2. 등재신청

1) 요 건

(가) 채무자가 금전의 지급을 명한 집행권원이 확정된 후 또는 집행권원을 작성한 후 6월 이내에 채무를 이행하지 아니한 경우, 또는 정당한 사유 없이 명시기일에 불출석하거나, 재산목록 제출 또는 선서를 거부하거나, 거짓의 재산목록을 낸 경우일 것(제70조 제1항)

등재신청을 할 수 있는 집행권원은 명시명령에서와 마찬가지로 금전의 지급을 명한 모든 집행권원이다.

다만, 가집행선고 있는 판결이나 가집행선고 있는 배상명령과 같이 아직 확정되지 아니하여 취소의 가능성이 있는 집행권원은 제외된다(제70조 제1항 제1호 단서).

(나) 강제집행이 쉽다고 인정할 만한 명백한 사유가 없을 것(제71조 제2항)

2) 신 청

불이행자명부 등재는 채권자가 신청이 있어야 한다.

신청의 상대방은 채무자 본인이다. 재산명시기일의 불출석 등 재산명시명령에 관한 제반 의무의 위반을 이유로 등재신청을 하는 경우에는 채무자의 법정대리인 또는 법인 등의 대표자, 관리인이 명시선서의 의무자였다 하더라도 채무불이행자명부에 등재될 자는 채무자 본인(미성년자, 법인, 비법인사단, 재단)이므로 채무자 본인이 등재신청의 상대방으로 된다.

신청은 서면으로 하여야 하고(제4조), 채무자의 주소를 소명하는 자료인 주민등록등(초)본을 제출하여야 하는데(규칙 제31조), 이는 신청을 인용하여 채무자를 채무불이행자명부에 올리는 결정을 한 경우 법원은 채무불이행자명부의 부본을 채무자의 주소지 시, 구, 읍, 면의 장에게 보내야하기 때문이다. 재산명시신청의 경우와는 달리 집행문이나 집행개시요건을 소명하는 문서를 제출할 필요는 없다(송민91-6).

신청서가 제출되면 사건번호(ex 2018카불7653 채무불이행자명부등재)가 부여된다. 신청 후 채무자에 대한 법원의 송달이 제대로 이루어 지지 않을시 더 이상 알 수 있는 채무자의 주소가 없을 때에는 '공시송달'로도 가능하다.

3) 관 할

(가) 집행권원이 확정되거나 작성된 후 6월 이내에 채무를 이행하지 아니하는 것을 이유로 하는 경우에는 "채무자의 주소지"가 있는 곳의 법원이 관할하고,

(나) 명시기일불출석이나 재산목록 제출 또는 선서의 거부를 이유로 하는 경우에는 명시절차를 실시한 법원이 관할한다(제70조 제3항).

❖ 채무불이행자명부등재신청은 판결의 경우 확정되어야 가능하다. 결정문의 송달은 공시송달로도 가능하다.

[서식] 채무불이행자 명부등재신청

채무불이행자 명부등재신청

신 청 인(채권자) 최 고 봉 (660916-1139218)
경기도 의정부시 신촌로53번길 20-5(가능동)
☎ 010-9926-1234

피신청인(채무자) 권 영 민 (441120-1031411)
경기도 양주시 백석읍 권율로 145-15, 103동 303호(오산리, 백석한승아파트)

집행권원의 표시

　의정부지방법원 201○차3679호 양수금 독촉사건에 대하여 201○. 9. 15.에 확정된 지급명령정본.

　※ 집행증서인 경우: 201○. 5. 26. 공증인가 법무법인 성실에서 201○년 제682호로 작성된 집행력 있는 약속어음공정증서.

불이행채무액

　금 15,000,000원(집행권원상의 원금) 및 이에 대한 201○. 2. 22.부터 연 20%의 이자.

신 청 취 지

　채무자를 채무불이행자 명부에 등재한다.
라는 재판을 구합니다.

신 청 이 유

채권자는 의정부지방법원 201○차3679호 양수금 독촉사건에 대하여 201○. 9. 15.에 확정된 지급명령정본에 의해 위 채무자에게 수차례 위 금원을 지급하도록 고지하였으나 채무를 전혀 이행하지 아니하여 이에 채무자에 대한 재산 보유 사실 등을 확인한 결과 강제집행이 가능한 재산이 없어 본 신청에 이른 것입니다.

첨 부 서 류

1. 집행력있는 지급명령확정정본   1부
   ※ 사본 가능하며, 다만 원본대조필 요함
1. 채무자 주민등록초본   1부
   ※ 판결의 경우 송달·확정증명원을 추가로 첨부

202○. . .

위 채권자   최 고 봉

의정부지방법원   귀중

접수방법

1. 인   지 : 1,000원
2. 송달료 : 5회분, 48,000원(당사자2명 × 5회 × 4,800원)을 송달납부서로 납부한다.
3. 채무자 주민등록초본을 첨부케 하는 이유는 위 신청의 관할권 확인 때문이다.
4. 관할법원
   등재신청사유가 (가) 6월 이내에 채무를 변제하지 않은 것인 때에는 채무자의 보통재판적이 있는 곳의 법원이, (나) 재산명시절차에서 재산명시기일 불출석, 재산목록제출 또는 선서거부, 거짓의 재산목록 제출인 때에는 재산명시절차를 실시한 법원이 관할한다(제70조).
5. 신청서 1부를 법원 신청계에 제출한다.
6. 제출시 유의사항 : 집행권원은 사본을 첨부하되 그 '정본'은 필히 접수시 지참하여 위 사본의 원본대조필을 받은 후 돌려받을 수 있다. 송달증명·확정증명원이 첨부되는 경우 송달증명과 확정증명은 '원본'의 첨부를 요한다.
7. 송달불능시 재송달, 특별송달을 하여 보고 더 이상 채무자의 주소를 알 수 없을 때에는 공시송달을 신청한다.
8. 심문기일 채무자가 불출석하더라도 감치 등 어떠한 제재조치는 없다. 채무자가 출석한 경우라도 채무불이행자명부등재 결정에 장애가 되지 않는다. 결정문은 송달한다.

3. 명부의 비치와 열람, 등사

채무불이행자명부 등재 결정이 내려지면 등재 결정을 한 법원의 법원사무관등은 바로 채무자별로 채무불이행자명부를 작성하여야 하며(규칙 제32조 제1항), 이를 위 결정을 한 법원에 비치하여야 한다(제72조 제1항).

이 명부에는 채무자의 이름, 주소, 주민등록번호 및 집행권원과 불이행한 채무액을 표시하고, 그 등재사유와 날짜를 적어야 한다(규칙 제32조 제2항). 등재 사유는 등재의 원인이 된 사실을 말한다. 즉 6월 이내에 채무를 이행하지 아니한 사실 또는 명시의무 위반의 내용을 적는다.

법원은 이 명부의 부본을 채무자의 주소지(법인은 주된 사무소)의 시, 구, 읍, 면의 장에게 보내야 하고(제72조 제2항), 전국은행연합회의 장에게 그 명부의 부본을 보내거나 전자통신매체를 이용하여 그 내용을 통지하여 신용정보로 활용하게 할 수 있다(제72조 제3항). 채무자가 비법인 사단, 재단인 때에도 부본의 비치장소는 주된 사무소가 있는 곳의 시, 구, 읍, 면이라고 할 것이다.

이 명부 또는 그 부본은 누구든지 보거나 복사할 것을 신청할 수 있다.15) 다만, 이 명부는 인쇄물 등으로 공표되어서는 아니 된다(제72조 제5항). 이 명부가 신문, 잡지 등 인쇄물이나 그 밖에 방송 등 대중매체에 공표되면 채무자의 명예, 신용이 지나치게 훼손될 뿐만 아니라, 뒤에 명부가 말소되어도 말소의 실익이 없어지기 때문이다.

> ❖ 채무불이행자명부등재결정에 따라 전국은행연합회에 통보되면 채무자는 일명 신용불량자로 등록이 된다. 이 경우 채무자에 대하여 일반 시중은행은 대출중단, 기존대출연장중단, 신용카드사용 및 발급중단의 조치를 취하며, 반드시 그런 것은 아니지만 기존대출금의 조기상환이 이루어질 수 있어 적지않은 압박수단이 된다.

---

15) 열람복사신청서에는 500원의 인지를 붙여야 한다.

4. 명부등재의 말소

1) 신청에 다른 말소

변제 그 밖의 사유로 채무가 소멸되었다는 것이 증명된 때에는 법원은 채무자의 신청에 따라 이 명부에서 그 이름을 말소하는 결정을 하여야 한다(제73조 제1항).

그 밖의 사유로 채무가 소멸한 경우로서는 대물변제, 공탁, 면제, 상계, 포기, 소멸시효의 완성, 화해, 면책적 채무인수, 채무 발생의 원인인 법률행위의 해제, 취소 등을 들 수 있다.

기한의 유예, 연기, 이행조건의 변경 등은 이에 해당하지 아니한다. 채권자가 말소에 동의하였다는 사유도 이에 해당하지 아니한다. 이 명부는 공공의 이익에 제공되는 것이기 때문이다. 채무 소멸의 사유는 등재 결정 이후에 생긴 것이어야 한다. 그 이전에 채무가 소멸하였으면 등재 결정에 대하여 즉시항고로 불복할 수 있기 때문이다.

신청서가 제출되면 사건번호 '201ㅇ카불9282호 채무불이행자말소'와 같은 식으로 부여된다. 채무의 소멸은 채무자가 '증명'하여야 하므로 '소명'만으로는 부족하지만 채무의 소멸을 증명하는 방법에는 아무런 제한이 없다. 심리결과 신청에 정당한 이유가 있는 때에는 채무자를 채무불이행자 명부에서 말소하는 결정을 하여야 하고, 신청에 정당한 이유가 없는 때에는 결정으로 신청을 기각하게 된다.

말소결정은 채권자와 채무자에게 고지하고 채권자는 말소결정에 대하여 1주일 내에 '즉시항고'할 수 있다(제73조 제2항). 말소신청을 기각한 결정에 대하여는 채무자는 통상항고의 방법으로 불복할 수 없고, '집행에 관한 이의신청'만을 할 수 있다.

[서식] 채무자가 말소신청하는 경우

채무불이행자명부말소신청

사　　건　　201ㅇ카불1212호 채무불이행자명부등재
채 권 자　　이 기 동(690730-1668411)
　　　　　　서울 송파구 마천로17길 9(오금동)
채 무 자　　최 교 봄(621118-1112217)
　　　　　　서울 강북구 도당로2길 23, 202호(쌍문동)

☎ 010-2977-0912

신 청 취 지

채무자를 채무불이행자명부에서 말소한다.

신 청 이 유

가. 채권자는 채무자에 대하여 서울북부지방법원 201○차23222호 대여금 독촉사건의 미지급 채무에 대하여 채무자의 지급이 없자 201○. 11.경 201○카불1212호 채무불이행자명부등재 사건으로 처리한 바 있습니다.

나. 이에 채무자는 최근 채권자에 대하여 변제를 하고자 하였으나, 채권자가 채무금원금과 법정이자액의 수령을 거절하여 부득불 위 지급명령확정 정본상의 채무원금과 이자금을 변제공탁시까지로 계산하여 채무금 전액을 변제공탁을 하였으므로, 채무불이행자 명부에서 채무자를 말소하여 주시기 바랍니다.

첨 부 서 류

1. 변제공탁서 사본   1통
2. 납부서   1통

202○. . .

위 채무자 최 고 봉   (인)

서울북부지방법원 귀중

접수방법

- 채무자신청 : 인지 : 1,000원, 송달료 4회분(은행납부)
  채권자신청 : 인지 없음, 송달우표 1회분(4,800원)
- 말소신청서 1부와 부본 1부, 도합 2부를 채무불이행자명부등재 결정한 '법원'에 제출한다.

[서식] 채권자가 말소신청하는 경우

채무불이행자명부말소신청

사 건   2012카불6270 채무불이행자명부등재
채 권 자   김종국
　　　　　서울 노원구 상계동 691 주공아파트 721-402
채 무 자   박대성
　　　　　서울 노원구 중계동 515-2 건영아파트 103-601

신 청 취 지

위 당사자간 2012카불6270 채불이행자명부등재 신청사건에 관하여 2012. 10. 12.자 결정에 의하여 등재한 채무자의 채무불이행자명부의 등재는 이를 말소한다.
라는 재판을 구합니다.

신 청 이 유

신청인은 위 사건의 채권자인 바, 신청인은 피신청인의 사정을 헤아려 위 신청취지에 따라 명부에 등재된 채무자의 명의를 말소코자 하오니 신청을 인용하여 주시기 바랍니다.

2012. 11. .

위 신청인(채권자)   김 종 국 (인)

서울북부지방법원   귀중

접수방법

- 채권자신청 : 인지 없음, 송달우표 1회분(4,800원)
- 말소신청서 부본 포함하여 도합 2부를 채무불이행자명부등재 결정한 '법원'에 제출한다.

2) 직권말소

가. 10년이 지난 뒤에 하는 말소

채무불이행자명부에 오른 다음 해부터 10년이 지난 때에는 법원은 직권으로 이 명부에 오른 이름을 말소하는 결정을 하여야 한다(제73조 제3항).

나. 등재결정이 취소되어 하는 말소

등재결정에 대한 즉시항고는 집행정지의 효력이 없으므로(제71조 제3항 단서) 즉시항고가 제기되었거나 항고기간 경과 전이라도 법원사무관등은 등재결정에 따라 바로 명부에 등재를 하여야 한다. 이러한 경우에 등재결정이 취소되거나 등재신청이 취하되면 명부를 비치한 법원의 법원사무관 등은 바로 그 명부를 말소하여야 한다(규칙 제34조 제1항).

3) 말소통지

신청에 따라 또는 10년의 경과로 법원이 말소 결정을 한 때에는 그 취지를 명부의 부본이 비치된 시, 구, 읍, 면의 장 및 부본을 보낸 금융기관 등의 장에게 통지하여야 하며(제73조 제4항), 그 통지를 받은 시, 구, 읍, 면의 장 및 금융기관 등의 장은 명부의 부본에 오른 이름을 말소하여야 한다(제73조 제5항).

또한, 등재결정 확정 전에 그 결정에 따라 명부에 등재하였으나 그 등재 결정이 취소되거나 채권자가 등재 신청을 취하한 때에도 그 명부의 부본이 시, 구, 읍, 면의 장에게 보내졌다면 그 취지를 통지하여야 하며, 그 통지를 받은 시장 등은 그 부본을 말소하여야 한다(규칙 제34조 제2항).

부동산에 대한 경매

제1절 부동산경매의 기초 • 159
제2절 경매절차의 흐름 • 161
제3절 부동산경매의 신청 • 163
제4절 경매개시결정 • 177
제5절 채무자의 불복방법 • 181
제6절 배당요구종기기일 • 193
제7절 매각기일 • 211
제8절 매각결정기일 • 238
제9절 무잉여 취소란 • 253
제10절 잔대금 납부는 어떻게 하나 • 255
제11절 경매취하는 어떻게 하나 • 269
제12절 부동산인도명령 신청은 어떻게 하나 • 276
제13절 배당기일이란 • 282

제 3 장
부동산에 대한 경매

제1절 부동산경매의 기초

1. 부동산경매란

경매는 개인이나 금융기관이 채무자에 대하여 집행권원 및 담보권에 기하여 법원을 통해 부동산을 매각하고, 매수희망자들은 입찰이라는 방법을 통해 최고가 제시한 자를 매각매수인으로 결정하여 그 매각대금으로 채권자가 만족을 얻는 민사집행절차이다.

법원이 다수의 매수자에게 청약(입찰)을 하게 한 뒤 그 중 최고가 매수인에게 승낙을 함으로써 이루어지는 특별한 매매계약이라고도 말할 수 있다.

다만 본 교재는 부동산 경매신청과 법원절차에 국한하였으며 더 자세한 법원경매절차와 권리분석 등은 나홀로 하는 시리즈 제7권 「나홀로 하는 법원경매」를 참조하도록 한다.

2. 강제경매와 임의경매

1) 강제경매

강제경매는 집행력있는 정본에 기하여 환가를 받는 과정이다.

예를 들어 홍길동이 최고봉에게 돈 5,000만 원을 차용해 주었으나 변제기일이 지나도 최고봉이 이를 갚을 생각조차 않는다면 홍길동은 최고봉을 상대로 대여금 반환청구소송을 제기하여 승소판결을 받은 후 홍길동은 위 판결문 정본에 집행문을 부여받아 최고봉의 재산에 경매를 신청하여 위 채권을 회수하게 된다. 즉 강제경매란 이렇게 판결이나 화해조서, 지급명령확정정본, 이행권고결정정본 등 집행력있는 정본에 터잡아 이루어지는 것을 말한다.

2) 임의경매

임의경매는 홍길동이 최고봉에게 돈 5,000만 원을 차용해 주면서 그 담보로 최고봉 소유의 부동산에 저당권을 설정하였는데, 최고봉이 약정한 변제기일에 이를 갚지 않을 경우 홍길동은 소송을 할 필요도 없이 바로 저당권이 설정된 최고봉 소유의 부동산에 경매신청을 하여 위 채권을 회수하게 된다. 임의 경매란 이렇게 담보로 설정된 저당권[1]에 터잡아 이루어지는 것을 말한다. 양자 모두 금전채권의 만족을 얻기 위하여 국가가 부동산을 강제적으로 경매하는 것이라는 점에서 공통점이 있다.

3. 공매와의 차이점

법원경매와 자산관리공사(KAMCO) 공매는 구체적인 매각방법은 계약체결 명도책임 소새 대금지불소선 능 각 설자마다 자이가 있다.

특히 자산관리공사의 공매대상 물건은 (a) 유입자산,[2] (b) 수탁재산,[3] (c) 압류재산,[4] (d) 국유재산[5]이 있어 그 매각방법이 차이가 있으며, 법원경매는 매각되지 않은 유찰된 물건에는 최종 회차 공매조건이상으로 매수를 원하는 사람에게 매각하는 '유찰계약' 절차가 있다.

법원 경매는 20% 내지 30% 가격이 한번 유찰시 저감되지만 자산관리공사 공매에서는 2

---

1) 저당권이외에도 전세권, 담보가등기, 근저당권에 기한 경우를 들 수 있다.
2) '유입자산'이란 구조개선을 위해 자산관리공사가 법원경매를 통하여 취득한 재산 및 부실징후기업체를 지원하기 위해 기업체로부터 취득한 재산을 일반에 다시 매각하는 부동산을 말한다.
3) '수탁재산'이란 금융기관 및 기업체가 소유하고 있는 비업무용 보유재산을 자산관리공사에 매각을 위임하여 일반인에게 매각하는 부동산을 말한다.
4) '압류재산'은 국세 지방세 등 조세체납에 기하여 체납자의 재산을 압류한 후 체납세금을 받기 위하여 자산관리공사에 매각을 의뢰한 부동산을 말한다.
5) '국유재산'은 자산관리공사가 국가소유 잡종재산의 관리와 처분을 위임받아 입찰의 방법으로 일반인에게 임대하는 부동산을 말한다.

회차 이후 감정가격 50%까지 10%씩 저감되는(유입자산은 15%) 차이점이 있다. 자세한 것은 인터넷 공매(www.onbid.co.kr)를 참조한다.

제2절 경매절차의 흐름

강제경매절차는 대체로 목적물을 압류하여 현금화한 다음 채권자의 채권을 변제하는 3단계의 절차로 진행된다.

■ 경매사건 전체진행표

```
경매신청 ── 집행비용 예납
   │ 3월 소용
배당요구종기기일
   │ 1월 소용
제1회 매각기일
   │ 3주 소용, 최저경매가 : 20%씩 저감
제2회 매각기일
   │ 1주일
매각허가결정기일
   │ 7일내, 즉시항고
매각허가결정확정
   │ 1월 기한내
잔대금 납부  ⇒  □소유권이전등기
   │ 1월 소용       □부동산인도명령
배당기일
```

1. 경매신청

먼저, 채권자의 신청이 있으면 법원은 경매개시결정을 하여 목적부동산을 압류하고 관할 등기소에 경매개시결정의 기입등기를 촉탁하여 등기관으로 하여금 등기부에 기입등기를 하도록 한다. 경매개시결정 정본은 채무자에게 송달한다.

다음에 배당요구의 종기일을 결정하고 공고함은 물론, 부동산의 현재 점유관계와 차임 또는 보증금의 액수, 그 밖의 '현황에 관하여 조사'를 명하고, '감정인에게 부동산을 평가'하게 하여 그 평가액을 참작하여 최저매각가격을 정한다.

> **注意** 배당요구의 종기는 인터넷 법원경매 공고란(www.courtauction.go.kr) 또는 법원게시판에 게시하는 방법으로 공고한다.

2. 배당요구종기일

법원은 경매개시결정 등기 전에 등기된 가압류채권자, 저당권・전세권, 그 밖의 우선변제청구권으로서 경매개시결정전에 등기되었고 매각으로 소멸하는 것을 가진 채권자, 조세 기타 공과금을 주관하는 공공기관에 대하여 배당요구종기일까지 법원에 신고하도록 최고한다.

배당요구종기일까지 '배당요구를 하여야만 배당을 받을 수 있는 채권자6)'가 배당요구를 않으면 당해 경매의 배당에서 제외된다.

3. 매각기일

위 절차가 끝나면 법원은 '매각기일'(기간입찰의 경우에는 그 기간)과 '매각결정기일'을 정하여 이를 공고한다. 매각기일에 매수신청인이 없는 경우에는 법원은 최저매각가격을 20% 또는 30%씩 저감하고 새 매각기일을 정하여 다시 매각을 실시한다.7)

▶ 입찰기일 7일전부터 일반인 누구나 매각물건명세서를 열람해 볼 수 있다.

---

6) 집행력 있는 정본을 가진 채권자, 민법・상법・그 밖의 법률에 의하여 우선변제권이 있는 채권자 등이 있다.

4. 매각결정기일

법원은 매각결정기일에 이해관계인의 의견을 들은 후 매각의 허부를 결정한다. 매각 허부의 결정에 대하여 이해관계인은 즉시항고할 수 있다.

경락인은 매각허가결정이 선고된 뒤에는[8] 매각부동산의 '관리명령'을 신청할 수 있다.

5. 대금지급기한의 통지

매각허가결정이 확정되면 법원은 대금지급기한을 정하여 매수인(경락인)에게 대금을 낼 것을 명한다.

경락인이 대금을 다 낸 경우에 배당절차를 행한다. 경락인(매수인)이 대금지급을 하면 바로 소유권을 취득하는 것이지만 공시를 위하여 소유권이전등기와 매수인이 인수하지 않는 권리의 말소등기, 경매개시결정등기를 말소촉탁하여야 한다.

제3절 부동산경매의 신청

1. 경매신청의 이해

경매신청서에는 소정의 사항을 적어야 하고, 소정의 서류를 첨부하여야 하며, 집행권원 1개당 인지(5,000원) 등의 소정의 경매비용을 납부한 후 부동산 소재지 관할 법원 경매계에 접수를 한다.

▶ 법원경매계 접수창구의 모습

---

7) 유찰될 때마다의 저감률은 법원마다 다르다. 서울의 경우 20%이지만 대전, 광주 등의 경우 30%씩 감액된다.

8) 매각허가기일은 매각기일 후 7일째 되는 날 진행한다.

> ※ 경매비용
> 1. 등록세(교육세포함)
> 2. 송달료
> 3. 인지
> 4. 등기신청수수료
> 5. 경매예납금(유찰수수료, 감정료, 현황조사료, 신문공고료 등)

(가) 경매신청대리인

- 대리인은 반드시 변호사일 필요는 없으며[85마613], 경매신청 채권자와 밀접한 생활관계를 맺고 있는 4촌 이내의 친족, 배우자, 또는 고용관계에 있는 사람으로 위임장과 소송대리허가서를 첨부하여 제출하도록 한다(민소 제88조). 실제 소송대리인이 법정에 출석하여 소송행위를 할 경우가 거의 없으므로, 제출대리위임장으로 제출만 대리하는 것이 대부분이다. 신청서의 제출대리에는 하등의 자격 또는 신분제한이 없다.
- 판결절차의 각 심급의 소송대리인은 그 판결에 기한 강제집행에 관하여도 당연히 대리권을 가지므로(민소 제90조 제1항) 별도의 위임을 받지 않고도 강제경매를 신청할 수 있다(집행권원에 '소송대리인'이라고 기재되어 있기 때문에 위임장 불요).

(나) 집행권원

- '판결문'인 경우에는 판결정본에 '집행문부여'가 되어 있어야 하며, '송달증명원', '확정증명원'(가집행에 기한 경우는 불필요)이 첨부되어 있어야 한다. 화해조서, 조정조서 등 조서정본에 의한 경우는 위에서 확정증명원은 불필요하다. 그러나 화해권고결정, 조정결정의 경우는 확정증명원이 필요하며, 공정증서는 공증을 한 공증사무소로부터 집행문부여는 받아야 하지만 송달증명, 확정증명은 필요하지 않다.

> **注意** 경매신청시 집행권원은 반드시 정본을 첨부한다. 혹 다른 곳에 집행권원 정본이 필요하다면 경매신청시 혹은 그 이후 언제든 '사용증명원'을 발부받아 이를 집행권원 재도부여 신청시 첨부하여 집행권원을 재교부 받도록 한다.

(다) 경매예납금

- 아래의 경매신청비용 내역을 참조하여 이에 맞게 정하되, 경매진행 중 예납금이 부족하면 추가 보정납부할 수 있는 것이므로, 대략적 금액으로 예납하여도 무방하다. 납부방법은 관할법원의 취급은행 어느 지점이든 비치되어 있는 '법원보관금납부서'를 이용하여 납부하며, 법원보관금영수필통지서를 경매신청서에 첨부하여 제출하면 된다.

> **注意** 예납금 납부시 경매사건번호를 모른 채 납부하여도 무방하다. 경매신청서의 접수는 우편도 가능하다. 선압류의 경매사건이 취소·정지되지 않는 한 후행 압류의 (이중)경매신청채권자는 예납금을 납부하지 않는다.

(라) 대위상속등기

- 채무자가 상속을 하였으나 아직 상속등기를 마치지 않은 경우에는 민법제404조, 부동산등기법 제29조, 제52조에 의하여 '대위에 의한 상속등기'를 한 다음 상속인에 대하여 강제경매신청을 할 수 있다.

2. 경매신청서 작성

(가) 채무자주소

- 신청서 작성시 채무자 또는 소유자의 현주소와 등기부상의 주소가 다른 때에는 양자를 병기하여야 한다.

(나) 담보권의 존재를 증명하는 서면

- 임의경매신청을 함에 있어서는 담보권의 존재를 증명하는 서류를 첨부하여야 한다(민집 제264조). 담보권을 증명하는 서류는 통상 근저당권리증(근저당설정계약서) 또는 부동산등기부등본(경매신청전 1개월내 발급받은 것)을 제출하게 하고 있으며,[9] 법원은

---

[9] 따라서 담보권의 존재를 증명하는 서류로서 '등기부등본'만으로 가능하므로 채권증서(ex 근저당권리증, 차용증)가 반드시 필요한 것은 아니다(대판 2000마5110).

피담보채권의 존재에 관한 판단을 함이 없이 일단 경매개시결정을 하고, 이해관계인이 개시결정에 대한 '이의'나 매각허가결정에 대하여 '항고'로 다툴 때 그 존부에 대한 판단을 하게 된다.
- 근저당권이전의 부기등기를 마친 특정승계인은 저당권실행을 위하여 경매신청서에 등기부등본을 첨부하여야 한다. 따라서 지명채권 양도방식에 의해 저당권부채권을 양도받았으나 저당권이전 부기등기를 경료하지 못하였다면 비록 채권양도의 대항요건을 갖추었더라도 저당권취득을 한 것이 아니므로 경매신청할 수 없다고 본다.

(다) 청구금액의 표시

- 청구금액의 표시는 (a) 원금만을 표기한 경우, (b) 원금 및 경매신청시까지 발생한 이자의 합계액을 표시한 경우, (c) 원금만을 금액으로 명기하고 이자에 관하여는 그 발생일과 이율만을 명기하고 완제시까지라고 표시하는 방법이 있다. 이자를 변제받을 의사가 없으면 (a)와 같이 원금만을 표기함은 물론이다.

> **◉ 이의사유 ◉**
>
> ❖ (a)와 같은 경우 - 후일 법원이 배당할 수 있는 채권의 범위는 비록 담보권실행을 위한 경매로서 채권최고액의 범위내일지라도 경매신청시 청구금액을 '일부'만을 청구한 것으로 보아 청구금액을 확장할 수 없게 된다(대판 2001. 3. 23. 99다11526).
>
> ❖ (b)와 같은 경우 - 채권자는 '배당요구종기기일'까지 채권계산서를 제출하여 채권금액을 확장시킬 수 있지만 이 기일 이후에는 채권금액을 확장할 수 없다.
>
> ❖ (c)와 같은 경우 - '언제든' 채권금액을 확장시킬 수 있으며, 만일 배당기일까지도 채권계산서를 제출하지 아니하면 법원은 경매신청서 등 집행기록에 있는 서류와 증빙에 의하여 채권을 계산하여 배당한다(민집 제84조 제5항).

- 경매채권자가 청구금액(또는 피담보채권)을 '일부'로 기재한 경우 배당단계에서 채권계산서에 청구금액을 확장하여 제출하는 방법에 의하여 청구금액을 확장할 수 없다[대판 95다15261].
- 근저당권의 경우에는 채권최고액 범위내의 원금, 이자를 표시하는 것이 통상이지만, 근저당권설정자와 채무자가 동일한 경우에 후순위 담보권자나 저당목적 부동산의 제3취

득자 또는 가압류권자 등 다른 이해관계인이 없는 경우에는 채권최고액을 초과하는 채권도 배당을 받는 경우가 있으므로 채권은 전액을 기재하도록 한다(97다28216).

> **경매신청 채권자가 청구금액을 확장하는 방법**
>
> **1. 강제경매의 경우**
> 강제경매신청 채권자는 미청구된 채권에 대하여 이중경매를 신청하거나 집행력있는 정본을 가진 자로서 배당요구종기까지 배당요구를 할 수 있다(민집 제88조). 또한 청구금액확장신청서로 잔액을 청구한 경우에는 이를 배당요구로 보아 배당이 가능하다(대판 83마393).
>
> **2. 임의경매의 경우**
> 경매신청이 누락된 피담보채권액 중 원금채권은 배당요구종기까지 이중경매를 신청하여 구제받을 수 있다(대판 96다495, 96다39479). 단, 근저당권은 경매신청시 확정되므로 근저당권이 확정되면 그 이후에 발생되는 원금채권은 그 근저당권에 의하여 담보되지 않는다(대판 92다48567). 미청구한 나머지 원금채권에 대하여는 별도의 소제기를 함과 동시에 당해 부동산을 가압류하고 그 가압류를 근거로 하여 배당요구종기까지 배당요구를 하면 가압류채권자로서 배당받을 수 있을 것이다.

(라) 부동산의 표시

- 부동산의 표시는 반드시 모든 점에서 실제와 완전히 부합하여야 되는 것은 아니고 객관적으로 보아서 당해 부동산의 동일성을 인식할 수 있는 정도가 되면 족하다. 여러 개의 부동산에 대하여도 집행법원이 동일한 한 동시에 경매신청을 할 수 있다.
- 미등기의 부속건물이 있거나 건물이 증·개축되어 실제 건평이나 구조가 등기부의 표시와 일치하지 아니할 때에는 그 미등기 부속건물 또는 실제 건물의 구조와 건평을 아울러 표시하여야 한다.
- 미등기의 경우에는 집행법원의 경매개시결정등기의 촉탁이 있으면 등기관은 직권으로 그 부동산의 소유권보존등기를 하여야 하므로 경매신청서 중 부동산표시의 항에 미등기라는 취지를 부기하도록 한다.

[서식] 1. 부동산강제경매신청서

부동산강제경매신청

채 권 자   마 찬 숙 (470520-1046710)
　　　　　경기도 안산시 상록구 고목로5길 15, 301호(본오동)
　　　　　송달장소 : 안산시 상록구 고목로2길 17, 403호(본오동, 그랜빌)
　　　　　☎ 010-9926-0234

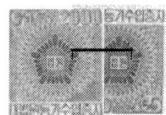

채무자겸   안 관 식 (461091-1668013)
소 유 자   서울 강남구 개포로128길14, 303호(일원동)

청구금액 : 금 90,000,000원정10)
　　　　　위 금액에 대하여 201○. 11. 1.부터 201○. 6. 26.까지는 연 12%의, 그 다음날부터 다 갚는 날까지는 연 20%의 각 비율에 의한 금원

집행권원의 표시
　　　　　채권자가 채무자를 상대로 한 서울중앙지방법원 201○차140344 대여금 독촉사건의 확정된 지급명령정본

경매할 부동산의 표시 : 별지 목록 기재와 같음.

신 청 취 지

위 청구금액의 변제에 충당하기 위하여 별지 목록 기재 부동산에 대하여 강제경매개시를 한다.
라는 재판을 구합니다.

신 청 이 유

위 청구금액은 채권자가 채무자를 상대로 제기한 서울중앙지방법원 201○차140344 대여금 청구사건의 201○. 7. 11.자 확정된 지급명령 정본에 의한 것으로 채무자가 변제하여야 할 것인 바, 채무자는 이를 전혀 변제하지 않고 있으므로 채권자는 채무자를 상대로 위 집행권원에 의한 경매개시결정의 절차를 구하기 위하여 본 신청에 이르렀습니다.

※ 갑구 등기순위번호 8번 **가압류**(서울중앙지방법원 201○카단5437)채권은 이 건의 집행권원 상의 채권과 동일한 채권입니다.

첨 부 서 류

1. 별지목록   1 통
2. 이해관계인일람표   1 통
3. 확정된 지급명령정본   1 통
4. 부동산등기부등본   1 통
5. 채무자주민등록초본   1 통

202○. . .

위 채권자 마찬숙 (인)

서울중앙지방법원 경매계 귀 중

〈별 지〉

부동산의 표시

1동건물의 표시 : 서울특별시 강남구 삼성동 3-3 석탑아파트 제101동
　　　　　　　 [도로명주소] 서울특별시 강남구 학동로 412

전유 부분건물의 표시
　　　건물의 번호 : 101 - 12 - 1201
　　　구　　　조 : 철근콘크리트조
　　　면　　　적 : 12층 1201호　84.60㎡

대지권의 표시
　　　토지의 표시 : 1. 서울특별시 강남구 삼성동 3-3 대 3372.6㎡
　　　대지권 종류 : 1. 소유권대지권
　　　대지권 비율 : 3372.60 분의 28.13

---

10) 청구금액은 곧 등록세의 과세표준이 된다. 이자를 청구금액에 포함시켜 계산하면 이자 역시 과세표준이 되므로, 실무상 이자는 장차 배당기일 전 채권계산서의 제출로 확정시키고 신청단계에서는 이율표시만 하는 경향이다.

- 이 상 -

접수방법

- 신청서 1부를 비용납부 후 경매계에 접수한다.
- 비용납부방법
  등록세(교육세포함), 송달료, 인지, 등기신청수수료는 신청서 접수 전 납부하거나 첨부를 하여야 하지만, 경매예납금의 경우는 신청서 접수 후 사건번호를 부여받지 않은 경우에도 납부가 가능하다.
- 인지는 첨부(신청서에 붙임)하지만, 등기신청수수료는 현금납부후 신청서 뒷면에 양쪽 끝을 호치킷 등으로 고정하여야 함에 유의한다.
- 집행권원은 '정본'(사본은 불가)을 첨부한다.
  당사자 중 법인이 있는 경우 '법인등기부등본'을 첨부한다.
  '소송대리인'이 경매를 신청하는 경우 본안위임장의 사본으로도 가능하다.
  채무자의 주소가 등기부상의 주소와 다른 경우 '주민등록초본'을 첨부한다.
- 경매신청 전 가압류를 한 것이 있다면 '신청이유'에 「갑구 등기순위번호 8번 가압류(서울중앙지방법원 2010카단5437)채권은 이 건의 집행권원상의 채권과 동일한 채권입니다.」라고 기재하거나, 가압류결정문 사본을 첨부한다.

[서식] 2. 부동산임의경매신청서

부 동 산 임 의 경 매 신 청

채 권 자   주식회사 대한물산
          서울 광진구 광나루로56길 85, 2501호(구의동, 테크노마트)
          대표이사 원 종 윤
          ☎ 010-2201-2322

채 무 자   김 기 원 (730912-1099232)
          충북 충주시 동량면 김생로 105-1

소 유 자   김 기 찬 (690821-1209441)
          서울 송파구 문정로19길 18, 302호(오금동, 명성빌라1차)

청구금액

  금 90,000,000원정 (서울동부지방법원 송파등기소 201○년 9월 8일 접수
  제62645호로서 등기된 근저당권에 기한 금원)

경매할 부동산의 표시

  별지목록 기재와 같음

청 구 취 지

  채권자는 위 청구금액에 대한 금원을 변제 받고자 별지목록기재 부동산에 대하여 임의 경매 개시 결정을 한다.
라는 재판을 구합니다.

청 구 원 인

1. 채무자는 201○년 8월 20일 채권자에 대하여 현재 또는 장래에 부담할 모든 채무 등의 담보로서 소유자 김기찬 소유의 별지 목록 기재 부동산에 대하여 채권 최고금 90,000,000원으로 한 근저당권 설정계약을 체결하고 동년 9월 8일 서울동부지방법원 송파등기소에 접수 제62645호로써 근저당권 설정등기를 필하였습니다.
2. 그 후 채권자는 위와 같은 약정하에 거래하던 중 과대한 업무확장으로 인하여 자금사정이 악화되어 타에도 막대한 부채를 부담하고 있는 상태이므로 채권자는 위 청구채권의 변제에 충당하기 위하여 김기찬 소유의 별지 목록 부동산에 대하여 담보권 실행을 하기 위하여 본 신청에 이르렀습니다.

첨 부 서 류

  1. 목   록   1통
  1. 이해관계인일람표   1통
  1. 근저당권설정계약서사본   1통
  1. 부 동 산 등 기 부 등 본   1통
  1. 법 인 등 기 부 등 본   1통

202○. . .
위 채권자 주식회사 대한물산
대표이사 원 종 윤   (법인)

서울동부지방법원 경매계 귀중

〈별 지〉

부동산의 표시

1. 서울특별시 은평구 녹번동 91-7 대 1263㎡ 끝.

접수방법

1. 신청서 1부를 비용납부 후 경매계에 접수한다.
2. 비용납부방법
  등록세(교육세포함), 송달료, 인지, 증지는 신청서 접수 전 납부하거나 첨부를 하여야 하지만, 경매예납금의 경우는 신청서 접수 후 사건번호를 부여받지 않아도 납부가 가능하다.
   ○ 등록·교육세 : 청구금액 × 2.4/1000
   ○ 인지 : 설정계약서 1개당 × 5,000원
   ○ 등기신청수수료 : 부동산 1개당 3,000원(납부방법 아래 설명)
   ○ 송달료 : (이해관계인의 수 + 3) × 48,000원
3. 인지는 첨부(신청서에 붙임)하지만, 증지는 클립 혹은 호치킷으로 신청서 상단에 고정하여야 함에 유의한다. 이 증지는 경매개시결정이후 담당 경매계에서 등기소로 촉탁할 시에 떼어서 사용하여야 하기 때문이다.
4. 등기신청수수료
  종전 수수료는 대법원등기수입증지로 납부하여 왔으나 2013. 5. 1.자 수입증지가 모두 폐지되고 대신 현금납부 방식으로 변경되었다. 은행의 현금납부, 무인발급기를 통한 현금납부, 인터넷등기소 전자납부로 납부함에 유의한다.
5. 수개의 저당권에 기하여 1개의 경매신청을 하는 경우의 첨부인지액은 저당권마다 5,000원의 인지액을 첨부한다.
6. 당사자 중 법인이 있는 경우 '법인등기부등본'을 첨부한다.
  채무자의 주소가 등기부상의 주소와 다른 경우 '주민등록초본'을 첨부한다.

[서식] 이해관계인일람표

이 해 관 계 인 일 람 표

채 권 자   주식회사 조선정보
(근저당권자)   서울시 송파구 오금동 23

채 무 자   김 기 원
                경기도 성남시 분당구 이매동 140 풍림(아) 511동 403호

소 유 자   김 기 찬
                서울시 송파구 방이동 212-8 코오롱(아) 105동 1510호

근저당권자   주식회사 국민은행
                서울 중구 남대문로2가 9-1(취급지점 : 역촌동지점)

가압류권자   김 순 자
                서울 동대문구 이문동 123

접수방법

- 등기부등본상에 나타난 권리의 종류와 인적사항을 기재한다.
- 경매신청서의 첨부서류로 1부 첨부한다.
- 가압류·가처분채권자는 이해관계인의 수에 포함하지 않는다.

3. 경매비용의 내역

■ 경매신청비용 내역

법원관할	부동산소재지 전속관할		
등록면허세	청구금액 × 2/1000	합계	2.4/1000
교 육 세	등록면허세액 × 20/100		
인 지 대[11]	설정계약서(또는 집행권원의 수) × 5,000		
송 달 료	(이해관계인 + 3) × 48,000원		
증 지 대	부동산 1개당(3,000원)		

경매예납금[12]	청구금액에 대하여
① 경매 수수료	10만 원까지 : 5,000원
	10만 원 초과 1천만 원까지 5,000원 + {(청구금액 - 10만 원)/10만 원 × 2,000원}
	1천만 원 초과 5천만 원까지 203,000원 + {(청구금액 - 1천만 원)/10만 원 × 1,500원}
	5천만 원 초과 1억 원까지 803,000원 + {(청구금액 - 5천만 원)/10만 원 × 1,000원}
	1억 원 초과 3억 원까지 1,303,000원 + {(청구금액 - 1억 원)/10만 원 × 500원}
	3억 원 초과 5억 원까지 2,303,000원 + {(청구금액 - 3억원)/10만원 × 300원}
	5억원 초과 10억원까지 2,903,000원 + {(청구금액 - 5억 원)/10만 원 × 200원}
	10억 원 초과 : 3,903,000원
② 감 정 료	1억 5,500만 원 이하 : 200,000원 1억 5,500만 원 초과 - 50억 원 : 청구금액 × 0.0004 + 138,000원 50억 원 초과 : 청구금액 × 0.0002 + 1,138,000원 * 근거 : 집행관수수료규칙 제13조 별표

③ 현황 조사료	83,260원 * 근거 : 집행관수수료규칙 제15조, 제22조, 제32조 및 법원공무원 국내 여비규칙 제13조 별표
④ 유찰 수수료	6,000원 * 근거 : 집행관수수료규칙 제17조 제2항
⑤ 신문 공고료	부동산(기본2개당) : 220,000원, 1개 추가당 110,000원 * 근거 : 민사소송비용법 제9조, 제10조

〈사례〉 채권자의 근저당채권액은 5,000만 원이고, 채무자 소유의 단독주택 등기부에는 저당권 2개, 가압류 2개가 있고 근저당권자에 의해 임의경매신청을 하려고 한다. 경매비용을 계산하라.

* 등 록 교 육 세 : **120,000원** (5,000만 × 2.4/1000)
  인 지 대 : **5,000원**
  송 달 료 : **319,500원** (채권자1, 채무자1, 저당 및 가압류4 : 9 × 48,000)
  등기신청수수료 : **6,000원** (3,000 × 부동산 2개) / 소계 : 450,500원

* 예납금 ① 경매수수료 :   803,000원
                         {=203,000원 + (5,000만 - 1,000만)/10만원 × 1,500원}
          ② 감정료 :   200,000원
          ③ 현황조사료 :   83,260원
          ④ 유찰수수료 :   6,000원
          ⑤ 신문공고료 :   220,000원 / 소계 : 1,312,260원

---

11) 저당권(또는 집행권원)인 경우 첩용인지는 저당권(또는 집행권원) 1개마다 5,000원으로 한다.
12) 경매 예납금은 경매신청서 표시채권액을 기준으로 산정한다. 다만 특수한 건물인 경우 감정평가비용이 추가되는 수가 있다. 경매신청비용은 배당시 '집행비용'이 되어 배당할 금액에서 최우선으로 공제를 하여 경매진행채권자에게 배당을 하여 준다.

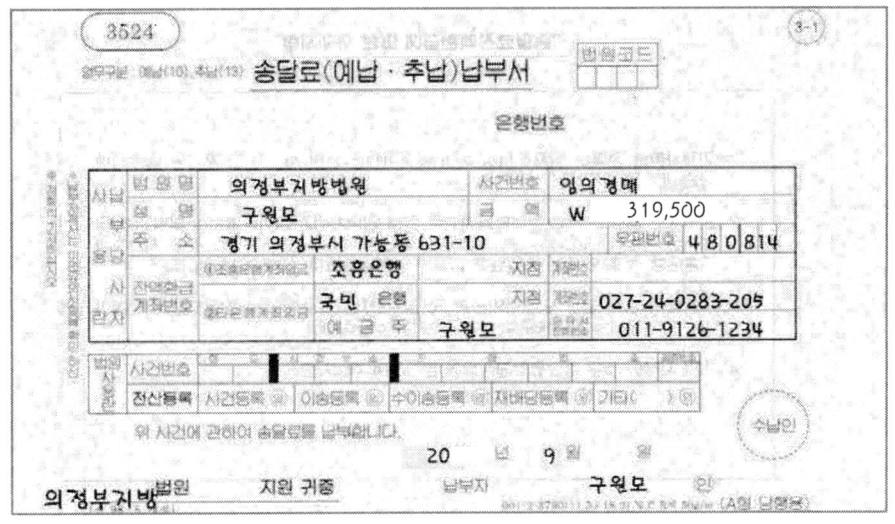

[제1호 서식]

1. 경매 예납금은 위 '법원보관금납부서(은행비치)'에 의하여 납부한다.
2. <u>경매사건번호를 모르는 경우에도 납부가 가능</u>하나, 필요한 경우 우선적으로 경매신청서를 접수하였다가 사건번호를 알아낸 후 납부한 (예납금)납부서를 '보정서'에 첨부하여 법원에 접수할 수도 있다.

제 4 절 경매개시결정

1. 경매신청서에 대한 조사

집행법원은 강제집행의 일반요건, 집행개시요건, 목적부동산에 대한 집행요건의 구비 여부에 관하여 신청서 및 첨부서류 등에 의하여 형식적 심사를 한다. 심문기일이나 변론기일을 열어 심리할 수도 있으나 서면에 의하는 것이 통상적 방법이다.

강제경매의 요건이 구비되어 있는지 여부는 개시결정의 허가를 결정할 때를 기준으로 하여 결정한다. 집행비용을 예납하지 않은 때는 신청을 각하하게 된다.

가. 조사할 일반적 사항

등기부를 검토하여 관할(부동산이 있는 곳의 지방법원)의 유무를 확인한다. 이는 전속관할이다. 등기부에 이중경매신청 사실이 발견되면 사건접수부에 의하여 취하 등의 여부를 확인한 후 계속 중이면 선행사건의 담당부로 재배당한다. 부동산목록이 등기부의 표제부와 일치하는지의 여부와, 인지첨부(집행권원 1개당 5,000원)의 적정 여부를 확인한다.

실무에서는 남을 가망이 없을 경우의 경매취소(제102조)를 위한 판단자료로 삼기 위해 등기부상 신청채권자보다 우선하는 채권의 합계금액과, 임차인들의 대항력 유무의 판단에 참고하기 위하여 최선순위 근저당권 또는 압류, 가압류, 가등기의 등기일자를 파악하여 기록 표지 우측 상단에 표시하고 있다.

나. 강제경매 신청서의 조사

강제집행의 요건과 집행개시요건이 구비되었음을 증명하는 서면이 첨부되어야 한다.

확정된 지급명령정본 및 소액사건의 이행권고결정정본에 의한 강제집행에는 집행문, 송달증명, 확정증명의 첨부가 모두 불필요하다. 그러나 집행문을 필요로 하지 않는 경우에도 집행에 조건이 붙거나 당사자의 승계가 있으면 집행문의 부여가 필요하다.

집행권원이 공정증서인 때는 집행문이 있어야 하고, 약속어음 공정증서상 집행인낙의 범위에 어음금액만 기재된 경우에는 법정이자가 청구금액에 포함될 수 없다.

> **이중경매**
>
> - 이중경매란 이미 경매개시결정을 한 부동산에 대하여 다른 채권자에 의한 경매신청이 있어 추가로 경매개시결정이 있는 경우를 말하는데 <u>이 경우 먼저 개시결정한 집행절차에 따라 경매를 진행한다</u>(민집 제87조 제1항). 따라서 이중경매 신청채권자는 경매예납금을 납부하지 않는다.
> - 앞선 경매사건이 취하 또는 취소된 경우에는 앞선 경매절차에 있어서 행하여진 현황조사·평가 등을 그대로 원용한다. 이중경매 신청 채권자도 압류의 효력이 생기면 당연히 배당에 참가할 수 있으나 앞선 경매사건의 '배당요구종기일' 전에 경매신청한 경우에 한하며, <u>그 후에 경매신청을 한 경우에는 배당에 참가할 수 없음에 유의한다.</u>

다. 임의경매 신청서의 조사

① 등기부상 근저당권자인지 여부 확인
② '담보권'의 존재를 증명하는 서류 및 담보권의 승계를 증명하는 서류의 존부 확인[13]
③ '피담보채권'을 소명할 서류 확인
  원칙적으로 채권증서이지만, 그것이 없으면 경위서를 제출하여도 된다.

> **● 채권증서 ●**
>
> ❖ 집행법원은 경매신청서의 기재나 첨부한 서류 등에 의해 채권이 존재하지 않거나 변제기가 도래하지 않은 것이 명백한 경우에는 경매개시결정을 할 수 없지만, 그렇지 않은 경우에까지 피담보채권의 존부를 증명할 것을 요구해서는 안된다(대결 2000. 10. 25. 2000마5110).
> ❖ 다만, 실무상으로 신청채권자가 "계약서를 어떠한 사유로 소지하고 있지 않으며 추후 위 사실이 거짓일 경우 민형사상 책임을 지겠다"는 취지의 경위서 내지 진술서를 경매신청서에 첨부하여 제출하게 하고 있다.

④ 피담보채권의 변제기 도래 사실에 대한 증명은 필요하지 않다.
  다만, 경매신청시에 변제기 도래 사실을 주장할 필요는 있으며, 변제기 미도래가 명백

---

[13] 통상 경매신청 전 1개월 이내에 교부받은 '등기부등본'은 담보권의 존재를 증명하는 서면으로 사용된다.

하면 각하한다.

⑤ 전세권자가 경매신청을 할 때

전세권자의 목적물인도의무 및 전세권설정등기말소의무와 전세권설정자의 전세금반환의무는 동시이행관계에 있으므로 먼저 전세권자가 그의 의무를 이행제공하여 전세권설정자를 이행지체에 빠뜨려야 한다.14)

한편, 주택임차인이 임차주택에 대하여 보증금반환청구소송의 확정판결 기타 이에 준하는 집행권원에 기한 경매를 신청하는 경우에는 제41조의 규정에 불구하고 반대의무의 이행 또는 이행의 제공을 집행개시의 요건으로 하지 아니한다(주택임대차보호법 제3조의2 제1항).

라. 부동산에 대한 조사

부동산 목록의 기재내용이 등기부와 일치하여야 하고, 목적부동산은 채무자의 소유이어야 하며(단, 담보물권의 설정은 예외), 등기부에 채무자 명의로 등기되어 있거나 즉시 채무자 명의로 등기할 수 있어야 한다. 집행법원은 경매신청서와 그 첨부서류에 의하여 경매부동산의 소유자를 조사할 뿐이고, 부동산의 현황을 직접 조사하여야할 의무는 없다. 경매절차 진행 도중 목적물이 멸실하면 경매절차를 취소하며(제96조), 미등기 건물은 대위에 의한 보존등기를 하여 일괄매각신청을 할 수 있으나, 경매대상 부동산의 종물·부합물인 때에는 입찰물건에 포함된다.15)

---

14) 동시이행관계에서 이행제공은 집행개시요건으로 보지만, 조건의 성취 여부는 집행문부여요건으로 본다. 따라서 전세권에 기한 임의경매신청시 집행개시요건으로 채무자에 대하여 이행을 제공하여 이행지체에 빠뜨릴 것이 필요하며 따라서 이행의 제공을 한 사실을 소명하여야 한다.
  실무상 전세권자가 "전세목적물을 인도하고 전세권설정등기말소에 필요한 서류(전세권등기필증이 될 것임)를 언제든 교부할테니 전세금을 지급하여 주기 바란다"는 취지의 내용을 건물소유주에게 내용증명 우편으로 보낸 서류를 법원에 제출하고 있다.
15) 제시외 물건 : 감정평가서에 조사된 부동산 내역에서, 미등기상태의 증·개축된 부분, 또는 제3자 소유의 건물을 경매실무용어로 제시외 물건이라 표시한다. 제3자 소유인 경우 주의를 요한다.

2. 경매개시결정등기의 촉탁

집행법원이 경매개시결정을 하면 법원사무관 등은 즉시 그 사유를 등기부에 기입할 것을 등기촉탁서 원본으로 등기관에게 직권으로 촉탁하여야 하며, 등기관은 위 촉탁에 따라 경매개시결정의 기입등기를 하여야 한다(제94조).

3. 경매개시결정의 송달

가. 채무자에 대한 송달

부동산의 '압류'는 채무자에게 강제경매개시결정이 송달된 때 또는 경매개시결정의 등기가 된 때에 그 효력이 생기므로(제83조 제4항) 직권으로 그 결정 정본을 채무자에게 송달하여야 한다.

정본은 임의경매의 경우는 개시결정일부터 3일 안에, 강제경매의 경우는 등기필증 접수일부터 3일 안에 채무자에게 송달하도록 되어 있다(송민 91-5).

경매개시결정은 압류의 효력발생요건일 뿐 아니라 경매절차의 기초가 되는 재판이므로 그것이 채무자에게 고지되지 않으면 효력이 없다.

따라서 따로 압류의 효력이 발생하였는지와 관계없이 경매개시결정의 고지 없이는 유효하게 경매절차를 속행할 수 없다.

채무자가 이사불명으로 송달불능이 되면, 채권자에게 주소보정을 명하고, 보정된 주소로도 송달이 안 되고 달리 송달할 장소를 알 수 없는 경우에는 당사자의 신청 또는 직권으로 공시송달 방법에 의하여 송달한다.

한국자산관리공사, 금융감독위원회의 인가를 받은 금융기관, 한국산업은행, 중소기업은행, 장기신용은행, 한국수출입은행, 농업협동조합중앙회, 수산업협동조합중앙회, 축산업협동조합중앙회, 외국금융기관의 지점 또는 대리점, 상호신용금고가 임의경매를 신청하는 경우에는 송달특례가 적용된다. 즉 경매신청 전에 채무자 및 소유자의 부동산등기부상의 주소로 경매실행 예정사실을 통지하고 그 확인서를 경매신청서에 첨부하면 경매신청 당시 당해 부동산등기부에 기재된 주소로 '발송'함으로써 송달된 것으로 본다.

나. 채권자에 대한 송달

경매개시결정도 일반의 결정, 명령의 경우와 같이 당사자에게 고지되어야 하므로 채권자에 대하여도 고지의 방법으로 그 정본을 송달한다. 그러나 송달에 의하지 아니하고 적당한 방법으로 고지하여도 무방하고, 경매개시결정을 송달하지 않고 절차를 진행하여도 매각의 효력에는 영향이 없다.

다. 공유자에 대한 통지

공유물의 지분에 관하여 경매개시결정을 하였을 때에는 상당한 이유가 있는 경우16)를 제외하고 다른 공유자에게 경매개시결정이 있다는 것을 통지하여야 한다(제139조 제1항). 실무에서는 고지나 통지의 방법으로 경매개시결정정본을 송달하는 방법을 취하는 것이 보통이다.

공유자에 대한 통지가 경매개시결정의 효력에 영향을 주지는 않지만, 이 통지가 결여된 상태에서 경매가 진행되어 경락을 허가한 경우 다른 공유자가 이를 이유로 매각허가에 대한 이의 또는 매각허가결정에 대한 즉시항고를 할 수 있다.

제 5 절 채무자의 불복방법

〈사례〉 갑돌이는 갑순이에게 5,000만 원을 차용하면서 이 금액에 대하여 근저당권 설정을 해주었다가 이 금액을 갚지 못하자, 진행된 임의경매에서 **최고봉**이 최고가매수인으로 결정되었다. 뒤늦게 **갑돌**이는 갑순이에게 부채 5,000만 원을 갚고 경매를 취하 받고자 한다. 가능하겠는가?

매각기일에 최고가매수신고인이 결정된 후로는 채무자가 경매진행 채권자에게 채무금을 변제하였더라도 최고가매수신고인과 차순위매수신고인의 '동의'를 받아야만 경매를 취하시

---

16) 예컨대, 집합건물의 대지권을 공유하는 경우 등이다.

킬 수 있다(민집 제93조 제2항).

　이 경우 채무를 변제하여 경매를 취하 받고자 하는 채무자로서는 어려움에 봉착하지 않을 수 없다. 왜냐하면 최고가매수신고인으로서는 어렵게 응찰하여 낙찰 받은 것인데 쉽게 동의해 줄 수 있는 입장이 아니기 때문이다.

1. 강제경매개시결정에 대한 이의

　강제경매에서 '이해관계인'은 매각대금이 모두 지급될 때까지[17] 경매개시결정을 내린 법원에 '경매개시결정에 대한 이의신청'으로써 불복신청을 할 수 있다(제86조 제1항). 그리고 이 재판에 대하여는 다시 1주일 내에 즉시항고를 할 수 있다.

　이 이의는 제16조의 '집행에 관한 이의'의 성질을 가진다. 따라서 경매신청 요건의 흠, 경매개시요건의 흠 등 <u>절차상 흠을 이유</u>[18]로 하는 경우에만 이의신청을 할 수 있다.

　강제경매에서 채무소멸을 이유로 하는 실체적인 흠은 '청구이의의 소'(제44조)의 대상이 될 뿐이다(대결 94마147, 90그66).

　이의사유는 원칙상 경매개시결정 전의 것이어야 한다. 개시결정 후에 발생한 매각절차상의 하자(최저매각 가격의 결정, 매각기일의 공고·통지 등의 위법)는 원칙적으로 개시결정에 대한 이의사유로 할 수 없다.

[서식] 강제경매에서 절차상의 흠을 이유로 이의하는 사례

강제경매개시결정에 대한 이의신청

사　　　건　　　201○타경345호 강제경매

신 청 인(채무자)　　홍 길 동 (670912-1298273)

---

17) 경매개시결정이 난 때로부터 매각대금을 완납할 때까지의 全기간을 통하여 개시결정에 대한 이의신청을 할 수 있는 것은 아니다. 즉 매각기일에 매각이 되고 매각허부결정이 선고되기 前 단계에서 이해관계인은 <u>매각허부결정에 대한 이의의 진술</u>을 하도록 되어있고(제120조, 제121조), 매각허부결정이 선고된 後에는 이에 대하여 <u>즉시항고</u>를 하도록 되어있기 때문이다.

18) 예컨대, 경매신청방식의 적부, 신청인의 적격여부, 대리권의 존부, 매각부동산표시의 불일치, 집행력 있는 정본의 불일치, 기한의 미도래 등이 이의사유이다.

　　　　　　　　　서초구 효령로34길 9, 3동 707호(방배동, 삼익아파트)
　　　　　　　　　☎ 010-531-01922

피신청인(채권자)　최 고 봉 (540913-1098373)
　　　　　　　　　서울 강남구 개포로516, 701동 707호(개포동, 주공아파트)

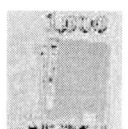

신 청 취 지

　위 사건에 관하여 201○. 1. 8. 귀원이 행한 강제경매개시결정은 이를 취소한다.
피신청인의 본건 강제경매신청은 이를 기각한다.
라는 재판을 구함.

신 청 이 유

1. 채권자인 피신청인은 채무자인 신청인과의 사이의 서울중앙지방법원 201○가단1211호 대여금 청구사건의 집행력 있는 판결정본에 기하여 201○. 1. 5. 귀원에 강제경매신청을 하여, 1. 8. 경매개시결정(201○타경345호)이 선고되었습니다.
2. 그런데 위 경매개시결정 정본은 신청인에게는 송달되지 않은 것으로써 그 송달이 이루어지지 않은 가운데 경매절차를 진행하는 것은 집행의 효력이 없는 위법한 경매이므로 본 건 이의를 신청하는 바입니다.

　　　　　　　　　　　　202○.　.　.
　　　　　　　　위 신청인(채무자)　홍 길 동　(인)

서울중앙지방법원 경매4계　귀중

접수방법

1) 이해관계인은 매각대금을 완납할 때까지 법원에 개시결정에 대한 이의신청을 할 수 있고 이의사유는 집행법원이 준수하여야 할 경매절차상의 형식적 하자로써 개시결정 전의 것이어야 함이 원칙이나, 집행권원의 존재는 집행속행요건이기도 하므로, 그 실효와 같은 사유는 그 후에 발생한 것이라도 무방하다.
2) 이의의 사유 : 경매신청방식의 적부, 신청인의 적격여부, 대리권의 존부, 목적부동산표시의 불일치, 집행력있는 정본의 불일치, 집행채권의 기한 미도래 등이다.
3) 비용 : 인지대 1,000원, 신청서 1통을 집행법원에 제출한다.
　송달료는 당사자수 × 2회분

2. 임의경매개시결정에 대한 이의

(1) 임의경매개시결정에 대한 이의에도 강제경매개시결정에 대한 이의에 관한 규정(민집 제86조)이 준용되는데, 다만 '강제경매개시결정에 대한 이의'와는 달리 절차상의 하자 (ex 경매개시결정전의 자격없는 경매신청인, 표시의 불일치, 신청방식의 부적법 등 형식적 요건의 하자) 뿐만 아니라, 저당권의 소멸·무효·부존재 등 실체상의 하자도 이의사유로 주장할 수 있다(민집 제265조).[19]

개시결정 전의 담보권의 소멸은 물론 개시결정 후 매각대금의 납부시까지 발생한 담보권의 소멸도 이의사유로 된다(대판 87다카671).

그리고 실체상의 하자 또는 절차상의 하자를 이유로 이의나 항고로서 다툴 수 있으나 다투지 않고 매각허가결정이 확정되면 경매절차상 하자는 치유되어 '매각'의 효과가 나타남에 유의한다.

> **임의경매에서 경매개시결정에 대한 이의의 시기**
>
> - 판례는 신청채권자로부터 변제(유예)를 받았음을 원인으로 한 임의경매개시결정에 대한 이의신청의 경우, 최고가매수의 신고가 있은 후에도 그 이의신청에 최고가매수인 등의 동의[20]를 요하지 않고 경락대금완납시까지 이의가 가능하다고 본다(대판 2000. 6. 28. 선고 99마7385).

(2) 실무상 임의경매의 경우 채무소멸의 입증이 명백한 경우는 위 '임의경매개시결정에 대한 이의신청'을 통하여 해결하고, 그렇지 못한 경우 '채무 부존재확인의 소송', '저당권부존재확인의 소송', '근저당권등기말소의 소송'을[21] 병행 또는 순차로 제기하고 있다.

그 후 승소확정판결을 받아 근저당권을 말소한 다음 근저당권이 말소된 등기부등본을 집행취소서류로 제출하면 된다(민집 제266조).

---

19) 민집 제265조(경매개시결정에 대한 이의신청사유)
   경매질자의 개시결정에 대한 이의신청사유로 담보권이 없다는 것 또는 소멸되었다는 것을 주장할 수 있다.
20) 경매의 취하시 최고가매수신고인과 차순위매수신고인의 '동의'를 받아야 한다(민집 제93조 제2항).
21) 이 경우 소송의 장기화에 따라 '집행정지결정'을 받아 놓아야 함은 물론이다.

❖ **임의경매에서 경매를 정지시키는 방법**은 경매법원에 경매개시결정에 대한 이의를 신청하고 동시에 집행정지신청을 하여 '집행정지결정'을 받는 방법 외에 채권자를 상대로 채무부존재확인소송 또는 근저당권말소소송을 제기하고 '집행정지결정'을 받는 방법이 있다.

임의경매를 취소시키는 방법

- 피담보채권을 변제한 경우 채권자가 경매취하를 시키지 않는다면 변제를 이유로 경매개시결정에 대한 이의가 가능하다. 또는 피담보채권의 변제자는 변제를 하면서 근저당권등기필증(또는 등기필정보) 등을 건네받아 경매신청채권자의 근저당권을 말소한 다음 근저당권이 말소된 등기부등본을 경매집행취소서류로 제출할 수도 있다.

(3) 이의신청에는 집행정지의 효력이 없다.

개시결정에 대한 이의신청이 제기되었다 하더라도 그 매각절차의 진행이 정지되지 않고 그대로 진행된 결과 매수인이 대금지급기한까지 대금을 납부하면 그 이후에 있어서는 이의사유가 있음에도 불구하고 개시결정을 취소할 수 없게 된다. 따라서 별도로 집행정지신청을 하여야 할 것이다.

(4) 이의신청에 의하여 경매개시결정이 취소되고 그 취소결정이 확정되면 법원사무관 등은 직권으로 경매개시결정등기를 말소하도록 등기관에게 촉탁하여야 한다(법 제141조). 촉탁서에는 위 취소결정정본을 등기원인 서면으로 첨부한다.

이때 등록면허세액 및 교육세는 말소 1건당 7,200원(2014. 1. 1.부터 종전 3,600원에서 7,200원으로 증액됨)이다. 세분하면 등록면허세액은 6,000원, 지방교육세액은 그 100분의 20(지방세법 제260조의3)이므로 1,200원이다.

[서식] 임의경매에서 실체상의 흠을 이유로 이의하는 사례

경매개시결정에 대한 이의신청

사　　　건　　201○타경71262호 임의경매

신 청 인(채무자)　고 철 근
　　　　　　　　　인천 서구 서달로 149번길 6-5(석남동)
　　　　　　　　　☎ 010-2762-1092

피신청인(채권자)　관교문학동새마을금고
　　　　　　　　　인천 서구 서달로 149번길 6-5(석남동)
　　　　　　　　　대표자 이사장　최 원 진

신 청 취 지

1. 인천지방법원 201○타경71578호 부동산임의경매 신청사건에 관하여 201○. 1. 19.자 별지목록기재 부동산에 대한 낙찰허가결정 및 201○. 5. 21.자 경매개시결정은 각 이를 취소한다.
2. 본건 경매 신청은 이를 기각한다.
라는 재판을 구함.

신 청 원 인

1. 위 당사자간의 귀원 201○타경71262호 임의경매신청사건은 채권자가 담보권 실행을 위한 경매신청을 한 것으로서 채무자 소유의 별지목록기재 부동산에 대하여 201○. 5. 21. 경매개시결정이 되었고, 201○. 1. 19. 낙찰허가결정까지 되었으나 현재까지 낙찰인의 잔금납부는 안된 상태입니다.

2. 그리하여 채무자는 동 경매 절차 진행 중인 201○. 2. 8. 이 건 집행비용 일체와 채권액 전부를 채권자에게 완전변제하고 채권자로부터 별첨 변제증서와 부동산임의경매 취하서를 교부받았고, 이건 담보권 실행의 기초가 된 근저당권 설정 등기를 201○. 2. 9. 인천지방법원 서인천등기소 접수 제12609호로 그 말소등기를 받은 바 있으므로, 동 채권은 이미 소멸되었으므로 더 이상 경매를 진행할 이유가 없는 것입니다.
　　그러나 낙찰인은 위 경매 취하에 동의하지 아니하므로 부득이 본 이의신청으로 신청취지와 같은 재판을 구하기 위하여 이에 이르렀습니다.

소 명 방 법

1. 소갑 제1호증　변제증서

1. 소갑 제2호증   부동산임의경매 취하서
1. 소갑 제3호증   말소된 등기부등본
1. 소갑 제4호증   법인 등기부등본

202○. . .

위 신청인(채무자) 고 철 근   (인)

인천지방법원 경매3계   귀중

▎접수방법

- 비용 : 인지대 1,000원, 신청서 1통을 집행법원에 제출하고,
  송달료는 당사자수 × 2회분 : 19,200원(= 2명 × 2회 × 4,800원)
- 위 사례에서는 별지가 생략되었지만 실제는 첨부하여 함.

3. 이의신청에 따른 집행정지신청

(1) 이의신청에는 집행정지의 효력이 없다. 따라서 이의신청을 하면서 그 접수증명을 첨부하여 「집행정지신청」을 하면, 집행법원은 재판전의 잠정처분으로 채무자에게 담보를 제공하게 하거나 제공하게 하지 아니하고 집행을 일시 정지하도록 명하거나, 채권자에게 담보를 제공하게 하고 그 집행을 계속하도록 명할 수 있다(제86조 제2항, 제16조 제2항). 이 결정에 대하여는 불복할 수 없다.

(2) 이의의 재판은 변론을 열거나 열지 아니하고 '결정'으로 한다(제3조 제2항). 이의신청이 정당하면 이를 인용하고 부당하면 기각한다. 실무상 이의신청이 이유가 없는 경우에는 매각허가결정 선고시까지 보류하여 두고 있다가 매각허가결정과 동시에 하는 경우가 많다.
　이는 이의신청인의 항고로 인한 매각절차의 지연을 방지하기 위함이다. 또한 <u>이해관계인은 이의신청을 인용 또는 기각한 재판에 대하여 1주일 내에 '즉시항고'할 수 있다</u>(제86조 제3항).

즉 시 항 고 장

항고인(채무자) 김 종 겸 (700212-19282821)
　　　　　　　　서울 송파구 문정로19길 20
　　　　　　　　☎ 010-2201-2902

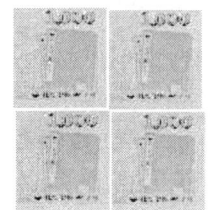

위 항고인은 서울동부지방법원 201○타경28703호 부동산임의경매사건에 관한 201○. 5. 8.자 '경매개시결정에 대한 이의'의 기각결정에 대하여 불복인바 항고합니다(동결정은 201○. 5. 13. 송달받았음).

항 고 취 지

원결정을 취소하고 다시 상당한 재판을 하라.
라는 재판을 구합니다.

항 고 이 유

이 사건 채권자는 이미 채무자로부터 1998. 5. 12. 서울동부지방법원 송파등기소 제12345호로 접수된 근저당채권최고액 5,000만 원에 기하여 이건 경매를 신청한 것이오나, 이미 위 피담보채권은 10년의 기간경과로 소멸시효완성된 것이기에 위 경매개시결정에 대하여 채무자는 소멸시효완성을 이유로 201○. 2.경 경매개시결정에 대한 이의신청을 한 것입니다. 그러나 채무자의 이의에 대하여 서울동부지방법원은 납득할 수 없는 사유로 기각결정을 한바 이건 항고에 이른 것입니다.

　　　　　　　　　　201○. 2. .
　　　　　　　　위 항고인(채무자) 김 종 겸 (인)

서울동부지방법원 항고부 귀중

접수방법

1) 불복을 신청할 재판에 의하여 불이익을 입은 채무자는 재판의 고지일로부터 **7일 이내**에 원심법원에 즉시항고장 1부를 제출하여야 한다.
　　　항고법원은 본원합의부이며, 항고장 제출한 날로부터 10일 이내에 항고이유서를 제출하여야 한다.
2) 비용 : 인지대 4,000원, 송달료는 당사자수(2명) × 3회분으로서 28,800원

4. 변제증서를 제출하여 경매절차를 정지시키는 방법

가. 강제경매의 경우

매각기일에 최고가매수인의 신고가 있기 前에는,

채무자가 '변제증서'를 경매법원에 제출하기만 하면 강제집행이 정지되고 그 정지기간은 2개월이다. 따라서 그 기간이 단기간이므로 채무자는 '청구이의의 소'를 제기하여 그 종국판결 또는 '집행정지신청'을 하여 그 정지를 명하는 잠정처분을 받아 제출하여야만 계속집행을 정지시킬 수 있다.

그런데 최고가매수인의 신고가 있고 난 後에는,

채무자가 변제증서를 제출하더라도 최고가매수신고인 및 차순위매수 신고인의 '동의'가 있어야 비로소 집행이 정지된다.

나. 임의경매의 경우

변제증서가 '사문서'인 경우는 단순히 경매절차를 정지시키는데 불과하고 그 기간은 2개월이다. 따라서 채무자가 그 기간 내에 '경매개시결정에 대한 이의' 또는 '피담보채권부존재 확인의 소'를 제기하고 더불어 '집행정지' 결정을 받아 경매법원에 제출하여야만 계속 경매절차를 정지시킬 수 있다.

그런데, 피담보채무 소멸에 관한 '화해조서' 또는 '공정증서'가 제출된 경우에는 아예 경매절차가 취소된다.

위 서류들은 매각기일에 최고가매수인의 신고가 있기 前까지 제출하여야 하며, 그 이후에는 최고가매수신고인 및 차순위매수신고인의 '동의'를 받아야하고, 그 동의를 받지 못한 경우에는 '경매개시결정에 대한 이의' 또는 '피담보채권부존재 확인의 소'를 제기하고 더불어 집행정지결정을 받아 경매법원에 제출하여야만 계속 경매절차를 정지시킬 수 있다.

5. 집행정지신고에 따른 법원의 처리

집행정지결정으로 '집행정지의 신고'가 제출되면 다음의 단계에 따라 법원의 처리태도가 달라진다.

① 최고가매수신고 전에 집행정지신고서가 법원에 제출된 경우 : 법원은 집행정지 서류가 경매개시결정전에 제출되면 경매신청을 각하하고, 경매개시결정 후에 제출된 경우에는 매각기일을 개시하지 않고 이후의 경매절차를 정지한다.
② 최고가매수신고 후 매각대금납부 전에 제출된 경우 : 이후의 매각절차를 정지한다. 매각허가결정 전이면 집행을 계속할 수 없는 사유에 해당하는 것으로 보아 매각불허가결정을 하고, 매각허가결정 후이면 그 이후의 절차를 정지한다.
　　이때 매수인은 그 정지로 인한 불안정한 지위로부터 벗어나기 위하여 매각대금을 낼 때까지 매각허가결정의 취소를 신청할 수 있다(민집규칙 제50조 제2항, 제194조).
③ 매각허가결정에 대한 항고심 계속 중에 제출된 경우 : 매각대금 납부전이라면 매각허가결정 후에도 집행정지서류를 제출할 수 있고(민집 제93조, 규칙 제50조), 그 경우 매수인의 지위를 보호하기 위하여 매수인에게 매각허가결정의 취소를 신청할 수 있는 권리가 인정된다(규칙 제50조 제2항).
④ 매각대금의 납부 후에 제출된 경우 : 이 경우 집행절차를 정지하지 않고 원래의 집행절차를 속행하여 배당을 한다. 즉 집행정지 효과가 미치지 않는다.

6. 채무를 변제한 채무자가 경매절차를 취소하는 방법

〈사례〉 갑돌이는 그 소유의 주택이 경매에 부쳐지자 돈을 구하기 위하여 백방으로 노력하여 겨우 돈을 구하였지만 이미 그 주택은 갑순이가 낙찰을 받은 상태이다(잔대금은 미납된 상태). 그런데 낙찰자인 갑순이는 경매취하동의를 하여 주지 않고 있다. 어떻게 하면 좋겠는가? 답22)

가. 강제경매의 경우

(1) 판결문, 공정증서, 지급명령정본, 금전에 관한 조서, 이행권고결정 등 집행권원에 기하여 경매가 진행된 강제경에서 채무자가 빚을 다 갚았음에도 불구하고 경매를 취하하

---
22) 이 경우 해결방법은 강제경매인 경우이냐, 아니면 임의경매인 경우이냐에 따라 다르다. 강제경매의 경우는 청구이의의 소송으로, 임의경매의 경우는 경매개시결정에 대한 이의신청 또는 근저당권말소 소송으로 해결을 할 수 있다.

여 주지 않으면 어떻게 할 것인가.

매각기일(낙찰기일) 전이라면 금전과 취하서의 동시이행으로 쉽게 해결할 수 있지만 매각기일의 진행으로 최고가매수인의 매수신고가 있은 후에는 최고가매수신고인 및 차순위매수신고인의 취하에 대한 '동의서'(제93조)가 있어야만 하는데, 이를 구할 수 없다면 어떻게 할 것인가. 물론 위 동의서를 첨부하여 경매진행채권자가 취하를 하여 주면 간단히 사건은 종료된다.

(2) 이 경우 채무자는 경매진행채권자에게 빚(채무)을 변제하고자 하여도 채권자가 수령을 거절하는 경우에는 채권자에게 경매비용을 포함하여 '변제공탁'을 한 후 '청구이의의 소송'(제44조)을 제기하고 위 소송제기된 법원으로부터 '집행정지결정'을 받아 담당 경매계에 제출하여 경매진행을 저지시킨 후 위 청구이의의 소송의 결과에 따라 '승소'를 한 경우 승소의 판결정본을 첨부하여 '경매절차취소신청서'(등록세·수입증지 등 비용납부)를 담당 경매계에 제출하면 최고가매수인의 취하동의서가 없이도 경매절차를 취소(경매등기의 말소 등)시킬 수 있다.

(3) 다만 청구이의의 소송을 제기로 인하여 경매절차가 당연히 정지되는 것은 아니므로 강제집행정지신청을 하여 그 결정을 받아야 하는데 강제집행정지의 결정효력이 통상 담보보증금으로 '현금' 공탁조건부로 발생하는 경우일 수 있으므로 유념하여야 한다.

나. 임의경매의 경우

(1) 경매의 취소사유

❖ 경매절차의 정지, 취소사유(민사집행법 제266조)	방 법
1. (근)저당권이 말소된 등기부등본이 제출된 때	☞ 근저당말소등기신청
2. (근)저당권의 말소를 명한 확정판결의 정본이 제출된 때	☞ 근저당권말소소송
3. (근)저당채무가 없거나 소멸되었다는 취지의 확정 판결 정본이 제출된 때	☞ 채무부존재확인소송 저당권부존재확인소송 경매개시결정이의신청

4. (근)저당권자가 경매를 실행하지 않겠다고 하거나, 경매 신청을 취하하겠다는 취지 또는 피담보채권을 변제받거나 그 변제의 연기를 승낙한다는 취지의 공정증서 정본이 제출된 때	☞ 근저당권자 작성의 공정증서
5. (근)저당권실행의 일시정지를 명한 판결정본	☞ 집행정지결정

(2) 경매개시결정에 대한 이의를 하여 경매를 취소

채무자가 경매개시결정에 대한 이의신청을 하여 이의를 인용하는 결정(경매불허)을 받으면 경매개시결정에 대한 이의결정문을 첨부하여 '경매절차취소신청서'(등록세·수입증지 등 비용납부)를 담당 경매계에 제출하면 최고가매수신고인 등의 동의없이도 경매절차를 취소할 수 있다.

(3) 임의경매 신청한 근저당권자가 경매신청의 원인된 근저당권을 말소

채무자로부터 채무변제를 다 받은 경매진행채권자가 경매의 원인이 된 근저당권을 말소하여 준다면 채무자는 근저당권이 말소된 등기부등본을 첨부하여 '경매절차취소신청서'(등록세·수입증지 등 비용납부)를 담당 경매계에 제출하여 경매취소를 받을 수 있다.

이 경우 최고가매수신고인 등의 동의없이도 경매절차가 취소되므로 채무자의 입장에서는 가장 쉬운 방법이다.

(4) 임의경매 신청한 근저당권자가 변제를 받고도 말소해주지 않는 경우

임의경매를 신청한 근저당권자(경매진행채권자)가 채무자로부터 변제를 다 받고도 근저당권을 말소해주지 않는 경우 채무자는 근저당권말소 소송을 제기하고 동시에 위 본안의 법원으로 부터 집행정지결정을 받아 그 결정문을 담당 경매계에 제출하여 경매를 정지시킨다.

후일 본안의 근저당권 말소소송에서 승소 확정판결을 받아 그 판결정본을 첨부하여 '경매절차취소신청서'(등록세·수입증지 등 비용납부)를 담당 경매계에 제출하면 최고가매수인의 취하동의서가 없이도 경매절차를 취소(경매등기의 말소 등)시킬 수 있다.

이 경우 승소확정판결을 원인으로 등기소에 근저당권말소신청을 하여 근저당권을 말소시킨 후 근저당권이 말소된 등기부등본을 첨부하여 '경매절차취소신청서'(등록세·수입증지 등 비용납부)를 담당 경매계에 제출하여도 무방하다.

제6절 배당요구종기기일

1. 배당요구의 종기결정 및 공고

구민사소송법은 매각결정기일(경락허가기일)까지 채권자들의 배당요구를 허용하였으나(제605조 제1항), 민사집행법은 **배당요구의 종기를 첫 매각기일** 이전으로 앞당겨 경매절차의 안정과 활성화를 꾀하였다.

즉, 경매개시결정에 따른 압류의 효력이 생긴 때에는 집행법원은 절차에 필요한 기간을 감안하여 배당요구를 할 수 있는 종기를 첫 매각기일 이전으로 정하여, 경매개시결정을 한 취지 및 배당요구의 종기를 공고하고, 제91조 제4항 단서의 전세권자 및 법원에 알려진 제88조 제1항의 채권자에게 이를 고지하여야 한다(제84조 제1항, 제2항).

'배당요구의 종기'는 특별한 사정이 없는 한 배당요구종기 결정일부터 2월 내지 3월 이하의 범위 안에서 정하게 된다.

2. 이해관계인에 대한 채권신고 등의 최고

1) 채권신고최고

경매법원이 경매개시결정을 한 때에는 제148조 제3호, 제4호[23])에 규정된 채권자에 대하여 채권의 유무, 그 원인 및 액수를 배당요구의 종기까지 법원에 신고하도록 최고하여야 한다(제84조 제4항). 이 역시 우선채권의 유무, 금액 등을 신고 받아 남을 가망이 있는지 여부를 확인하고, 채권자에게 배당요구의 기회를 주는 의미가 있다.

---

23) 민집법 제148조 3호. 첫 경매개시결정등기 전에 등기된 가압류채권자.
　　4호. 저당권, 전세권, 그 밖의 우선변제청구권으로서 첫 경매개시결정등기 전에 등기되었고 매각으로 소멸하는 것을 가진 채권자.

이해관계인에 해당하는 압류채권자와 집행력 있는 정본에 의하여 배당을 요구한 채권자, 등기부에 기입된 부동산 위의 권리자 및 부동산 위의 권리자로서 그 권리를 증명한 자에 대하여 '채권계산서'를 배당요구의 종기까지 제출할 것을 최고한다.

[서식] 채권계산서

채 권 계 산 서

사건번호   201○타경8654호 부동산강제경매
채 권 자   이 영 주
채 무 자   이 기 한
겸소유자

 위 사건에 관하여 채권자는 채무자에 대하여 아래와 같은 채권을 가지고 있으므로 채권계산서를 제출합니다.

- 아 래 -

원 금   금 **55,000,000원**(수원지방법원 201○머4917호 집행력 있는 조정조서 결정에 의한 금원)

이 자   금 **12,175,342원**(위 금원에 대한 201○. 8. 31.부터 201○. 10. 8.까지 404일간 연2할의 비율에 의한 금원 [$55,000,000 \times 0.2 \times 404 / 365$])

합계금   금 67,175,342원

202○. . .
채권자 이 영 주   (인)

서울동부지방법원 경매4계   귀중

접수방법

비용없이 1부를 경매법원에 제출한다.

2) 가등기신고

가등기권리자에 대하여, 그 가등기가 담보가등기인 때에는 그 내용 및 채권(이자 기타 부수채권 포함)의 존부, 원인 및 수액을, 담보가등기가 아닌 때는 그 내용을 법원에 신고할 것을 상당한 기간을 정하여 최고한다(가등기담보등에관한법률 제16조 제1항).

3) 임차인에 대한 통지

'대항요건'[24]과 '확정일자[25]'를 갖춘 주택임차인은 경매절차에 있어서 배당시에 후 순위 권리자 또는 기타 채권자보다 우선하여 보증금의 변제를 받을 수 있으므로(주택임대차보호법 제3조의2 제2항), 이들에게 배당에 참여할 수 있는 기회를 주기 위하여 통지를 하고 있다.

---

24) 임차인은 주택의 인도(점유)와 주민등록 전입신고를 마친 때에는 대항요건을 갖춘 것이 되고, 이 대항요건이 말소기준권리(제1순위의 권리가 저당권 등의 담보물권, 압류 또는 가압류인 경우)보다 앞서는 경우 그 다음날부터 대항력을 갖는다.
25) 확정일자는 배당에서의 우선변제권을 가질 수 있는 기준일자로서, 대항요건과 확정일자 중 후일 날짜를 기준으로 다른 권리와 배당에서의 우열을 가르게 된다.

[서식] 권리신고 및 배당요구서

권리신고 및 배당요구서

사　건　　201○타경2217호 부동산임의경매
채 권 자　　한솔제지 주식회사
채 무 자　　주식회사 토탈팩
소 유 자　　이 정 석

　본인은 이 사건 경매절차에서 임차보증금을 변제받기 위하여 아래와 같이 권리신고 및 배당요구를 하오니 경락대금에서 우선 변제하여 주시기 바랍니다.

— 아　래 —

1. 계 약 일 :　　201○. 7. 8.
2. 계약당사자 :　　임대인 : 이 정 석
　　　　　　　　　임차인 : 김 은 영
3. 임대차기간 :　　201○. 8. 9.부터 201○. 8. 8.까지(2년)
4. 임대보증금 :　　금 80,000,000원
5. 임 차 부 분 :　　전부(방3칸)
6. 입 주 일 :　　201○. 8. 9.
7. 주민등록전입일 : 201○. 8. 19.
8. 확 정 일 자 :　　201○. 9. 10.

첨 부 서 류

　　1. 임대차계약서 사본　　　　1통
　　2. 주민등록등본　　　　　　1통

202○.　.　.

권리신고 및 배당요구자 김 은 영　(인)

서울중앙지방법원 경매4계　귀중

접수방법

인지 : 500원, 1부를 경매법원에 제출한다.

[서식] 권리신고 및 배당요구서(상가건물임대차)

권리신고 및 배당요구서
(상가건물임대차)

사　　건　　201○타경11120호 부동산임의경매
채 권 자　　주식회사 큰솔
채 무 자　　김 영 주
소 유 자　　김 영 주

　임차인은 위 사건 매각절차에서 임차보증금을 변제받기 위하여 아래와 같이 권리신고 및 배당요구신청을 합니다.

- 아　　래 -

1. 계 약 일 :　　201○. 11. 8.
2. 계약당사자 :　　임대인 : 김영주
　　　　　　　　　　임차인 : 주식회사 한라산
3. 임대차기간 :　　201○. 12. 1.부터 201○. 12. 1.까지(2년)
4. 임대보증금 :　　보증금 50,000,000원에 월세 1,000,000원
5. 임 차 부분 :　　일부(2층 중 80㎡)
6. 건물의 인도일 :　201○. 12. 1.
7. 사업자등록신청일 : 201○. 12. 10.
8. 전세권·임차권등기 : 없음

첨 부 서 류

　　　1. 임대차계약서 사본　　　　　1통
　　　2. 사업자등록증　　　　　　　　1통
　　　3. 건물의 도면　　　　　　　　　1통

202○.　.　.
권리신고 및 배당요구자 주식회사 한라산
대표이사 배영기 (법인)

서울중앙지방법원 경매2계　귀중

접수방법

인지 : 500원, 1부를 경매법원에 제출한다.

[서식] 배당요구신청

배 당 요 구 신 청

사 건   201○타경1234호 부동산강제경매
채 권 자   홍 길 동
채 무 자   최 고 봉
배당요구채권자 김 말 자 (620813-2092823)
         서울 동작구 노량진로6길 29, 101동 707호(노량진동, 우성아파트)

배당요구채권

1. 금 50,000,000원정
   서울중앙지방법원 201○차12120호 대여금독촉 사건의 집행력 있는 지급명령확정정본에 기한 채권 금 50,000,000원의 변제금
1. 위 원금에 대한 201○. 3. 7.부터 완제일까지 연 20%의 지연손해금

신 청 원 인

위 채권자 채무자 간의 귀원 201○타경1234호 부동산강제경매사건에 관하여 채권자는 채무자에 대하여 전기 집행력 있는 정본에 기한 채권을 가지고 있으므로 위 매각대금에 관하여 배당요구를 합니다.

* 첨부 : 판결문 1통

202○. . .

위 배당요구채권자 김 말 자   (인)

서울중앙지방법원 경매3계   귀중

접수방법

실체법상 우선변제청구권이 있는 채권자, 집행력 있는 정본을 가진 채권자 및 경매신청의 등기 후 가압류한 채권자는 배당요구종기일까지 배당요구할 수 있으며, 배당요구는 채권의 원인과 수액을 기재한 서면으로 하여야 한다. 인지 500원, 1부 제출.

4) 가압류권자의 경매절차에서의 지위

가. 이해관계인이 아님

가압류는 금전채권이나 금전으로 환산이 가능한 채권에 관하여 그에 대한 집행권원을 얻어 강제집행을 할 수 있을 때까지 그 집행을 보전하려고 미리 채무자의 재산을 압류하여 그 처분이나 환가를 금지하는 것을 목적으로 하는 보전처분이다.

따라서 가압류권자는 바로 경매신청을 할 수 없고, 피보전채권에 관한 집행권원(판결, 화해조서, 지급명령확정정본, 이행권고결정정본 등)을 받아야만 경매신청을 할 수 있다.

가압류가 집행된 부동산에 대하여 가압류권자가 아닌 다른 채권자가 경매 신청을 한 경우에 가압류권자는 이해관계인으로 취급하지 않고 있으며 경매법원에서도 가압류권자에게는 매각기일 통지 등을 하지 않고 배당기일만 통지한다.

나. 경매등기후의 가압류권자는 별도 배당신청하여야 함

가압류권자에게는 집행법원에서 배당금액을 공탁하고 있는데, 경매기입등기 전에 설정된 가압류권자는 따로 배당신청을 하지 않더라도 등기부등본상에 기재된 가압류대로 배당요구신청을 한 것과 동일하게 취급하고 있다.

그러나 경매기입등기 후에 설정된 가압류권자는 경매신청인에게 대항 할 수 없고 집행법원에서도 배당요구사실을 확인하기 어려우므로 등기부등본을 첨부하여 일반 채권자와 같이 배당요구종기까지 배당요구를 하여야 한다. 그렇지 않으면 배당요구에서 제외된다.

[서식] 권리신고 및 배당요구서

권리신고 및 배당요구서

사　　건　　201○타경18285, 201○타경18964, 201○타경113
채 권 자　　금성산업 주식회사
채 무 자　　성남시장 주식회사
배당요구채권자　주식회사 유림산업
　　　　　　서울 강남구 학동로 402, 천마빌딩 306호(삼성동)
　　　　　　대표이사 유미현
　　　　　　☎ 010-9926-0234

청구채권의 표시
　금 91,863,012원 단, 수원지방법원 성남지원의 201○카단8739호 부동산가압류 결정금액

신 청 이 유

　위 배당요구채권자는 공사대금채권에 기하여 채무자겸 소유자에 대하여 수원지방법원 성남지원의 201○카단8739호 가압류결정을 받아 채무자 소유의 이건 경매대상물인 서울특별시 강북구 미아동 318-5 대 3638㎡에 갑구 순위번호 24번으로 가압류등기가 되었지만 이건에는 이미 갑구순위번호 12번과 13번에 의해 경매개시결정 등기가 되어있어, 이건 권리신고 및 배당요구신청을 하는 것입니다.

첨 부 서 류

　1. 부동산등기부등본　　　　　　　1통

202○.　.　.
위 채권자 주식회사 유림산업
대표이사 유 미 현　(법인)

서울북부지방법원 경매4계　귀중

접수방법
　실체법상 우선변제청구권이 있는 채권자, 집행력 있는 정본을 가진 채권자 및 경매신청의 등기 후 가압류한 채권자는 배당요구종기일까지 배당요구할 수 있으며, 배당요구는 채권의 원인과 수액을 기재한 서면으로 하여야 한다. 인지 500원, 1부 제출.

3. 매각물건 명세서의 작성, 비치

1) 매각물건 명세서의 열람

법원은 ① 부동산의 표시, ② 부동산의 점유자와 점유의 권원, 점유할 수 있는 기간, 차임 또는 보증금에 관한 관계인의 진술, ③ 등기된 부동산에 대한 권리 또는 가처분으로서 매각으로 효력을 잃지 아니하는 것, ④ 매각에 따라 설정된 것으로 보게 되는 지상권의 개요 등을 적은 매각물건명세서를 작성하고(제105조 제1항), <u>매각물건명세서, 현황조사보고서 및 평가서의 사본을 매각기일의 1주일 전까지 법원에 비치하여 누구든지 볼 수 있도록 비치해 두고 있다</u>(제105조 제2항, 규칙 제55조).

▶ 법원에 비치된 매각물건명세서

매각물건명세서는 매수신청인에게 부동산의 물적 부담 상태, 취득할 종물, 종된 권리의 범위 등과 최저 매각가격 산출의 기초가 되는 사실을 공시하여 신중한 판단을 거쳐 매각절차에 참가하게 함으로써 적정 가격에 매각이 되도록 하기 위하여 마련된 제도이다.

매각물건명세서의 원본은 경매기록에 순서에 따라 철하고, 그 사본을 만들어 집행관의 현황조사보고서, 감정인의 평가서를 사건별로 분철한 후, 경매계 사무실 등 적당한 곳에 일반인이 열람할 수 있도록 비치한다.

▶ 매각물건명세서 열람모습

서 울 중 앙 지 방 법 원

매각물건명세서

사건	201○타경11123호 부동산강제(임의)경매	매 각 물건번호		작성 일자	20 . . .	담임 법관	㉑
부동산의 표시, 감정평가액·최저매각가격, 수신청의 보증금액과 보증제공방법				별지기재와 같음		최선순위 설정	

부동산의 점유자와 점유의 권원, 점유할 수 있는 기간, 차임 또는 보증금에 관한 관계인의 진술 및 임차인이 있는 경우 배당요구 여부와 그 일자, 전입신고일자 또는 사업자등록신청일자와 확정일자의 유무와 그 일자

점유자 성명	점유 부분	점유의 권원	임대차 기간 (점유기간)	보증금	차임	전입신고 (사업자등록) 일자	확정 일자	배당요구여부 (배당요구일자)

※ 위 최선순위 설정일자보다 대항요건을 먼저 갖춘 주택·상가건물 임차인의 임차보증금은 매수인에게 인수되는 경우가 발생할 수 있고, 대항력과 우선변제권이 있는 주택·상가건물 임차인이 배당요구를 하였으나 보증금 전액에 관하여 배당을 받지 아니한 경우에는 배당받지 못한 잔액이 매수인에게 인수되게 됨을 주의하시기 바랍니다.

등기된 부동산에 관한 권리 또는 가처분으로서 매각으로 그 효력이 소멸되지 아니하는 것

매각에 따라 설정된 것으로 보는 지상권의 개요

비고란

※ 1. 매각목적물에서 제외되는 미등기건물 등이 있을 경우에는 그 취지를 명확히 기재한다.
   2. 매각으로 소멸되는 가등기담보권, 가압류, 전세권의 등기일자가 최선순위 저당권등기일자보다 빠른 경우에는 그 등기일자를 기재한다
      민집 제105조, 민집규 제55조, 제194조

2) 인터넷을 통한 열람

누구나 대법원 홈페이지(www.courtauction.go.kr)를 접속하여 매각물건명세서의 내용을 열람할 수 있다. 즉 위 홈페이지에 접속하여 '경매정보검색'을 클릭하면 전국의 지방법원에서 최근 진행할 물건을 담당 경매계별로 검색을 할 수 있다.

▶ 대법원 법원경매 사이트(www.courtauction.go.kr)

이후 각 담당 경매계별로 진행하고 있는 물건을 검색할 수 있다. 물건은 입찰자가 잘 알고 있는 지역 내에 위치한 것을 탐색하는 것이 안전하다. 입찰자로서는 주변의 시세, 위치 등을 잘 알아야 입찰가격을 정하는데 어려움이 없음은 물론 매각허가결정이후 매매가 될 되도록 하려면 익숙한 지역이 여러모로 좋을 것이다.

▶ 경매물건검색

'경매물건검색'을 통하여 구체적으로 입찰 가능한 물건을 고르고, 그 물건의 자세한 위치, 감정가산출내역, 사진 등을 볼 수 있다.

제3장 부동산에 대한 경매 205

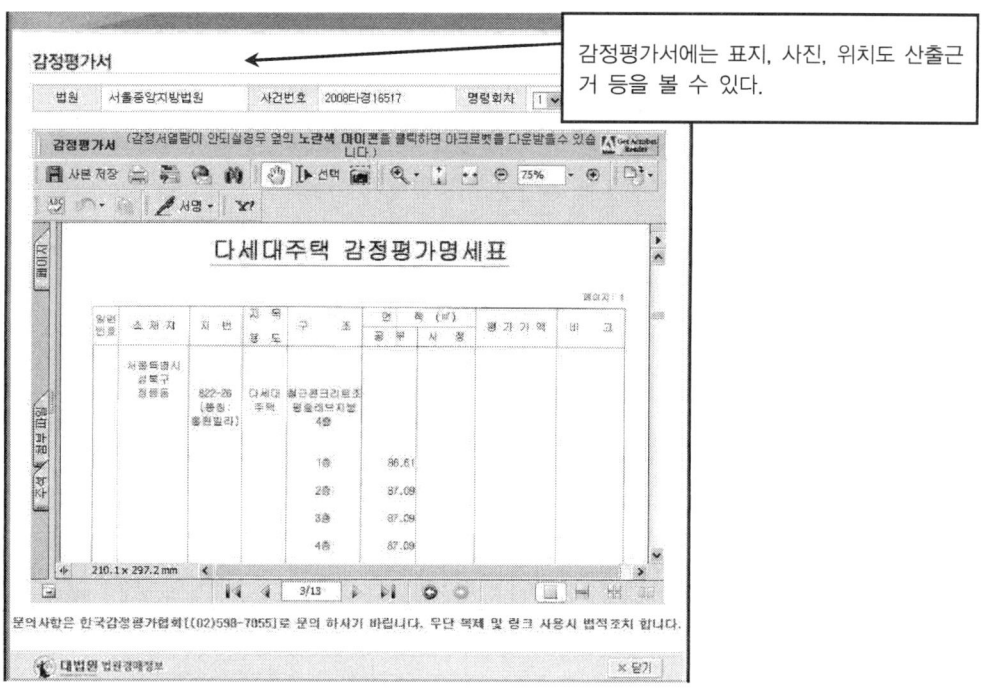

감정평가서에는 표지, 사진, 위치도 산출근거 등을 볼 수 있다.

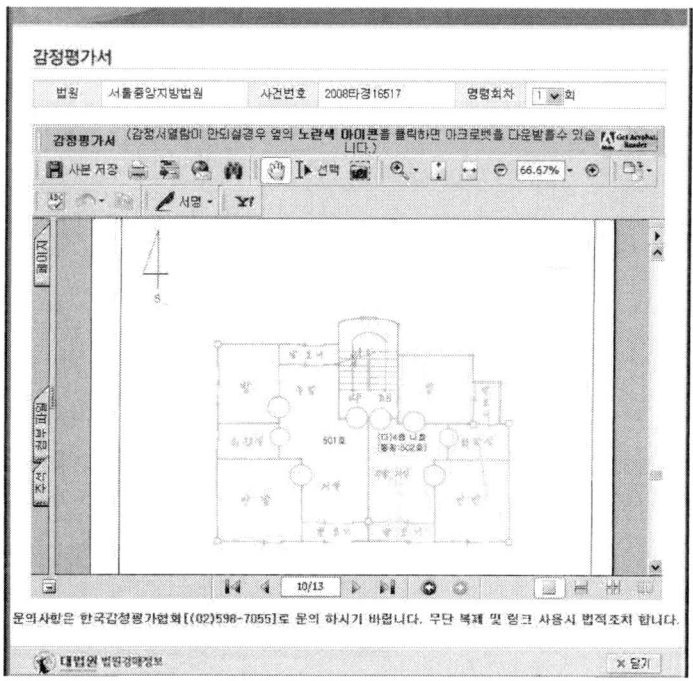

▶ 감정평가서

경매물건검색 후 당해 물건의 물건내역과 기일내역, 송달내역 등을 확인하려면 '사건번호'를 클릭하면 된다.

▶ 경매사건검색

4. 매각조건의 결정

1) 매각조건의 의의

매각조건은 법원이 매각 목적 부동산을 매수인에게 취득시키는 조건을 말한다. 강제경매도 일종의 매매라 할 수 있으나, 통상의 매매에서는 그 조건을 당사자가 자유롭게 정할 수 있는 반면, 강제경매는 소

▶ 입찰투입을 마친 후의 경매법정 모습

유자의 의사와 관계없이 이루어지고 이해관계인도 많으므로 법은 매각조건을 획일적으로 정하였다. 이와 같이 민사집행법이 정한 매각조건을 '법정매각조건'이라고 한다.

법정매각조건 중에서 공공의 이익이나 경매의 본질과 관계가 없는 조건들은 관련되는 이해관계인 전원의 합의가 있으면 이를 바꿀 수 있는데(제110조 제1항), 이와 같이 바뀐 매각조건을 '특별매각조건'이라고 한다.

2) 법정매각조건

(1) 최저매각가격 미만의 매각 불허

강제경매에서는 미리 결정·공고된 최저매각가격 미만의 가격으로는 매각을 허가할 수 없다. 이 조건은 이해관계인의 합의로도 바꿀 수 없다(제110조 제1항).

(2) 부동산의 물적 부담의 소멸과 인수의 범위

목적 부동산의 물적 부담을 매각으로 소멸시키는 원칙을 소제주의(消除主義)라고 한다. 그리고 목적 부동산에 압류채권자의 채권에 우선하는 채권에 관한 부담이 있는 경우에 그 부담을 매수인이 인수하도록 하는 것을 인수주의(引受主義)라고 한다. 또한, 경매 부동산의 매각대금으로 그 우선 부담과 경매비용을 변제하고도 남을 것이 있는 경우에 한하여 경매를 허용하고 압류채권자가 자기의 채권을 변제받을 가망이 없는 경매는 허용하지 않는다는 원칙을 잉여주의(剩餘主義)라고 한다.

우리 법은 법정매각조건으로서 우선변제권이 있는 담보물권에 관하여는 '소제주의'를 취함과 동시에 '잉여주의'도 취하고 있다. 즉, 저당권과 가등기담보권은 매각으로 소멸한다(제91조 제2항). 그러나 '압류채권자'가 압류채권자의 채권에 우선하는 채권에 관한 부동산의 부담을 경락인(매수인)에게 인수하게 하거나, 매각대금으로 그 부담을 변제하는데 부족하지 아니하다는 것이 인정된 경우가 아니면 그 부동산을 매각하지 못한다(제91조 제1항).

용익권(지상권·지역권·전세권 및 등기된 임차권)은 저당권·압류채권·가압류채권에 대항할 수 없는 경우에는 매각으로 소멸하나, 이에 대항할 수 있는 경우에는 소멸할 까닭이 없으므로 매수인에게 인수된다(제91조). 즉 이와 같은 용익권은 매수인이 인수하는 것이 법정매각조건이 된다. 다만, 민사집행법은 대항력 있는 전세권의 경우 즉, 전세권자가 배당요구를 한 경우에 소멸하는 것으로 규정한다(제91조 제4항 단서). 담보물권 중 우선변제권이 없는 '유치권'에 관하여는 인수주의를 취한다(제91조 제5항).26)

또 가압류등기는 매각으로 항상 말소의 대상이 되고, 압류채권자에 우선하는 최선순위의 가처분등기는 매각에도 불구하고 그대로 남는다.

3) 특별매각조건

(1) 이해관계인의 매각조건변경

최저매각가격 외의 법정매각조건은 관련 이해관계인 전원의 합의에 따라 바꿀 수 있다(제110조 제1항). 다만, 최저매각가격 외에도 매수인에 대한 소유권이전과 같은 경매의 근본에 관한 매각조건은 이해관계인의 합의가 있어도 바꿀 수 없다고 해석된다.

매각대금을 내는 시기·방법, 소유권이전 시기, 잉여주의의 원칙, 부동산의 담보권·용익권의 인수·소멸에 관한 매각조건 등은 합의로 바꾸는 것이 가능하다.

합의할 이해관계인은 제90조 각 호에 정한 사람 가운데 매각기일까지 이해관계인이 된 사람으로서 당해 매각조건의 변경에 따라 자기의 권리에 영향을 받는 경우이다.

<u>이해관계인의 합의는 배당요구의 종기까지</u>27) 할 수 있다(제110조 제2항).

매각조건의 변경의 효과는 이해관계인의 합의에 터잡아 법원이 매각조건을 바꾸는 결정을 하여야 생긴다. 결정은 합의에 참가한 이해관계인에게 고지하여야 한다. 고지의 방법은 매각기일공고에 기재하든가 결정정본을 송달하는 방법에 의하고, 즉시항고를 할 수 없다.

(2) 법원이 직권으로 하는 매각조건 변경

법원은 거래의 실상을 반영하거나 경매절차를 효율적으로 진행하기 위하여 필요한 경우 배당요구의 종기까지 직권으로 법정매각조건을 바꾸거나 새로운 매각조건을 설정할 수 있다(제111조 제1항).

합의로는 바꿀 수 없는 최저매각가격까지도 직권으로 바꾸는 것은 가능하다. 그러나 경매

---

26) 민집법 제91조 제5항
매수인은 유치권자에게 그 유치권으로 담보하는 채권을 변제할 책임이 있다.
27) 구민사소송법에서는 매각기일까지 할 수 있게 되어 있었다(제622조 제2항).

의 근본에 관한 매각조건은 바꿀 수 없다고 해석된다.

> **유의사항**
> ❖ 실무상의 예로는, 일괄매각결정 외에 재매각으로 절차가 늦어지는 것을 막기 위하여 매수신청의 보증을 최저매각가격의 20%나 30% 정도로 높이는 경우와 농지경매에서 매수신청인을 농지취득자격이 있는 사람(농지법 제6조 내지 제8조)으로 제한하는 경우가 있다.
> ❖ 법원공고의 특별매각조건을 보면 「농지법상 농지취득자격증명을 제출해야하는 최고가매수신고인이 매각결정기일까지 농지취득자격증명을 제출하지 아니함으로써 매각이 불허가될 때에는 매수신청보증을 반환하지 않고 이를 배당할 금액에 산입한다」고 규정한 경우가 많다.

5. 매각기일의 통지

1) 매각기일의 통지

법원이 매각기일(경매기일)과 매각결정기일(경락허가결정기일)을 정하면 이를 이해관계인에게 **통지**하여야 한다(제104조 제2항). 통지의 하자는 매각허가결정에 대한 항고사유가 된다.

위 통지는 집행기록에 표시된 이해관계인의 주소에 등기우편으로 '발송'하여 할 수 있다(제104조 제3항, 규칙 제9조). 따라서 발송한 때 송달된 것으로 간주된다. 처음에는 교부송달이나 공시송달로 통지하였다가 뒤에 발송송달로 바꾸어 통지하여도 무방하다.

> **매각허가결정에 대한 즉시항고사유**
> • 경매법원이 이해관계인에게 **입찰기일 및 낙찰기일을 통지하지 아니한 채** 입찰기일의 경매절차를 속행하여 낙찰이 이루어지게 하였다면, 이해관계인이 이러한 기일통지를 받지 못하였더라도 입찰기일을 스스로 알고 그 기일에 출석하여 입찰에 참가함으로써 자신의 권리보호에 필요한 조치를 취할 수 있었다는 등의 사정이 없는 한 그 이해관계인은 이로 인하여 법이 보장하고 있는 **절차상의 권리**를 침해당한 손해를 받았다고 할 것이어서 낙찰허가결정에 대하여 **즉시항고**를 할 수 있다(2002. 12. 24. 선고 2001마1047).

2) 매각기일의 변경

매각기일이 정해져 공고되고 나면 입찰의 실시에 앞서 채권자가, 또는 채무자가 채권자의 동의를 얻어 매각기일의 변경(연기)을 신청하는 경우가 흔히 있다. 주로 채권자와 채무자 사이에 임의 변제에 관한 협의가 행하여지고 있음을 이유로 한다.

법 제49조 제4호[28]가 변제유예증서의 제출을 집행정지사유로 규정하고 있기 때문에 이러한 경우에는 매각기일을 연기하여야 한다. 그러나 이러한 연기는 2회에 한하며 통산하여 6월을 넘을 수 없다(제51조 제2항). 대체로 1회에 **2개월**을 연기한다.

[서식] 경매기일연기신청

경 매 기 일 연 기 신 청

사 건 201○타경37276호 부동산강제경매
채권자 김 학 중
채무자 신 헌 범

위 당사자간 귀원 201○타경37276호 부동산 강제경매 사건에 관하여 201○. 2. 17. 10:00 에 매각기일이 정하여졌다는 통지서를 받았으나 채무자가 목적 경매부동산의 채무액 상환을 의사표시하는바, 매각기일을 연기하여 주시기 바랍니다.

202○. . .

위 채권자 김 학 중 (인)

서울중앙지방법원 경매 11계 귀중

---

[28] 민집법 제49조(집행의 필수적 정지, 제한)
4호. 집행할 판결이 있은 뒤에 채권자가 변제를 받았거나, 의무이행을 미루도록 승낙한 취지를 적은 증서.

제7절 매각기일

1. 입찰참가

1) 입찰시 준비사항

가. 입찰당일 준비할 서류

❖ 본인인 경우
① 신분증
② 도장
③ 입찰보증금(최저매각 금액의 10%)
④ 자기앞수표, 현금 또는 경매보증보험증권

❖ 대리인인 경우
① 본인의 인감증명서 1통
② 위임장(본인의 인감이 날인된 것)
③ 대리인 도장
④ 입찰보증금(최저매각 금액의 10%)

❖ 법인인 경우
① 법인등기부등본
② 대표자의 위임장(법인인감날인된 것)
③ 법인인감증명서
④ 직원(또는 대리인) 도장

나. 주의사항

- 대부분의 법원에서는 10:00경부터 경매 법정이 열리므로 이때부터 입장할 수 있다. 입찰법정에 입장해서 제일 먼저 확인해야 하는 것은 당일 입찰법정 외부에 부착된 게시판을 보고 진행하는 매각물건에 대한 변경 사항을 확인하는 일이다. 여기서 해당 물건의 진행여부, 즉 연기나 취하, 변제 등을 확인하여야 한다.
- 당일에는 입찰사건기록에 대한 매각물건명세서, 현황조사보고 및 평가서의 사본이 사

건번호별로 비치되어 있어 경매개시 선언과 동시에 열람해 볼 수 있다. 그 내용들을 정확히 검토한 후 입찰 참가 결정을 할 필요가 있다.

> **┃유의사항┃**
> ❖ 경매기록의 사본은 매각기일 7일전에 법원경매계에서 볼 수 있으나 원본은 입찰당일 오전 10:00경부터 열람할 수 있을 뿐이다. 이 경우 경매신청자의 채권액에 대하여 그동안 일부 변제된 경우에는 그 금액을 원본을 통해 알 수 있고, 경매신청자가 받아야 할 남은 채권액도 알 수 있다. 또 후순위 임차인의 대위변제 등을 파악할 수 있다.
> ❖ 종래 대항력있는 임차인의 배당철회로 인하여 뜻하지 않은 인수를 하는 경우가 있었으나 민사집행법에 의해 배당요구종기까지만 가능하게 되어 그러한 위험은 사라졌다.

2) 입찰표 작성 및 제출

가. 입찰표 작성

입찰표에는 ① 사건번호, ② 부동산의 표시, ③ 입찰자의 이름과 주소, ④ 대리인을 통하여 입찰하는 때에는 대리인의 이름과 주소, ⑤ 입찰가격을 적고 (규칙 제62조 제2항), ⑥ 입찰보증금액도 적는다.

▶ 입찰 전 경매법정의 모습

기 일 입 찰 표

서울중앙지방법원 집행관 귀하   202○년 월 일

사건번호	201○타경12123 호		물건번호		※ 물건번호가 여러 개 있는 경우에는 꼭 기재							
입찰자	본 인	성 명	홍 길 동 (인)									
		주민등록번호	670814-1092833			전화번호	969-0922					
		주 소	서울 중랑구 동일로114길 7, 130동 1207호(상봉동, 주공아파트)									
	대리인	성 명				본인과의 관계						
		주민등록번호	-			전화번호						
		주 소										
입찰가액	10억	백만	천		원	보증금액	10억	백만	천		원	
		1	1 1	9 2 9	0 0 0			1 0	0 0 0	0 0 0	

보증의 제공방법	☑ 현금·자기앞수표 ☐ 보증서	보증금을 돌려받았습니다. 입찰자 홍 길 동 (인)

❖ 주의사항
1. 입찰표는 물건마다 별도의 용지를 사용하십시오.
2. 한 사건에서 매각물건이 여러 개 있고 그 물건들이 개별적으로 입찰에 부쳐진 경우에는 사건번호 외에 물건번호를 기재하십시오.
3. 입찰자가 법인인 경우에는 본인의 성명란에 법인의 명칭과 대표자의 지위 및 성명을, 주민등록번호란에는 법인의 등록번호를 각 적고, 대표자의 자격을 증명하는 문서(법인의 등기부 등초본)를 제출하여야 합니다.
4. 주소는 주민등록상의 주소를, 법인은 등기부상 본점이 있는 곳을 기재하시고, 신분확인상 필요하니 주민등록증을 꼭 지참하십시오.
5. 입찰가격은 수정할 수 없으므로, 수정을 요하는 때에는 새 용지를 사용하십시오.
6. 대리인이 입찰하는 때에는 입찰자란에 본인 및 대리인의 인적 사항을 모두 기재하는 외에 본인의 위임장과 인감증명을 제출하십시오.
7. 위임장, 인감증명 및 자격증명서는 이 입찰표에 붙이십시오.
8. 일단 제출된 입찰표는 취소, 변경이나 교환이 불가능합니다.
9. 공동으로 입찰하는 경우 입찰표의 본인란에는 "별첨 공동입찰자목록 기재와 같음"이라고 적은 다음, 목록을 작성하여 제출하십시오.
10. 입찰자 본인 또는 대리인 누구나 보증금을 반환받을 수 있습니다.
11. 보증의 제공방법(현금·자기앞수표 또는 보증서)중 하나를 선택하여 ☑표를 기재하십시오.

- 간혹 특별매각조건이 있어 보증금이 20%인데, 이를 확인하지 않고 10%만 기재하여 무효처리가 되어 낭패를 보는 경우가 있으므로 주의하여야 한다.
- 보증금액란과 입찰금액란을 한글로 써서는 안되며, 반드시 아라비아숫자로 기재한다. 입찰표는 계약서와 같이 두 줄을 긋고 도장을 날인하거나 수정글자를 기재하여 정정하면 안되므로 새로운 용지에 다시 기재하도록 한다.
- 물건번호와 사건번호를 혼동하면 안된다. 물건번호는 하나의 사건번호에 여러 개의 물건번호가 있는 것이며, 만일 하나의 사건에 물건이 여러 개이면 각각의 물건번호별로 입찰표를 따로 작성하여야 한다. 이는 각각의 물건이 따로 입찰이 진행되기 때문이다.
- 경매장은 많은 사람으로 붐비다보니 '내가 낙찰받을 수 있을까'하는 불안한 심리에 입찰가액을 높게 책정하여 단독입찰하는 경우가 있으므로, 사전에 경매법원에 오기 전 해당물건의 "상한선을 머릿속에서 정하고" 입찰에 응해야 할 것이다.

나. 입찰표와 보증금의 제출

(1) 입찰표의 제출

입찰표는 매각기일에 집행관에게 제출하여야 한다(규칙 제62조 제1항). 실제로는 입찰봉투에 넣어 입찰함에 투입함으로써 집행관에게 제출하는 것으로 된다(송민 93-2). 입찰표의 제출로써 매수의 신고를 한 것으로 된다.

한 번 제출한 입찰표는 취소, 변경 또는 교환할 수 없다(규칙 제62조 제6항). 이를 허용하면 담합의 염려가 있을 뿐만 아니라, 입찰표를 제출한 뒤 다른 입찰자의 입찰내용을 알고 다시 입찰을 함으로써 불공정하게 되기 때문이다.

(2) 입찰 보증금

미리 적정하다고 생각해 둔 매수금액을 입찰가액란에 기재하다. 입찰가격은 일정한 금액으로 표시하여야 하고 입찰가격에 대한 비례로 표시하지 못한다. 금액은 최저매각가격 이상의 금액이어야 한다.[29]

입찰보증금(매수보증금)은 최저 매각가격의 10분의 1(10%)이다. 구 민사소송법에서는 매

---

[29] 따라서 반드시 10%를 지키기 보다는 단조로운 숫자가 되도록 할 수 있다. 즉 10% 보증금액이 정확히 5,856,000원이라면, 입찰보증금 봉투에는 좀 단조로운 숫자인 600만 원의 여유 있는 보증금액을 넣을 수 있다.

수보증금이 응찰가액의 10분의 1이어서 매수금액의 높고 낮음에 따라 보증금도 증감하게 하였으나 민사집행법은 최저매각가격의 10%로 정액화 하였다.

다만 법원이 입찰보증금 에 대해 '특별매각조건'으로 그 매수보증금을 정한 경우(보통 최저매각가격의 20%)에는 그 정한 매수보증금을 적고 이를 집행관에게 납부하여야 한다.

보증의 제공방법으로 <u>금전과 자기앞수표 외에 은행 등과 지급보증위탁계약이 체결된 사실을 증명하는 문서(보증보험증권)</u>를 새로 인정하였다(규칙 제64조).30)

매수신청의 보증은 입찰표와 함께 황색봉투(입찰봉투)에 넣어 제출하여야 한다. 개찰한 결과 최고의 가격으로 입찰한 자가 정해진 입찰보증금을 제출하지 아니하였음이 밝혀진 경우에는 그의 입찰은 무효로 처리한다.

(3) 입찰봉투 작성

입찰봉투에는 흰색 편지봉투와 A4 사이즈의 황색봉투가 있다.

○ **흰색봉투** : 입찰보증금을 넣고 봉해서 제출자 도장을 날인하고 사건번호 및 물건번호, 제출자 성명을 기재한다.31)

---

30) 입찰 보증금을 현금이나 수표가 아닌 '보증보험증권' 제출로 가능하다. 이에 따라 입찰보증금을 금전으로 준비해야하는 불편이 크게 줄어들었다. 현재 서울보증보험에서 정한 보증보험료는 다음과 같다.

    가. 아파트 - 건당 0.813%
    나. 아파트를 제외한 주거용 건물(다세대, 연립, 단독) - 건당 1.806%
    다. 상가, 오피스텔 등 비주거용 건물 - 건당 1.806%
    라. 임야 - 4.028%

   ex) 최저매각대금이 1억 원인 아파트라면, 보증금은 최저매각대금의 10% 해당인 1,000만 원이 되므로 보증보험증권 발급수수료(보증보험료)는 81,300원이 된다(1,000만 × 0.813%).

31) 보증보험증권에 의한 매수신청보증은 보증서를 매수신청보증봉투(흰색 작은 봉투)에 넣지 않고 기일입찰표와 함께 기일입찰봉투(황색 큰 봉투)에 함께 넣어 봉하여 날인한다.

[앞 면]

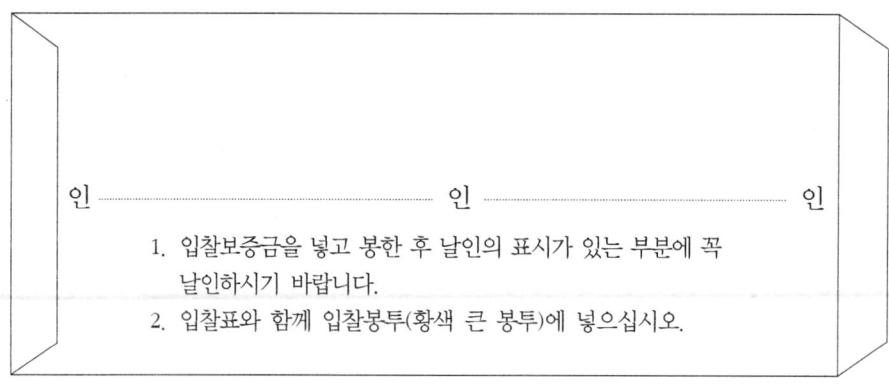

[뒷 면]

- **황색봉투** : 황색봉투에는 입찰표(공동입찰자목록 포함) 및 흰색봉투를 넣은 다음 봉하고 작은 봉투와 같이 사건번호, 물건번호, 제출자 성명을 기재하여 반(半)으로 접어서 제출한다.

　제출할 때는 신분증 확인을 해서 제출함과 동시에 입찰자용 '수취증'에 집행관이 번호를 찍고 날인한 후 돌려주는데 이 수취증은 보증금을 반환받을 때 제출하여야 하므로 잘 보관하여야 한다.

[양식] 입찰봉투(황색 큰 봉투)

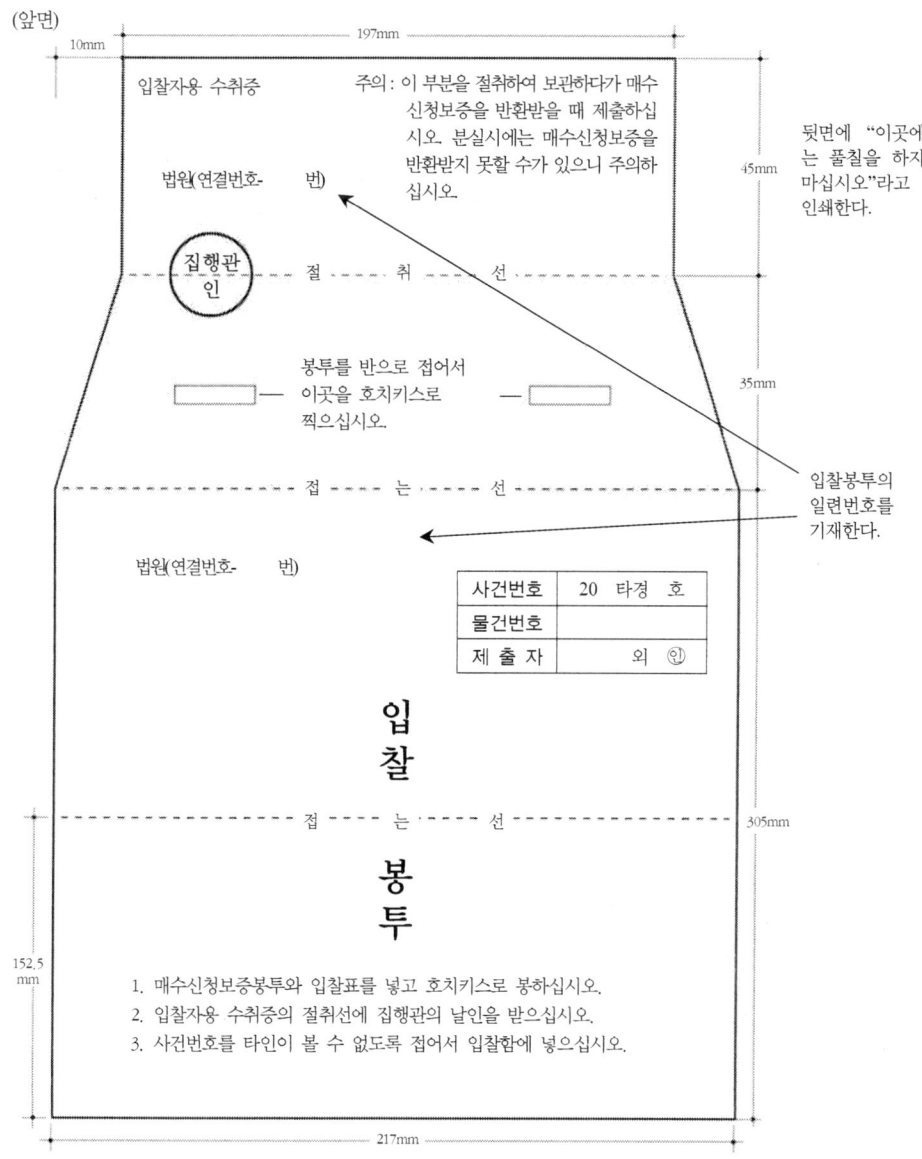

2. 입찰의 종결

1) 입찰의 마감 및 개찰

오전 10:00 경매법정이 개정한 이후 <u>입찰표 작성 및 봉투 제출시기는 법원 마다 조금씩 다르나 11:00~11:30 까지 통상 30분 정도의 시간내에 마치도록 하고 있다</u>. 정하여진 시간에 제출자가 많아 차례를 기다리며 줄을 서 있을 경우에는 시간이 조금 지체되어도 형성된 줄까지는 받아주므로 마감이 다소 늦어질 수도 있다.

▶ 입찰표 투입을 위하여 줄 서있는 모습

입찰을 마감하면 통상 바로 개찰을 실시한다. 최고가 매수신고인의 결정을 공정하게 한다는 것을 담보하기 위하여 집행관은 입찰표 개봉시에 입찰을 한 사람을 참여시키고 있다.

2) 최고가매수신고인의 결정

개찰결과 최고의 가격으로 응찰하고 정해진 매수신청의 보증을 제출한 자로 판명된 자를 최고가 매수신고인으로 결정한다.

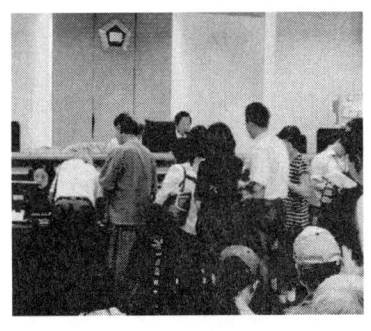
▶ 응찰결과 최고가 매수신고인은 왼편에서 영수증 등을 받고, 나머지는 우편에서 보증금을 돌려받는다.

최고의 가격으로 매수신청을 하고 매수신청의 보증도 제출한 자가 두 사람 이상일 경우에는 그들만을 상대로 '추가입찰'을 실시한다(규칙 제66조 제1항).

추가입찰의 입찰자는 전의 입찰가격에 못 미치는 가격으로는 응찰할 수 없으며, 전의 입찰가격에 못 미치는 가격으로 응찰한 경우에는 입찰에 응하지 아니한 것으로 본다(규칙 제66조 제1항, 제2항).

추가입찰을 실시하였는데 또다시 2인 이상이 최고의 가격으로 응찰한 경우에는 그들 중에서 '추첨'으로 최고가 매수신고인을 정한다. 또한, 추가입찰을 실시하였는데 추가입찰이 자격이 있는 자 전원이 입찰에 응하지 아니한 경우에도 역시 추첨으로 최고가 매수신고인을 정한다.

3) 공유자의 우선매수신고

> 〈사례〉 갑돌이는 사업상 부채로 인하여 최고봉과 공유관계에 있는 부동산에서 갑돌이의 지분이 강제경매 진행 중이다. 공유자인 최고봉은 갑돌이의 지분을 꼭 낙찰받고 싶어한다. 어떠한 방법이 있겠는가.[32]

(1) 공유자는 '매각기일까지' 보증을 제공하고 최고매수신고가격과 같은 가격으로 채무자의 지분을 우선 매수하겠다는 신고를 할 수 있고(민집 제140조 제1항), 이 경우에 법원은 최고가매수신고에도 불구하고 그 공유자에게 매각을 허가하여야 한다(같은 조 제2항).

여기서 '매각기일까지'라 함은 '집행관이 매각기일을 종결한다'는 고지[33]를 하기 전까지를 의미한다(규칙 제76조 제1항). 이 때 최고가 매수신고인은 차순위 매수신고인으로 간주된다.

따라서 공유자는 집행관이 최고가매수신고인의 이름과 가격을 호창하고 매각의 종결을 고지하기 전까지 최고가 매수신고가격과 동일가격으로 매수할 것을 신고하고 즉시 보증을 제공하면 적법한 우선매수권의 행사가 될 수 있으나,[34] 매각의 종결 후에는 위 매수권을 행사할 수 없다.

우선매수권의 신고시기에 제한이 없으므로, 공유자는 매각기일 전에 미리 매각을 실시할 집행법원에 보증을 제공하고 최고매수신고가격과 같은 가격으로 우선매수권을 행사하겠다는 신고를 함으로써 우선매수권을 행사할 수 있다.

---

32) 해답 : 부동산 공유자에게 우선매수신청권이 있으므로 우선매수권을 행사한다.
33) 최고가 매수신고인을 결정하고 입찰을 종결하는 때에는 집행관은 "201○ 타경 12345호 사건에 관한 최고가 매수신고인은 금 1억 원으로 응찰한 의정부시 의정부동에 사는 최고봉씨입니다. 차순위 매수신고를 할 사람은 신고하십시오"라고 한 후, 차순위 매수신고가 있으면 차순위 매수신고인을 정하여 "차순위 매수신고인은 입찰가격 9,500만 원을 신고한 의정부시 가능동에 사는 홍길동씨입니다"라고 한 다음, "이로써 20○□타경12345호 사건에 관한 입찰절차가 종결되었습니다"라고 고지한다.
34) 대법원 2004. 10. 14.자 2004마581 결정.

> **공유자가 미리 우선매수신고를 한 경우 함정**
>
> ❖ 공유자가 어느 매각기일 前에 우선매수신고를 하였으나 다른 매수신고인이 없는 때에는 '최저매각가격'을 최고매수신고가격으로 보아 공유자가 최고가 매수신고인으로 결정된다(다시 신경매가 진행되는 것이 아님에 유의). 이때 매각종결을 고지하기 전까지 보증금을 제공하지 않으면 유찰이 되나, 우선매수신고인은 이후 입찰자격에 제한을 받는다.

(2) 공유자의 우선매수신고에 따라 매각기일에 최고가 매수신고인은 자신의 의도와는 달리 차순위 매수신고인이 되는데, 이 경우 보증금도 돌려받지 못하는 불이익을 저지하기 위하여 집행관이 당일 '매각기일을 종결한다'는 고지를 하기 전까지 차순위 매수신고인의 지위를 포기할 수 있으므로, 경매법정에서 포기의 의사표시를 분명히 하는 것이 좋다.

(3) 공유물분할판결에 기하여 공유물 전부를 경매에 붙여 그 매각대금을 분배하기 위한 현금화의 경우에는 공유자 우선매수가 적용되지 않는다(대결 91마239).

> **공유자의 우선매수신청 자격**
>
> ❖ 민사집행법에서는 우선매수신청을 할 수 있는 공유자만 규정하고 있을 뿐 그 자격취득 시기에 대하여는 언급이 없기 때문에 일부 실무상 경매개시 후에 취득한 공유자에게도 우선매수신청 자격을 있는 것으로 처리하고 있다.
>   그러나 이에 대하여 우선매수권을 부정해야한다는 견해가 있으며, 그 주된 논거는 경매기입등기 후에 공유지분을 취득한 자에게 우선매수를 인정한다면 압류의 효력발생 후 소유자로부터 목적물의 전부를 이전받은 제3취득자는 우선매수권을 주장할 수 없는 반면 목적물의 일부만을 이전받은 자는 공유자 우선매권을 주장하게 되는 이상한 결과가 된다고 보는 것이다.[35]
> ❖ 임대아파트를 임대사업자의 부도로 경매하는 경우에 해당 아파트의 '임차인'은 우선매수의 권리가 있다.

---

35) 윤경, '민사집행의 실무', 육법사(2008년), 881면.

[서식] 공유자의 지분우선 매수신고서

공유자의 지분우선 매수신고서

사　　건　　201○타경21322호 임의경매
채 권 자　　주식회사 국민은행
채 무 자　　최고봉
공 유 자　　홍길동 (670716-1092928)
　　　　　　경기도 의정부시 승지로3(민락동)
　　　　　　☎ 010-2875-0987

부동산의 표시 : 별지기재와 같음

　공유자는 민사집행법 제140조 제1항의 규정에 의하여 매수신청보증을 제공하고 최저매각대금과 같은 가격으로 채무자의 지분을 우선매수하겠다는 신고를 합니다.
　(보증금을 납부한 경우) 보증의 제공에 관하여 최저매각대금이 1억 원이므로 보증금으로 그 10분의 1에 해당하는 금 1,000만 원의 자기앞수표를 집행관에게 201○. 10. 29. 보관하였습니다.

첨 부 서 류

1. 집행관보증금보관영수증　　　　1통(필요시)
1. 등기부등본　　　　　　　　　　1통
1. 주민등록표초본　　　　　　　　1통(공유자의 것)

202○.　.　.
우선매수신고인(공유자)　홍 길 동　(인)

의정부지방법원 경매2계　귀중

접수방법

- 공유자는 "매각기일"까지 신고할 수 있다(구두 가능). 인지 등 비용없음
- 신고서 1부를 경매접수처를 경유하여 담당경매계에 제출한다.
- 입찰보증금은 위 매수신고시 납부하지 않을 수 있으며, 위 매수신고 직후의 매각기일에 위 사건 물건입찰자들을 호명할 때, 공유자 우선매수신고인이라고 경매법정에 나선 후 보증금을 제시할 수 있다.

4) 차순위매수신고인의 결정

최고가매수신고인 외에 최고가매수신고액에서 그 보증액을 뺀 금액을 넘는 가격으로 입찰에 참가한 매수신고인은 매각기일을 마칠 때까지, 집행관에게 최고가매수신고인이 <u>대금지급기한</u>까지 그 의무를 이행하지 아니하면 자기의 입찰에 대하여 매각을 허가하여 달라는 취지의 신고(차순위매수신고)를 할 수 있다(제114조). 재입찰로 절차가 늦어지는 것을 막고 법원의 업무부담을 덜어주기 위하여 둔 제도이다.

> **注意** 차순위매수인은 입찰신고액이 최고가 매수신고액에서 그 보증금을 뺀 금액을 넘을 때에만 인정되는데, 예컨대 최저 경매가격이 1억 원이고 최고가매수신고액이 1억 2,000만 원이었다면 매수보증금은 1,000만 원이므로 적어도 1억 1,000만 원(=1억 2,000만 원 - 1,000만 원) 이상 응찰한 사람만이 차순위매수신고인이 될 수 있다.

이러한 차순위매수신고인은 최고가매수신고인이 잔금납부를 못할 경우에만 차순위 매수신고인이 잔금납부를 함으로써 소유권을 취득할 수 있는데, <u>최고가 매수신고인의 잔금납부가 결정되기 전까지는 보증금을 찾을 수 없으므로</u> 차순위매수신고인으로 신고하는 것을 신중히 결정해야 한다.

5) 입찰의 형태

가. 대리입찰

입찰절차에는 대리인을 시켜서도 참가할 수 있다. 대리인은 변호사, 법무사가 아니어도 무방하며 법원의 허가를 받을 필요도 없다. 입찰절차에 참가하는 것도 소송행위이기는 하나 민소법 제87조의 재판상 행위라고 보지 않기 때문이다. 다만, 대리인은 대리권을 증명하는 문서를 집행관에게 제출하여야 하고(규칙 제62조 제4항), 앞에서 본 바와 같이 입찰자 본인의 이름, 주소 외에 대리인의 이름과 주소를 입찰표에 적어야 한다.

위 임 장

수임인 성명 : 김 정 식
        주소 : 서울 강남구 학동로20길 21, 203호(논현동, 고급빌라)
        직업 : 회 사 원

위 사람을 대리인으로 정하고 다음 사항의 권한을 위임합니다.

1. 201○년 7월 12일에 있을 귀원 201○타경70048호 부동산경매사건에 대한 입찰행위 일체.

첨부 : 인감증명서 1부

201○년 7월 일

위임인 : 홍길동 (650913-1980289) (인감)
서울 관악구 관천로17길 23, 303호(신림동)
☎ 010-520-0987

서울중앙지방법원 경매4계   귀중

나. 공동입찰

 2인 이상이 공동으로 입찰에 참가하는 것을 '공동입찰'이라고 한다. 입찰자는 꼭 단독으로 응찰하여야 하는 것은 아니고, 또한 필요성도 있으므로 이를 금지할 이유가 없다.
 공동으로 입찰하는 때에는 입찰표에 각자의 '지분'을 분명하게 표시하여야 한다(규칙 제62조 제5항).
 수인이 공동입찰한 경우 그 수인의 공동입찰인은 각자 매수할 지분을 정하여 입찰하였더라도 일체로서 그 권리를 취득하고 의무를 부담하는 관계에 있으므로, 그 공동입찰인에 대하여는 일괄하여 그 매각허가 여부를 결정하여야 하고, 공동입찰인 중의 일부에 매각불허가 사유가 있으면 전원에 대하여 매각을 허가하지 않는다.

[서식] 공동입찰신고서

공 동 입 찰 신 고 서

의정부지방법원 집행관 귀하

사건번호   201○타경127424호
물건번호
공동입찰자 별지 목록과 같음

위 사건에 관하여 공동입찰을 신고합니다.

202○년 월 일
신청인 이유수 외 1인 (별첨 공동입찰자 목록기재와 같음)

※ 1. 공동입찰을 하는 경우 입찰표에 각자의 지분을 분명하게 표시한다.
   2. 별지 공동입찰자 목록과 사이에 공동입찰자 전원이 간인한다.
   3. 입찰봉투 등에 모두자(冒頭者)의 이름만을 기재하고 그 외 인원수를 기재.
   4. 공동입찰자이면서 다른 공동입찰자의 대리인이 될 수도 있고, 공동입찰자가 아닌 자가 2인 이상의 공동입찰자(또는 공동입찰자 전원)의 대리인이 될 수도 있다.

공 동 입 찰 자 목 록

번호	성 명	주 소		지 분
		주민등록번호	전화번호	
1	김미경 (인)	경기도 연천군 미산면 왕산로20번길 7-5		1/2
		720823-2239217	010-2833-9152	
2	임효성 (인)	경기도 연천군 미산면 왕산로20번길 7-5		1/2
		531226-1309283	010-9926-0234	
	인		-	
	인		-	
	인		-	
	인		-	

※ 1. 위 공동입찰자목록은 경매법정에 비치되어 있으며 입찰표의 본인란에는 "별첨 공동입찰자목록 기재와 같음"이라고 적은 다음, 목록을 입찰표와 함께 대봉투에 넣어 제출한다.
2. <u>공동입찰자는 입찰법정에 모두 출석하는 것이 원칙이며</u>, 그렇지 못할 경우 위임장을 첨부하여 대리인의 의하여 처리케 하여야 한다.
3. 목록상 공동입찰자 성명 우측에는 인감의 날인 및 앞장인 공동입찰신고서와 간인을 하고, 공동입찰자 전원의 인감증명서를 첨부한다.

다. 개별경매

여러 개의 부동산에 관하여 동시에 경매신청이 있는 경우에는 각 부동산별로 최저매각가격을 정하여 매각하여야 한다(개별입찰의 원칙). 법에 명문의 규정은 없으나, 이 원칙은 한 개의 부동산 매각대금으로 각 채권자의 채권과 집행비용의 변제에 충분한 때에는 다른 부동산에 대한 매각을 허가하지 아니하며 이 경우 채무자는 매각할 부동산을 지정할 수 있다는 규정(제124조)과 일괄매각에 관한 특칙(제98조)에 비추어 보면 명백하다.

이와 같은 '개별입찰의 원칙'은 법정매각조건이라고는 할 수 없으나, 이에 준하여 취급된다.

라. 일괄경매

나대지를 목적으로 한 저당권을 설정한 후 설정자가 그 토지에 건물을 축조한 때에는 저당권자는 그 토지와 함께 건물에 대하여도 경매를 청구할 수 있다. 이를 일괄경매(일괄매각)이라 한다. 다만 그 건물의 매각대금에서는 우선변제를 받을 수 없다.

[서식] 부동산 일괄매각 신청

부동산 일괄매각 신청

사건번호 201○타경21232호 부동산임의경매
채 권 자 홍 길 동
채 무 자 최 고 봉

위 사건에 관하여 매각 목적 부동산들은 모두가 일단을 이루고 있는 부동산으로서 이들을 모두 동일인에게 매수시키는 것이 경제적 효용가치가 높을 뿐 아니라, 이들이 분할매각 됨으로써 장차 복잡한 법률관계의 야기를 사전에 예방하기 위하여 이를 일괄 매각하여 주시기 바랍니다.

202○. . .

위 신청인 (채권자) 홍길동 (인)
☎ 010-0910-0292

서울북부지방법원 경매3계 귀중

┃유의사항┃
수개의 부동산에 관하여 동시에 경매신청이 있는 경우에는 부동산별로 최저 입찰가격을 정하여 매각하는 개별매각이 원칙이나, 법원은 이해관계인의 합의에 구애되지 않고 일괄매각을 결정할 수도 있다. 비용 없음.

3. 새 매각

(가) '새 매각'(신경매)은 입찰을 실시하였으나 매수인이 결정되지 않았기 때문에 다시 새로운 기일을 정하여 실시하는 매각절차를 말한다. 새 매각은 뒤에서 보는 '재매각'

(재경매)과는 구별된다.

새 매각을 하여야 할 경우로는,
① 매각기일(입찰기일)에 적법한 경매절차(매각절차)에 따라 경매를 실시하였으나 적법한 매수가격의 신고가 없어 마감된 경우(제119조),36)
② 매각결정기일에 집행법원이 최고가매수신고인에 대하여 매각을 허가할 수 없는 사유가 있어 매각을 불허하거나, 매각허가결정이 항고심에서 취소되어 집행법원이 매각을 불허하는 경우, 그 불허가의 사유가 종국적으로 매각을 불허할 사유가 아니고 다시 매각을 실시할 수 있을 때(제125조, 제126조, 제132조),
③ 매각을 실시한 뒤에 목적부동산이 현저하게 훼손되거나 부동산에 관한 중대한 권리관계가 변경되므로 인하여 매각불허가결정을 하거나 매각허가결정을 취소한 때(제121조 제6호, 제127조) 등을 들 수 있다.

(나) 매각기일에 허가할 적법한 매수가격의 신고가 없어 새 매각을 할 경우에는 법원은 제91조 제1항의 우선권을 해치지 아니하는 한도에서 **최저매각가격을 20% 낮춘 후**(법원에 따라서는 30%) 새 매각기일을 정하여 공고한다. 저감의 정도는 법원의 자유재량이며,37) 저감의 필요가 없으면 저감하지 아니할 수 있다. 지나치게 많이 낮추는 것은 위법하다. 저감한 결과 남을 가망이 없게 된 경우에는 제102조의 통지절차를 이행한다.

(다) 제125조에 따라(예컨대, 물건명세서 작성의 하자) 매각불허가가 되어 새 매각을 실시하는 경우에는 최저매각가격을 저감할 수 없다.

(라) 제121조 제6호의 사유로 매각을 불허하거나, 제127조의 규정에 따라 매각허가결정을 취소한 때에는 부동산으로서의 존재가 아직 남아 있으면 재평가를 명하여 최저매각가격을 다시 정한 다음 새 매각기일을 정하여 매각절차를 진행하여야 한다(제125조 제2항, 제134조).

---

36) 입찰기일에 입찰자의 귀책사유로 경매가 무효된 경우도 포함한다. 예를 들어 입찰보증금액을 적게 넣거나, 입찰표 작성에 하자가 있는 경우, 최저경매가 보다 적게 입찰한 경우 등이다.
37) 많은 법원들이 20%씩 저감하고 있지만 고양지원, 광주지방법원, 대전지방법원, 천안지원, 홍성지원 등에서는 30%씩 저감하고 있다.

각 법원별 저감율

법원	유찰저감율	법원	유찰저감율
서울중앙지방법원	20%	대구지방법원	30%
서울동부지방법원	20%	안동지원	30%
서울서부지방법원	20%	경주지원	30%
서울남부지방법원	20%	김천지원	30%
서울북부지방법원	20%	상주지원	30%
의정부지방법원	30%	의성지원	30%
고양지원	30%	영덕지원	30%
인천지원	30%	포항지원	30%
부천지원	30%	대구서부지원	30%
수원지방법원	30%	부산지방법원	30%
성남지원	30%	부산동부지원	20%
여주지원	30%	부산서부지원	20%
평택지원	30%	울산지방법원	20%
안산지원	30%	창원지방법원	20%
안양지원	20%	마산지원	20%
춘천지방법원	30%	진주지원	20%
강릉지원	30%	통영지원	20%
원주지원	30%	밀양지원	20%
속초지원	30%	거창지원	20%
영월지원	30%	광주지방법원	1창30% 이후 20%
청주지방법원	20%	목포지원	1창30% 이후 20%
충주지원	20%	장흥지원	20%
제천지원	20%	순천지원	1창30% 이후 20%
영동지원	20%	해남지원	1창30% 이후 20%
대전지방법원	30%	전주지방법원	30%
홍성지원	30%	군사지원	30%
논산지원	20%	정읍지원	30%
천안지원	30%	남원지원	30%
공주지원	30%	제주지방법원	30%
서산지원	30%		

4. 기간입찰

1) 의 의

법원 경매입찰이 매각기일에 일반인들이 입찰장소(경매법정)에 모여 입찰가를 써내면 이 중 최고가를 써낸 사람에게 낙찰되는 '기일입찰제'로 경매가 진행되었지만, 민사집행법은 이외에도 호가경매[38]와 기간입찰제[39]를 도입하였다.

특히 최근 시행에 관심있는 기간입찰제는 법원이 입찰기간 내에 직접 또는 '등기우편'으로 접수된 입찰서류를 확인해 최고가 응찰자에게 낙찰시키는 방식으로 입찰자가 입찰장소까지 갈 필요가 없는 편의를 제공하고 있다. 입찰기간은 7일~30일이며 입찰기간이 끝나면 법원은 7일 이내에 입찰서류를 확인해 낙찰자를 결정하는 제도이다.

법원은 기간입찰과 기일입찰 가운데 한 가지 방식을 선택하여 경매를 진행할 수 있는데, 통상 고가의 경매물건은 기간입찰제를, 소액경매에서는 기일입찰제를 적용한다.

2) 절 차

가. 매수신청

기간입찰에서 매수신청은 (a) '기간입찰표'를 (b) 입금증명서 또는 보증서[40]와 함께 (c) 기간입찰봉투에 넣어 봉인한 다음 집행관에게 직접 접수하거나 또는 등기우편[41]으로 부치는 방식으로 제출된다.

---

[38] '호가제'란 공개적으로 타인의 매수가격을 알고 자신이 매수하려는 가격을 구술로 제시하여 이중 최고매수가격을 제시한 사람을 최고가매수인으로 결정하는 방식인데 시행시기에 관하여 아직 정해진 것은 없다.

[39] 민사집행법 제103조(강제경매의 매각방법)
  ① 부동산의 매각은 집행법원이 정한 매각방법에 따른다.
  ② 부동산의 매각은 매각기일에 하는 '호가경매', 매각기일에 입찰 및 개찰하게 하는 '기일입찰' 또는 '<u>입찰기간</u>' 이내에 입찰하게 하여 매각기일에 개찰하는 기간입찰의 3가지 방법으로 한다.

[40] 서울보증보험(주)과 체결한 지급보증위탁계약문서, 즉 경매보증보험증권을 말한다.

[41] 우편으로 할 경우에는 반드시 제출기한을 준수하여 '등기우편'에 의해야 한다.

> **注意** 기간입찰표 및 위임장, 입금증명서, 기간입찰봉투, 공동입찰신고서 및 공동입찰자목록은 각급 법원 집행관사무실에 비치되어 있다.

그 이외에도 매수신청인의 자격 증명을 (d) 첨부하여야 하는데 개인이 입찰하는 경우 주민등록등본, 법인의 대표자 등이 입찰하는 경우 법인등기부등본, 법정대리인이 입찰하는 경우 가족관계증명서, 임의대리인이 입찰하는 경우 위임장, 인감증명서, 2인 이상이 공동입찰하는 경우 공동입찰신고서 및 공동입찰자목록을 제출한다. 즉 첨부서류는 기간입찰봉투에 기간입찰표와 함께 넣어 제출되어야 한다.

제3장 부동산에 대한 경매

(a) 기간입찰표 (연두색)

(앞 면)

기 간 입 찰 표

의정부지방법원 집행관 귀하   매각(개찰)기일 : 202○년 월 일

사건번호	201○타경5634호		물건번호		※ 물건번호가 여러 개 있는 경우에는 꼭 기재	
입찰자	본인	성 명	이성준		전화번호	010-2875-2754
		주민등록번호	681028-1209282	법인번호		
		주 소	경기도 의정부시 신흥로53번길 20-5(가능동)			
	대리인	성 명	민명훈	본인과관계	지인	
		주민등록번호	690823-1239098	전화번호	010-9876-0292	
		주 소	경기도 의정부시 신흥로 45(가능동)			

입찰가격	백억	십억	억	천만	백만	십만	만	천	백	십	일		보증금액	백억	십억	억	천만	백만	십만	만	천	백	십	일	
				1	5	3	3	3	0	0	0	원						1	3	1	5	0	0	0	원

보증의 제공방법	☑ 입금증명서 □ 보증서	보증을 반환 받았습니다. 입찰자

❖ 주의사항
1. 입찰표는 물건마다 별도의 용지를 사용하십시오, 단 일괄입찰시에는 1매의 용지를 사용하십시오.
2. 한 사건에서 입찰물건이 여러 개 있고 그 물건들이 개별적으로 입찰에 부쳐진 경우에는 사건번호 외에 물건번호를 기재하십시오.
3. 입찰자가 법인인 경우에는 본인의 성명란에 법인의 명칭과 대표자의 지위 및 성명을, 주민등록란에는 입찰자가 개인인 경우에는 주민등록번호를, 법인인 경우에는 사업자등록번호를 기재하고, 대표자의 자격을 증명하는 서면(법인의 등기부 등·초본)을 제출하여야 합니다.
4. 주소는 주민등록상의 주소를, 법인은 등기부상의 본점소재지를 기재하시고, 신분확인상 필요하오니 주민등록등본이나 법인등기부등본을 동봉하십시오.
5. 입찰가격은 수정할 수 없으므로, 수정을 요하는 때에는 새 용지를 사용하십시오.
6. 대리인이 입찰하는 때에는 입찰자란에 본인과 대리인의 인적사항 및 본인과의 관계 등을 모두 기재하는 외에 본인의 위임장(입찰표 뒷면을 사용)과 인감증명을 제출하십시오.
7. 위임장, 인감증명 및 자격증명서는 이 입찰표에 첨부하십시오.
8. 입찰함에 투입된 후에는 입찰표의 취소, 변경이나 교환이 불가능합니다.
9. 공동으로 입찰하는 경우에는 공동입찰신고서를 입찰표와 함께 제출하되, 입찰표의 본인란에는 "별첨 공동입찰자목록 기재와 같음"이라고 기재한 다음, 입찰표와 공동입찰신고서 사이에는 공동입찰자 전원이 간인하십시오.
10. 입찰자 본인 또는 대리인 누구나 보증을 반환 받을 수 있습니다(입금증명서에 의한 보증은 예금계좌로 반환됩니다).
11. 보증의 제공방법(입금증명서 또는 보증서)중 하나를 선택하여 ☑표를 기재 하십시오.

뒷면

위 임 장

대리	성 명	민경훈	직 업	인쇄·출판업
	주민등록번호	690823-1239098	전화번호	010-9876-0292
	주 소	경기도 의정부시 신촌로 45(가능동)		

위 사람을 대리인으로 정하고 다음 사항을 위임함.

다 음

의정부지방법원   201○타경5634호   부동산강제경매
경매사건에 관한 입찰행위 일체

본인 1	성 명	이성준 (인감 ○)	직 업	회사원
	주민등록번호	681028-1209282	전화번호	031) 875-2754
	주 소	경기도 의정부시 신촌로53번길 20-5(가능동)		
본인 2	성 명		직 업	
	주민등록번호	-	전화번호	
	주 소			

* 본인의 인감 증명서 첨부
* 본인이 법인인 경우에는 주민등록번호란에 사업자등록번호를 기재

의정부지방법원   귀중

(b) 입금증명서

입 금 증 명 서

[입찰자 기재란]

사건번호	201○타경5634	매각기일	203○년 월 일
성명·날인	이 성 준 (인)		

법원보관금 영수필통지서(법원제출용) 첨부 장소
이곳에 법원보관금 영수필통지서를 붙여 주십시오.

[확 인 란]

환급금종류	□ 집행관 □ 사건담임자			출납공무원	
	환급사유	환급통지일	기명·날인	환급지시일	기명·날인
기간입찰 환 급 금	미낙찰, 취하, 취소, 미입찰 기타( )	202 . .	(인)	202 . .	(인)

접수방법

• 입찰기간동안 법원보관금 취급점(취급점의 은행납부는 법원별로 달리할 수 있음)에 매수신청보증금을 납입하고(☞ 아래 은행용 법원보관금납부서를 이용), 은행으로부터 받은 '법원보관금영수필통지서'를 위 입금증명서에 첨부하여 기간입찰표와 함께 기간입찰봉투에 넣어 제출한다.

  ※ 보증서 : 서울보증보험회사에서 발급받아 기간입찰표와 함께 기간입찰봉투에 넣어 제출한다.

앞면

법원보관금납부서(기간입찰, 은행제출용)

| 실 명 확 인 | ㉠ |

※ 납부자께서는 뒷면 유의사항을 확인하신 후 기재하십시오.

<table>
<tr><td rowspan="6">납부당사자 사용란</td><td colspan="4">의정부지방법원</td></tr>
<tr><td>사건번호</td><td>201○타경5634</td><td>물건번호</td><td></td></tr>
<tr><td>납부금액</td><td>3,150,000원</td><td>보관금 종류</td><td>기간입찰 매수신청보증금</td></tr>
<tr><td>납부당사자</td><td>이성준</td><td>주민등록번호
(사업자등록번호)</td><td>681028-1209582</td></tr>
<tr><td>주 소</td><td colspan="3">우편번호(-) 전화번호(-)
경기도 의정부시 신촌로53번길 20-5(가능동)</td></tr>
<tr><td rowspan="2">잔액환급
계좌번호</td><td>국민은행</td><td>지점 예금주</td><td>이성준</td></tr>
<tr><td colspan="3">계좌번호 027-24-0283-205</td></tr>
</table>

위의 보관금을 납부합니다.

202○년   월   일
납부당사자 이 성 준   ㉠
대 리 인

(뒷 면)

▌유의사항▐

1. "기간입찰 매수신청보증금"은 해당법원의 법원보관금취급점에서 납부하실 수 있습니다(법원보관금취급점의 은행 본·지점 납부는 해당법원에 문의하시기 바랍니다).
2. 물건번호는 1개 사건에 2개 이상의 경매목적물이 있고, 일괄매각을 하지 않는 경우의 매각대금납부시 기재합니다.
3. "기간입찰 매수신청보증금" 환급계좌의 예금주는 납부당사자와 동일하여야 합니다.
4. 매수신청보증금은 비용 등이 공제된 나머지 금액이 계좌로 반환되므로, 반드시 잔액환급계좌번호를 기재하여야 합니다.
5. 기재사항은 정확히 기재하셔야 하며 잘못 기재하여 생긴 손해는 납부자에게 돌아갑니다.
※ 보관금 납부시 실명확인을 위하여 필요하오니 납부자의 주민등록증(대리인 납부시에 대리인의 주민등록증)을 지참하시기 바라며 기타 자세한 내용은 보관금취급은행에 문의하여 주시기 바랍니다.

(c) 기간입찰봉투

```
                    기간입찰 봉투
                                              등기우편
   보내는 사람(제출자)              의정부지방법원
    이 성 준                      매각(개찰)기일
    경기도 의정부시 신촌로53번길 20-10    2020.  .  . :

                              받는 사람
                              경기도 의정부시 녹양로 34
                              의정부지방법원 제2신관 223호
       입찰표 재중                의정부지방법원 집행관 귀하
                              11676
         ※집행관외에는 절대 개봉금지
```

(d) 첨부서류

* 첨부서류

본인임을 확인할 수 있는 서류를 첨부하여야 한다(발행일로부터 3개월 이내의 것).
- ○ 개인 : 주민등록등본   ○ 법정대리인 : 가족관계증명서
- ○ 법인 : 법인등기부등본   ○ 임의대리인 : 대리위임장, 인감증명서
- ○ 공동입찰 : 공동입찰신고서, 공동입찰자목록, 위임장

접수방법

입찰표, 매수신청보증(입금증명서 또는 보증서), 첨부서류를 '기간입찰봉투'(집행과 또는 집행관 사무실에 비치)에 넣고, 매각기일을 적은 다음 직접 방문 또는 등기우편 중 하나에 의하여 제출한다.

나. 직접 제출하는 방법

집행관사무실에 출석하여 집행관 또는 그 사무원에게 제출하고, 입찰봉투접수증을 수령한다. 직접 제출의 경우 평일은 입찰기간 중의 09:00부터 12:00까지, 13:00부터 18:00까지 사이에 접수되어야 한다. 다만, 토요일 및 공휴일은 제외된다. 이 경우 입찰기간의 개시 전 또는 종료 후에 제출된 경우 집행관 등은 이를 수령하지 않는다.

집행관 등은 기간입찰봉투에 매각기일의 기재 여부를 확인하고, 기간입찰봉투의 앞면 여백에 접수일시가 명시된 접수인을 날인한 후 접수번호를 기재한다. 그 후 집행관 등은 기간입찰 접수부에 전산등록하고, 기간입찰봉투를 입찰함에 투입한다.

※ 매각기일 미기재시 입찰이 무효로 된다.

다. 우편제출에 의한 방법

우편 제출의 경우 입찰기간 개시일 00:00시부터 종료일 24:00까지 접수되어야 한다.

집행관 등은 기간입찰봉투에 매각기일의 기재 여부를 확인하고, 기간입찰봉투의 앞면 여백에 접수일시가 명시된 접수인을 날인한 후 접수번호를 기재한다. 그 후 집행관 등은 기간입찰접수부에 전산등록하고, 기간입찰봉투를 입찰함에 투입한다.

※ 보통우편, 마감일 이후의 접수는 무효처리된다.

3) 보증보험증권에 대한 책임

일반적으로 매수인이 대금지급기한까지 그 매각대금의 전액을 납입하지 아니한다면, 입찰보증금은 법원에 몰취를 당하게 된다. 따라서 입찰보증금에 대한 담보로 '보증보험증권'을 제출한 경우에도 그러한 효과가 나도록 하는 것이 형평이 맞는다.

즉 매수인이 대금지급기간까지 그 매각대금의 전액을 납부하지 아니하면, 차순위매수신고인이 있는 경우에는 그에 대한 매각허가결정이 있는 때, 차순위매수신고인이 없는 경우에는 재매각기일 3일전에 <u>법원은 보증보험회사에 대하여 보증금납부최고를 하여 보증금 상당을 충당 받는다</u>. 그러한 경우 매수인은 보증보험회사로부터 보증금 상당을 구상당하게 된다.

4) 매수신청보증금의 반환

매수신청보증금은 매각기일 종료 후 일괄하여 반환된다(입찰 후 경매절차의 취소 등에 의한 경우에도 중도에 반환되지 아니함). 보증서의 반환을 위하여 주민등록증과 도장을 소지하여야 한다.

가. 보증보험료의 반환을 위한 확인

보증보험료는 일종의 수수료로서 보증보험회사에 대하여 환급받을 수 없는 성질이지만, 다음 아래의 경우에는 보증보험료의 전부 또는 일부를 환급받을 수 있는데, 이때 법원사무관 등에게서 보증서원본을 돌려받으면서 뒷면에 기재된 법원확인란 중(아래 환급받을 수 있는 경우 참조) 해당 항목에 ∫ 표시 및 기명날인을 받아야 한다. 이를 가지고 보증보험회사에 제출하면 보증보험료를 반환받는 것이다.

> **注意** 보증보험료를 환급받을 수 있는 경우
> 1. 입찰에 참가하지 않은 경우
> 2. 매각기일 전 경매신청의 취하 또는 경매절차의 취소가 있었던 경우
> 3. 보증보험증권의 제출방식이 무효사유[42]에 해당하는 경우

나. 입금증명서에 의한 매수신청보증의 반환

입금증명서에 의하여 현금 등을 납부한 경우 매각기일 종료 후 법원보관금납부서에 기재된 예금계좌로만 반환된다.

5) 차순위매수신고인의 매각기일 참석

차순위매수신고를 하고자 하는 자는 매각기일에 반드시 참석하여 신고하여야 한다. 최고가매수신고인이 2인 이상인 경우에는 그 입찰자들만을 상대로 기일입찰 방식으로 추가입찰을 합니다. 만일 출석하지 아니한 사람에게는 추가입찰 자격을 부여하지 않고, 출석한 사람

---

[42] 입찰자 성명과 보증서의 성명이 다른 경우, 보험금액이 매수신청보증금액에 미달하는 경우, 보증서의 사건번호와 입찰표상의 사건번호가 다른 경우 등.

들로 하여금 추가입찰을 실시하며, 출석한 사람이 1인인 경우에는 출석자에게만 추가입찰을 실시한다.

최고가매수신고인 중 매각기일에 출석한 사람이 없는 경우, 출석한 전원이 추가입찰을 하지 않는 경우, 추가입찰가격이 동액인 경우, 추가입찰을 실시하였으나 그 입찰이 전부 무효인 경우에는 그들 중에서 추첨에 의하여 최고가매수신고인을 정한다.

6) 기타 공동입찰 등

공동입찰을 하는 때에는 기간입찰표에 각각의 지분을 분명하게 표시하여야 한다. 공유자는 집행관이 매각기일을 종결한다는 고지를 하기 전까지 매수신청보증을 제공하고 우선매수신고를 할 수 있으며, 우선매수신고에 따라 차순위매수인으로 간주되는 최고가매수신고인은 매각기일이 종결되기 전까지 그 지위를 포기할 수 있다.

입찰자는 같은 물건에 관하여 동시에 다른 입찰자의 대리인이 될 수 없고, 한 사람이 공동입찰자의 대리인이 되는 경우 외에는 두 사람 이상의 다른 입찰자의 대리인으로 될 수 없으며, 이에 위반한 입찰은 무효로 처리된다.

제8절 매각결정기일

1) 매각결정기일

법원은 매각기일의 종료 후 미리 정해진 기일에 매각결정기일을 열어 매각허가 여부에 관하여 이해관계인의 진술을 듣고 직권으로 법정의 이의사유가 있는지 여부를 조사한 다음, 매각의 허가 또는 불허가결정을 선고한다.

법원은 직권으로 매각결정기일을 변경할 수 있다. 매각실시를 마친 뒤에 매각결정기일이 변경된 때에는 법원사무관 등은 최고가매수신고인·차순위매수신고인 및 이해관계인에게 변경된 기일을 통지하여야 한다(규칙 제73조). 그러나 변경된 기일을 공고할 필요는 없다.

2) 매각허가에 대한 이의신청

법원은 매각결정기일에 출석한 이해관계인에게 매각허가에 관한 의견을 진술하게 하여야 한다(제120조 제1항).

가. 이해관계인의 범위

여기서 '이해관계인[43]'은 제90조의 이해관계인뿐만 아니라 최고가매수신고인 또는 자기에게 매각을 허가할 것을 구하는 매수신고인도 포함한다. 다만, 자기가 매각을 받아야 한다고 주장하려는 자는 매수신청을 할 때 제공한 보증을 찾아가지 아니한 채 있어야 한다.

---

43) ※ 이해관계인의 범위
　　이해관계인은 제90조에 규정된 사람으로 한다.
　(1) 압류채권자와 집행력 있는 정본에 의하여 배당을 요구한 채권자(1호)
　　　압류채권자라 함은 경매신청을 한 채권자를 말한다. 배당을 요구한 채권자 가운데 집행력 있는 정본 없이 배당을 요구한 채권자는 여기에 해당하지 않는다.
　　　먼저 경매개시결정이 이루어지고 나서 뒤에 강제경매신청을 하여 개시결정을 받은 채권자도 여기에 해당한다.
　(2) 채무자 및 소유자(2호)
　　• 채무자는 집행채무자를 말한다. 강제경매에서는 채무자는 부동산 소유자와 일치하는 것이 보통이다.
　　• 임의경매에서는 물상보증인의 부동산을 경매하는 경우와 같이 채무자와 소유자가 다른 경우가 흔히 있다.
　(3) 등기부에 기입된 부동산 위의 권리자(3호)
　　• 경매개시결정 기입등기 당시에 이미 등기가 되어 등기부에 나타난 용익권자(지상권자, 전세권자, 임대차등기를 한 임차권자), 담보권자(저당채권에 대한 질권자, 저당권자), 가등기권리자(가등기담보등에관한법률 제16조 제3항) 등이 그 예이다. 공유자도 마찬가지로 취급된다. 가압류권자나 가처분권자는 포함되지 않는다.
　(4) 부동산 위의 권리자로서 그 권리를 증명한 사람(4호)
　　• 권리를 집행법원에 대하여 스스로 증명한 사람으로서, 점유권자, 유치권자, 특수지역권자, 건물등기 있는 토지임차인(민법 제622조), 인도 및 주민등록을 마친 주택임차인(주택임대차보호법 제3조), 경매개시결정 기입등기를 한 뒤에 소유권을 취득하거나 용익권, 담보권 설정등기를 한 사람 등이 이에 해당한다.
　　• 소유권회복등기를 할 수 있는 확정판결이 있다 하더라도 이에 터 잡아 소유권회복의 등기를 갖추고 집행법원에 권리신고를 하여야만 이해관계인이 될 수 있다.

나. 매각허가에 관한 이의의 진술

이해관계인은 매각허가 기일전까지 매각허가에 대하여 매각을 허가하여서는 안 된다는 취지의 이의를 진술할 수 있다.

(1) 이의사유

> ※ 매각허가결정에 관한 이의는,
> 다음과 같은 이의사유가 있어야 신청할 수 있고, 그 이의신청은 매각허가결정의 선고 시까지 하여야 한다(민집 제121조).
> ① 강제집행을 허가할 수 없거나 집행을 계속 진행할 수 없을 때(1호)
> ② 최고가매수신고인이 부동산을 매수할 능력이나 자격이 없는 때(2호)
> ③ 부동산을 매수할 자격이 없는 사람이 최고가매수신고인을 내세워 매수신고를 한 때(3호)
> ④ 최고가매수신고인, 그 대리인 또는 최고가매수신고인을 내세워 매수신고를 한 사람이 제108조 각 호 가운데 어느 하나에 해당하는 때(4호)
> ⑤ 최저매각가격의 결정, 일괄매각의 결정 또는 매각물건명세서의 작성에 중대한 흠이 있는 때(5호)
> ⑥ 천재지변, 그 밖에 자기가 책임을 질 수 없는 사유로 부동산이 현저하게 훼손된 사실 또는 부동산에 관한 중대한 권리관계가 변동된 사실이 경매절차의 진행 중에 밝혀진 때(6호)
> ⑦ 경매절차에 그 밖의 중대한 잘못이 있는 때(7호)

구 민사소송법 제633조 제4, 5, 7, 8호의 각 개별 규정을 삭제하고 위와 같은 포괄적 규정을 두었다.

(2) 이의의 제한

매각허가에 대한 이의는 이의 진술자인 이해관계인 자신의 권리에 관한 이유로 하여야 하고, 다른 이해관계인의 권리에 관한 이유로 신청할 수 없다(제122조).

이의사유는 이해관계인 '개인의 권리'와 관계없는 공익적 규정에 위반된 경우와 이해관계인 개인의 권리에 관계되는 사익적 규정에 위반된 경우로 나눌 수 있는데, 전자의 경우에는 이의가 없더라도 법원이 직권으로 참작하여 매각불허의 결정을 하여야 하므로 이의의 제한은 의미가 없고, 후자의 경우에 다른 이해관계인의 권리에 관한 위법을 가지고 이의사유를 주장하는 것은 이의 진술자에게는 아무런 이익이 되지 아니하므로 다른 이해관계인의 권리에 관한 사유로 이의하는 것을 금지하는 것이다.

예컨대, 남을 가망이 없을 경우에 제102조의 절차를 밟도록 한 것은 압류채권자나 우선채권자의 보호를 위한 것이므로 채무자는 위 절차를 거치지 아니하였다는 이유로 이의할 수 없고, 다른 이해관계인에게 매각기일이 통지되지 않았음을 이유로 이의할 수 없으며, 법정매각조건의 변경에 합의한 이해관계인이 다른 이해관계인의 합의가 없다는 것을 이유로 이의할 수 없다.

다. 이의진술의 방법과 시기

이해관계인의 이의진술은 말로 하여야 하고 매각허가결정이 선고되기 전까지 할 수 있다.

라. 이의에 대한 판단

매각허가에 대한 이의가 정당하다고 인정한 때에는 매각허가기일에 매각불허가의 결정을 한다(제123조 제1항). 이의는 독립한 신청이 아니므로 이의가 정당하지 않다고 인정한 때에는 이의신청 자체에 대하여 응답을 할 필요는 없고 매각허가의 결정을 선고하면 된다.

만일 이의를 신청한 이해관계인도 이의가 받아들여지지 아니한 경우에 매각허가결정에 대하여 7일내에 즉시항고를 할 수 있을 뿐이고 이의가 받아들여지지 아니한 데 대하여 별도로 불복할 수는 없다.

[서식] 매각허가에 대한 이의신청서

매각허가에 대한 이의신청서

사　　건　　201○타경11130 부동산임의경매
채 권 자　　한국양봉농업협동조합
채 무 자　　김 기 헌
소 유 자　　채무자와 같음
이의신청인　홍성훈
　　　　　　경기도 안산시 상록구 고목로5길 15, 301호(본오동)
　　　　　　연락처: 010-2232-0987

신 청 이 유

　위 당사자 사이의 귀원 201○타경11130 부동산임의경매 사건의 매각은 이를 허가하지 아니한다.
라는 재판을 구합니다.

신 청 이 유

1. 신청인은 이 사건 별지목록 기재 부동산에 대한 근저당권자겸 가등기권자로서 위 부동산에 철근콘크리트조 경사슬라브지붕 4층 근린생활시설 및 다가구 주택 신축건물을 도급받아 건축중인 시공자입니다.

2. 대부분의 입찰자들은 경매목적물인 토지 상에 신축 중인 미등기 건물이 존재하면 매수 후 유치권이나 법정지상권 등의 부담을 우려하여 적어도 3~4회 유찰 후 응찰하는 것이 일반적입니다.
　따라서 신청인은 이 사건 경매목적물은 앞으로 최소한 2회 이상의 유찰이 있을 것으로 예상하였고 또는 위 미등기 건물의 전체 공정률 100%중 현재 80% 이상 진행중에 있으므로 그 사이 서둘러 공사를 완료하고 사용승인을 받아 건물까지 포함한 일괄경매신청을 염두에 두었습니다.

3. 그렇다면 머지않아 건물 사용승인 후 보존등기가 가능한 건물일 뿐만 아니라 그 등기가 늦어지더라도 민사집행법 제81조 1항 2호에 의한 직권등기가 가능할 것이고, 만일 건물보존등기가 단기간 내에 어렵다면 최소 위 미등기 건물을 감정평가한 후 부동산경매의 대상으로 삼아 일괄경매로 매각절차를 진행하는 것이 이해관계인은 물론 경매신청취지에도 합당할 것입니다.

4. 이와 같이 이사건 경매대상인 토지 위에 지붕과 외벽이 갖추어진 채무자 김기헌 소유의 독립된 건물의 평가 및 그 가액을 누락시킨 채 오직 토지 가격만을 평가하여 이를 그대로 최저경

매가격으로 결정한 것은 부당하다고 아니할 수 없을 것입니다.

따라서 신청인은 이상과 같은 이유로 201○. 11. 28.자 매각허가기일에 매각을 불허해줄 것을 신청합니다.

첨 부 서 류

1. 공정확인서   1통
2. 신축건물설계 및 도면   1통
3. 건축허가서   1통
4. 건물사진   7매
5. 부동산등기부등본   1통

202○. 1. .

신 청 인 홍 성 훈 (인)

수원지방법원 안산지원 경매 7 계   귀중

| 유의사항 |
- 비용없음. 이의신청서 1부를 매각허가 기일 전까지 경매법원에 제출한다.
- 이 신청에 따른 매각허가 여부는 대법원에서 제공하는 아래 법원경매 홈페이지(www.courtauction.go.kr)에서 확인할 수 있다.

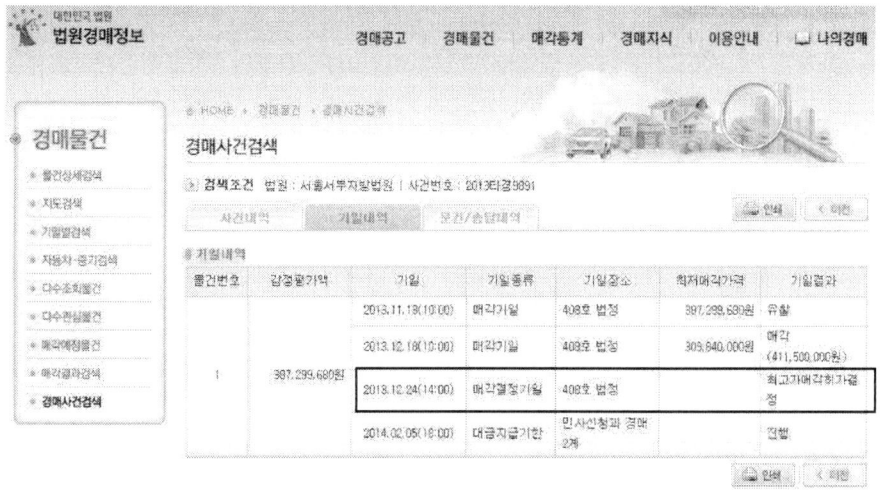

3) 매각에 관한 재판

집행법원은 매각결정기일에 출석한 이해관계인에게 매각허가에 관한 의견을 진술하게 하여(제120조 제1항) 이를 참고로 하는 외에, 직권으로 매각불허가사유(제123조 제2항)가 있는지 여부를 기록에 따라 조사한 다음 매각허가 여부를 결정한다.

매각의 허부는 결정으로 재판하고 매각결정기일에 선고한다(제126조 제1항).

가. 매각불허가결정

(1) 매각불허가결정을 할 경우

① 이의신청이 정당하다고 인정한 때

법원은 매각결정기일에 출석한 이해관계인의 매각허가에 대한 이의가 정당하다고 인정한 경우에는 매각을 허가하지 아니한다(제123조 제1항).

② 제121조에 규정한 사유가 있는 때

매각결정기일에 이해관계인의 매각허가에 대한 이의가 없더라도 법원이 직권으로 조사한 결과 제121조 제1호 내지 제7호에 열거된 이의사유가 있다고 인정되는 때에는 직권으로 매각불허가결정을 하여야 한다(제123조 제2항 본문).

다만, 제121조 제2호, 제3호의 경우에는 능력 또는 자격의 흠이 제거되지 아니한 때에 한한다(제123조 제2항 단서).

따라서 매각기일 당시에 존재하였던 최고가매수신고인의 행위능력 또는 부동산 취득 자격은 매각결정기일까지 법정대리인의 추인이나 관청의 증명(예컨대, 농지취득자격증명)으로 보완된 경우에는 불허가결정 되지 아니한다.

[서식] 최고가(차순위)매수신고인 증명신청

최고가(차순위)매수신고인 증명신청

사 건   201○타경1234 부동산강제경매

위 사건에 관하여 신청인이 최고가(차순위)매수신고인임을 증명하여 주시기 바랍니다.

202○. . .

신 청 인   최고봉   (인)

수원지방법원 경매2계 귀중

┃유의사항┃
- 용도 : 입찰을 통하여 취득하려는 토지가 '농지'라면 매각결정기일까지 농지취득자격증명원을 경매계에 제출하여야 하는데, 읍면동사무소에 농지취득자격증명을 발부받을 때 위 최고가매수인이라는 증명을 요구하고 있으므로 준비하여 제출하도록 한다.
- 인지 : 500원, 증명신청서 2부를 준비하여 '접수처'를 경유하여 '담당경매계'에서 증명을 받는다.

③ 과잉 매각되는 때

여러 개의 부동산을 동시에 매각하는 경우에 한 개의 부동산의 매각대금으로 모든 채권자의 채권액과 강제집행 비용을 변제하기에 충분하면 다른 부동산의 매각을 허가하여서는 아니 된다(제124조 제1항).

일괄매각의 경우에도 과잉매각 금지 규정이 적용된다. 다만, 토지와 그 위의 건물을 일괄매각하는 경우나, 재산을 분리하여 매각하면 그 경제적 효용이 현저하게 떨어지는 경우, 또는 채무자의 동의가 있어 일괄매각결정을 한 경우에는 과잉매각금지규정이 적용되지 아니한다.

토지와 지상건물을 동시에 경매하여 동일인이 그 전부에 관하여 최고가매수신고인으로 정하여진 경우에는 일괄매각의 결정을 하지 않았다 하더라도 일괄매각의 경우에 준하여 취급함이 상당하므로 그 중 어느 하나의 매각대금만으로 채권액과 집행비용을 변제할 수 있는 경우라도 나머지 부동산에 대하여 과잉매각을 이유로 매각을 불허가 할 것은 아니라고 해석된다.

과잉매각의 경우에 채무자는 그 부동산 가운데 매각할 것을 지정할 수 있다(제124조 제2항). 채무자가 지정권을 행사하지 아니한 때에는 법원이 자유재량으로 매각허가 할 부동산을 선택할 수 있다.

과잉매각 금지 규정에 위반하여 매각을 허가하였을 경우에는 항고이유가 되나, 항고법원이 직권으로 조사할 사항은 아니다.

(2) 매각불허가 후의 절차

① 매각을 허가하지 아니한 것이 종국적으로 매각을 불허할 사유가 있기 때문이 아니어서 다시 매각을 명하여야 할 경우에는 매각불허가결정이 확정되면 직권으로 새 매각기일을 정한다.

다만, 집행의 일시정지를 명하는 서류(제49조 제2호)의 제출에 따라 허가하지 아니한 경우에는 그 뒤의 절차를 사실상 정지한다.

이에 반하여 매각을 허가하지 아니한 것이 종국적으로 매각을 불허할 사유 때문이어서 다시 매각을 명할 것이 아닌 경우, 예컨대 부동산이 멸실되거나 집행취소사유가 있어 불허가결정이 선고된 경우에는 불허가결정의 확정으로 경매신청 자체를 포함한 그 뒤의 경매절차는 모두 소멸하여 경매는 이로써 종결된다.

이때에는 별도로 경매개시결정의 취소나 경매신청 각하 결정을 할 필요 없이 매각불허가결정 정본을 원인증서로 붙여 경매개시결정 기입등기의 말소촉탁을 한다.

② 과잉매각을 이유로 여러 개의 부동산 중 일부에 대하여 매각불허가결정을 한 경우에는 그 불허가결정이 확정되더라도 매각이 허가된 부동산에 대한 매각대금을 다 낼 때를 기다려 경매개시결정 기입등기의 말소촉탁을 한다. 매각허가 되었던 부동산과 함께 재매각할 경우에 대비하는 것이다.

나. 매각허가결정

법원은 이해관계인의 이의가 이유 없다고 인정되고 그 밖에 직권으로 매각을 불허가할 사유가 없다고 인정되는 때에는 최고가매수신고인에게 매각을 허가하는 결정을 한다. 매각허가결정은 선고하는 외에 공고도 하여야 하나(제128조 제2항), 이해관계인에게 송달할 필요는 없다.

4) 매각허가결정의 취소

천재지변, 그 밖에 자기가 책임을 질 수 없는 사유로 부동산이 현저하게 훼손된 사실 또는 부동산에 관한 중대한 권리관계가 변동된 사실이 매각허가결정의 확정 뒤에 밝혀진 경우에는 매수인은 대금을 낼 때까지 매각허가결정의 취소신청을 할 수 있다(제127조 제1항).

그 결과 매각허가결정을 취소한 경우에는 그 훼손의 정도에 따라 재평가 후 최저매각가격을 새로 정하여 새 매각을 진행하거나, 훼손이 심하여 부동산으로서의 존재를 잃은 때에는 경매절차를 취소하고 경매개시결정 기입등기를 말소하도록 촉탁한다(제134조).

5) 매각허가 여부에 대한 즉시항고

(가) 이해관계인은 매각허가 또는 불허가의 결정에 따라 손해를 볼 경우에는 1주일의 불변기간 내에 즉시항고할 수 있고(제129조 제1항), 또 매각허가에 정당한 이유가 없거나 허가결정에 기재한 것 외의 조건으로 허가하여야 한다고 주장하는 매수인 또는 매각허가를 주장하는 매수신고인도 즉시항고할 수 있다(제129조 제2항).

매각 허부의 결정에 대한 불복방법으로는 즉시항고만이 인정되고, 통상항고(민소법 제439조)나 특별항고는 허용되지 아니하며, 집행에 관한 이의(제16조)로 불복할 수도 없다.

(나) <u>즉시항고는 원결정을 고지한 날부터 1주 이내에 원심법원에 제기하여야 하는데</u>(민소법 제444조 제1항), 매각 허부의 결정은 이해관계인이 매각결정기일에 출석하였는지 여부를 묻지 않고 이를 선고한 때에 고지의 효력이 생긴다(규칙 제74조). 위 1주의 기간은 매각허부결정 선고일부터 일률적으로 진행되며 불변기간이다.

> **매각허가결정에 대한 추완항고**
>
> - 경매법원이 이해관계인 등에게 **경매기일 등의 통지**를 하지 아니하여 그가 경락허가결정에 대한 항고기간(7일)을 준수하지 못하였다면
>   특단의 사정이 없는 한 그 이해관계인은 자기책임에 돌릴 수 없는 사유로 항고기간을 준수하지 못한 것으로 보아야 하며, 그러한 경우에는 형평의 원칙으로부터 인정된 구제방법으로서의 **추완항고**가 허용되어야 할 것이다(2002. 12. 24 선고 2001마1047).

(다) 매각허가결정에 대한 항고는 법에 규정한 매각허가에 대한 이의신청사유가 있다거나, 그 결정절차에 중대한 잘못이 있다는 것을 이유로 드는 때에만 할 수 있다(제130조 제1항). 그러나 재심사유가 있는 때에는 위 제한에 구애받지 않는다(제130조 제2항).

> **잔대금납부한 경우 추완항고여부**
>
> - 경락허가결정에 대하여 이해관계인이 **추완항고**를 제기한 경우 항고법원에서 추완신청이 허용되었다면 비록 다른 이유로 항고가 이유 없는 경우에도 경락허가결정은 확정되지 아니하고 따라서 그 이전에 이미 경락허가결정이 확정된 것으로 알고 경매법원이 경락대금 납부기일을 정하여 경락인으로 하여금 경락대금을 납부하게 하였다고 하더라도 이는 **적법한 경락대금의 납부라고 할 수 없는** 것이어서, 배당절차가 종료됨으로써 경매가 완결되었다고 하여 그 추완신청을 받아들일 수 없는 것은 아니다(2002. 12. 24 선고 2001마1047).

(라) 항고인은 항고장에 항고이유를 적지 아니한 때에는 항고장을 제출한 날부터 10일 내에 대법원규칙이 정하는 바에 따라 작성한 항고이유서를 원심법원에 제출하여야 한다.
이에 위반한 때에는 원심법원은 결정으로 즉시항고를 각하한다(제15조 제3, 4, 5항 참조). 민사집행법은 경매절차의 촉진을 위하여 항고이유서 제출강제주의를 채택한 것이다.

(마) 구 민사소송법은 채무자·소유자 또는 경락인이 항고를 할 때에만 보증을 공탁하도

록 규정하였다(제642조 제4항).

그 결과 채무자・소유자 또는 경락인 이외의 자, 특히 임차인 등이 보증을 공탁할 필요가 없는 사정을 이용하여 항고를 남용하는 경향이 있었다. 이에 민사집행법은 항고를 하고자 하는 사람은 모두 보증을 공탁하도록 하였다(제130조 제3항).

보증은 매각대금의 10분의 1에 해당하는 금전 또는 법원이 인정하는 유가증권이라야 한다(제130조 제3항). 지급보증위탁계약을 체결한 문서(ex 보증보험증권)로 보증을 제공하는 것은 허용되지 않는다.

항고장에는 보증을 제공하는 공탁서를 붙여야하는데 붙이지 않은 때에는 1주일내 각하하게 된다(제130조 제4항). 각하결정에 대하여는 즉시항고를 할 수 있다(제130조 제5항). 이 경우 즉시항고는 집행정지의 효력이 없다. 따라서 원심법원은 이후의 절차를 진행할 수 있다.

즉시항고 기간 내에는 그 하자를 보완할 수 있으므로 항고제기 경과 후라도 각하결정을 하기전 보증을 공탁하면 하자가 치유되는 것으로 보아 항고법원으로 기록을 송부한다. 보증공탁이 없음을 이유로한 각하결정에 대하여는 즉시항고로 불복할 수 있다. 한편 매각불허가 결정에 대한 항고시에는 보증의 제공을 요하지 않는다.

> **항고가 기각된 경우 보증금의 귀속**
>
> ❖ 채무자 및 소유자가 한 항고가 기각된 때에는 항고인은 보증으로 제공한 금전이나 유가증권을 돌려줄 것을 요구하지 못하고(제130조 제6항), 이는 배당할 금액에 포함되어 배당의 대상이 된다(제147조 제1항 제3호).
> ❖ 채무자 및 소유자 外의 사람이 한 항고가 기각된 때에는 항고를 한 날부터 항고기각결정이 확정된 날까지의 매각대금에 대한 대법원규칙이 정하는 이율(연 12%)에 의한 금액의 한도에서(이 금액이 보증을 넘으면 보증의 한도에서) 돌려줄 것을 요구할 수 없다(제130조 제7항). 항고인이 항고를 취하한 경우에도 이를 준용한다(제130조 제8항).
> 몰취금액(매각대금의 10% 내에서) = 매각대금(낙찰가) × 12% × 항고기간 × 1/365
> ❖ 그러나 항고가 기각되었더라도 경매신청이 취하, 매각절차가 취소된 때에는 항고인에게 항고보증금을 환급해 준다.

(바) 항고법원은 항고장 또는 항고이유서에 적힌 이유에 대하여만 조사한다. 민사집행법이 항고이유서 제출 강제주의를 채택한 결과이다.

다만, 원심재판에 영향을 미칠 수 있는 법령위반 또는 사실오인이 있는지에 대하여는 직권으로 조사할 수 있다(제15조 제7항). 항고법원의 그 밖의 절차는 일반 항고

절차에 따른다(제15조 제10항).

(사) 항고법원은 원심결정을 취소하는데 그치고 직접 매각허부결정을 할 수 없고, 따라서 공고를 할 필요도 없으며, 항고법원이 집행법원의 결정을 취소하는 경우에 그 매각허부의 결정은 집행법원이 하게 된다(제132조).

> **매각허가결정에 대한 즉시항고에서의 재항고권자**
>
> - 경락허가결정에 대한 즉시항고에 대하여 항고법원이 항고를 기각한 경우 '항고인'만이 재항고를 할 수 있고 다른 사람은 그 결정에 이해관계가 있다 할지라도 재항고를 할 수 없는 것이지만, 항고법원이 항고를 인용하여 원결정을 취소하고 다시 상당한 결정을 하거나 원심법원으로 환송하는 결정을 하였을 때에는 그 새로운 결정에 따라 손해를 볼 이해관계인은 **재항고**를 할 수 있다(2002. 12. 24 선고 2001마1047).

6) 매각허부결정의 효력발생시기

즉시항고는 집행정지 효력이 없다. 그러나 매각허가결정 또는 불허가결정은 '확정'되어야 효력이 있으므로(제126조 제3항), 즉시항고가 제기되면 집행법원은 대금지급이나 배당기일을 지정·실시할 수 없다. 따라서 사실상의 집행정지 효력이 있다.

그러나 항고기간을 도과하여 즉시항고를 한 경우에는 명령으로 항고장을 각하하고 그 뒤의 절차를 진행할 수 있다(민소법 제443조 제1항, 제399조 제2항).

항고가 인용된 경우 확정증명원을 제출하여 보증금을 전액 회수할 수 있다.

[서식] 경락(불)허가결정에 대한 즉시항고장

경락(불)허가결정에 대한 즉시항고장

사　　건　　20○타경4311호 부동산 강제경매
항고인(매수인) : 홍 길 동
　　　　　　　경기도 남양주시 도농로17번길 5-3, 마동 202호(도농동, 소망아트빌라)

위 항고인은 의정부지방법원 201○타경4311호 부동산강제경매 사건에 관하여 동원이 201○. 2. 3. 선고한 매각불허가결정에 대하여 불복이므로 이에 항고합니다.

원 결 정

별지목록기재 부동산에 대하여 최고가로 입찰신고한 위 사람에게 낙찰을 불허가 한다.

항 고 취 지

원 결정을 취소하고 다시 상당한 재판을 구한다.

항 고 이 유

1. 항고인은 의정부지방법원이 201○. 2. 3. 별지목록기재 부동산에 대하여 동법원 201○타경 4311호로 실시한 강제경매 사건에서 최고가 신고인으로 매수인이 되었습니다.

2. 그런데 위 법원은 201○. 2. 10. 별지목록기재 부동산 중 순위번호 3번 농지에 대한 소재지관서의 농지취득자격증명서가 첨부되지 아니하였다는 이유로 매각불허가 결정을 하였습니다.
   그런데 항고인은 201○. 2. 29. 위 순위 3번의 농지에 대하여 소재지관서인 전곡읍사무소로부터 현황이 농지가 아니므로 농지취득자격증명을 발급할 수 없다는 반려통지서를 받았으므로 항고인에 대하여 매각허가가 되어져야 할 것입니다.

소 명 방 법

1. 소갑 제1호증   반려통지서

202○. . .

위 항고인 홍 길 동

의정부지방법원 귀중

유의사항
- 항고장은 선고일부터 1주일의 불변기간 내에 원심법원에 제기하여야한다.
- 항고장 1부, 인지는 금 2,000원, 송달료는 5회분(48,000원)
- 채무자나 소유자가 경락허가결정에 대하여 항고하는 경우에는 보증금으로 낙찰대금의 10% 해당의 금원을 제공하여야 한다.
   Cf) 재항고시에는 인지 2,000원, 송달료 5회분이다. 다만 재항고이유서 5부를 제출하되 재항고장에 항고이유서를 기재한 경우 재항고장을 5부 제출한다.

금 전 공 탁 서

공탁번호	년 금 제 호	년 월 일 신청	법령조항	민집 제130조 3항
공탁자 성명(상호, 명칭)	아틀리에 주식회사	피공탁자 성명(상호, 명칭)		
공탁자 주민등록번호(법인등록번호)	110111-5331622	피공탁자 주민등록번호(법인등록번호)		
공탁자 주소(본점, 주사무소)	서울 서초구 신반포로20길 27, 7층(잠원동)	피공탁자 주소(본점, 주사무소)		
공탁자 전화번호	02) 591-7007	피공탁자 전화번호		
공 탁 금 액	한글 육천만이십이만이천원 숫자 60,222,000원	보 관 은 행	은행	지점
공탁원인사실	채권자 가평군농업협동조합 채무자 김추영, 소유자 김정영간 의정부지방법원 201○타경45105호 임의경매사건에 관하여 201○.6.28.자 귀원이 한 매각허가결정에 대하여 항고하고자 경락대금의 10분의 1 상당액인 금 60,222,000원을 공탁함.			
비고 (첨부서류 등)				☐ 계좌납입신청
1. 공탁으로 인하여 소멸하는 질권, 전세권 또는 저당권 2. 반대급부 내용				

위와 같이 신청합니다.
　　　　　　아틀리에(주)　　　　　　　　　　　　　대리인 주소
　공탁자　서울 서초구 신반포로20길23, 3층(잠원동)　전화번호
　　　　　　대표이사 김성실　　(인)　　　　　　　성명

위 공탁을 수리합니다.
공탁금을　　년　월　일까지 위 보관은행의 공탁관 계좌에 납입하시기 바랍니다.
위 납입기일까지 공탁금을 납입하지 않을 때는 이 공탁 수리결정의 효력이 상실됩니다.
　　　　　　　　　　　　　202○ 년　　　월　　　일
　　　　　　　　　　　　　의정부지방법원 공탁관　　　　　　　　　(인)

(영수증) 위 공탁금이 납입되었음을 증명합니다.
　　　　　　　　　　　　　202○ 년　　　월　　　일
　　　　　　　　　　　　　공탁금 보관은행 (공탁관)　　　　　　　(인)

유의사항
1. 매각허가결정에 대한 항고보증공탁은 집행공탁의 성질을 갖는다.
2. 공탁서 2부를 작성하며 비용은 없다.
3. 항고가 인용된 경우 다음 서류를 첨부하여 공탁금을 회수할 수 있다.
　① 항고인용결정문, ② 확정증명원, ③ 해당보증금이 배당할 금액에 포함될 필요가 없게 되었음을 증명하는 사면(법원이 발급한 것)

제9절 무잉여 취소란

1) 의 의

집행법원은 법원이 정한 최저매각가격으로 압류채권자의 채권에 우선하는 부동산의 모든 부담과 절차비용을 변제하면 남을 것이 없겠다고 인정한 때에는 그 사실을 압류채권자에게 통지하여, 압류채권자가 만일 위의 부담과 절차비용을 변제하고 남을 만한 가격을 정하여 그 가격에 맞는 매수신고가 없을 때에는 자기가 그 가격으로 매수하겠다는 신청(신청과 동시에 그에 대한 충분한 보증을 제공하여야 한다)을 위의 통지를 받은 날부터 1주 이내에 하지 않으면 법원은 경매절차를 취소하여야 한다(제102조 제1항, 제2항). 무익·무용한 집행을 방지하기 위한 것이다.

2) 압류채권자의 채권에 우선하는 부동산의 부담

압류채권자의 채권에 우선하는 부동산의 부담은 경매부동산의 매각대금에서 압류채권자에 우선하여 변제하여야 하는 채권으로서 당해 경매절차에서 밝혀진 것을 말한다.

- (가) 선순위 저당권으로 담보되는 채권은 우선채권에 해당한다. 이때 우선채권의 범위는 원칙으로 피담보채권 원본과 이자 및 원본의 이행기를 지난 뒤 1년분의 지연손해금이다. 근저당권의 경우에는 실제의 채권액이 밝혀지지 아니하는 한 등기된 채권최고액을 우선채권액으로 한다.
- (나) 목적부동산에 관하여 설정된 선순위 전세권등기로서 매각으로 인하여 소멸할 전세권 즉, 민사집행법에서는 배당요구를 한 전세권의 경우(제91조 제4항 단서)에는 그 전세금반환채권도 여기의 우선채권에 해당한다.
- (다) 선순위 가등기담보권으로 담보되는 채권도 우선순위의 범위에 들어간다. 다만, 권리자가 채권을 증명하여 집행법원에 신고하지 않으면 담보가등기인지 아니면 순수한 순위보전의 가등기인지 알 수 없으므로, 담보가등기로 신고된 경우에만 우선채권의 범위에 들어간다.
- (라) 국세, 지방세, 산업재해보험료, 지방자치단체의 사용료, 수수료 등 공과금은 실체법상

우선권이 인정되므로 그 순위가 압류채권자의 권리에 우선하는 때에는 우선채권에 해당한다.
- **(마)** 임금, 퇴직금, 재해보상금 그 밖의 근로관계로 말미암은 채권도 여기의 우선채권에 들어간다.
- **(바)** 주택임대차보호법 제8조 제1항의 요건을 갖춘 소액보증금 중 일정액 및 같은 법 제3조의2 제2항의 요건을 갖춘 임차보증금은 여기의 우선채권에 해당한다.
- **(사)** 저당권이 설정된 부동산을 강제경매하는 경우 민법 제367조의 규정에 따라 우선권을 가지는 제3취득자의 비용상환청구권도 여기의 우선채권에 해당한다.

3) 절 차

압류채권자가 남을 가망이 없다는 통지를 받고 1주 이내에 적법한 매수신청 및 보증제공을 하지 않을 때에는 법원은 결정으로 경매절차를 취소한다. 다만, 위 기간이 지난 뒤라도 취소 결정전에 적법한 매수신청 및 보증의 제공을 하면 경매절차를 계속하여 진행한다.

매수신청액은 모든 우선채권액을 넘는 금액이어야 하며, 보증액은 매수신청액에서 최저매각가격을 뺀 액수이다. 보증의 제공방법은 현금 또는 유가증권을 공탁하고 그 공탁서 원본을 매수신청서와 함께 집행법원에 제출하면 된다.

남을 가망이 없는데도 이를 못 본 채 경매절차를 진행하여 최고가매수신고인을 호창하고 매각절차를 종결하였더라도 경매법원이 그 과오를 발견한 때에는 매각불허가결정을 하여야 한다. 이때 매각불허가결정을 하지 않고 매각허가결정을 한 경우에 즉시항고를 할 수 있는 자는 압류채권자와 우선채권자에 한하고 채무자(소유자)는 즉시항고 할 수 없다.[44]

---

44) 대법원 1987. 10. 30.자 87마861 결정.

제10절 잔대금 납부는 어떻게 하나

1) 대금지급기한

법원은 매각허가결정이 확정되면 확정된 날로부터 '1달 이내의 지급기한'을 정하여 매수인에게 통지하며 매수인은 대금지급기한까지 매각대금을 지급하여야 한다. 그 결과 매수인은 대금지급기한에 이르기까지 언제라도 매각대금을 지급하고 소유권을 취득하여 그 지위를 빨리 안정시킬 수 있게 되었다.

> **매각 잔대금을 빨리 내는 방법**
> 매각허가기일에서의 매각허가에 대하여 이해관계인은 즉시항고 할 수 있으므로, 즉시항고기간 7일이 경과하면 매각허가결정이 확정되며, 이후 법원은 잔대금납부기한을 정하여 경락인에게 통지하게 된다. 경락인은 잔대금납부명령을 통지받기 이전이라도 잔대금납부기한이 정하여지면 직접 법원 담당 경매계를 방문하여 매각대금납부서를 받아 취급은행에 납부하여 소유자가 될 수 있다.

2) 대금지급의 방법

가. 현금 납부

대금은 현금[45]으로 법원에 내야 한다. 매수신청의 보증으로 금전이 제공된 경우에 낼 금액은 매각가격에서 보증금을 제외한 금액이다(제142조 제3항). 매수인(경락인)이 지급하여야 할 매각대금은 매각허가결정서에 적힌 매각대금이지만, 실제에 있어서는 매각기일 제출한 매수보증금은 매각대금에 산입하도록 되어 있으므로 이를 공제한 잔액을 법원이 정한 납부기한까지 납부한다.

대금 납부 기한이 초과하더라도 재매각 기일 3일전까지 매각대금과 지연이자(연12%)를 납부하면 소유권을 취득할 수 있다.

---

[45] 금융기관이 발행한 자기앞수표는 현금에 준한다.

매각잔대금납부방법

매각잔대금을 납부하고자 할 때는 본인 또는 그 대리인이 직접 담당 경매계를 방문하여 '매각대금납부신청서'를 제출한 후 매각대금납부서 2장을 건네받아 취급은행에 잔대금을 납부할 수 있다. 이후 취급은행은 수납처리 후 1통을 돌려주는데 이를 담당 경매계에 제출하도록 하며, 이때 경락인은 '매각대금완납증명'을 받을 수 있다.

┃유의사항┃

❖ **경매잔대금 금융권대출방법** : 통상 잔대금을 금융권으로부터 대출을 받아 납부처리하는 경우에 금융기관은 대금납부당일에 소유권이전등기와 근저당권 설정이 동시에 이루어지도록 법원의 등기소로의 소유권이전등기촉탁서 송달시 특별송달로 신청하여 근저당권설정등기도 동시신청이 이루어지도록 하고 있는데, 지정 법무사를 통하여 이러한 소유권이전등기와 근저당권설정 등기의 동시신청을 대행하고 있다.

[서식] 매각대금납부신청서

<h2 style="text-align:center;">매각대금납부신청서</h2>

사　　건 :　201○타경54998호 임의경매
채 권 자 :　주식회사 국민은행
채 무 자 :　최 경 란
소 유 자 :　최 경 란
매 수 인 :　김 대 숙

　위 당사자간 귀원 201○타경54998호 부동산임의경매 사건에 관하여 매수인은 매각대금을 납부하고자 하오니 허가하여 주시기 바랍니다.

매각대금 : 금 32,210,000원
잔 대 금 : 금 28,989,000원

202○.　.　.

위 매수인 김 대 수　(인)

의정부지방법원 경매3계　귀중

[서식] 낙찰대금완납증명원

낙 찰 대 금 완 납 증 명 원

사　건　　　201○타경54998호 임의경매
채 권 자　　주식회사 국민은행
채 무 자　　최 경 란
소 유 자　　최 경 란
매 수 인　　김 대 숙

위 당사자간 귀원 201○타경54998호 부동산 임의경매 사건에 관하여 매수인은 별지목록기재 부동산에 대한 경락대금 금 32,210,000원을 201○. 4. 22. 완납하였음을 증명하여 주시기 바랍니다.

20○.　.　.

위 매수인　김 대 숙　(인)

의정부지방법원 경매3계　귀중

접수방법

- '낙찰대금완납증명원'은 시/군/구청에서 등록세납부서를 발급받을 때 필요하다. 인지 : 500원
- 증명원 2부를 준비하여 '접수처'를 경유하여 담당 경매계에서 1부를 증명받는다.

〈별 지〉
1동 건물의 표시 : 경기도 의정부시 호원동 397-3
　　　　　　　[도로명주소] 경기도 의정부시 범골로35번길 23
전유부분의 건물의 표시
　　　　건물의 번호 :　3 - 301
　　　　구　　　조 :　철근콘크리트조
　　　　면　　　적 :　3층 301호 48.40평방미터
대지권의 표시
　　　　토지의 표시 : 1. 경기도 의정부시 호원동 397-3 대 366㎡

대지권 종류 : 1. 소유권대지권
대지권 비율 :   366분의 32.62   - 끝 -

금융상식

-LTV와 DTI-

정부의 부동산대책을 위한 금융규제는 주택담보대출에 직접 영향을 주기 때문에 부동산 가격 안정을 위한 가장 강력한 조치 중 하나로 손꼽힌다. 그 중 흔히 접하는 금융 규제 용어로 LTV와 DTI가 있다.

1. 우선 LTV(Loan To Value ratio)는 '**주택담보대출비율**'을 뜻한다. 집을 담보로 은행에서 돈을 빌릴 때 집 자산가치를 얼마나 인정해주는지를 비율로 표시한 것이다.

   예를 들어, LTV가 60%라면 시가 3억 원짜리 아파트는 최대 1억 8,000만 원까지 빌릴 수 있다. 하지만 실제로 대출받을 수 있는 돈은 이보다 더 적은 것이 보통이다. 돈을 갚지 않아 담보로 잡은 주택을 경매처분할 것에 대비해 아래와 같이 방 1개당 소액임차보증금 등을 빼고 대출해주기 때문이다.

   은행대출 가능액 산정기준

   ❶ 대출감정가 : 시세 × 80%
   ❷ 담보감정가 : 대출감정가 × 주택담보비율[46]
   ❸ 소액임차보증금 공제 : 방 1개당 해당 소액보증금공제, 소액보증금이 담보감정가의 50%를 초과하는 경우에는 담보감정가의 50%까지만 공제.
   ❹ 예상대출금 : 담보감정가 (❷) - 소액임차보증금 공제 (❸)

   LTV 규제는 해당 주택 담보가치에 초점을 맞추고 있기 때문에 소득이 없는 사람도 많은 돈을 빌릴 수 있다는 문제점이 있다. 소득이 없는 배우자나 자녀 명의로도 대출을 받을 수 있기 때문에 부동산 투기 방지에 한계가 있다는 뜻이다. DTI는 이 같은 문제점을 보완한다.

2. DTI(Debt To Income ratio)는 '**총부채상환비율**'을 지칭한다.
   연간 총소득에서 주택담보대출의 연간 원리금 상환액과 기타 부채의 연간 이자 상환액을 합한 금액이 차지하는 비율을 말한다. 다시 말해 LTV처럼 주택 가격에 비례해 대출을 해주는 것이 아니라 돈을 얼마나 갚 갚을 수 있는지를 따져 대출 한도를 정한다는 뜻이다. DTI 50%가 적용되면 연간 갚아야 할 원금과 이자의 합이 연소득의 50%를 넘지 않는 범위에서만 대출이 가능하다.

예를 들어, 연소득 3,000만 원인 A씨가 7억 원짜리 아파트를 산다고 가정해보자. LTV 60%를 적용하면 7억 원 대비 60%인 4억 2,000만 원까지 빌릴 수 있다. 하지만 DTI 50%를 적용하면 대출가능액이 줄어든다. "이자만 내고 원금은 만기에 일시 상환할 경우"의 연이자금액은 1,500만 원(= 3,000만 원 × 50%)을 넘을 수 없으므로 현재 이자율을 6%라 가정하면,

대출금액(x) × 6% = 1,500만 원

대출금액(x) = 1,500만 원/6% = 2억 5천 원

즉 DTI를 적용하면 2억 5천만 원의 대출이 가능하게 된다. 정부(금융감독원)의 방침은[47] "LTV와 DTI중 대출금액이 적은 쪽으로 적용"하게 되어있으므로 위 2가지 방식 중 적은 2억 5천만 원의 대출이 가능하다.

◉ 이의사유 ◉

❖ 은행대출을 위한 서류
매각대금이 부족한 경우는 금융기관을 통해 경매대출을 받을 수 있는바, 그 필요서류는 아래와 같다.
1. 입찰보증금 납부영수증(입찰 법정에서 영수증을 끊어줌) 또는 경매보증보험증권사본
2. 대금지급기한통지서   3. 부동산등기부등본
4. 주민등록등본   5. 인감증명서 및 인감도장

---

[46] 2018년 1월부터 LTV비율은 투기·투기과열지역 40% 이내, 조정대상 지역 60% 이내, 기타 지역 70% 이내로 변경되었다.

구분	투기지역	투기과열지역	조정대상지역	기타지역
LTV비율	40%	40%	60%	70%

- 투기지역 : 서울 강남·서초·송파·강동·용산·성동·노원·마포·양천·영등포·강서·세종시 (12곳)
- 투기과열지역 : 서울 25개 자치구, 경기 과천·분당, 세종시, 대구시 수성구 (29곳)
- 조정대상지역 : 서울 25개 자치구, 경기 과천·성남·하남·고양·광명·남양주·동탄2, 부산 해운대·연제·동래·부산진·남·수영·기장, 세종시 (40곳)

[47] 주택의 담보 대출시 총부채상환비율(DTI) 40~60%이 적용된다. 전국의 모든 주택을 대상으로 하며 은행뿐 아니라 보험사, 저축은행 등 제2금융권에도 적용된다(단 대출금이 5000만 원 이하일 때는 DTI를 적용받지 않는다). 금융감독원은 이 같은 내용의 '주택담보대출 여신심사체계 선진화 방안(모범 규준)'을 마련, 이미 2007. 3. 1.부터 시행하여 오고 있다. 총부채상환비율(DTI)은 종전 서울 50%, 경기·인천 60%였던 것을 최근 2014. 8. 1.자 60%로 통일하여 적용하고 있다.

나. 채무의 인수

매수인(경락인)은 매각조건에 따라 부동산의 부담을 인수하는 외에 배당표의 실시에 관하여 매각대금의 한도에서 관계되는 채권자의 승낙이 있으면 대금의 지급에 갈음하여 '채무인수'를 할 수 있다(제143조 제1항). 매수인이 관계채권자의 승낙서를 첨부하여 채무인수신고를 한 경우 법원은 대금지급기한을 정하지 않고 바로 배당기일을 정한다.

> **채무인수 신청**
>
> ○ 매수인이 낙찰대금이 부족한 경우, 낙찰받은 부동산상의 채무를 인수하여 채무 금액만큼 낙찰대금 액수를 줄 일 수 있는 방법이다.
>   예를 들어 2억 원에 낙찰받은 부동산에 은행에 5,000만 원 근저당이 설정된 경우 매수인은 채권자인 은행과 협의하여 5,000만 원의 채무를 인수하게 된다면 낙찰대금은 나머지 1억 5,000만 원만 납부하면 된다.
> ○ 채무인수를 위해서는 대금납부기한이 정하여 지기 이전에 법원에 채무인수 신청서를 제출하여야 한다. 채무인수 신청서 제출시 채권자의 채무인수승낙서와 인감증명서 그리고 부동산 목록과 채권계산서를 첨부하여야 한다. 또한 채무인수가 이루어지면 채권자의 요구에 따라 채무자를 매수인으로 변경하는 등기를 하게 된다.

[서식] 매수인의 채무인수신청서

매수인의 채무인수신청서

사 건   201○타경9878 강제경매
채 권 자   주식회사 국민은행
채 무 자   고 민 섭
신청인(매수인)   강 성 수

 귀원 위 201○타경9878 강제경매 사건에 관하여 신청인은 본건 부동산을 매수하여 대금을 납부하고자 하나 매각대금의 범위에서 1순위 채권자인 주식회사 국민은행이 가지고 있는 다음의 채권을 채무자가 부담하고 있는 같은 조건으로 채권자의 동의를 받아 동 채무를 인수코자 하오니 허가하여 주시기 바랍니다.

다   음

 금 20,000,000원 및 201○. 5. 1.부터 201○. 10. 1.까지 연 20%의 비율에 의한 이자 손해금(제

1번 근저당권)
위 동의할 채권자(1번 근저당권자: 주식회사 국민은행)

첨 부 서 류

1. 채권계산서   1통
2. 채무인수승낙서   1통
3. (법인)인감증명서   1통

202○.   .   .

위 신청인(매수인)   강 성 수   (인)

서울중앙지방법원 경매7계 귀중

접수방법

- 비용없음
- 대금납부기한이 정하여지기 이전에 채권계산서와 채무인수승낙서를 첨부하여 경매법원에 1부를 제출한다.

[서식] 채무인수에 관한 승낙서

채무인수에 관한 승낙서

사   건   201○타경9878 강제경매
채 권 자   주식회사 국민은행
채 무 자   고 민 섭

귀원 위 201○타경9878 부동산강제경매 사건에 있어서 경매의 목적물을 귀하가 매수하고 그 매수대금으로 1번 근저당권 채권자로부터 채무자가 부담하는 아래 다음 채무를 인수하여 매수대금일부의 지급에 갈음할 것을 승낙합니다.

다   음

금 20,000,000원 및 201○. 5. 1.부터 201○. 10. 1.까지 연 20%의 비율에 의한 이자 손해금(제1

```
번 근저당권)

                          202○.  .  .
                   위 채권자 주식회사 국민은행
                      대표이사 민병덕   (인감)

매 수 인   강 성 수   귀하
```

다. 채권상계신청

배당받을 채권자가 매수인(경락인)인 경우에는 매각결정기일이 끝날 때까지 법원에 상계신청을 하고 '배당받아야 할 금액'을 제외한 대금을 배당기일에 낼 수 있다(제143조 제2항). 납부대금이 배당액보다 클 경우에는 배당액을 공제한 잔액을 현금으로 내야 한다.

위에서 '배당받아야 할 금액'이란 매수인이 배당요구한 채권액을 의미하는 것이 아니라 매수인이 배당순위에 따라서 배당기일에 실제로 배당받을 수 있는 금액을 말한다. 비록 배당요구한 채권자라도 실제에 있어서 배당받을 것이 없는 경우에는 상계신청은 허용되지 않는다.

이와 같이 배당받을 채권자가 매수인으로서 차액지급을 신고하는 경우(상계신청)에는 법원은 따로 대금지급기한을 정하지 않고 바로 배당기일을 정하고, 이에 상계신청자는 배당기일에 차액을 납부할 수 있다.

그러나 매수인이 인수한 채무나(채무인수의 경우) 또는 채권상계의 경우 배당받아야 할 금액에 대하여 '이의'가 제기된 때에는 매수인은 배당기일 때까지 이에 해당하는 대금을 내야한다(제143조 제3항).

> **채권상계 신청**
> 매수인(낙찰자)이 매각결정기일이 끝날 때까지 상계신청을 하면 매수인이 배당을 받을 채권자로서 자신이 수령할 배당액만큼을 낙찰대금에서 공제받을 수 있다. 낙찰대금이 수령할 배당보다 클 경우, 배당기일에 상계처리된 나머지 금액만을 납부하면 된다(민집 제143조 제2항).

[서식] 〈사례-1〉 채권상계신청서

채 권 상 계 신 청 서

사　　　　건　　　201○타경10292 임의경매
채권자겸매수인　　김 성 중
채무자겸소유자　　김 대 식

　위 당사자간 귀원 201○타경10292 부동산임의경매 사건에 관하여 채권자는 위 부동산을 금 1억 5,000만 원에 경락함으로써 위 대금을 경락인인 위 채권자가 납부하여야 할 것이나 채권자는 위 부동산에 대하여 제1순위 근저당권자로서 위 부동산의 경락대금에 별지계산서 기재의 채권을 배당받게 되므로 위 경락대금 중에서 위 배당받을 채권액을 상계하여 주시기 바랍니다.

첨 부 서 류

1. 채권계산서　　　　　　　　1통

202○.　.　.

매수인 겸 채권자　김 성 중　(인)
☎ 031) 873-1234

의정부지방법원 경매2계　귀중

접수방법

- 첨부서류
  경매진행채권자가 최고가매수인으로 결정된 경우, 이미 채권원인증서(ex 근저당권리증서, 판결정본 등)는 경매신청시 법원에 제출하였을 것이므로, 채권계산서만을 첨부하여 상계신청하면 된다.
  　그러나 경매진행채권자가 아니라 배당요구채권자에 불과한 경우에는 배당요구종기일까지 권리신고 및 배당요구신고를 하였더라도 채권원인증서 사본만을 제출하였을 것이므로, 반드시 **채권원인증서 원본**을 첨부하여 위 상계신청하여야 한다(아래 사례-2 서식참조).
- 인지, 송달료 등 비용없음
- 매각결정허가기일(경락기일)까지 채권계산서를 첨부하여 1부를 담당경매계에 제출한다.

[서식] 채권계산서

채 권 계 산 서

사　　　　건　　　201○타경10292 임의경매
채 권 자(매수인)　　김 성 중
채 무 자(소유자)　　김 대 식

위 사건에 관하여 채권자는 채무자에 대하여 아래와 같은 채권을 가지고 있습니다.

아　래

원　금　　금 55,000,000원 (의정부지방법원 201○머917호 집행력 있는 화해
　　　　　　　　　　권고결정정본에 의한 금원)

이자금　금 15,008,219원 (위 금원에 대한 201○. 5. 30.부터 201○. 10. 9.까지 498일에 대하여
　　　　　　　　　　연2할의 비율에 의한 금원)
　　　　　　　　　　(55,000,000 × 0.2 × 498일/365일)

합계금　금 70,008,219원

202○.　.　.

채권자겸 매수인　김 성 중　(인)

의정부지방법원 경매2계　귀중

접수방법

1) 집행법원의 제출최고에 의하여 제출하는 채권계산서에는 ① 채권의 원금, ② 이자, ③ 비용, ④ 기타 부대채권을 기재한다.
2) 비용없음, 1통을 상계신청서에 첨부하여 제출한다.

[서식] 〈사례-2〉 채권상계신청서

채 권 상 계 신 청 서

사　　건	201○타경18259 부동산강제경매
채 권 자	법성새마을금고
채 무 자	최 미 숙
매 수 인 (배당요구채권자)	박 강 민 서울 광진구 구의동 59-29 광동빌라 3층 302호 ☎ 018-613-7612

　위 귀원 201○타경18259 부동산강제경매에 관하여 낙찰대금의 납부를 민사집행법 제143조 제2항에 의하여 본 매수인이 배당요구채권자(임차인)로서 채권배당을 받는 액의 한도로써 상계하여 주시기 바랍니다.

첨 부 서 류

　1. 임대차계약서 원본　　　　　　1통
　2. 주민등록초본　　　　　　　　 1통

202○.　.　.
위 매수인 겸 배당요구채권자　박강민　(인)

서울동부지방법원 경매1계　귀중

접수방법

- 첨부서류
  경매진행 채권자가 아닌 단순한 배당요구채권자가 매수인이 된 경우 '채권원인증서 원본'을 첨부하여 이 신청을 하여야 한다. 위 사례는 매수인이 주택임대차보호법이 정하는 임차인이므로 임대차계약서 원본과 전입신고의 확인을 위한 주민등록초본을 첨부하였다.
- 배당받을 채권의 순위가 1순위가 아닌 경우로서 배당받을 채권액을 계산하기 곤란한 경우(배당 1순위라면 채권계산이 쉬울 것임)에는 위와 같은 형식으로 '채권계산서' 제출없이 상계신청서를 작성하여도 무방하다.
- 인지, 송달료 등 비용없음

[서식] 채권상계에 대한 이의신청

채권상계에 대한 이의신청

사　　　건	201○타경10292 임의경매
채권자겸매수인	김 성 중
채무자겸소유자	김 대 식
이 의 신 청 인	김 종 국
	서울 도봉구 노해로66길 29, 101호(창동)
	☎ 010-2899-1234

　위 당사자간 귀원 201○타경10292 부동산임의경매 사건에 관하여 경매신청 매수인 겸 채권자가 201○. 10. 3.자로 채권 상계신청을 한 바, 이의신청인은 이 사건에 배당요구한 이해관계인으로서 위 상계할 채권에 대하여 상계적상이 없다고 사료되므로, 민사집행법 제268조ㆍ제143조에 의하여 본 이의신청을 합니다.

202○.　.　.

위 신청인(배당요구채권자)　김 종 국　(인)

의정부지방법원 경매2계　귀중

접수방법

- 인지 등 비용없음
- 배당기일 전까지 1부를 담당경매계에 제출한다.
- 채무인수 또는 상계신청을 통하여 대금을 납부하려는 경락인은 위 이의신청으로 인하여 예기치 않게 배당기일이 끝날 때까지 잔대금을 현금으로 납부할 수 있는 위험요소가 있음을 유의해야 할 것이다.

3) 대금지급의 효과

매수인은 매각대금을 다 낼 때에 매각의 목적인 권리를 취득한다(제135조).

차순위매수신고인은 매수인이 대금을 모두 지급한 때 매수의 책임을 벗게 되고 즉시 매수신청의 보증을 돌려받을 수 있다(제142조 제6항).

대금을 다 낸 매수인은 매각부동산의 인도명령을 신청할 수 있다(제136조 제1항).

4) 대금미납에 따른 법원의 조치

가. 차순위매수신고인에 대한 매각허부결정

차순위매수신고인이 있는 경우에 매수인(최고가매수신고인)이 대금지급기한(제142조 제4항의 경우에는 다시 정한 기한)까지 대금납부의무를 이행하지 아니한 때에는 차순위매수신고인에게 매각을 허가할 것인지를 결정하여야 한다(제137조 제1항).

차순위매수신고인에 대한 매각허가결정이 있는 때에는 매수인은 매수신청의 보증을 돌려줄 것을 요구하지 못한다(제137조 제2항). 위 보증은 배당할 금액에 포함된다.

나. 재매각

매수인이 대금지급기한까지 대금지급의무를 완전히 이행하지 아니하고 차순위매수신고인이 없는 때에는 법원은 직권으로 부동산의 재매각을 명하게 된다(제138조 제1항).

(1) 요 건
(가) 대금지급기한 또는 제142조 제4항의 다시 정한 기한이 지났을 것
(나) 매수인이 대금지급의무를 완전히 이행하지 아니하였을 것
   일괄 매각된 여러 개의 부동산 중 일부 부동산의 대금만 내거나, 한 부동산의 공동매수인 중 일부가 내부관계상 자기의 의무를 이행하였어도 전체적으로 대금을 다 내지 아니하면 완전한 의무이행이 아니다.
(다) 차순위매수신고인이 없을 것
   차순위매수신고인이 있으면 바로 재매각하여서는 아니 되고 먼저 그에 대한 매각 허부의 결정을 하여야 한다.

(라) 의무불이행이 재매각명령 때까지 존속할 것

(2) 절 차

(가) 매각조건

전의 매수인이 최고가매수신고인으로 불렸던 매각기일에 정하여졌던 최저매각가격, 그 밖의 매각조건이 재매각 절차에 그대로 적용된다(제138조 제2항). 최저매각가격을 저감하지 않는다. 통상 각 법원은 이후 진행하는 입찰에서 입찰보증금을 20%로 인상하는 예가 많다.

(나) 재매각기일의 지정·공고·통지 및 실시

법원은 재매각을 명한 때에는 즉시 재매각 기일을 정하고 일반의 매각절차와 같은 방법으로 이를 공고하여야 한다. 재매각기일의 절차는 모두 일반의 매각기일 절차와 마찬가지로 실시한다. 다만, 재매각에서는 전의 매수인은 매수신청을 할 수 없다(제138조 제4항).

(3) 재매각절차의 취소

전의 매수인이 '재매각기일의 3일 이전까지' 대금과 이에 대한 지급기한이 지난 뒤부터 지급일까지의 지연이자 연12% 와 절차비용을 낸 때에는 재매각절차를 취소하여야 한다(제138조 제3항 전문). 매각절차의 신속한 진행을 위한 제도이다.

> **注意** '재매각기일의 3일 이전까지'라 함은 재경매기일의 전일로부터 소급하여 3일이 되는 날의 전일까지를 의미하는 것이 아니라, 재경매기일의 전일로부터 소급하여 3일이 되는 날(따라서 3일째 날이 포함)까지를 의미한다(대결 91마500).
> 예를 들어 재매각기일이 2. 11.이라고 할 경우에는 2. 10.부터 역산하여 3일이 되는 2. 8.을 포함하는 날까지 대금 등을 납부하여야한다.

최초의 매수인이 대금지급의무를 이행하지 아니하여 차순위 매수신고인에게 매각허가를 하였는데(제137조 제1항), 차순위매수신고인 조차 대금지급의무를 이행하지 아니하여 재매각을 명한 때에는, 최초의 매수인이나 제2의 매수인이나 모두 같은 입장이기 때문에 둘 중에서 위 금액(내금과 시언이사 및 설차비용)을 먼저 낸 매수인이 매매복적불의 소유권을 취득한다(제138조 제3항 후문).

제11절 경매취하는 어떻게 하나

1. 취하권자

원칙적으로 경매신청인이 취하할 수 있다. 다만, 경매신청인의 지위가 이전된 경우에는 그 승계인만이 취하할 수 있다.

2. 취하의 시기와 요건

매수인이 대금을 지급하기 전까지 취하할 수 있다. 취하를 한 시기에 따라 그 요건이 달라진다.

가. 매수신고가 있기 전까지 취하하는 경우

경매신청인은 매각기일에 적법한 매수신고가 있을 때까지는 다른 사람의 동의를 받을 필요 없이 임의로 취하할 수 있다.

나. 매수신고가 있은 뒤에 취하하는 경우

- 이 경우에는 최고가매수신고인 또는 매수인과 차순위매수신고인의 동의를 받아야 한다(제93조 제2항). 이들은 매각절차의 진행에 관하여 이해관계가 있기 때문이다. 그러나 재매각을 한 경우 종전 절차에서의 매수인의 동의는 필요하지 않다.

- 배당을 요구한 채권자나 부동산 위의 권리자의 동의도 불필요하다. 왜냐하면, 이들은 타인의 경매신청에 따른 집행절차에 편승하여 배당을 받으려는 자에 불과하므로 그들의 이익을 고려할 필요가 없기 때문이다.

- 이중개시결정이 내려진 경우에 먼저 개시결정 된 경매의 신청인이 취하하는 경우에 뒤의 경매신청인의 동의는 필요 없다. 먼저 한 경매신청이 취하되더라도 제87조 제2항에 따라 이중개시결정에 터 잡아 경매절차가 속행되므로 뒤의 압류채권자에게 아무런

영향이 없기 때문이다.

○ 다만 최고가매수신고인이 대금지급기일에 매각대금을 지급하지 아니하여 매각결정의 효력이 상실되었고 차순위매수신고인이 없어 재매각명령을 한 경우(제138조 제1항), 재매각 3일 전의 기간까지 사이에 신청채권자가 경매신청을 취하한 경우에는 최고가매수신고인의 동의가 필요없다[대판 99마468].

3. 취하의 방식

취하의 의사표시는 집행법원에 대하여 하여야 하며 매각기일이 개시된 뒤라도 집행관에 대하여 하는 것은 효력이 없다.

취하는 반드시 서면으로 할 필요는 없고 말로도 할 수 있으나, 말로 한 경우에는 조서를 작성하여야 한다(민소법 제161조).

4. 취하의 효과

경매신청이 취하되면 경매절차가 종료하고 압류의 효력이 소멸한다(제93조 제1항). 법원사무관 등은 직권으로 경매개시결정의 기입등기를 말소하도록 등기관에게 촉탁한다(제141조).

[서식] 부동산강제경매 취하서(최고가매수인이 없는 경우)

부동산강제경매 취하서

사　　건　201○타경2132호 강제경매
채 권 자　이 여 림 (850406-1000514)
　　　　　서울 영등포구 영등포로13길 10(양평동1가)
　　　　　송달장소: 경기도 의정부시 신곡동 765-1 금오빌딩 A동 301호
　　　　　☎ 010-1136-2754
채 무 자　김 기 헌 (820818-1230039)
겸 소유자　양천구 남부순환로73길 15-8, 107동 909호(신월동, 신명아파트)

　위 당사자간 사건에 관하여 채권자는 채무자 소유의 별지목록 기재 부동산에 대하여 진행한 강제경매를 취하합니다.

202○．　．　．
위 채권자　이 여 림　　(인감)

서울남부지방법원 경매5계　귀중

접수방법

1) 채권자 본인이 직접 법원을 방문하여 취하서를 제출하는 경우는 인장과 신분증을 지참하고, 경매사건 접수처에 취하서 2통을 제출한다.
2) 대리인인이 제출하는 경우는 위 서류 외에 인감날인 된 위임장(인감증명서 첨부)을 1부 제출한다.
　※ 대리인인 경우라도 취하서의 날인은 채권자의 인장이 날인되어야 함에 유의!
3) 제출시 별지목록이 각 첨부된 취하서 2통을 제출한다.
4) 비용 : ① 등록교육세 : 부동산 1개당 7,200원, ② 증지 : 부동산 1개당 3,000원
　③ 송달우표(등기소가 법원 등기과가 아닌 경우) : 2회분(= 4,800원 × 2)

〈별 지〉
1동의 건물의 표시 : 서울특별시 양천구 신정동 1311, 1311-1
　　　　　　　　　동일하이빌 아파트 제202동
　　　　　　　　　[도로명주소] 서울특별시 양천구 신목로 42(신정동)
전유부분의 건물의 표시
　　건물의 번호 :　202 - 4 - 401
　　구　　　조 :　철근콘크리트조
　　면　　　적 :　4층 401호 115.321㎡
대지권의 표시
　　토지의 표시 :　1. 서울특별시 양천구 신정동 1311　대 26719.7㎡
　　　　　　　　　2. 서울특별시 양천구 신정동 1311-1　대 698㎡
　　대지권의 종류 :　1. 2. 소유권대지권
　　대지권의 비율 :　27417.7분의 58.948　　　　- 끝 -

위 임 장

대리인　최 고 봉(780912-12309821)
　　　　서울 구로구 디지털로19길 21(가리봉동)
　　　　연락처: 010-3454-0987

　위 대리인에게 서울남부지방법원 201○타경2132호 부동산강제경매 사건의 취하서의 제출, 관련부대행위 일체를 위임합니다.
　* 첨부 : 인감증명서 1통

　　　　　　　　　　　202○.　．　．
　　　　　　　　　위 위임인　이 여 림　(인감)

서울남부지방법원 경매5계　귀중

접수방법
- 경매취하서의 제출을 대리인에게 위임한 경우 위임장을 준비한다.
- 위임인란에는 채권자의 인감을 날인하고, 인감증명서를 첨부한다.
- 채권자와의 관계는 누가되든 상관없으나 접수시 관계를 묻고 있으므로, 특별한 관계가 아니라면 '지인(知人)'이라 기재한다.

[서식] 부동산강제경매 취하서(최고가매수인이 있는 경우)

부동산강제경매 취하서

사 건 번 호   201○타경7732호 강제경매
채 권 자   홍 길 동
채 무 자   최 고 봉
소 유 자   최 고 봉(또는 위 채무자와 같음)

 위 사건의 채권자는 채무자로부터 채권전액을 변제(또는 합의가 되었으므로) 받았으므로 별지 목록기재 부동산에 대한 경매신청을 취하합니다.

202○.   .   .
채권자 홍 길 동 (인)
☎ 010-1876-3923

위 경매신청취하에 동의함.

202○.   .   .
위 동의자(최고가 매수신고인) 김 소 중 (인감)
☎ 010-9916-0234

서울중앙지방법원 경매 4 계   귀중

접수방법

1) 경매신청은 매수인의 대금납부까지 취하할 수 있는 바, 경매신청취하로 압류효력은 소멸하나 매수신고 후 경매신청을 취하하려면 최고가매수신고인(차순위매수신고인 포함)의 동의가 있어야 한다.
2) 동의를 요하는 경우에는 별도의 취하동의서를 작성하여 취하서에 첨부하거나, 또는 위 서식과 같이 취하서 말미에 동의의 뜻을 표시하고 인감을 날인할 수 있고, 어느 경우이던 동의자 본인의 인감증명서를 1부 첨부하여야 한다.
3) 제출시 별지 목록이 첨부된 '취하서' 2통을 제출한다.
4) 비용 : ① 등록교육세 : 부동산 1개당 7,200원, ② 부동산 1개당 증지 3,000원
   ③ 송달우표(등기소가 법원 등기과가 아닌 경우) : 2회분(= 4,800원 × 2)

[서식] 경매취하동의서

경 매 취 하 동 의 서

사건번호   201○타경7732호 강제경매
채 권 자   홍 길 동
채 무 자   최 고 봉
소 유 자   최 고 봉(또는 위 채무자와 같음)

위 사건에 관하여 매수인은 채권자가 위 경매신청을 취하하는데 대하여 동의합니다.

첨 부 서 류

1. 매수인 인감증명서   1부

202○. . .

매 수 인 김 소 중 (인감)
☎ 010-9916-0234

서울중앙지방법원 경매 4 계 귀중

접수방법

1) 위 취하동의서는 경매진행 채권자의 '취하서'에 첨부할 때 사용한다.
2) 동의를 요하는 경우에는 위 취하동의서를 작성하여 취하서에 첨부하거나, 또는 취하서 말미에 동의의 뜻을 표시하고 인감을 날인할 수 있는데 어느 경우이던 동의자 본인의 인감증명서를 1부 첨부하여야 한다.

[서식] 경매신청 일부 취하서(일부 취하의 경우)

경매신청 일부 취하서

사건번호   201○타경9932호 강제경매
채 권 자   최 영 광
채 무 자   김 평 화
소 유 자   위 채무자와 같음

  위 사건 중 별지목록 기재 부동산 부분에 대한 경매신청은 건물부분이 멸실되고, 그 소유자 미상의 상업용건물이 신축중 공사가 중단된 것으로 보여 경매개시결정 당시의 건물현황과의 차이로 인하여 그 부분 경매신청을 취하하오니 동 부동산에 대한 경매개기결정 기입등기의 말소등기를 촉탁하여 주시기 바랍니다.

202○.   .   .
채권자   최 영 광   (인)
☎ 010-2276-1123

광주지방법원 경매 4 계 귀중

> **접수방법**

1) 취하서에는 경매진행 채권자 본인의 인감날인 및 인감증명서를 1부를 첨부하여야 한다.
2) 제출시 별지목록이 첨부된 '취하서' 2통을 제출한다.
3) 비용 : ① 등록교육세 : 부동산 1개당 7,200원, ② 등기신청수수료 3,000원
   ③ 송달우표(등기소가 법원 등기과가 아닌 경우) : 2회분(= 4,800원 × 2)

제12절 부동산인도명령 신청은 어떻게 하나

매수인이 매각대금을 다 낸 때에는 채무자 등에 대하여 직접 자기에게 매각부동산을 인도할 것을 구할 수 있으나, 채무자 등이 인도하지 아니하는 때에는 집행법원에 대하여 집행관으로 하여금 매각부동산을 강제로 매수인에게 인도하게 하는 내용의 인도명령을 신청하여 그 명령에 따라 부동산을 인도받을 수 있다(제136조 제1항).

인도명령은 '즉시항고'로만 불복을 신청할 수 있는 재판(제56조 제1호)으로서 집행권원이 된다.

1. 인도명령의 당사자

가. 신청인

대금을 다 낸 매수인과 그 상속인 등 일반승계인에 한하고, 매수인의 특별승계인은 신청인 적격이 없다. 인도명령 신청권은 매각대금을 모두 지급한 매수인에게 부여된 집행법상의 권리이기 때문이다.

나. 상대방

① 채무자, ② 채무자의 일반승계인, ③ 소유자, ④ 부동산의 점유자이다(제136조 제1항 본문).[48] 다만, 점유자가 매수인에게 대항할 수 있는 권원에 의하여 점유하고 있는 경우는 제외된다(제136조 제1항 단서).

매수인에게 대항할 수 있는 권원이란 ① 매수인에게 인수되는 권리[49]와 ② 매각 후 매수인과의 사이에 새로이 성립한 점유권원[50]을 들 수 있다.

---

48) 구 민사소송법에서는 '압류의 효력이 발생한 후에 점유를 시작한 부동산점유자'(제647조 제1항)로 한정하였으나, 민사집행법은 단순히 '부동산점유자'(제136조)로 규정함으로써 압류의 효력이 발생하기 전에 점유를 시작한 점유자에 대하여도 인도명령을 발령할 수 있도록 하였다.
49) ex> 매각으로 인하여 소멸하는 저당권·압류·가압류 등에 우선하는 대항력있는 용익권(임차권, 지상권)이라든가 유치권을 들 수 있다.
50) ex> 법정지상권이라든가 매수인과 점유자의 합의에 의하여 새로 성립한 용익권 등을 들 수 있다.

주택임대차보호법상의 대항력과 우선변제권을 모두 갖고 있는 임차인이 우선변제권을 선택하여 임차주택에 대하여 진행되고 있는 경매절차에서 보증금에 관하여 배당요구를 한 경우에, 대항력있는 보증금 전액을 배당받을 수 있는 때에는 매수인에게 대항하여 보증금을 반환받을 때까지 임대차관계의 존속을 주장할 수는 없다고 하더라도 다른 특별한 사정이 없는 한 임차인이 경매절차에서보증금 상당의 배당금을 지급받을 수 있는 때, 즉 임차인에 대한 배당표가 확정될 때까지는 매수인에 대하여 임차주택의 명도를 거절할 수 있다(대판 97다11195).

대항력과 우선변제권을 모두 가지고 있는 임차인이 경매절차에서 배당요구를 하였고 보증금의 액수나 확정일자의 순위로 미루어 전액배당을 받을 수 있을 것으로 예상되거나 심지어 배당표에 전액 배당받는 것으로 배당표가 작성되었다고 하더라도 배당이의가 없거나 또는 배당이의가 있더라도 그 이의가 완결되어 배당표가 확정될 때까지는 매수인에게 대항할 수 있는 권원에 의하여 점유하고 있는 것이다.

> **인도명령의 대상이 될 수 없는 경우**
> ① 대항력있는 용익권(임차권, 지상권)
> ② 대항력있는 임차인(주택·상가건물임대차법)
> ③ 유치권
> ④ 법정지상권

2. 인도명령의 신청

가. 신청방법

채무자, 소유자 또는 현황조사보고서 등 기록상 명백한 점유자를 상대방으로 하여 신청하는 경우에는 특별한 증빙서류의 제출을 요하지 아니하나, 가령 채무자의 일반 승계인을 상대방으로 하는 경우에는 제적등본(그 외 가족관계증명서, 기본증명서) 또는 법인등기부등본을 제출하여야한다. 또한 기록상 드러나지 않는 점유자를 상대방으로 하는 경우에는 채무자에 대한 인도명령에 기하여 인도의 집행을 실시하였으나 3자의 점유로 집행불능되었다는 집행관 작성의 조서(집행불능조서)등본 또는 주민등록등본 등 그 점유사실과 점유개시시기(즉 매각대금지급 전에 점유를 개시한 자인 사실)를 증명할 수 있는 서면을 제출하여야 한다.

나. 신청시기

인도명령은 매각대금을 낸 뒤 6월 이내에 경매가 진행된 집행법원에 신청하여야 한다. 6월이 지난 뒤에는 소유권에 기한 명도소송을 제기할 수밖에 없다.

3. 인도명령의 재판과 집행

신청이 요건을 갖추어 정당하면 법원은 "피신청인은 신청인에게 별지 목록 기재 부동산을 인도하라"는 취지의 재판을 한다.

채무자나 소유자가 아닌 점유자는 심문하여야 한다(제136조 제4항 본문). 다만, 그 점유자가 매수인에게 대항할 수 있는 권원에 의하여 점유하고 있지 아니함이 명백한 때 또는 이미 그 점유자를 심문한 때에는 심문하지 아니할 수 있다(제136조 제4항 단서).[51]

인도명령이 내려졌음에도 상대방이 임의로 인도하지 않으면 신청인은 집행관에게 위임하여 제258조 제1항에 따라 인도집행을 하게 한다(제136조 제6항).[52]

---

[51] 실무상 채무자나 소유자의 경우 심문없이 결정하게 되나, 점유자(세입자)에 대하여는 대부분 심문기일로 진행하고 있다.

[52] 인도명령은 이른바 확정되어야 효력이 생기는 재판으로는 규정되어 있지 아니하므로 송달만으로 즉시효력(집행력)이 생긴다(민집 제15조 제6항). 따라서 인도명령 결정문에 '송달증명원'외에 '확정증명원'은 필요치 않다(송달증명원만을 첨부). 인도명령의 집행은 집행관에게 집행을 위임하여 집행하게 되며, 집행문 부여를 받아야하며, 경우에 따라 승계집행이 필요한 경우에는 승계집행문을 부여받아 집행한다.

[서식] 부동산인도명령신청서

부동산인도명령신청서

사　　건　　201○타경11202호 부동산임의경매
채 권 자　　박 대 성
(매수인)　　서울 중랑구 면목로31길 13, 204호(면목동, 진명빌라)
　　　　　　☎ 010-967-0922
채 무 자　　이 연 구 (670912-1292809)
(소유자)　　서울 서초구 효령로34길 9, 3동 707호(방배동, 삼익아파트)

　위 당사자간 귀원 부동산임의경매 사건에 관하여 매수인은 별지목록 기재의 부동산에 대하여 매각허가결정을 201○. 9. 23. 얻고, 201○. 10. 20. 경락대금을 완납한 후 피신청인에게 경락부동산의 인도를 요구하였으나 아무 이유없이 불응하므로 별지목록기재 부동산의 인도를 하게 하는 명령을 구합니다.

첨 부 서 류

　　1. 낙찰대금완납증명원　　　　　1통
　　2. 등기부등본　　　　　　　　　1통

202○.　.　.
위 신청인 매수인　박 대 성　　(인)

서울중앙지방법원 경매3계　귀중

접수방법

- 송달료 : 당사자수의 2회분(당사자 2명인 경우 : 2 × 2 × 4,800원 = 19,200원)
- 인지 : 1,000원
- 신청서 1부를 목록3부와 함께 경매진행 한 법원 경매계 접수처에 제출한다.
  접수하면 사건부호는 "201○타기2311호"와 같은 식으로 부여된다.
- 채무자에 대한 송달은 공시송달 및 발송송달이 가능하다.

4. 불복방법

인도명령결정에 대하여는 '즉시항고'[53]할 수 있다(제136조 제5항). 즉시항고는 집행정지의 효력을 갖지 않기에 집행정지신청을 하여 집행정지명령을 받아 이를 집행관에게 제출하여 그 집행을 정지할 수 있다(민집 제15조 제6항).[54]

인도명령에 대한 항고할 불복사유는 ① 인도명령의 발령시에 판단하여야 할 절차적, 실제적 사항(ex 신청인의 자격, 상대방의 범위 및 신청기한 등), ② 인도명령 심리절차의 하자(ex 신청의 하자, 심문절차의 하자 등), ③ 인도명령 자체의 형식적 하자(ex 인도목적물의 불특정, 상대방의 불특정 등), ④ 인도명령의 상대방이 매수인에 대하여 부동산의 인도를 거부할 수 있는 점유권원의 존재(ex 매수인이 상대방에게 부동산을 양도하였거나 임대한 경우 등)에 한정된다.

확정된 인도명령에 대하여는 인도명령의 상대방은 '청구에 관한 이의의소'를, 인도명령의 상대방이 아닌 제3자가 인도집행을 받게 되는 때에는 '제3자 이의의 소'를 제기할 수 있다.[55]

❖ 채무자와 동거하는 점유보조자인 가족, 피용인은 채무자와 동일하게 취급된다. 다만 채무자와 밀접한 근친자로 신의측상 인도거부가 허용될 수 없는 경우는 인도명령대상이 되나, 심문절차를 거쳐 결정하게 된다.
❖ 인도명령신청권은 일신전속권이므로 매수인과 그 일반(포괄)승계인만이 신청할 수 있고, 특정승계인이나 채권자대위권에 의한 신청은 인정되지 않는다.

---

53) 따라서 인도명령의 상대방은 인도명령결정문을 송달받은 1주일이내에 항고장을 경매법원에 제출하여야 한다. 만일 항고장에 항고이유를 적지 않은 때에는 항고장을 제출한 날로부터 10일 이내에 항고이유서를 경매법원에 제출하여야 한다(민집 제15조 제3항). 항고장(재항고장)에는 2,000원의 인지를 첨부한다.
54) 실무상 항고법원은 대개 집행정지 명령을 내리며 인도명령 상대방은 이를 집행관에게 제출하여 그 집행을 정지한다.
55) 이 경우는 민집법 제46조의 잠정처분을 받아 이를 집행관에게 제출하여 그 집행을 정지할 수 있다(민집 제46조, 제48조).

[서식] 점유자 2명에 대한 인도집행신청 사례

강제집행신청서

의정부지방법원 집행관사무소 집행관 귀하

채권자	성 명	김소영
	주 소	서울 중랑구 면목로31길 13, 204호(면목동, 진명빌라) (전화번호 : 010-2373-0154)
	대리인	김영광 경기도 의정부시 신촌로 53번길 20-5 (전화번호 : 010-1136-2754)
채무자	성 명	김유신
	주 소	의정부시 신곡로20번길 23, 월드프라자빌딩 8층 802호
집행목적물 소 재 지		의정부시 신곡로20번길 23, 월드프라자빌딩 8층 802호
집행권원		의정부지방법원 201○타기529 부동산인도명령
집행의 목적물 및 집행방법		동산압류, 동산가압류, 동산가처분, 부동산점유이전금지가처분, 건물명도, 철거, **부동산인도**, 자동차인도, 기타( )
청구금액		

위 집행권원에 기한 집행을 하여 주시기 바랍니다.

1. 집행권원   2통   202○. . .
2. 위 송달증명원 2통
3. 위임장   1통   신청인
4. 현장약도   1통   대리인 김영광 (인)

※ 특약사항		
1. 본인이 수령할 예납금잔액을 우측 계좌에 입금하여 주실 것을 신청합니다. 채권자(대리인) 김영광 (인)	채권자 주민등록번호	740614-2812342
2. 수수료 기타 비용의 예납통지 또는 강제집행 속행의 사 유무 확인 촉구를 2회 이상 받고도 예납 또는 속행의사표시를 하지 않은 때는 집행 위임을 취하한 것으로 보고 종결처분하여도 이의 없습니다. 채권자(대리인) 김영광 (인)	집행예납금등 잔액계좌입금 신청서	
	개 설 은 행	국민은행 이문동지점
	예 금 주	김영광
	계 좌 번 호	027-11-0283-205

접수방법
- 신청서 1부를 집행목적물소재지 집행관사무소에 접수의뢰한 후 소정의 비용을 예납한다.
- 통상 계고 후 본집행을 하며, 본집행직전 집행을 위반 비용을 추가납부 한다.

> **참고사항**
>
> ❖ 야간특별송달
> 매각받은 건물의 점유자가 집을 비워 인도명령결정문의 송달을 회피하는 경우에는 집행관으로 하여금 인도명령결정문을 점유자에게 직접 전달하도록 야간특별송달을 할 수 있다. 야간특별송달 비용은 16,500원.
>
> ❖ 공시송달
> 공시송달은 야간특별송달 신청에도 결정문이 전달되지 않은 경우, 해당 주소지의 통장으로부터 불거주확인서를 받은 다음, 이를 공시송달 신청서에 첨부하여 법원에 제출하는 것을 말한다. 공시송달이 허가되면 법원인터넷 게시판에 그 사유가 게시된다. 개시되는 날부터 2주가 경과하면 송달로 의제된다.

인도집행 후의 보관물처리

❖ 인도집행시 채무자 소유물건을 창고에 부관한 경우, 그 보관료는 우선적으로 채권자가 부담으로 하므로 채권자로서는 여간 부담스러운 것이 아니다. 이 경우 실무상 채권자는 인도집행 후 채무자에게 물건을 찾아갈 것을 통지하는 내용증명 우편을 보내고, 이 내용증명을 첨부하여 집행관에게 매각명령신청을 하여 다시 유체동산압류경매로 진행하여 처분하기도 한다.

제13절 배당기일이란

1. 배당요구를 할 수 있는 채권자

집행력 있는 정본을 가진 채권자,[56] 경매개시결정이 등기된 뒤에 가압류를 한 채권자, 민법·상법, 그 밖의 법률에 의하여 우선변제청구권이 있는 채권자는 배당요구를 할 수 있다 (제88조 제1항).

우선변제청구권 있는 채권자 중 경매개시결정의 기입등기 전에 등기되어 있는 저당권자는 배당요구 없이 당연히 그 순위에 따라 배당을 받는다. 경매개시결정의 기입등기 전에 가입류한 채권자도 배당요구를 하지 않더라도 당연히 배당받을 자격이 있다.

---

[56] ex〉 판결, 집행력있는 공정증서, 지급명령, 이행권고결정 등 민사집행법 제56조 각 호의 집행권원.

> **배당요구를 않아도 당연 배당에 참가할 수 있는 자**
>
> ① 이중경매신청인
>   선행사건의 배당요구종기까지 이중경매신청을 한 채권자는 별도의 배당요구를 않아도 배당을 받는다(민집 제148조 제1호). 그러나 이중경매신청을 선행사건의 배당요구종기 이후에 한 경우에는 이중경매신청이 받아들여진 경우에도 배당받을 수 없다.
> ② 첫 경매개시결정등기 전에 등기된 가압류채권자(민집 제148조 제3호)
> ③ 첫 경매개시결정등기 전에 등기된 우선변제권자
>   ex) 담보권(저당권, 근저당권, 담보가등기), 압류, 가압류

※ 저당권·압류·가압류에 대항할 수 있는 최선순위의 용익권 중 '전세권'은 실체법상 존속기간이 지났더라도 그 권리자가 배당요구를 하여야만 매각으로 소멸하므로 이에 해당하는 권리는 비록 첫 경매개시결정등기 전에 등기가 되어 있더라도 배당요구가 필요하다.

민사집행법 제88조 제1항에서 배당요구를 하여야하는 우선변제청구권 있는 채권자는 주택임차보증금반환채권(주택임대차보호법 제3조의2 제1항, 제8조 제1항), 임금채권(근로기준법 제37조) 등과 같이 법이 우선변제권을 인정하고 있으나 등기가 되어 있지 않아 배당요구를 하지 않으면 채권의 존부나 액수를 알 수 없는 채권자를 가리킨다.

경매개시결정의 기입등기를 한 뒤에 저당권을 취득한 채권자도 배당요구를 하지 않으면 경매법원이 그 채권의 존부나 수액을 알 수 없기 때문에 배당요구를 하여야 배당받을 수 있고, 여기서 말하는 우선변제청구권 있는 채권자에 해당한다.

가등기권리자는 등기의 기재만으로는 순수한 순위 보전의 가등기인지 담보가등기인지를 알 수 없으므로 채권신고를 하여야 배당을 받을 수 있다(가등기담보등에관한법률 제16조).

2. 배당요구 기한

배당요구는 구 민사소송법의 경우에는 경락기일까지, 즉 경락허가결정 선고시까지(제605조 제1항), 민사집행법의 경우에는 배당요구의 종기까지(제84조 제1항, 제88조 제2항) 할 수 있다.

따라서 임금채권, 주택임대차보증금(소액보증금 포함)반환청구권 등 우선변제권이 있는 채권자라 하더라도 위의 시기까지 배당요구를 하지 않으면 매각대금으로부터 배당을 받을 수 없고, 그 뒤 배당을 받은 후 순위자를 상대로 부당이득반환청구를 할 수도 없다. 국세 등

의 교부청구도 배당요구와 같은 성질을 가지므로 위에서 정한 시기까지 하여야 배당을 받는다.

3. 배당요구의 방식

배당요구는 채권의 원인과 액수[57]를 적은 서면(배당요구서)으로 하여야 하고, 배당요구의 자격을 소명하는 서면을 붙여야 한다(규칙 제49조).

집행력 있는 정본에 의하여 배당요구를 할 경우에는 그 사본을 붙이고, 가압류권자나 우선변제청구권자가 배당요구를 할 경우에는 가압류등기가 되어 있는 등기부등본이나 우선변제권을 증명하는 서류(예컨대, 임금대장사본, 주택임대차계약서사본 등)를 첨부하여야 한다.

> **注意** 배당요구시 첨부서류
> 집행력있는 정본을 가진 채권자는 배당요구서에 반드시 정본을 첨부할 필요는 없고 그 '사본'을 첨부할 수 있다. 그 밖에 배당요구의 자격을 소명하는 서면을 붙이면 된다.

4. 배당요구의 통지

배당요구가 있으면 그 사실을 배당절차와 관계있는 이해관계인(제90조)에게 통지한다. 그러나 국세 등의 교부청구가 있는 경우까지 통지를 할 필요는 없다. 통지에 따라 취할 별도의 절차는 없다.

5. 배당요구의 효력

(1) 배당받을 권리
(2) 배당기일의 통지를 받을 권리(제146조)
(3) 배당표에 대한 이의신청권(제151조)
(4) 집행정본으로 한 배당요구의 효력
   민법 제168조 제2호의 압류에 준하는 것으로서 배당요구에 관련된 채권에 관하여 소멸시효를 중단하는 효력이 생긴다.

---

57) 원금은 물론 이자, 비용 그 밖의 부대채권을 포함한다.

6. 배당요구의 철회

배당요구에 따라 매수인이 인수하여야 할 부담이 바뀌는 경우 배당요구를 한 채권자는 배당요구의 종기가 지난 뒤에 이를 철회하지 못한다(제88조 제2항). 매수인이 인수하여야할 부담이 바뀌는 경우엔 인수하여야 할 부담이 새로 생기는 경우와 부담이 증가하는 경우 모두를 포함한다.

7. 배당받을 채권자의 범위

배당받을 채권자는 다음과 같다(제148조).

---

(1) 제1순위
  집행비용(인지, 송달료, 등록·교육세, 예납금)

(2) 제2순위
  직접 저당물의 제3취득자가 그 부동산의 보존·개량을 위하여 지출한 필요비·유익비(민법 제367조).

(3) 제3순위
  소액임차보증금채권(주택임대차보호법 제8조 제1항, 상가건물임대차보호법 제14조 제1항, 국세기본법 제35조 제1항 제4호, 지방세법 제31조 제2항 제4호), **최종 3개월분 임금·최종 3년간의 퇴직금·재해보상금 채권**(근로기준법 제37조 제2항, 국세기본법 제35조 제1항 제5호, 지방세법 제31조 제2항 제5호)
  　이들 채권이 서로 경합하는 경우에는 같은 순위로 채권액에 비례하여 배당한다(송민 91-2). 다만, 최종 3년간의 퇴직금은 1997. 12. 24. 개정된 근로기준법 부칙 제2조에 의하여 개정근로기준법의 시행 전에 퇴직한 근로자의 경우에는 특칙이 있다.

(4) 제4순위
  ○ '당해세'이다. 당해세란 집행의 목적물 자체에 대하여 부과된 국세, 지방세와 그 가산금으로서,[58] 그 법정기일 전에 설정된 저당권 등으로 담보된 채권보다 우선하는데 이를 '당해세 우선의 원칙'이라고 한다.
  ○ 현행세법상 당해세로는 상속세, 증여세와 재평가세 등이 있고, 지방세 중 당해세로는 재산세, 자동차세, 종합부동산세, 도시계획세 및 공동시설세가 있다(각 가산금 포함). 다만 취득

세, 등록세는 당해세로 인정하지 않는다.
- ○ 예컨대, 수증자가 부동산을 취득하면서 부담하는 '증여세'는 부동산 자체에 관하여 부과된 당해세인데 그 법정기일이 그 부동산에 설정된 근저당권설정등기일보다 앞서는지 여부에 관계없이 근저당권의 피담보채권에 우선하는 것이다(99다6135). 그러나 부동산을 양수한 양수인에게 다른 곳에서 발생한 상속세, 증여세는 우선하는 당해세가 아니며 기존 저당권자에 대하여 우선하지 못한다.
- ○ 당해세라도 배당요구 종기기일까지 교부청구를 하거나 경매개시결정 전에 압류등기를 한 경우에 한하여 우선 배당받는 것이다. 실무상 법원은 경매개시결정이 있는 경우 관할 세무서와 시·군·구청에 대하여 조세 미납금이 있는 경우 배당요구종기기일까지 신고할 것을 최고하고 있다.

(5) 제 5순위
- ○ 조세채권은 일반적으로 '조세채권 우선의 원칙'이 적용된다. 다른 일반 채권들과의 관계에서 조세채권의 배당순위를 정하는 기준시점은 '법정기일'이다.
- ○ 법정기일은 조세의 자진신고로 납부의무가 확정되는 경우(ex 종합소득세, 법인세, 부가가치세, 취득세, 등록면허세 등)에는 '그 신고일'이며, 조세의 납부가 관청에서 결정·부과하는 경우(ex 양도소득세, 자동차세)는 '그 납세고지서 발송일'이고, 국세징수법에 의하여 압류한 경우는 '그 압류등기일'이다.
- ○ 조세 채권의 '법정기일'과 임차인의 우선변제권(전입신고 및 확정일자), 그리고 담보권리(저당권, 전세권)의 설정등기일을 기준으로 각 배당의 우열을 정하게 된다.

(6) 제 6순위
근로기준법 제37조 제2항의 임금 등을 제외한 임금, 그 밖의 근로관계로 말미암은 채권(근로기준법 제37조 제1항)
다만, 조세가 저당권에 우선하는 경우에는 조세, 저당권에 의하여 담보되는 채권, 임금의 순서로 배당된다.

(7) 제 7순위
국세, 지방세 등 지방자치단체의 징수금(국세기본법 제35조, 지방세법 제31조)
국세와 지방세간에는 우열이 없으며, 교부청구된 조세 상호간에도 교부청구의 선후에 관계없이 동순위이다.

(8) 제8순위
국세 및 지방세의 다음 순위로 징수하는 **공과금**
- (가) 국민건강보험료(국민건강보험법 제73조)와 국민연금보험료(국민연금법 제81조)
위 의료보험료와 연금보험료의 각 납부기한 전에 설정된 저당권 등(위 각 법 시행 이전에 설정된 저당권 등은 제외)에 대하여는 우선하지 못하나, 그 납부기한 이후에 설정된 저당권 등과 기타 일반채권에 대하여는 우선하여 배당한다.
(나) 산업재해보상보험료 기타 징수금(산업재해보상보험법 제76조)
저당권으로 담보되는 채권보다는 후순위로, 일반채권보다는 선순위로 취급한다.

(9) 제9순위
일반채권자의 채권, 재산형(刑), 과태료, 국유재산법상의 사용료·대부료·변상금채권.

※ 매각재산에 조세채권의 법정기일 後에 설정된 저당권·전세권으로 담보되는 채권이 있는 경우
: 당해세 포함하여 국세 및 지방세 등 지방자치단체의 징수금이 2순위가 된다.

※ 1. 주택임대차보호법상 소액임차인 및 최우선변제금

시행일자	지 역 (주임법 시행령 제3조, 제6조)	소액임차인의 기준 및 최우선변제금(시행령 제3조, 제4조)
2010. 7. 21부터	서울특별시	**7,500만 원** 이하 임차인 중 2,500만 원
	수도권정비계획법에 의한 수도권 중 과밀억제권역(서울특별시 제외)	**6,500만 원** 이하 임차인 중 2,200만 원
	광역시(군지역과 인천광역시 제외)와 김포시, 용인시, 안산시, 광주시	**5,500만 원** 이하 임차인 중 1,900만 원
	그 밖의 지역	**4,000만 원** 이하 임차인 중 1,400만 원
2014. 1. 1부터	서울특별시	**9,500만 원** 이하 임차인 중 3,200만 원
	수도권정비계획법에 의한 수도권 중 과밀억제권역(서울특별시 제외)	**8,000만 원** 이하 임차인 중 2,700만 원
	광역시(군지역과 인천광역시 제외)와 김포시, 용인시, 안산시, 광주시	**6,000만 원** 이하 임차인 중 2,000만 원
	그 밖의 지역	**4,500만 원** 이하 임차인 중 1,500만 원
2018. 9. 18부터	서울특별시	**1억 1,000만 원** 이하 임차인 중 3,700만 원
	수도권정비계획법에 의한 수도권 중 과밀억제권역(서울제외), 세종특별자치 시, 용인시, 화성시	**1억 원** 이하 임차인 중 3,400만 원
	광역시(군지역과 인천광역시 제외)와 김포시, 안산시, 광주시, 파주시	**6,000만 원** 이하 임차인 중 2,000만 원
	그 밖의 지역	**5,000만 원** 이하 임차인 중 1,700만 원

※ 2. 상가건물임대차보호법상 보호대상 및 소액임차인 보증금기준

시행 일자	상가법 적용 지역 (상가법 시행령 제2조)		소액임차인의 기준 및 최우선 변제금 (시행령 제6조, 제7조)
2010.7.21 부터	서울특별시	3억 이하	**5,000만 원** 이하 임차인 중 1,500만 원
	수도권정비계획법에 의한 수도권 중 과밀억제권역(서울특별시 제외)	2억 5천만 원 이하	**4,500만 원** 이하 임차인 중 1,350만 원
	광역시(군지역과 인천광역시 제외)와 **김포시, 용인시, 안산시, 광주시**	1억 8천만 원 이하	**3,000만 원** 이하 임차인 중 900만 원
	그 밖의 지역	1억 5천만 원 이하	**2,500만 원** 이하 임차인 중 750만 원
2014.1.1 부터	서울특별시	4억 이하	**6,500만 원** 이하 임차인 중 2,200만 원
	수도권정비계획법에 의한 수도권 중 과밀억제권역(서울특별시 제외)	3억 이하	**5,500만 원** 이하 임차인 중 1,900만 원
	광역시(군지역과 인천광역시 제외)와 **김포시, 용인시, 안산시, 광주시**	2억 4천만 원 이하	**3,800만 원** 이하 임차인 중 1,300만 원
	그 밖의 지역	1억 8천만 원 이하	**3,000만 원** 이하 임차인 중 1,000만 원
2018.1.26. 부터	서울특별시	6억 1천만 원 이하	6,500만 원 이하 임차인 중 2,200만 원
	수도권정비계획법에 의한 수도권 중 과밀억제권역(서울제외), **부산**	5억 이하	5,500만 원 이하 임차인 중 1,900만 원
	광역시(군지역과 인천광역시 제외)와 김포시, 용인시, 안산시, 광주시, **파주시, 화성시**	3억 9천만 원 이하	3,800만 원 이하 임차인 중 1,300만 원
	그 밖의 지역	2억 7천만 원 이하	**3,000만 원** 이하 임차인 중 1,000만 원

(1) 배당요구의 종기까지 경매신청을 한 압류채권자(1호)

경매신청채권자와 이중압류채권자를 포함한다.

---

58) 국세기본법 제35조 제1항 제3호, 지방세법 제31조 제2항 제3호

(2) 배당요구의 종기까지 배당요구를 한 채권자(2호)

국세의 교부청구를 한 경우도 마찬가지이다.

그러나 여기에 해당하기 위하여는 배당요구를 할 수 있는 채권자로서, 집행법원에 실제로 배당요구를 한 경우라야 한다.

(3) 첫 경매개시결정등기 전에 등기된 가압류채권자(3호)

(4) 저당권·전세권, 그 밖의 우선변제청구권으로서 첫 경매개시결정등기 전에 등기되었고 매각으로 소멸하는 것을 가진 채권자

> **가압류 후 제3자(제3취득자)에게 소유권이전된 경우**
>
> ❖ 가압류집행 후 가압류목적물의 소유권이 제3자에게 이전된 경우 가압류의 처분금지적 효력이 미치는 범위는 가압류결정 당시의 청구금액의 한도로서, 가압류채권자가 집행권원을 얻어 가압류를 본압류로 이전하는 강제경매를 진행한 결과 강제경매에 따른 배당금액은 위 가압류결정당시의 청구금액의 한도로 제한된다(대판 2006다19986).
> ❖ 한편 제3취득자의 채권자는 위 매각대금 중 가압류의 처분금지적 효력이 미치는 범위의 금액에 대하여는 배당을 받을 수 없다.
> ❖ 가압류 후 소유권이전이 되고, 그 후의 경매절차에서 가압류채무자(전소유자)의 다른 채권자는 경매대금의 배당에 참가할 수 없다(대판 97다57337).

1) 배당기일의 지정

매수인이 매각대금을 지급하면 법원은 배당기일을 정하고 이해관계인과 배당을 요구한 채권자에게 이를 통지하여야 한다(제146조 본문). 다만, 채무자가 외국에 있거나 있는 곳이 분명하지 아니한 때에는 통지하지 아니한다(제146조 단서).

2) 배당표 원안의 작성과 비치

법원은 채권자와 채무자에게 보여주기 위하여 배당기일의 3일 전에 배당표 원안을 작성하여 법원에 비치하여야 한다(제149조).

3) 배당의 순위

아래는 매각재산에 조세채권의 법정기일 前에 설정된 저당권·전세권으로 담보되는 채권

이 있는 경우

4) 배당기일

가. 배당표의 확정

배당표에는 매각대금, 각 채권자의 채권의 원금, 이자, 비용, 배당의 순위와 배당의 비율을 적는다(제150조 제1항).

법원은 미리 작성한 배당표 원안을 배당기일에 출석한 이해관계인과 배당요구채권자에게 열람시켜 그들의 의견을 듣거나 심문한 다음, 이에 따라 배당표 원안에 추가, 정정할 것이 있으면 추가, 정정하여 배당표를 완성, 확정한다(제149조 제2항).

출석한 이해관계인과 배당요구채권자의 합의가 있는 때에는 이에 따라 배당표를 작성한다(제150조 제2항). 배당표에 대하여 이의가 있으면 그 부분에 한하여 배당표는 확정되지 아니한다(제152조 제3항 참조).

매각대금으로 모든 채권자의 채권과 집행비용을 변제하기에 충분한 때에는 배당표에 준하여 대금교부표(실무상 그냥 '배당표'라고 부른다)를 작성하기도 한다.

[서식] 배당표등본교부신청

배당표등본교부신청

사 건   201○타경1102 부동산강제경매
채권자   김 영 철
채무자   김 운 용
배당요구채권자 : 한 연 구

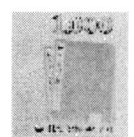

위 사건에 관하여 신청인은 배당표 1부를 교부하여 주실 것을 신청합니다.

202○. . .

신청인 한 연 구   (인)

서울중앙지방법원 경매4계   귀중

접수방법

- 인지 1,000원
- 1부를 담당 경매계에 제출하여 배당표를 교부받는다.

나. 배당표에 대한 이의

(1) 이의를 할 수 있는 자

채무자[59]와 각 채권자(가압류채권자 포함)는 배당기일에 배당표의 작성과정, 실시 및 다른 채권자의 채권과 순위에 관하여 이의를 진술할 수 있다(제151조 제1항, 제3항). 불복을 신청할 수 있는 자는 배당절차에 관여하는 채권자와 채무자이다. 배당절차의 이해관계인이 아닌 채권자는 이의신청권이 없다.

이의의 상대방은 배당표에서 배당금이 기재되어 있는 채권자 또는 잉여금이 계상되어 있는 채무자가 배당이의의 상대방이 된다. 이의신청 행위는 소송행위이므로 대리인이 변호사가 아닌 경우 일정한 관계자[60]에 한하여 소송대리위임장과 소송대리허가신청서를 제출하면서 이의진술을 할 수 있다.

▶ 배당기일에 구술로 이의를 진술하고 있는 모습

※ 대리인인 경우 소송대리허가신청서에 위임장을 첨부하여 제출하면서 이의진술을 할 수 있다.

(2) 이의의 방법

채무자와 채권자는 원칙적으로 배당기일에 출석하여 '구술'로 이의를 진술하여야 한다(제151조 제1항, 제3항). 다만, 채무자는 배당기일에 출석하여 구술로 이의할 수 있을 뿐만 아

---

59) 채무자는 법원에 배당표원안이 비치된 이후 배당기일이 끝날 때까지 서면으로 이의를 할 수 있다(제151조 제2항). 여기서 채무자란 임의경매에 있어서는 담보부동산의 소유자를 포함하는 개념이다.

60) 이의신청 당사자와 배우자 관계에 있거나, 4촌 이내의 혈족으로서 당사자와 생활관계상 밀접한 관계성을 갖는 자, 고용관계(ex 회사직원)에 있는 자를 말한다.

니라 법원에 배당표 원안이 비치된 이후 배당기일이 끝날 때까지 서면으로 이의할 수도 있다(제151조 제2항). 기일에 출석하지 아니한 채권자는 배당표의 실시에 동의한 것으로 간주된다.

<u>이의신청은 어떤 채권에 대하여 어떠한 한도에서 그 존재 또는 우선권을 다투고, 그 결과 어떻게 배당표의 기재를 고칠 것인가 하는 배당이의의 범위를 구체적으로 적시하여야 한다.</u>

가령 이의신청 채권자(A)가 5,000만 원의 채권금액을 가지고 있지만 배당액은 3,000만 원에 불과한 경우 다른 채권자(B)가 허위채권에 기하여 4,000만 원을 배당을 받았다고 보는 경우 B에게 배당된 4,000만 원 중 2,000만 원에 대하여 이의를 한다는 식으로 구체적으로 이의 대상금액을 밝혀야하는 것이다.

배당기일에는 이에 관한 입증자료를 제출할 필요는 없다. 이의의 정당여부는 별도로 배당이의의 소송에서 밝혀질 수 있도록 예정되어 있기 때문이다.

(3) 절차상의 이의

채무자와 각 채권자는 배당표의 작성과정이나 배당실시 절차에 위법이 있음을 이유로 이의를 할 수 있다. 절차상의 사유로 배당이의가 있더라도 법원은 배당표에 대한 이의가 이유없다고 판단하면 이의에 응답하지 아니한 채 배당표를 확정하여 배당을 실시할 수 있다.

이때 이의신청인은 배당의 실시를 정지하기 위해서는 '집행에 관한 이의'(민집 제16조)로 이를 다툴 수 있으며, 집행정지신청을 통하여 법원에 제출하여야 할 것이다.

법원은 이의가 정당하다고 인정하는 때는 배당표의 기재를 고쳐 바로잡거나 배당기일을 연기하고, 경우에 따라서는 배당표 작성절차를 다시 진행한다.

(4) 실체상의 이의

(가) '채무자'는 채권자의 채권의 존부, 범위, 순위에 관하여 실체상의 사유가 있으면 이의를 할 수 있다(제151조 제1항).

'채권자'는 자기의 이해에 관련되는 것에 한하여 다른 채권자의 채권의 존부, 범위, 순위에 관하여 이의를 할 수 있다(제151조 제3항).

배당법원은 이의사유의 존부에 관하여 심리·판단할 수 없고, 배당이의의 소송이 제기된 법원(수소법원)이 심리·판단한다.

(나) 이의신청에 관하여 이해관계가 있는 다른 채권자가 출석하고 있으면 그 이의에 대한

인부(認否)를 진술하여야 한다(제152조 제1항). 관계인이 이의를 정당하다고 인정하거나 다른 방법으로 합의한 때에는 이에 따라 배당표를 경정하여 배당을 실시하여야 한다(제152조 제2항).

기일에 불출석한 채권자는 배당표의 실시에 '동의'한 것으로 본다(제153조 제1항). 다만, 기일에 불출석한 채권자가 다른 채권자가 제기한 이의에 관계되는 때에는 그 채권자는 이의를 정당하다고 인정하지 아니한 것으로 본다(제153조 제2항).

(다) 집행력 있는 집행권원의 정본을 가진 채권자의 채권에 대하여[61] '채무자'가 이의를 한 때에는 채무자는 '**청구이의의 소**'를 제기하고(제154조 제2항),[62] 배당기일로부터 1주 이내에 집행법원에 이를 증명하여야 하며, 배당절차를 정지시키기 위하여서는 집행의 일시 정지를 명하는 취지의 집행정지결정을 받아 제출하여야 한다(제154조 제3항). 배당이의의 소가 제기되면 그 부분의 배당액은 공탁되어 배당의의의 소송의 결과에 따라 추가배당을 실시한다.

집행력 있는 집행권원을 가지지 아니한 채권자[63]의 채권에 대하여 채무자와 다른 채권자가 각 이의를 한 때에는 그 이의를 한 당사자가 '배당이의의 소'를 제기하여 이의를 완결하여야 하고(제154조 제1항), 그 소제기 사실을 집행법원에 증명하면[64] 이의 부분의 배당액은 공탁된다.

---

61) **집행권원** : 판결, 화해조서, 확정된 지급명령, 가압류, 가처분, 파산채권자표, 조정에 갈음하는 결정, 약속어음공정증서, 금전소비대차공정증서, 검사의 집행명령, 배상명령 등.
62) 민사집행법 제154조(배당이의의소등)
  ① 집행력 있는 집행권원의 정본을 가지지 아니한 채권자(가압류채권자는 제외)에 대하여 이의한 **채무자**와 다른 채권자에 대하여 이의한 채권자는 배당이의의 소를 제기하여야 한다.
  ② 집행력 있는 집행권원의 정본을 가진 채권자에 대하여 이의한 **채무자**는 청구이의의 소를 제기하여야 한다.
63) (근)저당권자, 담보가등기권자, (최)우선변제권 있는 주택 또는 상가임차인, 유치권자, 체불확인서에 의한 노임채권, (근)저당권부 채권압류 및 추심명령채권자 등.
64) 실무상 소장접수증명원을 제출하는 방식에 의한다.

> **배당이의의 소? 청구이의의 소?**
>
> 〈판례〉「채무자」는 집행권원 가진 채권자에 대하여는 청구이의의 소를 제기해야
> 제3채무자의 공탁에 의하여 개시된 배당절차에서 채권자인 A씨는 확정된 지급명령에 기하여, 다른 채권자인 B씨는 확정판결에 기하여 각 배당을 요구하였고, 이에 채무자 C가 위 사람들에 대한 각 배당 부분에 대하여 배당기일에 이의를 한 경우 배당이의의 소를 제기하는 것이 옳은 일일까. 결론은 아니다. 위 채무자(C)가 배당기일로부터 1주 이내에 위 채권자들(A, B)을 상대로 배당이의의 소를 제기한 사건에 대하여, 판례는 배당절차의 채무자인 원고로서는 집행력 있는 집행권원의 정본을 가진 채권자들인 피고들에 대하여 청구이의의 소를 제기하여야 함에도 불구하고 배당이의의 소를 제기한 것에 대하여 부적법 "각하" 사유로 판시하였다[대판 2005. 4. 14. 선고 2004다72464].

(라) 채권자나 채무자가 이의를 한 때에는 그 기일에 이의가 완결되지 아니하면 이의를 한 채권자나 채무자는 '배당이의의 소'를 제기하고 배당기일로부터 1주(7일) 이내에 그 소제기 사실을 배당법원에 증명하여야 하며,65) 이 기간이 도과한 때에는 이의가 취하된 것으로 간주되어 배당이 실시된다(제154조 제3항).

그러나 이의한 채권자가 위 기간을 넘긴 경우에도 배당표에 따라 배당을 받은 다른 채권자에 대하여 훗날 소로써 '부당이득반환청구의 소'를 제기 할 수 있는 권리에는 영향이 없다(제155조). 또한 배당이의를 하지 아니한 채권자도 배당받아야 할 채권액의 범위에서는 배당을 받은 다른 채권자에 대하여 훗날 소로써 부당이득반환청구를 할 수 있다.

---

65) 소장접수증명원을 배당법원에 제출하는 방법으로 증명한다.

서울중앙지방법원
배 당 표

201○타경1102 부동산강제경매

배 당 할 금 액		금 61,619,618 원		
명 세	매각대금	금 61,500,000 원		
	지연이자	금 0 원		
	전 매수인의 매수신청보증	금 0 원		
	항고보증금	금 0 원		
	보증금이자	금 119,618 원		
집 행 비 용		금 1,934,060 원		
실제배당할 금 액		금 59,685,558 원		
매 각 부 동 산		서울 서초구 서초동 1234 대 150㎡		
채 권 자		한 연 구	(주) 국민은행	김 영 철
채 권 금 액	원 금	20,000,000 원	30,000,000 원	20,000,000 원
	이 자	0 원	4,500,000 원	0 원
	비 용	0 원	0 원	0 원
	계	20,000,000 원	34,500,000 원	20,000,000 원
배 당 순 위		1	2	3
이 유		소액임차인	근저당권자	경매신청채권자
채 권 최 고 액		12,000,000 원	40,000,000 원	20,000,000 원
배 당 액		12,000,000 원	34,500,000 원	13,185,558 원
잔 여 액		47,685,558 원	13,185,558 원	0 원
배 당 비 율		100%	100%	66%
공 탁 번 호 (공 탁 일)		년금제 호 (. . .)	년금제 호 (. . .)	년금제 호 (. . .)

5) 배당의 실시

가. 배당을 실시하여야 할 경우

배당기일에 배당표에 대하여 이의가 없는 경우 즉시 배당을 실시하여야 하고(제152조 제2항, 제3항), 배당기일에 이의가 완결된 경우에도 즉시 배당을 실시하여야 한다.

배당기일에 이의가 완결되지 아니한 부분은 법원은 배당을 유보하고 '공탁'을 한다.

배당이의신청인이 이의를 철회하거나 배당이의의 소제기 사실을 증명하지 아니한 때, 배당이의의 소가 취하되거나 배당이의의 소에 대한 판결이 확정된 때에는, 집행법원은 배당표에 따라 또는 배당이의의 소의 판결내용에 따라 배당을 실시한다.

☞ 배당기일 배당금수령절차

① 배당기일에 '법원보관금출급명령서'를 교부받는 모습, 이때 '배당이의'를 할 수 있다.

② 법원보관금출급명령서를 법원보관금 담당자에게 제출하여 '출급지시서'를 교부받는

③ '법원보관금출급지시서'를 은행에 제출하여 배당금을 수령한다.

❖ 실무상 배당기일(장소는 입찰법정에서 진행)에는 ① 배당표 등본을 수령하고, ② 이의있는 경우 배당이의의 진술을 할 수 있으며, ③ 배당받을 채권자는 '법원보관금 출급명령서'를 교부받고 이의 '영수증'(당일 비치, 대리인은 인감증명서가 첨부된 위임장 첨부)을 제출한다.

❖ 배당채권자는 법원보관금 출급명령서를 지참하고 법원보관금을 관리하는 세입세출외현금출납공무원에게 제출하여 '법원보관금출급지시서'를 교부받고(대리인은 이때 인감날인된 위임장 제출), 출급지시서에 명기된 법원구내 은행에 제출하여 배당금을 수령한다.

배당금교부청구 첨부서류

○ 공통사항
1. 배당금 교부권자 본인이 신청할시 : 신분증, 도장
2. 대리인이 위임받은 경우
   : 인감날인된 위임장 2통과 인감증명서 2통, 대리인 신분증 및 도장
      법인인 경우는 <U>위 외</U>에 법인등기부등본 2통, 대리인의 재직증명서(또는 신분증) 2통

○ 가압류권자
1. 가압류신청서 사본[66]
2. 가압류결정문 사본
3. 소장 사본
4. 판결정본(집행문부여, 송달·확정증명)
5. 가압류결정문과 판결문상의 채무자(피고)의 주소가 다른 경우 주민등록초본

○ 추심·전부채권자
1. 추심·전부결정정본 및 사본 각 1통
2. 송달증명원(배당표상에 가압류권자로 기재되어 있는 추심권자의 경우) 1통
3. 제3채무자에 대한 송달증명원, 확정증명원(전부권자의 경우) 각 1통
4. 채권자의 주민등록초본(추심·전부명령의 주소와 현주소가 다른 경우) 1통

○ 임차인
1. 전세계약서 원본
2. 명도확인서(낙찰인의 인감날인 및 인감증명서)
3. 임차인 주민등록등본

○ 근저당권자
1. 원인서류 원본(차용증, 약속어음 등)
2. 근저당등기필증원본
※ 배당이의 소송이 종료된 경우 : 위 서류 외에 배당이의 판결정본 및 확정증명원

---

66) 결정문이 있음에도 불구하고 굳이 가압류신청서사본, 소장 사본을 요구하는 것은 가압류채권과 본안판결 채권의 동일성 유무를 확인하기 위함이다.

영 수 증

광주지방법원 민사집행과 법원주사(보)   귀하

사 건   201○타경3256 부동산강제경매

1. 법원보관금 출급(환급)명령서   (1, 2, 3)부

위 서류를 202○．．．틀림없이 영수하였습니다.

202○．．．

영수인 홍 길 동 (인)
820912-1229823
광주광역시 북구 북문대로 238, 203호(동림동)

접수방법

- 배당받을 채권자는 배당기일 입찰법정에서 '법원보관금 출급명령서'를 교부받는다. 이때 위 출급명령서를 수령하였다는 위 '영수증'을 제출하여야 한다.
- 대리인의 경우 대리인이 영수인이 되며 다만 본인의 인감날인된 '위임장'을 첨부하여야 한다(인감증명서 첨부, 법인은 법인등기부등본과 재직증명서 추가).

위 임 장

대리인 : 최고봉 (810812-1209822)
경기도 의정부시 경의로 9(의정부동)

위 대리인으로 하여금 다음 아래의 사항을 위임합니다.

다   음

1. 의정부지방법원 201○타경9876호 부동산강제경매 사건에 관한
   배당금 출급 및 수령에 관한 권한일체

* 첨부 : 인감증명서 1통

202○.　.　.
위임인　강 석 헌　　　(인감)
(610212-1982772)
경기도 의정부시 승지로 3(민락동)

접수방법

- 단순히 배당금을 수령하는 위임을 하는 경우 본인의 인감날인된 '위임장' 2통을 준비한다 (법인은 법인등기부등본과 재직증명서 각 2통씩 추가).
- 1통의 위임장은 담당 경매계로 부터 배당표 및 법원보관금출급명령서를 받고자 할 때 필요하며, 나머지 1통은 법원보관금 담당자에게 위 출급명령서를 제시하여 '보관금출급지시서'를 교부받을 때 필요하다.

배당이의 방법

❖ 배당이의는 배당기일에 출석하여 <u>어떤 채권에 대하여 어떠한 한도에서 그 존재 또는 우선권을 다투고 그 결과 어떻게 배당표의 기재를 고칠 것인가</u> 하는 배당이의의 범위를 구체적으로 적시하여야 한다.
❖ 대리인인 경우 소송대리허가신청서에 소송위임장을 첨부하여 제출하면서 이의진술을 할 수 있다. 개인의 경우 소송대리허가신청서에 관계소명자료(ex 주민등록등본, 가족관계증명서, 재직증명서 등)를 첨부하여야한다.

나. 집행정본 또는 채권증서의 교부, 영수증의 수령 및 교부

(1) 채권자에게 채권 전부를 배당하는 경우

법원은 채권자로부터 집행력 있는 정본 등이 첨부된 '배당액교부청구서(또는 지급위탁서 및 증명서 교부신청서)'를 받고 이에 채권자에게 공탁금을 수령할 자임을 증명한다는 취지의 '배당액 지급증명서'를 교부한다. 그리고 위 집행력 있는 정본 또는 채권증서를 채무자에게 교부한다(제159조 제2항). 즉 법원은 배당채권자에게 배당액 지급증명서를 교부하고 공탁공무원에게는 지급할 배당금액이 기재된 '지급위탁서'를 송부하여 지급위탁을 하는 방법으로 배당액을 지급한다.

[서식] 지급위탁서 및 증명서 교부신청서

지급위탁서 및 증명서 교부신청서

사　건　　201○타경39032 임의경매
채권자　　주식회사 제니스건설
채무자　　김 영 욱

　위 사건에 관하여 귀원 공탁공무원에게 공탁되어 있는 배당금을 수령하고자 하오니 지급위탁서 및 증명서를 교부하여 주시기 바랍니다.

202○. . .
위 공탁물수령권자　김 차 영　(인)
위 지급위탁서 및 증명서 각 1부를 영수함

202○. . .
위 수령권자　김 차 영　(인)

인천지방법원 부천지원 경매2계　귀중

접수방법

- 배당기일 출석하지 못한 경우 후일 담당 경매계를 방문하여 교부신청할 수 있다.
- 비용 없음
- 1부를 담당 경매계에 제출하여 배당액 지급증명서를 교부받는다.
- 위 지급증명서와 함께 교부받은 공탁금출급청구서 2통을 공탁소에 제출한다.

<table>
<tr><td colspan="5" align="center">지 급 증 명 서</td></tr>
<tr><td colspan="5">201○타기1915</td></tr>
<tr><td colspan="2">공탁번호</td><td>201○년 금 제1234호</td><td>공탁물</td><td>23,098,888원</td></tr>
<tr><td rowspan="2">수령인</td><td>성명</td><td>이연구(201○카단23432)</td><td>수령할 공탁물</td><td>73,870,000원</td></tr>
<tr><td>주소</td><td>서울 도봉구 노해로66길 29, 101호(창동)</td><td></td><td></td></tr>
<tr><td colspan="5">위 수령인은 위의 수령할 공탁물에 대한 수령권자임을 증명합니다.

　　　　　　　　　　202○.　.　.
　　　　　　　　　서울북부지방법원
　　　　　　　　법원사무관　박 대 성　(인)</td></tr>
</table>

(2) 채권자에게 채권의 일부를 배당하는 경우

채권자가 제출한 집행력 있는 정본 또는 채권증서에 배당액을 기재한 다음 채권자에게 돌려주고(이를 부기환부라고 함) 배당액 지급증을 교부하는 동시에 채권자로부터 영수증을 제출받아 이를 채무자에게 교부한다(제159조 제3항).

(3) 임차인의 배당금 수령과 명도확인서

임차인은 임차주택을 양수인에게 인도하지 않으면 보증금을 수령할 수 없다. 임대차계약이 종료된 경우 임대차보증금 반환채무와 임차목적물 인도채무는 동시이행관계가 있다. 임차인에 대한 배당표가 확정된 후 임차인이 그 배당금을 수령하려면 ① 임대차계약서원본, ② 주민등록등본, ③ 매수인의 인감이 날인된 임차목적물명도확인서, ④ 매수인의 인감증명서를 제출하여야 한다.

☞ 매수인으로부터 명도확인서를 받아 제출해야 집행법원은 배당금을 지급하며, 명도확인서가 제출되지 않으면 집행법원에서는 배당금을 '공탁'하게 된다.
　　<u>대항력과 우선변제권을 함께 가지고 있는 임차인</u>은 배당요구를 하였으나 보증금 전액

을 배당받지 못하고 일부만 배당받은 경우, 그 잔액에 대하여 매수인에게 동시이행의 항변을 할 수 있으므로 배당금 수령시 매수인의 명도확인서가 필요없다.

이때 배당받지 못한 보증금에 상응하는 부분에 관하여는 임대차가 존속하는 것이므로 임차인의 사용·수익을 부당이득이라고 할 수 없지만, 배당받은 부분에 관하여는 임차인이 사용·수익하는 만큼 임료 상당의 부당이득을 취하고 있는 것이므로 임차인이 매수인에게 이를 반환하여야 한다[대판 98다15545, 대판 2002다59481].

☞ 미등기 임차주택의 임차인이 대지의 환가대금에서 우선변제를 받을 수 있는지 여부

대항요건 및 확정일자를 갖춘 임차인과 소액임차인은 임차주택과 별도로 그 대지만이 경매될 경우에도 그 대지의 환가대금에 대하여 우선변제권을 행사 할 수 있다[대판 2004다26133(전원합의체)].

☞ 대지만 매각되어 미등기주택의 임차인이 대지의 환가대금에서 배당을 받은 경우 그 배당금 출급에 있어 미등기주택 소유자의 건물명도확인서가 필요한지 여부

대지만 매각된 경우 그 매각대금에서 배당을 받게 될 건물의 임차인은 매각대상 토지와는 전혀 무관한 미등기건물소유자의 명도확인서를 제출할 필요가 없다.

☞ 매수인이 명도확인서의 작성을 거절할 경우

임차인과 매수인과의 감정대립으로 매수인이 명도확인서의 작성·교부를 거절하는 경우가 있다. 이런 경우에는 다른 방법으로 '매각부동산을 매수인에게 명도하였다'는 점을 입증하여도 무방하다. 예컨대 통·반장의 확인서, 아파트의 경우 아파트관리소장 명의의 확인서 등을 들 수 있다. 입증이 어려운 사정이 있는 경우에는 집행법원에 사실조회신청을 하면 일정 요건하에서 집행법원은 관할 경찰서에 '매수인에 대한 명도여부'를 사실조회하기도 한다.

● 이의사유 ●

❖ 대항력이 없는 세입자인 경우 확정일자에 따른 우선변제권으로 배당수령을 위하여 경락인의 인감날인된 명도사실확인서를 담당 경매계에 제출하여야 한다.

❖ 명도사실확인서가 제출되지 않으면, 담당 경매계에서는 정지조건부 채권에 따라 임차물의 명도를 조건으로 한 변제공탁을 하게 되며, 이 공탁 통지받은 우선변제권있는 세입자는 명도를 증명하여야 공탁금을 수령할 수 있다.

[서식] 명도확인서

명 도 확 인 서

사　건　　201○타경23102 부동산임의경매
임차인　　이 근 재
　　　　　부산광역시 부산진구 가야대로572번길 22(가야동)

위 사건에 관하여 위 임차인은 본 매수인(낙찰인)에게 목적 부동산을 틀림없이 명도하여 주었음을 확인합니다.

* 첨부 : 매수인의 인감증명서　1통

202○.　.　.

낙찰인　천 현 숙　(인감)
(매수인) 부산 서구 대영로112번길 70(동대신동2가)
연락처: 032) 432-9876

부산지방법원 경매12계　귀중

∥유의사항∥
- 임차인의 주소는 입찰기록에 기재된 주소와 같도록 하여 임차인이 배당을 받을 때 동일성에 문제가 야기되지 않도록 주의한다.
- 임차인은 배당금을 찾기 전에는 이사하기 어려운 경우가 많으므로 낙찰인은 임차인이 이사날짜를 정하여 이사 갈 것이 명백히 확인되면 명도확인서를 해 주는 것이 바람직 할 것이다.

다. 배당액의 공탁

다음은 배당액을 "공탁"하는 경우이다(민집 제160조).[67]
① 채권에 정지조건 또는 불확정기한이 붙어 있는 때(제1호)
② 가압류 채권자의 채권인 때(제2호)

---

[67] 배당액의 지급절차는 배당재단을 구성하는 금원이 공탁금인가 법원보관금인가에 따라 달라지는데, 배당재단을 구성하는 금원이 본래 법원보관금이었다고 하더라도 제160조에 따라 배당액이 공탁된 후에는 그 배당액의 성격도 공탁금으로 변경되므로 공탁금의 출급절차에 의하여야 한다.

③ 집행의 일시정지를 명한 취지를 적은 재판의 정본·담보권실행을 일시 정지하도록 명한 재판의 정본이 제출되어 있는 때(제3호)
④ 저당권설정의 가등기가 마쳐져 있는 때(제4호)
⑤ 배당이의의 소가 제기된 때(제5호)
⑥ 민법 제340조 제2항(질물 이외의 재산으로부터의 변제)
⑦ 제370조(저당목적물 이외의 재산으로부터의 변제)에 따른 배당금액의 공탁청구가 있는 때
⑧ 채권자가 배당기일에 출석하지 아니한 때

라. 공탁된 배당액의 처리

(1) 배당액의 지급

위 여러 사유에 따라 공탁된 배당액은 관련사건에 기하여 채권자가 전부 배당받는 것으로 확정된 경우, 채권자로부터 배당금교부 신청을 받은 배당법원(실무상 담당은 경매보존계)은 배당액의 지급위탁서를 작성하여 공탁관에게 보내는 한편 채권자에게는 전산출력된 배당액 지급위탁증명서가 첨부된 공탁물출급청구서 2통을 교부한다.

이에 채권자는 교부받은 지급위탁증명서가 첨부된 공탁물출급청구서 2통을 공탁관에게 제출하고 출급청구가 수리되면 수리한 공탁공무원으로부터 공탁물출급청구서 1통을 돌려받아 공탁물보관자로 지정된 법원구내 은행에 이를 제출하여 금전을 수령한다.

채권자는 구내 은행으로부터 원하는 바에 따라 배당액을 현금 또는 지정 계좌로의 입금을 받을 수 있다.

[서식] 배당금교부 신청서

배당금교부 신청서

사 건   201○타경23102 부동산임의경매
채권자   신용보증기금
채무자   은성표
신청인   김보석 (680712-1220982)
          경기도 의정부시 동일로 474번길 21(신곡동)
          연락처 : 010-2543-2098

위 사건에 관한 귀원 201○가단2987호 배당이의 청구 소송이 신청인의 승소로 확정되었으므로 신청인에게 종전의 배당표에 따라 배당된 배당금을 교부하여 주시기 바랍니다.

* 첨부 1. 판결정본 (또는 소취하증명)
        2. 송달·확정증명원
        3. 인감증명서 1통

202○. . .
신청인 김 보 석   (인감)

의정부지방법원 경매 9 계   귀중

┃유의사항┃
- 경매보존계(경매사건이 배당종결되면 경매보존계에서 담당함)를 방문하여 신청서 1부를 제출한다.
- 담당(공무원)으로부터 전산출력된 공탁금출급청구서 2통(지급위탁서 첨부)을 교부받기 위하여는 신청인의 인감증명서(대리인인 경우 본인의 인감날인된 위임장 + 인감증명서)를 제출함에 유의한다.
- 위 서류를 교부받은 후 '공탁계'를 방문하여 공탁금출급청구서를 제출할시 신청인의 인감증명서를 추가 첨부하여야 하므로, 사전에 2통의 인감증명서를 준비한다.
- 공탁계에서 수리되면 수리된 공탁금출급청구서를 교부받게 되는데 이를 가지고 법원구내 은행(공탁물보관자)을 방문하여 신청인 선택에 따라 배당금을 현금 또는 계좌로 입금받는다.

위 임 장

대리인 : 노승원 (810812-1209822)
경기도 의정부시 신촌로25길 17-1

위 대리인으로 하여금 다음 아래의 사항을 위임합니다.

다 음

1. 의정부지방법원 201○타경9876호 부동산임의경매 사건에 관한
   배당금 출급 및 수령에 관한 권한일체

* 첨부 : 인감증명서 1통

202○.   .   .
위임인 김 보 석   (인감)
(680712-1220982)
경기도 의정부시 동일로 474번길 21(신곡동)

접수방법

- 배당금 수령을 타인에게 위임하는 경우 본인의 인감날인된 '위임장' 2통(인감증명서첨부)을 준비한다(법인은 법인등기부등본과 법인인감증명서).
- 1통의 위임장은 경매보존계에 대하여 지급위탁증명서가 첨부된 공탁금출급청구서를 교부받을 때 필요하며, 나머지 1통은 공탁계에 공탁금출급청구서 제출시 필요하다.

(2) 추가배당 및 재배당

(가) 배당이의의 소의 판결이 '확정'된 경우에는 그 판결 주문에서 명한 대로 배당을 실시하거나 다른 배당절차를 밟는다(제157조). 이 경우는 원고와 피고 사이에서만 다시 배당하는데 이를 '재배당'이라고 부르며, 다른 채권자 등과 관련이 없다.

(나) 배당기일 이후 가압류권자가 본안 소송에서 (일부)패소한 경우 일부 남은 금전은 배당이의하였는지 여부와 상관없이 모든 채권자를 위하여 배당순위에 따라 추가 배당

을 해 주는데 이를 '추가배당'이라 한다(민집 제161조).

추가배당 사유로는 ① 정지조건부채권에 있어 그 조건이 불성취가 확정된 경우, ② 가압류채권자가 본안에서 (일부)패소한 경우, ③ 집행정지결정이 있는 채권에서 집행이 불허된 경우, ④ 채무자가 제기한 배당이의의 소에서 채권자가 패소한 경우, ⑤ 저당권자 등이 담보목적물 이외의 재산에서 이미 배당받은 경우 등을 들 수 있으며, 추가배당을 하고 남은 잉여는 채무자에게 교부한다. 법원은 추가배당기일을 정하여 각 채권자들에게 통지한다.

추가배당표(배당기일 3일전부터 배당표원안이 비치되어 열람가능)에 대하여도 배당이의를 할 수 있으나 종전 배당기일 뒤에 생긴 사유로만 이의할 수 있다(제161조 제4항).

8. 배당이의의 소

1) 의 의

배당이의소송은 배당기일에 배당표에 대한 실체상의 이의가 완결되지 않은 경우에 이의의 해결방법으로 마련된 소송절차이다. 확정된 배당표에 의해 배당을 실시하는 것은 실체법상의 권리를 확정하는 것이 아니므로 배당을 받아야 할 자가 배당을 받지 못하고 배당을 받지 못할 자가 배당을 받는 경우에는 배당기일에 출석한 이해관계인이 구두로 배당에 관한 이의를 하고 1주일의 법정기간 내에 배당이의의 소를 제기하여 필요적 구두변론을 거쳐 판결로 해결되는데 이를 배당이의의 소라 한다(민집 제154조).

아울러 배당에 관하여 이의를 한 여부 또는 형식상 배당절차가 확정되었는가의 여부와 관계없이 배당을 받지 못한 우선채권자는 별도 부당이득반환 청구권을 행사할 수 있다.

배당이의에는 아래 2가지 유형이 있다.

① 가압류채권자를 제외한 집행력 있는 집행권원의 정본을 가지지 않는 채권자에 대하여 하는 '채무자'의 이의.[68]

② 배당받는 다른 채권자에 대하여 하는 어느 '채권자'의 이의를 하는 경우.

---

68) 집행권원의 정본을 가지지 않는 채권자란 주택임대차보호법상의 임차인 또는 상가건물임대차보호법상의 상가임차인, 그리고 '전세권부채권압류 및 추심명령'의 결정을 받은 채권자나 '저당권부 채권압류 및 추심명령' 등을 받은 채권자를 예상할 수 있다.

2) 당사자 및 관할

원고로서의 당사자 적격이 있는 자는 배당기일에 출석하여 배당이의를 신청한 채권자와, 집행권원의 정본을 가지지 않은 채권자에 대하여 배당기일에 배당이의를 신청한 채무자가 된다. 배당기일에 출석하지 않은 채권자는 배당표의 실시에 동의한 것으로 의제되기 때문에 원고가 될 수 없고, 기일에 출석하더라도 이의를 진술하지 않은 자도 원고로서의 당사자 적격이 없다.

피고로서의 당사자 적격이 있는 자는 배당이의의 상대방 채권자로서 그 이의를 정당한 것으로 승인하지 아니한 자, 즉 배당이의에 의하여 배당액이 줄어드는 채권자를 말한다. 잔여액을 배당받게 되는 채무자를 상대로 한 배당이의의 경우 채무자도 피고 적격이 인정된다.

배당이의의 소를 제기할 수 있는 기간은 배당기일로부터 1주일 이내이므로 이 기간내에 '소제기 접수증명원'(또는 소계류증명원)을 제출하지 않으면 집행법원은 당초의 배당표대로 배당을 실시한다.

배당이의의 소는 배당을 실시한 집행법원이 속한 지방법원으로 전속관할이다. 배당이의를 제기한 자가 배당이의의 소의 첫 변론기일에 출석하지 않은 때에는 소를 취하한 것으로 간주하므로 유의한다(민집 제158조, 제256조).

3) 소제기의 효력

'채권자'가 제소한 배당이의의 소송에 따른 판결의 효력은 소송당사자간에만 미치고 다른 채권자나 채무자에 대하여는 미치지 않음에 주의한다. 즉 배당이의 소송을 제기하지 않은 다른 채권자는 이의 인용판결을 참작하여 배당을 받을 수 없으며, 그 배당액에는 아무런 영향도 미치지 아니한다.[69]

이의 소송에서의 인용판결은 배당이의 채권자와 상대방 채권자와의 문제이므로 채무자에 대하여 아무런 효력도 미치지 않기 때문이다. 따라서 피고가 패소하더라도 그 배당절차 외에서 채무자에 대하여 채권자로서는 그 권리를 행사하는 데는 아무런 지장이 없는 것이다.

그러나 '채무자'가 제기한 배당이의의 소에서 청구가 인용된 경우에는 이의를 제기하지 않

---

69) 이를 기판력의 주관적 범위라 한다.

은 채권자를 위하여도 배당표를 바꾸게 된다(절대효가 있다).

4) 소장 등 서면의 작성

가. 청구취지

채권자가 원고인 경우에는 배당기일에 이의를 한 범위 내에서 원고가 원래의 배당표에 기재된 것 보다 배당을 더 받게 될 금액을 명시하여야 할 것이다(대판 99다70983).

그런데 원고의 배당액이 많아짐으로써 그 만큼 피고의 배당액은 감소하게 되고, 이는 표리의 관계에 있으므로 피고의 감소될 금액 역시 표시하는 것이 실무의 관행이다.

나. 준비서면의 내용

배당이의의 소에서 준비서면을 제출하고 그 심리를 하는 절차는 일반의 판결절차에 의하게 되므로 일반소송과 다를 것이 없다.

'원고'는 채무자가 피고에 대하여 가지고 있는 모든 항변을 제출할 수 있고, 그 전제로서 채권자대위권(민법 제404조)에 기하여 채무자가 피고인 채권자에게 대항할 수 있는 모든 권리, 즉 취소권, 해지·해제권, 상계권 등을 행사 할 수 있다.

▶ 법원 내 소장접수창구

이러한 사유를 주장함에 있어서는 배당기일에 배당이의의 이유로서 하였던 진술에 구속되지 않는다.

> **허위의 근저당권자에 대한 배당이의**
>
> ❖ 허위의 근저당권에 대하여 배당이 이루어진 경우, 통정한 허위의 의사표시는 당사자 사이에서는 물론 제3자에 대하여도 무효이고 다만, 선의의 3자에 대하여만 이를 대항하지 못한다고 할 것이므로, 채권자는 채권자취소의 소로써 통정허위표시를 취소하지 않았다고 하더라도 배당이의의소로써 그 무효를 주장할 수 있다(대판 2000다9611).

피고가 확정판결 기타 기판력있는 집행권원을 가지고 있는 경우 원고가 그 기판력의 표준시 이전에 생긴 실체상의 사유를 주장하여 채권의 존재·액수를 부인할 수 있는가에 관하여는 논란이 있으나, 집행권원은 기판력은 그 소송당사자와 승계인 사이에만 미치는 것이므로(민소 제218조), 제3자인 원고에게는 기판력이 미칠 수 없다고 보아야 할 것이다.

'피고'의 주장으로는 원고의 주장을 배척할 수 있는 모든 사유가 인정된다. 예컨대, 자기의 채권이 선순위에 있다거나 원고와 사이에 특약이 존재한다는 것 등이다. 원고의 채권자체의 존재를 부인할 수 있다고 할 것이다.

반면에 채권자가 제기한 배당이의의 소에서 피고의 채권이 존재하지 않는 것으로 인정되는 경우 다툼이 되는 배당 부분 가운데 원고에게 귀속시키는 배당액을 계산함에 있어서 이의신청을 하지 아니한 다른 채권자의 채권을 참작할 필요가 없다.

이는 이의신청을 하지 아니한 다른 채권자 가운데 원고보다 선순위의 채권자가 있다 하더라도 마찬가지이므로(대판 2000다41844), 채권자가 다른 채권자의 배당액에 관하여 채권의 부존재를 이유로 제기한 배당이의의 소송에서 피고의 채권이 존재하지 아니하는 것으로 밝혀진 이상, 원고의 채권보다 다른 선순위채권자가 있어서 그 채권자의 채권에 배당되어야 하고 원고에게 배당되어서는 안 된다는 항변을 할 수 없다.

▶ 원고와 피고가 법정에서 변론하고 있는 모습

반면에 채권자가 배당을 받은 다른 채권자를 상대로 선순위 또는 동순위를 주장하면서 배당이의를 하는 경우, 이의하는 자가 자기보다 후순위 또는 동순위라고 지적하는 자들 중 아무나 상대방으로 하여 이의를 할 수는 없다.

배당법원이 처음부터 이의를 받아들여 배당표를 작성하였더라면 배당을 받을 수 없게 되는 채권자 즉, 배당표상 가장 후순위 채권자로부터 순차로 거슬러 올라가 이의있는 채권자의 배당요구액에 달할 때까지의 배당액에 관계된 채권자에 대하여만 이의할 수 있는 것과 마찬가지로, 피고는 피고의 채권이 배당표상의 다른 채권자의 채권보다 앞서거나 또는 적어도 동순위이기 때문에 그 배당이 잘못되지 않았더라도 여전히 배당을 받을 수 있었던 범위에서는 원고의 청구가 이유없다는 취지의 항변을 할 수 있는 것이다.

예를 들어 1순위 근저당권자에게 3,000만 원, 2순위 배당요구권자에게 3,000만 원이 배당되었는데 소액임차인이 소액보증금의 우선배당을 주장하면서 이의를 하는 경우 소액임차인이 소액보증금에 대하여는 1순위로 배당받은 근저당권자보다 선순위인 것이 인정된다고 하더라도 배당표가 잘못되지 않았더라면 궁극적으로 소액보증금 해당액을 배당받지 못하는 것은 2순위 배당요구채권자이고, 근저당권자는 여전히 3,000만 원을 배당받을 수 있으므로, 근저당권자에 대한 청구는 이유가 없는 것이다.

따라서 이 경우에 근저당권자를 상대로 한 배당이의의 소는 이유가 없고, 임차인은 배당요구채권자를 상대로 새로 부당이득금반환 청구를 하는 수밖에 없다.

다. 소 가

소가는 당초의 배당표에 의한 원고에 대한 배당액과 원고가 소로서 주장하는 배당액과의 차액(배당증가액)을 표준으로 한다. 그런데 이는 채권자가 제소한 경우의 소가에만 적용하는 것이다.

반면 채무자가 제소한 경우는 채무자(원고)에게 돌아갈 잉여금이 생기는지 여부와는 아무런 관련이 없고, 피고들 배당감소액의 합계로 산정한다.

위 소가 산정 방식에 따라 산정하는 예를 차례로 들어본다.

① 채무자겸 소유자인 甲의 부동산에 대한 저당권에 기한 임의경매에 있어서, 부동산이 7억 원에 매각되어 1번 저당권자 乙(피담보채권액 5억 원)에게 5억 원, 2번 저당권자 丙(피담보채권액 2억 원)에게 2억 원, 3번 저당권자 丁(피담보채권액 3억 원)에게 0원이 배당된 상태에서 丁이 丙을 상대로 「법원이 2006. 2. 1. 작성한 배당표 중 피고 丙에 대한 배당액 2억 원을 0원으로, 원고(丁)에 대한 배당액 0원을 2억 원으로 각 경정한다.」라는 배당이의의 소를 제기한 경우, 배당표의 경정에 의해 원고(丁)가 받는 배당증가액이 소가가 되므로, 소가는 2억 원이다.

② 동일한 사안에서 甲이 乙과 丙을 상대로, 「법원이 2006. 2. 1. 작성한 배당표 중 피고 乙에 대한 배당액 금 5억 원을 금 4억 원으로, 피고(丙)에 대한 배당액 금 2억 원을 삭제하고, 각 채권자의 채권순위 및 채권액에 비례하여 이를 배당한다.」라는 배당이의의 소를 제기한 경우, 피고들(乙, 丙)의 감소배당액이 소가가 되므로 소가는 피고, 乙에 대한 감소배당액 1억 원과 피고 丙에 대한 감소배당액 2억 원의 합계액인 3억 원이다.

소　장

원　　고　　조 명 렬 (670812-1209223)
　　　　　　서울 서초구 효령로34길 9, 3동 707호(방배동, 삼익아파트)
　　　　　　연락처: 010-4435-3093

피　　고　　1. 정 연 석
　　　　　　　동작구 노량진로6길 29, 101동 707호(노량진동, 우성아파트)
　　　　　　2. 박 지 영
　　　　　　　서울 성북구 화랑로48길 16, 114동 1101호(석관동, 두산아파트)

배당이의의 소

청 구 취 지

1. 서울중앙지방법원 201○타경1392호 부동산 강제경매사건에 관하여 201○. 10. 5. 같은 법원이 작성한 배당표 중 피고 정연석에 대한 배당액 금 35,495,940원과 피고 박지영에 대한 배당액 금 19,629,327원을 각 삭제하고, 원고에 대한 배당액을 금 75,996,727원으로 각 경정한다.

2. 소송비용은 피고들의 부담으로 한다.
라는 판결을 구합니다.

청 구 원 인

1. 원고가 소외 조장형에 대한 서울중앙지방법원 201○가합5920호 대여금청구사건의 집행력 있는 확정판결 정본에 기하여 위 소외인 소유 부동산에 관하여 강제경매신청을 하여 서울중앙지방법원 201○타경1392호로 부동산 강제경매가 진행되던 중 집행대상 부동산이 매각되어 201○. 10. 5. 배당기일에서 아래 표와 같은 내용의 배당표가 작성되었습니다.

채 권 자	배 당 이 유	배 당 액
동대문구청장	교부청구	2,722,970 원
원고 조명렬	신청채권자 겸 가압류권자	20,871,460 원
정연석(피고1)	가압류권자 및 배당요구권자	35,495,940 원
박지영(피고2)	배당요구권자	19,629,327 원

2. 원고는 위 경매사건의 신청채권자로서 배당기일에 출석하여 위 배당표 중 피고 등에 대한 배당에 이의를 진술하였습니다.

3. 피고 정연석과 피고 박지영은 소외 조장형에 대한 채권은 실제 존재하지 않는 채권인데 위 피고 등과 소외 조장형이 통모하여 원고가 신청한 강제집행에서 배당에 참여하여 원고가 배당받을 몫을 뺏기 위한 가장채권입니다.

4. 이에 대하여 원고는 서울중앙지방법원 201○가단58765호로 피고 등과 소외 조장형을 상대로 채무부존재 확인의 소를 제기하여 현재 변론진행 중에 있습니다. 피고 등에 대하여는 청구이의 소에 준하는 부존재확인의 소라고 할 것입니다.

5. 그러므로 이 건 배당표 중 피고 등에 대한 부분과 원고에 대한 부분이 청구취지 기재와 같이 경정되어야 할 것입니다.

입 증 방 법

1. 갑 제1호증   배당표 사본
1. 갑 제2호증의 1내지 3   각 판결
1. 갑 제3호증   소제기 증명원

첨 부 서 류

1. 소장 부본   2통
1. 위 입증방법   각 2통

202○. . .

위 원고 조 명 렬   (인)

서울중앙지방법원 민사과 귀중

접수방법

- 소 가 : 청구원인을 보면, 원고의 기존배당액은 20,871,460원이고, 증가액은 55,125,267원 (35,495,940 + 19,629,327)이므로, 소가는 금 <u>55,125,267원</u>이다.
  - 인지대 : 55,125,267 × 4.5/1000 + 5,000 = 253,000 (100원미만 절사)
  - 송달료 : 3명 × 4,800원 × 15회분 = 216,000원
- 소장은 집행법원 민사과 접수실에 접수를 한다.
- 법원용 1부와 상대방 수에 맞는 부본을 제출한다. 피고가 2명이라면 2부(법원용1 + 부본1)를, 피고가 2명이라면 3부를 제출한다.

- 위 소장을 접수할 때 접수증명원을 발부받아, 이를 배당이 진행되고 있는 담당 경매계에 제출한다.
※ 담당 경매계에 '접수증명원'을 제출할 때, 경매사건번호와 당사자명이 기재된 '소제기 신고서'라는 표지를 두어, 위 접수증명원을 이에 첨부하여 접수하도록 한다.

라. 청구취지 사례

① 배당에서 완전 배제된 원고가 피고배당액 '전액'을 배당이의

1. 서울중앙지방법원 201○타경1234호 부동산임의경매 사건에 관하여 201○. 2. 7. 같은 법원이 작성한 배당표 중 피고에 대한 배당액 금 18,560,067원을 삭제하고, 동 배당에서 제외된 원고에 대한 배당액을 금 18,560,067원으로 경정한다.
2. 소송비용은 피고 부담으로 한다.

■ 소가
○ 원고에게 배당증가된 18,560,067원이 소가이다.

② 배당에서 완전 배제된 원고가 피고배당액 '일부'를 배당이의

1. 서울중앙지방법원 201○타경1234호 부동산임의경매 사건에 관하여 201○. 2. 7. 같은 법원이 작성한 배당표 중 피고에 대한 배당액 금 18,560,067원을 금 8,560,067원으로 감액하고, 그 나머지 금 10,000,000원을 원고에게 배당하는 것으로 경정한다.
2. 소송비용은 피고 부담으로 한다.

■ 소가
○ 원고에게 배당증가 된 1,000만 원이 소가이다.

③ 일부 배당받은 원고가 피고배당액 '전부'를 배당이의

1. 서울중앙지방법원 201○타경1234호 부동산임의경매 사건에 관하여 201○. 2. 7. 같은 법원이 작성한 배당표 중 피고에 대한 배당액 금 18,560,067원을 삭제하고, 원고에 대한 배당액 금 10,000,000원을 금 28,560,067원으로 경정한다.
2. 소송비용은 피고 부담으로 한다.

■ 소가
○ 원고에게 배당증가 된 18,560,067원이 소가이다.

④ 일부 배당받은 원고가 피고들에 대해 '전부'를 배당이의

> 1. 서울중앙지방법원 201○타경1234호 부동산임의경매 사건에 관하여 201○. 2. 7. 같은 법원이 작성한 배당표 중 피고 강양원에 대한 배당액 금 7,000,000원, 피고 강석헌에 대한 배당액 금 5,000,000원 피고 강희조에 대한 배당액 금 3,000,000원을 각 삭제하고, 원고에 대한 배당액 18,560,067원을 33,560,067원으로 경정한다.
> 2. 소송비용은 피고들 부담으로 한다.

■ 소가
  ○ 원고에게 배당증가 된 1,500만 원이 소가이다.

⑤ 일부 배당받은 원고들이 피고에 대해 '전부'를 배당이의

> 1. 서울중앙지방법원 201○타경1234호 부동산임의경매 사건에 관하여 201○. 2. 7. 같은 법원이 작성한 배당표 중 피고에 대한 배당액 28,000,000원을 삭제하고, 원고 홍길동에 대한 배당액 금 15,000,000원을 금 25,000,000원으로, 원고 홍남용에 대한 배당액 20,000,000원을 35,000,000원으로, 원고 홍길자에 대한 배당액 금 5,000,000원을 금 8,000,000원으로 각 경정한다.
> 2. 소송비용은 피고 부담으로 한다.

■ 소가
  ○ 원고들에게 배당증가 된 2,800만 원이 소가이다.

⑥ 채무자가 배당받은 채권자에 대해 전부이의

> 1. 서울중앙지방법원 201○타경1234호 부동산임의경매 사건에 관하여 201○. 2. 7. 같은 법원이 작성한 배당표 중 피고에 대한 배당액 금 28,000,000원을 삭제하고 각 채권자의 채권순위 및 채권액에 비례하여 이를 배당한다.
> 2. 소송비용은 피고 부담으로 한다.

■ 소가
  ○ 피고 배당감소액인 2,800만 원이 소가가 된다.

⑦ 채무자가 배당받은 채권자에 대해 일부이의

> 1. 서울중앙지방법원 201○타경1234호 부동산임의경매 사건에 관하여 201○. 2. 7. 같은 법원이 작성한 배당표 중 피고에 대한 배당액 금 28,000,000원을 금 10,000,000원으로 경정

> 한다.
> 2. 소송비용은 피고 부담으로 한다.

■ 소가
  ○ 피고 배당감소액인 1,800만 원이 소가가 된다.

5) 소송후의 배당실시

배당이의의 소 등이 취하 또는 취하간주 되거나 그 소송에 있어서 소각하 또는 청구기각의 판결이 확정된 경우 '확정증명원'을 첨부하여 배당액의 지급 또는 재배당실시를 신청할 수 있다(민집 제161조).

채권자가 제기한 배당이의 소송에서 원고 전부승소의 경우에는 원고가, 원고 일부승소의 경우에는 원고 또는 피고가 확정증명원을 제출하면서 배당액의 지급을 신청하면 법원은 그 판결주문에서 다툼이 있는 부분에 관하여 배당을 받을 채권자와 그 액수를 정한 경우에는 특히 배당기일을 정하지 않고 그 내용에 따라 배당표의 배당액을 결정하게 된다.

그 다음에 법원사무관 등이 경정된 배당표에 따라 공탁공무원에게 배당액의 지급위탁서를 송부하고 당해 채권자에게는 지급증명서를 교부하여 금전을 수령케 한다.

그러나 판결에서 배당표의 재조제를 명하고 있거나 여러 개의 판결이 있는데 서로 저촉되는 부분이 있어 판결주문대로 배당표를 경정하여 배당액을 지급할 수 없는 경우에는 재배당기일을 정하여 관계채권자 및 채무자에게 통지를 하고 새로운 배당표를 작성하여 관계채권자들이 볼 수 있도록 재배당기일 3일전에 비치한 다음 재배당절차를 진행한다.

새로이 작성된 배당표에 대하여서도 이의가 가능하나, 이때에는 배당표가 배당이의의 소의 확정판결에 합치되지 않다거나 또는 종전 배당절차에서 주장할 수 없었던 이유로만 하여야 하고, 또는 재배당절차에 관여하는 채권자만이 이의할 수 있으며, 그 전의 배당기일에 배당이의를 신청하지 아니한 채권자나 배당이의가 확정판결에 의하여 배척된 채권자는 그 재배당절차에 관여할 수 없다.

채권에 대한 강제집행

제1절 금전채권에 대한 강제집행은 어떻게 하나 • 319

제2절 채권압류 및 추심명령절차란 • 323

제3절 채권압류 및 전부명령절차란 • 370

제4절 추심명령과 전부명령은 어떻게 다른가 • 386

제5절 압류시 채무자는 어떻게 불복하는가 • 390

제 4 장
채권에 대한 강제집행

제1절 금전채권에 대한 강제집행은 어떻게 하나

1. 금전채권에 대한 강제집행

　금전채권에 대한 집행은 금전채권의 만족을 위하여 채무자의 재산 중 금전채권 즉 채무자가 제3채무자에 대하여 금전의 급여를 구할 수 있는 각종의 청구권에 대하여 하는 강제집행이다. 금전채권에 대한 강제집행은 민사집행법상으로는 동산에 대한 강제집행의 일종이므로 민사집행법 제4절 제1관(동산에 대한 강제집행 통칙)이 적용된다.
　금전채권에 대한 집행도 압류, 현금화, 변제라는 3단계로 실시가 된다. 즉 채권자가 집행법원에 압류신청을 하면 집행법원은 압류명령을 발령하여 채무자의 제3채무자에 대한 채권을 압류한 후(제227조 제1항) 다시 채권자의 신청에 의하여 추심명령(推尋命令) 또는 전부명령(轉付命令)을 발령하여 현금화한다(제229조 제1항). 다만 실무상 압류명령과 추심 또는 전부명령을 각 개별로 신청하지 않고 1개의 신청용지에 함께 신청하고 있다.
　참고로, 압류한 채권이 추심명령이나 전부명령에 의하여 현금화하기 곤란한 경우에는 법원은 채권자의 신청에 의하여 양도명령 등 특별현금화방법을 명할 수 있다(제241조 제1항).

2. 금전채권의 집행의 대상

집행의 대상인 금전채권이란 집행채무자가 제3채무자에 대하여 가지는 금전의 지급을 목적으로 하는 채권을 말한다. 금전채권의 발생원인이 사인간의 계약에 따른 것이든 공법상의 관계(공무원의 봉급채권, 토지수용의 보상금채권)에 따른 것이든 불문한다. 채권에 대한 강제집행을 통상 들 수 있는 것은 급여 및 퇴직금채권, 채무자가 제3자[1])에게 대여한 대여금채권, 채무자가 제3자에게 매도한 매매대금채권, 공사대금채권, 저당권 있는 채권, 공탁금회수 및 출급채권 등 여러 가지가 있다.

3. 피압류채권의 적격

채권이라고 하더라도 집행의 대상으로서의 적격, 즉 피압류 적격을 가지기 위해서는 다음과 같은 요건이 필요하다.

1) 채권이 집행채무자의 책임재산에 속할 것

채권이 채무자 소유의 재산이어야 압류의 대상이 될 수 있다. 금융실명제 실시이후 금융기관에 예금을 하고자 하는 자는 원칙적으로 직접 주민등록증과 신고인감을 지참하고 금융기관에 자기 이름으로 예금을 하여야 하고 있으므로 예금명의자를 거래자로 보아 예금계약을 체결한다고 보아야 한다.

채권이 채무자의 책임재산에 속하는가를 판정하는 시점은 압류명령이 제3채무자에게 송달된 때이다.

2) 독립된 재산으로서 재산적 가치가 있을 것

집행의 목적이 되는 채권은 독립하여 처분할 수 있는 것이라야 한다. 예컨대 상호권은 영업과 함께 하지 않으면 양도할 수 없으므로(상법 제25조) 독립성이 없어 집행의 목적으로 되지 않으며, 법률행위의 취소권이나 해제권과 같은 형성권만을 압류할 수도 없다.

압류의 대상인 채권이 압류당시 이미 변제기가 도래하였어야 하는 것은 아니며 아직 변

---

1) 여기서의 제3자는 결국 제3채무자를 말한다.

제기 도래전의 것이라도 압류할 수가 있다. 그리고 반드시 압류 당시 현실적으로 채권이 발생되어 있을 것을 요하지 아니하고 정지조건부나 시기부인 채권으로서 조건이나 기한이 도래하지 않은 장래의 채권도 압류의 대상이 된다.

예컨대 합자회사의 유한책임사원이 퇴사하기전의 회사에 대한 지분환급채권, 아직 퇴직하기 전의 퇴직금청구권, 장래 경매가 취하될 것을 조건으로 한 매각보증금반환청구권, 부동산임차인이 부동산을 임대인에게 반환하기 전의 임대차보증금반환청구권, 골프클럽회원이 퇴회할 때 행사할 수 있는 정지조건부 채권인 예치보증금반환청구권 등은 모두 압류의 대상이 된다.

그러나 적어도 그 기초가 되는 법률관계는 압류 당시 존재하여 채권의 발생근거나 제3채무자를 특정할 수 있고 또 가까운 장래에 발생할 가능성이 상당한 정도로 확실하여야 한다. 따라서 매매계약해제도 않았는데 계약해제를 전제로 한 중도금반환채권의 압류, 추가공사 도급계약이 성립하기도 전에 한 추가공사대금채권의 압류는 효력이 없다.

3) 양도할 수 있을 것

채무자의 채권이 양도할 수 없는 것이면 압류하더라도 현금화할 수 없으므로 피압류 적격이 없다. 양도할 수 없는 채권에는 성질상 양도가 불가능한 것과 법률상 양도가 금지된 것이 있다.

| 유의사항 |

(1) 성질상 양도가 금지된 채권

① 예컨대 국가나 지방자치단체와 같은 공권력의 주체만이 행사할 수 있는 공법상의 채권, 즉 조세·부담금·수수료 등의 징수권이나, 부양료청구권(민법 제979조), 유류분반환청구권(민법 제1115조) 등은 일신적속적인 권리로서 압류의 대상이 되지 않는다.

② 상호계산에 편입된 채권(상법 제72조) [2]

③ 국가나 지방자치단체로부터 특정의 사업·연구 등을 위하여 교부되고 그 목적 외의 사용이 금지되는 교부금청구권(사회복지법 제42조)

④ 종신정기금채권(민법 제725조 이하)과 같은 것은 전적으로 당사자간의 개인적 관계에 기초하는 채권으로서 채권자가 달라지면 그 채권의 내용도 달라진다고 보므로 이러한 채권은 채무자의 승낙없이는 양도하거나 압류할 수 없다.[3]

(2) 법률의 규정에 의해 양도가 금지된 채권

가. 민사집행법상의 압류금지채권(제246조 제1항)
① 법령에 규정된 부양료(ex 민법 제974조) 및 유족부조료(ex 공무원연금법 등의 유족연금, 유족보상금)
② 채무자가 구호사업 또는 제3자의 도움으로 계속 받는 수입
③ 병사의 급료
④ 급료·연금·봉급·상여금·퇴직금·퇴직연금,[4] 그 밖에 이와 비슷한 성질을 가지는 급여채권의 2분의1 [5]

> **재판에 의한 압류금지채권의 범위변경**
>
> ❖ 법원은 당사자가 신청하면 채권자와 채무자의 생활형편, 그 밖의 사정을 고려하여 압류명령의 전부 또는 일부를 취소하거나 위 압류금지채권에 대하여 압류명령을 할 수 있다(제246조 제2항).
> ❖ 제3채무자에게는 일반적으로 신청권이 없다. 채권자는 압류금지채권의 축소를 채권집행의 신청과 동시에 신청할 수 있으나, 채무자의 압류금지 확장신청은 성질상 압류명령을 내린 이후에나 가능하다.
> ❖ 채무자의 압류금지확장신청은 압류금지채권(제246조 제1항)에 대한 압류금지채권에 대하여만 신청할 수 있고, 특별법에 의한 압류금지채권에 대하여는 범위의 축소를 신청할 수 없다.
>
> ※ 위 신청시 인지 1,000원, 위 신청에 대하여 법원은 담보제공 조건부로 압류범위를 변경하여 명령을 내릴 수 있음에 유의한다.

나. 특별법에 의한 압류금지채권
① 공무원연금법에 의하여 급여를 받을 권리(동법 제32조)
② 군인연금법, 고용보험법, 사립학교교직원연금법에 의하여 급여를 받을 권리
③ 국가유공자등예우및지원에관한법률에 의하여 지급 받는 보상금(동법 제19조)
④ 국민연금법상의 각종 급여를 받을 권리(동법 제54조)
⑤ 자동차손해배상보장법에 의한 피해자의 보험회사에 대한 보험금청구권, 피해자의 보상청구권 또는 가불금청구권(동법 제32조)
⑥ 국민건강보험법상의 보험급여를 받을 권리(동법 제54조)
⑦ 국민기초생활보장법상의 수급품을 받을 권리(동법 제35조, 제36조)
⑧ 형사보상및명예회복에관한법률에 의한 형사보상청구권(동법 제23조)
⑨ 국가배상법에 의하여 생명, 신체의 침해로 인한 국가배상을 받을 권리(동법 제4조)

---

2) 그러나 계금 또는 계불입금 등은 압류할 수 있다.
3) 그러나 당사자가 양도할 수 없는 것으로 특약한 채권은 압류채권자의 선의, 악의를 불문하고 압류할 수 있다(대판 76다1623). 공사(公私)단체의 규약 등에 의한 양도금지의 경우에도 같다.

제 2 절 채권압류 및 추심명령절차란

1. 추심명령 신청

1) 추심명령의 의의

추심명령(推尋命令)이란 채무자가 제3채무자에 대하여 가지고 있는 채권을 대위의 절차없이 채무자에 갈음하여 직접 추심 할 권리를 집행채권자에게 부여하는 집행법원의 명령을 말한다.

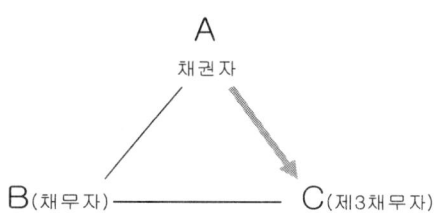

즉 채무자(B)가 회사(제3채무자, C)에 대하여 급여 받을 채권을 채무자의 채권자(A)가 대신하여 직접 제3채무자(C)에게 압류할 수 있는 권리를 법원이 채권자에게 부여하는 명령을 말한다.

추심명령은 압류채권자의 신청에 의하여 발령한다. 그 신청은 압류명령의 신청과 동시에 할 수도 있고, 사후에 신청할 수도 있다.

다만 민사집행법 제233조[6])에 의한 지시채권의 경우에는 집행관이 증권을 점유하여야 압류의 효력이 발생하므로 압류명령과 동시에 추심명령을 신청할 수는 없고 집행관의 증권에 대한 점유가 있는 뒤에만 신청할 수 있다.

2) 관할법원

추심명령을 신청하여야 할 관할법원은 '압류명령'의 집행법원과 동일한 지방법원이다. 압류명령의 집행법원은 원칙적으로 채무자의 보통재판적이 있는 곳의 지방법원이다(민집 제

---

4) '퇴직연금' 중 공무원이나 군인, 사립학교교원의 퇴직연금은 각 특별법에 의하여 그 전액이 압류금지채권으로 규정되어 있음에 유의한다.
5) 급여채권의 2분의 1이란 총액에서 소득세, 주민세, 보험료 등 원천징수액을 뺀 잔액의 2분의 1을 말한다.
6) 제233조 [지시채권의 압류]
    어음·수표 그밖에 배서로 이전할 수 있는 증권으로서 배서가 금지된 증권채권의 압류는 법원의 압류명령으로 집행관이 그 증권을 점유하여야 한다.

224조 제1항). 이를 위하여 채무자의 주민등록초본을 제출하기도 한다. 채무자가 여러 명이고 보통재판적이 서로 다른 때에는 그 집행법원도 각각 다르게 된다. 압류될 채권이 상속재산에 속하는 때에는 집행채무자는 상속인이고, 그들이 여러 사람인 경우에는 채무자별로 집행법원이 정하여 진다. 이 경우는 판결문 수통부여신청 등을 통하여 각 압류 및 추심명령을 신청하여야 할 것이다.

추심명령이 압류명령과 별도로 신청되는 경우에 압류명령이 송달된 뒤 채무자나 제3채무자의 주소가 바뀌어 그 보통재판적이 달라지더라도 추심명령은 압류명령을 전제로 하여 내려지는 것이므로 추심명령신청은 압류명령을 내린 법원에 신청하여야 한다.

3) 추심권의 객관적 범위

(가) 채권자는 추심명령에 의하여 채무자가 제3채무자에 대하여 가지는 채권을 직접 추심할 권능을 취득한다. 그 <u>추심권의 범위는 추심명령에 특별한 제한이 없는 한 '압류된 채권[7]'의 전액에 미치고(제232조 제1항) '집행채권'의 범위로 한정되는 것은 아니다.</u>
이처럼 집행채권의 범위를 넘어서도 추심할 수 있도록 한 것은 만일 추심권의 범위를 항상 집행채권액에 집행비용을 합산한 액수로 한정한다면 제3채무자에게 채무의 분할지급을 강요하는 것이 될 뿐만 아니라, 다른 채권자가 배당요구를 하는 경우에는 집행채권자가 현실로 변제받을 수 있는 액수가 집행채권보다도 작아질 가능이 있기 때문이다. 추심한 채권을 집행채권의 변제에 충당하고 남으면 이는 채무자에게 지급하여야 한다.

(나) 그러나 <u>'압류된 채권'이 채권자의 요구액(집행채권액과 집행비용의 합산액)보다 많은 때에는 채무자는 집행법원에 대하여 압류금액을 그 요구액으로 제한하여 줄 것을 신청할 수 있다.</u>
그러한 경우 집행법원은 압류채권자를 심문한 다음 압류액을 그 채권자의 '집행채권'으로 제한하고 채무자에게 그 초과된 액수의 처분과 영수를 허가하는 결정을 할

---

[7] 채권사가 받을 채권 1,000만 원에 기하여 채무자가 제3채무자에 대하여 갖는 예금에 대하여 채권압류 및 추심명령 결정을 받은바 그 정본이 제3채무자에게 송달되었을 당시 채무자에게 반환해야할 예금이 2,000만 원인 경우, 위 결정 정본상 채권자가 받아야할 채권을 <집행채권>이라 하고 예금되어있는 2,000만 원 채권을 <압류된 채권>이라 한다.

수 있다.

　법원이 압류액의 제한허가 결정을 한 경우에는 추심권의 범위가 채권자의 요구액으로 제한된다. 이처럼 압류액수를 제한할 수 있도록 한 것은 채무자에 대한 필요이상의 구속으로부터 해방시켜 주기 위한 것이다. 따라서 이는 반드시 채무자의 신청이 있어야만 할 수 있고 법원이 직권으로 할 수는 없다. 신청서에는 500원의 인지를 붙여야 한다.

[서식] 채권압류액 제한허가신청서

채권압류액 제한허가신청서

사　　　건　201○타채2762호 채권압류 및 추심명령

채　권　자　홍 길 동
　　　　　　광주광역시 북구 경양로 2, 102동 709호(임동, 극동아파트)

채　무　자　최 고 봉
　　　　　　광주 서구 구성로 3, 204동 1203호(양동, 현대아이파크아파트)
　　　　　　☎ 062) 239-5098

제 3채무자　주식회사 국민은행
　　　　　　서울 중구 남대문로 84(을지로2가)
　　　　　　대표이사 강 정 원 (소관 : 서광주지점)

신 청 취 지

　채권자가 채무자의 제3채무자에 대한 별지목록 기재 채권에 관하여 추심할 한도를 그 청구금액인 금 10,000,000원으로 제한한다.
　채권자는 제3채무자에 대하여 가지는 채권 중 위 제한액을 초과하는 금액에 관하여 그 처분 또는 영수를 할 수 있다.
라는 재판을 구합니다.

신 청 원 인

위 당사자간의 귀원 201○타채2762호 채권압류 및 추심명령 사건에 관하여, 채무자가 제3채무자에 대하여 가지는 별지목록 기재 채권을 압류 및 추심명령이 발하여 졌는바, 위 압류된 피압류채권액은 금 5,550만 원이고, 채권자의 집행채권액은 500만 원이므로 현재까지의 원리금 합계 800만 원 정도 되므로, 향후 추심소요기간까지의 지연이자를 고려하더라도, 금 1,000만 원 범위 내에서만 채권자가 추심하면 채권자의 채권을 만족할 수 있습니다.

따라서 채권자의 채권압류 및 추심액을 위 집행채권 금액으로 제한하도록 하고, 그 초과금액은 채무자가 회수하도록 허가하여 주실 것을 민사집행법 제232조 제1항 단서에 의거하여 신청합니다.

202○. . .

위 채무자 최 고 봉 (인)

광주지방법원 귀중

접수방법

- 압류된 채권이 채권자의 집행채권액보다 많을 때, 채무자는 압류금액을 일정액까지 제한할 것을 신청할 수 있다(민집 제232조).
- 인 지 : 500원을 첨부(붙임)한다.
- 송달료 : 3회분을 납부한다(당사자수 3명 × 4,800원 × 3회 = 43,200원).
- 신청서 1부를 집행법원에 제출하며, 압류액을 채권자의 집행채권액에 제한한 때에는 그 제한부분에 대하여 다른 채권자는 배당요구를 하지 못한다.

광 주 지 방 법 원
결 정

사 건 201○타채2762호 채권압류 및 추심명령
채 권 자 홍 길 동
채 무 자 최 고 봉
제3채무자 주식회사 국민은행

주 문

채권자가 채무자의 제3채무자에 대한 채권을 추심할 한도를 그 청구금인 금 10,000,000원으로 제한한다.

　채무자는 제3채무자에 대하여 가지는 채권중 위 제한을 초과하는 액에 관하여 그 처분 또는 영수를 할 수 있다.

이　유

　이사건 추심명령에 관하여 채무자로부터 민사집행법 제232조 제1항 단서의 규정에 의한 신청이 있었는바, 그 신청이 이유 있다고 인정하여 주문과 같이 결정한다.

202○.　.　.

판　사　구　원　모

[서식] [1] 기본형

채권압류 및 추심명령신청

채 권 자　　금성인쇄화학 주식회사
　　　　　　서울 강남구 도산대로81길 12
　　　　　　대표이사　최 충 순
　　　　　　☎ 941-0987

채 무 자　　최 영 철 (700911-1223982)
　　　　　　서울 구로구 디지털로19길 21(가리봉동)

제3채무자　　김 종 길
　　　　　　경기도 고양시 일산동구 강내길12, 115동 1701호(성석동)

청구금액　금 109,287,600원정
　가. 원금 50,000,000원
　나. 이자 59,287,671원{=50,000,000 × 2164일(201○.10.1-201○.9.3) × 20% × 1/365}
　위 합계(가 + 나) : 금 109,287,600원(100원미만 절사)

집행권원의 표시
　　　서울남부지방법원 201○가소18481 물품대금 반환 청구사건에 관하여 201○. 7. 14. 선고한 집행력 있는 판결정본.

압류 및 추심할 채권의 표시

별지목록기재와 같음

신 청 취 지

1. 채무자가 제3채무자에 대하여 가지고 있는 위 채권을 압류한다.
2. 제3채무자는 채무자에 대하여 위 압류된 채권의 지급을 하여서는 아니된다.
3. 채무자는 위 압류된 채권의 처분과 영수를 하여서는 아니된다.
4. 위 압류된 채권은 채권자가 추심할 수 있다.

라는 결정을 구함

신 청 원 인

채권자는 채무자에게 위 청구채권 기재의 집행권원에 기하여 위 청구채권을 가지고 있는바 채무자는 그 채권에 관하여 변제를 하지 않고 있습니다.

따라서 채권자는 채무자의 제3채무자에 대한 위 압류채권에 관하여 채권압류 및 추심명령을 신청하는 것입니다.

첨 부 서 류

1. 집행력있는 판결정본	1통
1. 위 송달증명원 및 확정증명원	1통
1. 법인등기부등본	1통
1. 채무자의 주민등록초본	1통
1. 목 록	4통

202○. . .

위 채권자 금성인쇄화학 주식회사
　　　　　대표이사 최 충 순   (인)

서울남부지방법원 기타집행계 귀중

〈 별 지 〉

압류 및 추심할 채권의 표시

금 109,287,600원

채무자가 제3채무자에 대하여 가지는 제3채무자가 채무자에게 지급하여야할 인쇄비 중 위 청구금액에 달할 때까지의 금원

* 채무자 : 최영철(700911-1223982)

접수방법

- 관　할 : 채무자 주소지 관할법원 기타집행계에 신청서 1부를 접수한다.
- 송달료 : 28,800원(당사자수3명 × 4,800원 × 2회)
- 인지대 : 4,000원(압류2,000원+추심2,000원)을 납부한 후 법원 기타집행계에 1부를 접수한다. 추심명령은 제3채무자에게 송달됨으로써 압류효과가 나타난다.
- 첨부서류 : 집행력 있는 판결정본(사본은 안됨), 송달증명원, 확정증명원(확정된 경우), 채무자주민등록초본(관할법원임에 관한 소명자료이며 3개월 이내 발부받은 것).
- 이자, 지연손해금을 계산할시 '날짜계산'은 포털사이트 네이버(Naver) 또는 다음(Daum)의 날짜계산프로그램을 이용한다. 즉 검색창에 '날짜계산'이라고 치면 계산프로그램이 나타난다. 아래 프로그램에 이자계산의 기산일(ex 2004. 10. 1.)을 입력하면 현재(ex 2020. 3. 3.)까지의 총 날짜를 알 수 있다.

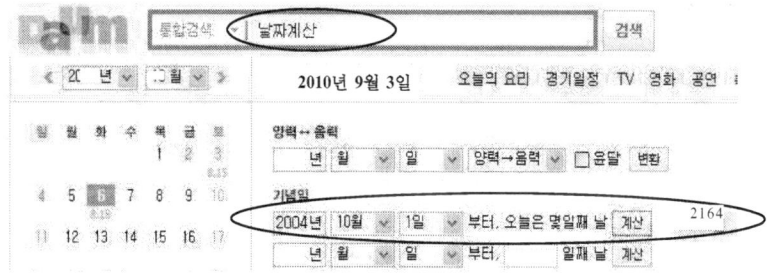

[서식] [2] 응용형 - 제3채무자 다수

채권압류 및 추심명령신청서

채권자　이 경 대 (760912-1290872)
　　　　경기도 의정부시 신촌로53번길 20-5
　　　　송달장소 : 의정부시 신곡동 765-1 금오빌딩 A동 301호
　　　　☎ 010-1136-2754
채무자　김 인 모 (560429-1227111)
　　　　경기도 수원시 팔달구 동말로48번길 66, 마동 407호(고등동, 주공아파트)
제3채무자 1. 주식회사 국민은행
　　　　　　서울 중구 남대문2가 9-1
　　　　　　대표이사 강 정 원

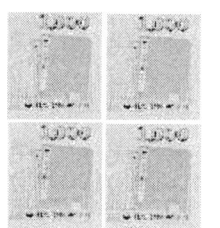

2. 주식회사 신한은행
　　　서울 중구 태평로2가 120
　　　대표이사 신 상 훈
3. 주식회사 우리은행
　　　서울 중구 회현동1가 203
　　　대표이사 이 종 휘
4. 농업은행 주식회사
　　　서울 중구 충정로1가 75
　　　신용대표이사 정 용 근
5. 중소기업은행
　　　서울 중구 을지로2가 50
　　　대표자 은행장 윤 용 로

청구채권의 표시
　금 19,479,000원정
　① 원금 : 8,300,000원
　② 이자 : 11,479,013원(= 8,300,000 × 2524일(201○. 10. 7 - 201○. 9. 3) × 20% × 1/365)
　―――――――――――――――――――――――
　위 합계 (①+②) : 19,479,000원(1,000원 미만 절사)

집행권원의 표시
　수원지방법원 안산지원 201○가소65715 대여금 청구사건의 판결정본
　(청구원금 8,300,000원 및 이에 대한 201○. 10. 7.부터 완제일까지 연20%의 지연손해금)

압류 및 추심할 채권의 표시
　별지 기재와 같음

신 청 취 지

1. 채권자의 제3채무자에 대한 별지목록기재의 채권을 압류한다.
2. 제3채무자는 채무자에 대하여 위 채무의 지급을 하여서는 아니된다.
3. 채무자는 위 채권의 처분과 영수를 하여서는 아니된다.
4. 위의 압류된 채권은 채권자가 추심할 수 있다.
라는 재판을 구함

신 청 이 유

1. 채권자는 소외 최동영이 원고로서 채무자에 대하여 가지고 있는 수원지방법원 안산지원 201
○ 가소 65715 대여금 청구사건의 판결정본 정본에 기한 채권을 양수받고 위 법원으로부터
201○. 11. 8. 승계집행문을 부여받은 승계채권자입니다.
　　채무자는 소외 최동영에 대하여는 물론 본 승계채권자에 대하여도 위 집행권원상의 채권에 대하여 단 한 푼도 변제하지 않고 있는 것입니다.

2. 따라서 채무자가 제3채무자에 대하여 가지는 별지목록 기재의 채권으로 청구금액 16,427,170원을 변제에 충당하고자 이 사건 신청에 이른 것입니다.

첨 부 서 류

1. 송달・확정증명원	1통
1. 승계의 송달증명원	1통
1. 승계받은 집행력있는 판결정본	1통
1. 채무자주민등록초본	1통
1. 법인등기부등본	5통

202○.　.　.

위 채권자　이 경 대　(인)

수원지방법원 기타집행계　귀중

〈별 지〉

압류 및 추심할 채권의 표시

금 19,479,000원정
다만, 채무자 김인모 (560429-1227111)가 아래 각 제3채무자에 대하여 가지는 예금채권 중 다음에서 기재한 순서에 따라 위 청구금액에 이를 때까지의 현재 및 장래 입금될 금액.

다　음

1. 압류되지 않은 예금과 압류된 예금이 있는 때에는 다음 순서에 의하여 압류한다.
　가. 선행압류・가압류가 되지 않은 예금

나. 선행압류·가압류가 된 예금
2. 여러 종류의 예금이 있는 때에는 다음 순서에 의하여 압류한다.
 가. 보통예금, 나. 당좌예금, 다. 정기예금, 라. 정기적금, 마. 별단예금
3. 같은 종류의 예금이 여러 계좌 있는 때에는 변제기가 빠른 순서에 의하고, 변제기가 같으면 계좌번호가 빠른 예금부터 압류한다.

단, 민사집행법 제246조 제1항 제7호, 제8호 및 같은 법 시행령 제6조, 제7조의 규정에 의하여 압류가 금지되는 보험금 및 예금은 압류에서 제외한다.

※ 제3채무자 1. 주식회사 국민은행   : 금 4,479,000원
              2. 주식회사 신한은행   : 금 3,000,000원
              3. 주식회사 우리은행   : 금 3,000,000원
              4. 농업은행 주식회사   : 금 3,000,000원
              5. 중소기업은행   : 금 3,000,000원   끝.

접수방법

- 관 할 : 채무자 주소지 관할법원 기타집행계에 신청서1부를 접수한다.
- 송달료 : 67,200원(당사자수7명 × 4,800원 × 2회)
- 인지대 : 4,000원(압류2,000원 + 추심2,000원)을 납부한 후 법원 기타집행계에 1부를 접수한다.
- 추심명령은 제3채무자에게 각 송달됨으로써 압류효과가 나타난다.
  - 법원은 이 신청에 따라 압류 및 추심결정을 내리면 먼저 채권자와 제3채무자에게 결정문을 송달시키고 이후 최종적으로 채무자에게 결정문을 송달시킨다.
- 새마을금고중앙회와 상호저축은행중앙회는 각 구성원의 보험업무만을 취급할 뿐 통상적인 은행업무를 보지 않으므로 이들 기관을 제3채무자로 정함은 실익이 없다.
- 첨부서류 : 집행력있는 판결문 '정본'(사본은 안됨), 송달증명원, 확정증명원(확정된 경우), 채무자주민등록초본(관할법원임에 관한 소명자료이며 3개월 이내 발부받은 것).
※ - 판결정본의 경우 2심 혹은 3심에서 확정되었다면 하급심판결은 복사본 첨부가 가능하다.
    - 채무자 주소지 관할이므로 그를 소명하는 채무자의 '주민등록초본'(법인은 법인등기부등본)을 첨부한다. 다만 집행권원상의 채무자 주소와 현주소가 같다면 불필요.
    - 본안소송대리인이 집행까지 진행한다면 본안소송대리위임장 사본으로 이 신청의 신청위임장으로 첨부하여 처리할 수 있다.
※ - 2019. 4. 1부터는 개정된 민사집행법의 시행으로 일정 보험금 및 예금(185만 원, 종전 150만 원)은 압류에서 제외한다.

[서식] 사용증명원

사 용 증 명 원

사　　　건　　201○타채7971 채권압류 및 추심
채　권　자　　한스코어 ㈜
채　무　자　　김 현 옥
제 3채무자　　주식회사 국민은행

　위 사건에 관하여 서울중앙지방법원 201○차22921호 매매대금 청구사건의 지급명령확정 정본이 위 채권압류 및 추심명령신청에 첨부되어 사용되었음을 증명하여 주시기 바랍니다.

202○. . .

위 채권자 한스코어 주식회사

대표이사 한 영 만　 (인)

서울중앙지방법원 기타집행계　귀중

접수방법

- 집행권원이 사용 중임을 증명받는 것이며, 이 증명서는 집행문 재도부여(집행권원의 재발급)신청시 필요하다.
- 사용증명원을 2부 제출하여, 1부를 증명받아 교부받는다.
- 채권압류 및 추심명령신청서 접수시 혹은 접수 이후 언제든 위 사용증명을 받을 수 있다.
- 인지 : 500원

4) 본압류 전이신청

(1) 지명채권의 가압류에서 본압류로 전이함에 있어서는 압류를 다시 할 필요없이 직접 추심명령, 전부명령 등을 하면 족하다는 것이 학설의 대세이나, 실무에서는 다시 압류부터 하는 경우가 많다.

> **注意** 본압류전이의 필요성
> 가압류를 본압류로 전이하지 않으면 제3채무자로서는 가압류와 본압류의 동일성 여부를 구분하지 않고, '압류의 경합'으로 처리하여 자칫 안분배분하여 가압류금액 만큼 수령금액이 줄어들 수가 있으므로, 미리 가압류를 한 경우는 이를 본압류로 전이하는 것이 필요하다.

본압류로 전이하는 신청서에는 가압류의 본압류 전이라는 것을 밝히고(이때 본압류 신청에 필요한 집행력 있는 정본, 그 송달증명서등을 첨부함을 물론이고)가압류에 대한 소명자료로서 보통 가압류결정의 사본을 첨부한다. 그러나 가압류 결정의 사본, 동결정의 송달증명 등 채권가압류의 내용 및 효력을 확인할 수 있는 소명자료를 제출하지 않을 경우에는 신청인에 대하여 동 소명자료의 제출을 명하지 않고 직권으로 당해 가압류사건기록을 조사하여 동 기록에 의해 채권자가압류에 관한 사항을 확인하여 처리하게 되어 있다(송민 85-2예규).

(2) 채권가압류가 본압류로 전이되는 경우에 있어서의 집행법원

채권가압류는 본안 관할법원 또는 제3채무자의 보통재판적 소재지[8]를 관할하는 지방법원에 전속하고, 채권압류는 채무자의 보통재판적 소재지를 관할하는 지방법원에 전속하되 그 법원이 없는 경우에는 제 3채무자의 보통재판적 소재지 또는 일정한 경우의 물건소재지의 관할 지방법원에 전속한다.

종래 구민사소송법에서는 채권자가 하나의 채권에 대하여 순차로 가압류와 본압류를 하는 경우에 그 전속관할법원이 다르게 규정되어 있고 실무상으로도 일치하지 않는 때가 적지 않다고 할 수 있는데, 본압류 법원으로서는 가압류사건에 관하여 가압류결정과 그 송달여부 및 피보전권리의 내용을 확인하여야만 그 압류가 가압류로부터 전이되는 것인지를 알 수 있었다. 그리하여 위와 같은 실무처리가 예규에 의하여 규정되고 있으나 이 문제를 근원적으로 해결하기 위하여는 집행법원이 간편하게 가압류기록을 확인할 수 있는 방법을 도입하는 것이 최선일 것이기에 민사집행법에서는 <u>채권을 가압류 한 다음 그 본압류를 신청하는 경우에는 그 집행 사건을 가압류법원의 전속관할로 하였다</u>(제224조 제3항).

---

[8] 물건의 인도를 목적으로 하는 채권과 물상담보권 있는 채권은 그 물건의 소재지.

> **注意** **본압류 취하시 가압류도 취하되는가**
> 채권자가 금전채권의 가압류를 본압류로 전이하는 압류 및 추심명령을 받아 본집행절차로 이행한 후 본압류의 신청만을 취하함으로써 본집행절차가 종료한 경우, 특단의 사정이 없는 한 그 가압류집행에 의한 보전 목적이 달성된 것이라거나 그 목적 달성이 불가능하게 된 것이라고는 볼 수 없으므로 그 가압류집행의 효력이 본집행과 함께 당연히 소멸되는 것은 아니라고 할 것이니, 채권자는 제3채무자에 대하여 그 가압류집행의 효력을 주장할 수 있다고 할 것이다[97다34594].

[서식] 가압류로부터 본압류로 전이하는 채권압류 및 추심명령신청

가압류로부터 본압류로 전이하는
채권압류 및 추심명령신청

채 권 자   김 기 남
　　　　　서울 서초구 방배로 42(방배동)
　　　　　☎ 010-9926-0232
채 무 자   박 지 덕
　　　　　경기도 수원시 영통구 동탄원천로 1035,
　　　　　11동 1701호(매탄동, 삼성3차아파트)
제3채무자 대한민국
　　　　　(소관 : 보훈연수원)
　　　　　위 법률상 대표자 법무부장관

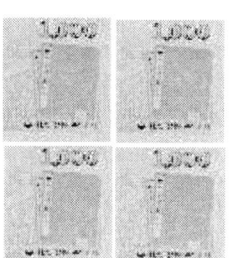

청구채권의 표시
　　<u>금 21,024,600원정</u>
　　원금 10,000,000원
　　이자 11,024,600원(201○. 3. 2 ~ 201○. 9. 3.까지 2012일간 20%의 이자금)
　　　(계산) 10,000,000원 × 2012/365 × 20% = 11,024,600원(100이하절사)

집행권원의 표시
　　귀원 201○가소83524호 구상금청구사건의 판결상 채권

가압류로부터 본압류로 전이하는 채권압류 및 추심채권의 표시
　　별지목록 기재와 같습니다.

신 청 취 지

1. 채무자의 제3채무자에 대한 별지 기재 채권 중 채권자와 채무자간 수원지방법원 201○카

단23340호 채권가압류 결정에 의하여 가압류된 채권금 금 10,000,000원을 본압류로 전이하고, 나머지 금 11,024,600원을 압류한다.
2. 제3채무자는 채무자에 대하여 위 압류된 채권을 지급하여서는 아니된다.
3. 채무자는 위 채권의 처분과 영수를 하여서는 아니된다.
4. 채권자는 위 압류된 채권을 추심할 수 있다.
라는 재판을 구합니다.

신 청 원 인

1. 채권자는 채무자에 대하여 구상금채권을 가지고 있는데 그 집행을 위하여 귀원 201○ 카단 23340호로서 채권가압류 신청을 하여 채무자가 제3채무자에 대하여 가지고 있는 압류채권 표시 기재의 채권을 가압류하였습니다.

2. 그 후 채권자는 채무자를 상대로 하여 귀원 201○가소83524호 본안소송을 제기하여 201○. 10. 22. 승소판결을 받았습니다.

3. 그러나 채무자는 채권자의 수차에 걸친 지급독촉에도 불구하고 임의변제치 않으므로, 채권자는 위 청구채권의 변제에 충당키 위하여 제3채무자에 대한 귀원 201○ 카단 23340호 채권가압류를 본 압류로 전이하고, 아울러 이에 관한 추심명령을 얻고자 이 신청을 하게 되었습니다.

첨 부 서 류

1. 집행력 있는 판결정본	1부
1. 송달, 확정증명원	1부
1. 가압류결정문 사본	1부
1. 송달증명원 [9]	1부

202○. . .

위 채권자 김 기 남 (인)

수원지방법원 기타집행계 귀중

〈별 지〉

가압류로부터 본압류로 전이하는 채권압류 및 추심채권의 표시

금 21,024,600원정

채무자가 제3채무자로부터 매월 지급받는 급여(본봉, 각종 수당 및 상여금 등에서 제세공과금을 공제한 금액)에서 다음에 기재한 각 경우에 따른 압류금 지급액을 제외한 나머지 금액 중 위 청구금액에 이를 때까지의 금액.

- 다 음 -

1. 월급여가 185만 원 이하인 경우에는 전액
2. 월급여가 185만 원을 초과하고 370만 원 이하인 경우에는 185만 원
3. 월급여가 370만 원을 초과하고 600만 원 이하인 경우에는 월급여의 2분의1
4. 월급여가 600만 원을 초과하는 경우에는
   300만 원 + {(월급여의 2분의1 - 300만 원)/2}
   (단, 채무자가 여러 직장을 다니는 경우 모든 급여를 합산한 금액을 월급여액으로 함)

단, 위 청구금액에 이르지 아니한 사이에 퇴직, 명예퇴직 또는 퇴직금 중간정산을 할 때에는 그 퇴직금, 명예퇴직금(또는 명예퇴직수당 등) 또는 중간정산금 중 제세공과금을 공제한 잔액의 2분의1 한도 내에서 위 청구금액에 이를 때까지의 금액.

접수방법

- 송달료 : 28,800원(당사자수3명 × 4,800원 × 2회)
- 인지대 : 4,000원(압류2,000원 + 추심2,000원)을 신청서 표지 혹은 맨 앞면 여백에 첨부한다.
- 접수방법 : 가압류결정 법원 기타집행계에 신청서 1부를 접수한다. 추심명령은 제3채무자에게 송달됨으로써 압류효과가 나타난다.
- 기재방법 : 청구채권의 표시상 이자는 신청일까지로 계산한다. 지연기간은 정확하여야하므로 포털사이트(다음, 네이버) 제공의 날짜계산을 이용하도록 한다.
- 첨부서류 : 집행권원(ex 판결문) '정본'을 제출한다(사본은 불가). 송달·확정증명원 역시 원본을 제출한다. 가급적 후일의 또 다른 집행을 위하여 접수시 '사용증명원'을 발부받도록 한다. 다만 접수시 발부받지 않더라도 언제든 사용증명원을 발부받을 수는 있다.

---

9) 가압류결정문에 대한 제3채무자에 대한 '송달증명원'을 말한다.

5) 추심명령 신청취지

가. 기본형

> 1. 채무자의 제3채무자에 대한 별지 기재의 채권을 <u>압류</u>한다.
> 2. 제3채무자는 채무자에게 위 채권에 관한 지급을 하여서는 아니된다.
> 3. 채무자는 위 채권의 처분과 영수를 하여서는 아니된다.
> 4. 채권자는 채무자의 제3채무자에 대한 위 압류된 채권을 추심할 수 있다.

나. 본압류전이 : 가압류금액이 본압류 금액보다 클 경우

> 1. 채권자와 채무자간 서울중앙지방법원 201○카단32323호 채권가압류결정에 의한 별지 목록 기재 채권에 대한 <u>가압류 금 5,000,000원 중 금 3,000,000원은 이를 본압류로 전이</u>한다.
> 2. 제3채무자는 채무자에게 위 채권에 관한 지급을 하여서는 아니된다.
> 3. 채무자는 위 채권의 처분과 영수를 하여서는 아니된다.
> 4. 채권자는 채무자의 제3채무자에 대한 위 압류된 채권을 추심할 수 있다.

다. 본압류전이 : 가압류금액과 본압류 금액이 같을 경우

> 1. 채권자와 채무자간 서울중앙지방법원 201○카단32323호 채권가압류결정에 의한 별지 목록 기재 채권에 대한 <u>가압류는 이를 본압류로 전이</u>한다.
> 2. 제3채무자는 채무자에게 위 채권에 관한 지급을 하여서는 아니된다.
> 3. 채무자는 위 채권의 처분과 영수를 하여서는 아니된다.
> 4. 채권자는 채무자의 제3채무자에 대한 위 압류된 채권을 추심할 수 있다.

라. 본압류전이 : 가압류금액보다 본압류 금액이 클 경우

> 1. 채무자의 제3채무자에 대한 별지 기재 채권 중 채권자와 채무자간 서울중앙지방법원 201○카단32323호 채권가압류 결정에 의하여 <u>가압류된 채권금 금 8,000,000원을 본압류로 전이하고, 나머지 금 4,333,330원을</u> 압류한다.
> 2. 제3채무자는 채무자에게 위 채권에 관한 지급을 하여서는 아니된다.
> 3. 채무자는 위 채권의 처분과 영수를 하여서는 아니된다.
> 4. 채권자는 채무자의 제3채무자에 대한 위 압류된 채권을 추심할 수 있다.

6) 압류할 채권의 표시례

아래 사례는 채권압류 및 추심(전부)할 채권의 표시 사례로서 실무상 많이 사용하는 기재례이다.

(1) 대여금채권인 경우

> 금 20,000,000원정
> 채무자가 제3채무자에 대하여 가지고 있는 201○. 3. 4. 자 대여금 반환채권 중 위 청구금액.

(2) 매매대금 채권인 경우

> 금 20,000,000원정
> 채무자가 201○. 7. 3, 9. 22, 10. 25, 볼트를 제3채무자에게 납품하고 지급받을 납품대금채권 중 위 청구금액.

(3) 판매대금인 경우

> 금 20,000,000원정
> 채무자가 제3채무자에 대하여 가지는 물품대금채권 중 위 청구금액.

(4) 전세보증금

> 금 50,000,000원정
> 채무자가 제3채무자 소유의 서울 동대문구 이문동 123 신동아아파트 101동 1201호를 임차함에 있어 제3채무자에 대하여 가지는 임차 보증금 반환채권 중 위 청구금액 (단, 주택임대차보호법 제8조 및 같은 법 시행령의 규정에 따라 우선변제받을 수 있는 금액을 제외한 나머지 금액).

❖ 위 단서에 따른 압류금지 보증금액 : 예컨대, 서울 1억 1천만 원 이하의 보증금 임차인에 대하여 최우선변제금 3,700만 원 만큼은 압류금지됨.

시행일자	지 역 (주임법 시행령 제3조, 제6조)	소액임차인의 기준 및 최우선변제금 (시행령 제3조, 제4조)
2014. 1. 1부터	서울특별시	9,500만 원 이하 임차인 중 3,200만 원
	수도권정비계획법에 의한 수도권 중 과밀억제권역(서울특별시 제외)	8,000만 원 이하 임차인 중 2,700만 원
	광역시(군지역과 인천광역시 제외)와 김포시, 용인시, 안산시, 광주시	6,000만 원 이하 임차인 중 2,000만 원
	그 밖의 지역	4,500만 원 이하 임차인 중 1,500만 원
2018. 9. 18부터	서울특별시	1억 1,000만 원 이하 임차인 중 3,700만 원
	수도권정비계획법에 의한 수도권 중 과밀억제권역(서울제외), 세종특별 자치시, 용인시, 화성시	1억 원 이하 임차인 중 3,400만 원
	광역시(군지역과 인천광역시 제외)와 김포시, 안산시, 광주시, 파주시	6,000만 원 이하 임차인 중 2,000만 원
	그 밖의 지역	5,000만 원 이하 임차인 중 1,700만 원

❖ 상가보증금에 관하여는 위와 같은 최우선변제금에 대한 압류금지 규정이 없음에 유의한다(민집 240조 1항 6호). 즉 상가보증금에 대한 압류의 경우 위 단서를 기재할 필요가 없으며 전액 압류가 가능하다.

(5) 공탁금출급청구권인 경우

금 20,000,000원정
채무자가 제3채무자에 대하여 가지는 201○년 3월 12일 공탁자 김소월이 서울중앙지방법원 201○금 제2312호로 공탁한 금 5,000,000원의 출급청구채권 중 위 청구금액.

(6) 공탁금회수청구권인 경우

ex-1. 금 20,000,000원정
채무자가 제3채무자에 대하여 가지는 201○카기1232호 **강제집행정지** 사건의 보증으로서 서울중앙지방법원 201○ 금제2092호로 공탁한 재판상 보증공탁금 회수청구채권 중 위 청구금액.

Knowledge is Power **본압류 후 금전수령방법**

❖ 채무자가 **집행정지신청**을 위하여 공탁소에 '보증공탁'을 한 경우 이를 회수하려면 본안의 소가 확정된 후 공탁원인 소멸사실을 원인으로 '담보취소신청'을 하고 담보취소 사건이 확정된 뒤에야 공탁금회수청구서를 제출 하여 공탁금을 회수 할 수 있다.
❖ 반면 채권자는 위 보증공탁금에 대하여 채권가압류 후 본압류(채권압류 및 추심명령 등)를 하였다하더라도 바로 공탁금출급청구를 하지는 못하고, <u>채무자 대위로 담보취소신청을 하고</u> 이에 담보취소사건이 확정되어야 공탁소로부터 금전을 수령할 수 있다.

---

ex-2. 금 20,000,000원정
채무자가 제3채무자에 대하여 가지는 201○. 5. 6. 피공탁자를 김소월로 하여 서울중앙지방법원 201○ 금제2092호로 공탁한 금 5,000,000원의 회수청구채권 중 위 청구금액.

Knowledge is Power

❖ 제3채무자 : 대한민국(소관 : 1○지방법원 공탁관)
❖ 해방공탁금은 채무자 대위로 담보취소신청 절차를 거치지 않아도 된다.

(7) 예금계좌 압류

가. 계좌번호를 알고 있는 경우

금 20,000,000원정

채무자가 제3채무자 주식회사 하나은행에 대하여 가지고 있는 예금(계좌번호 150-058912-00104)반환채권 중 현재의 잔액과 앞으로 입금될 예금 중 위 청구금액.

단, 민사집행법 제246조 제1항 제7호, 제8호 및 같은 법 시행령 제6조, 제7조의 규정에 의하여 압류가 금지되는 보험금 및 예금은 압류에서 제외한다.

단서의 규정 – 2011. 7. 6.자 개정된 민사집행법의 시행으로 추가되었음

❖ [민사집행법]

제246조(압류금지채권) ① 다음 각 호의 채권은 압류하지 못한다.

1호~6호(생략)

7. 생명, 상해, 질병, 사고 등을 원인으로 채무자가 지급받는 보장성보험의 보험금(해약환급 및 만기환급금을 포함한다). 다만, 압류금지의 범위는 생계유지, 치료 및 장애 회복에 소요될 것으로 예상되는 비용 등을 고려하여 대통령령으로 정한다.

8. 채무자의 1월간 생계유지에 필요한 예금(적금·부금·예탁금과 우편대체를 포함한다). 다만, 그 금액은 「국민기초생활 보장법」에 따른 최저생계비, 제195조 제3호에서 정한 금액 등을 고려하여 대통령령으로 정한다.

❖ [민사집행법 시행령]

제6조(압류금지 보장성 보험금 등의 범위)

① 법 제246조 제1항 제7호에 따라 다음 각 호에 해당하는 보장성보험의 보험금, 해약환급금 및 만기환급금에 관한 채권은 압류하지 못한다.

1. 사망보험금 중 1천만 원 이하의 보험금
2. 상해·질병·사고 등을 원인으로 채무자가 지급받는 보장성보험의 보험금 중 다음 각 목에 해당하는 보험금
   가. 진료비, 치료비, 수술비, 입원비, 약제비 등 치료 및 장애 회복을 위하여 실제 지출되는 비용을 보장하기 위한 보험금
   나. 치료 및 장애 회복을 위한 보험금 중 가목에 해당하는 보험금을 제외한 보험금의 2분의 1에 해당하는 금액
3. 보장성보험의 해약환급금 중 다음 각 목에 해당하는 환급금
   가. 「민법」 제404조에 따라 채권자가 채무자의 보험계약 해지권을 대위행사하거나 추심명령(추심명령) 또는 전부명령(전부명령)을 받은 채권자가 해지권을 행사하여 발생하는 해약환급금
   나. 가목에서 규정한 해약사유 외의 사유로 발생하는 해약환급금 중 150만 원 이하의 금액

> 4. 보장성보험의 만기환급금 중 150만 원 이하의 금액
> 제7조(압류금지 예금 등의 범위)
> 　법 제246조 제1항 제8호에 따라 압류하지 못하는 예금 등의 금액은 개인별 잔액이 150만 원 이하인 예금 등으로 한다. 다만, 법 제195조 제3호에 따라 압류하지 못한 금전이 있으면 150만 원에서 그 금액을 뺀 금액으로 한다.

나. 계좌번호를 모르는 경우

> 금 20,000,000원정
> 채무자 홍길동(601202-1239282, 법인인 경우는 사업자등록번호)이 제3채무자(소관 : 중곡1동 지점, 중곡동 지점, 장안동 지점)에 대하여 가지는 다음 예금채권 중 다음에서 기재한 순서에 따라 위 청구금액에 이를 때까지의 금원.
> 　　　　　　　　　　　　　- 다　　음 -
> 1. 압류되지 않은 예금과 압류된 예금이 있는 때에는 다음 순서에 의하여 압류한다.
> 　가. 선행압류, 가압류가 되지 않은 예금
> 　나. 선행압류, 가압류가 된 예금
> 2. 여러 종류의 예금이 있을 때에는 다음 순서에 의하여 압류한다.
> 　가. 정기예금, 나. 정기적금, 다. 보통예금, 라. 당좌예금, 마. 별단예금
> 3. 같은 종류의 예금이 여러 계좌 있는 때에는 계좌번호가 빠른 예금부터 압류한다.
> 　단, 민사집행법 제246조 제1항 제7호, 제8호 및 같은 법 시행령 제6조, 제7조의 규정에 의하여 압류가 금지되는 보험금 및 예금은 압류에서 제외한다.

다. 계좌번호를 모르면서 몇 개 은행을 제3채무자로 정한 경우

> 금 30,000,000원정
> 채무자 홍길동(670912-120922) (법인인 경우는 사업자등록번호)이 아래 각 제3채무자에 대하여 가지는 다음 예금채권 중 다음에서 기재한 순서에 따라 아래 각 제3채무자에 대한 청구금액에 이를 때까지의 금원.
> 　　　　　　　　　　　　　- 다　　음 -
> 1. 압류되지 않은 예금과 압류된 예금이 있는 때에는 다음 순서에 의하여 압류한다.
> 　가. 선행압류, 가압류가 되지 않은 예금
> 　나. 선행압류, 가압류가 된 예금
> 2. 여러 종류의 예금이 있을 때에는 다음 순서에 의하여 가압류한다.
> 　가. 정기예금 나. 정기적금 다. 보통예금 라. 당좌예금 마. 별단예금
> 3. 같은 종류의 예금이 여러 계좌 있는 때에는 계좌번호가 빠른 예금부터 압류한다.

* 제3채무자 1. 주식회사 신한은행 : 청구금액 10,000,000원
          2. 주식회사 국민은행 : 청구금액 10,000,000원
          3. 농업협동조합중앙회 : 청구금액 10,000,000원

단, 민사집행법 제246조 제1항 제7호, 제8호 및 같은 법 시행령 제6조, 제7조의 규정에 의하여 압류가 금지되는 보험금 및 예금은 압류에서 제외한다.

계좌압류시 주의할 점

❖ 위 가.항의 경우 '앞으로 입금될 예금(장래예금)'까지 압류를 한다는 기재가 있어야 앞으로 입금될 예금까지 압류가 된다.
❖ 위 나. 다. 항의 경우는 계좌번호를 모르는 경우이며, 채무자가 개인이라면 반드시 주민등록번호를 기입해야 하고, 법인이라면 사업자등록번호를 기재한다(계좌번호를 특정한 경우는 불필요).
❖ 제3채무자가 은행인 경우 여럿을 임의로 정하여 압류할 수 있으나 채권의 남용을 막기 위하여 '압류할 채권액'을 각 제3채무자에게 배분하여야 한다.
❖ 압류가 결정되어 제3채무자에게 압류결정문이 송달되었더라도 채무자가 위 지점에 대하여 계좌거래를 트지 않은 경우에는 압류결정이 무위(無爲)로 돌아갈 수 있다.

(8) 급료채권일 경우

금 20,000,000원정
채무자가 제3채무자로부터 매월 지급받는 급여(본봉, 각종 수당 및 상여금 등에서 제세공과금을 공제한 금액)에서 다음에 기재한 각 경우에 따른 압류금지금액을 제외한 나머지 금액 중 위 청구금액에 이를 때까지의 금액.

- 다 음 -

1. 월급여가 185만 원 이하인 경우에는 전액
2. 월급여가 185만 원을 초과하고 370만 원 이하인 경우에는 185만 원
3. 월급여가 370만 원을 초과하고 600만 원 이하인 경우에는 월급여의 2분의1
4. 월급여가 600만 원을 초과하는 경우에는
   300만 원 + {(월급여의 2분의1 - 300만 원)/2}
   (단, 채무자가 여러 직장을 다니는 경우 모든 급여를 합산한 금액을 월급여액으로 함)

단, 위 청구금액에 이르지 아니한 사이에 퇴직, 명예퇴직 또는 퇴직금 중간정산을 할 때에는 그 퇴직금, 명예퇴직금(또는 명예퇴직수당 등) 또는 중간정산금 중 제세공과금을 공제한 잔액의 2분의1 한도 내에서 위 청구금액에 이를 때까지의 금액.

> ***급여압류가능금액**
>
> 2019. 4. 1.부터 개정 민사집행법의 시행으로 인하여 채무자의 급여 중 하한 금액 150만 원이 '185만 원'으로 증액되었다.
> - 월급여가 185만 원 이하인 경우에는 전액 압류할 수 없다.
> - 월급여가 185만 원 초과~370만 원 이하 : 185만 원을 제외한 나머지 압류됨
> - 월급여가 370만 원 초과~600만 원 이하 : 월급여의 1/2 초과금액 압류됨
> - 월급여가 600만 원 초과 : 「300만 원 + [(급여 × 1/2 − 300만 원) × 1/2]」를 제외한 나머지가 압류된다.
>
> 또한 채무자가 여러 직장을 다니는 경우에는 모든 급여를 합산한 금액을 기준으로 계산한다.
> ex〉A직장에서 120만 원, B직장에서 150만 원의 급여를 받는 경우 합산한 270만원이 기준이 되어, 압류가능금액 270만 원에서 185만 원을 공제한 85만 원이 된다.

注意 | **압류가 금지된 채권**
1. 사립학교교직원연금법에 의한 급여(퇴직금)
2. 급료, 연금, 상여금, 퇴직연금의 2분의 1. 단 대통령령이 정하는 금액
3. 퇴직금의 2분의 1
4. 공무원연금법에 의한 급여(퇴직금)
    ※ 공무원이나 사립학교 교직원인 경우 이들이 퇴직금은 (가)압류할 수 없다. 다만 급료, 연금, 상여금, 명예퇴직금(수당으로 봄) 등은 2분의 1까지 가압류 가능하다.
5. 법령에 규정된 부양료 및 유족부조료
6. 국가유공자 등 예우 및 지원에 관한 법률에 의한 보상금
7. 국민연금법에 의한 각종급여
8. 각종 보험법에 의한 보험급여
9. 형사보상청구권
10. 생명·신체의 침해로 인한 국가배상금 등
11. 주택임대차보호법(제8조)상 최우선변제금

※ 의료보험조합, 서울메트로, 한국산업안전공단, 건강보험관리공단 등 정부투자기관이나 국가의 관리감독을 받는 기관 등의 직원은 위 공무원이 아니므로 퇴직금의 2분의 1을 압류할 수 있다.

(9) 공사대금인 경우

> 금 20,000,000원정
> 채무자와 제3채무자간의 파주시 교하면 소재 광고물협동화단지 건설공사 계약에 기하여 채무자가 제3채무자들에게 가지는 공사대금 청구채권 중 위 청구금액.

(10) 카드가맹점이 채무자인 경우

> 금 20,000,000원정
> 채무자가 제3채무자(비씨카드 주식회사)로부터 지급받게 되는 신용판매대금채권 중 위 청구금액.
> * 가맹점번호 : 7228-51013

(11) 보험금인 경우

> 금 20,000,000원정
> 채무자가 제 3채무자에게 정기적 또는 부정기적으로 각종보험 상품의 보험료를 납입하고 만기시, 중도해지시, 또는 사고 등의 재해시 지급, 혹은 보상받을 보험금 등 모든 명목의 보험금 지급 청구채권 및 해약 환급금 채권 중 다음에서 기재한 순서에 따라 현재 및 향후 위 청구금액에 달 할 때까지의 금액.
> - 다 음 -
> 1. 압류 되지 않은 보험금과 압류된 보험금이 있는 때에는 다음 순서에 의하여 압류 한다.
>   가. 선행 압류, 가압류가 되지 않은 보험금
>   나. 선행 압류, 가압류된 보험금
> 2. 여러 종류의 보험금이 있는 때에는 다음 순서에 의하여 압류 한다.
>   가. 상해보험금   나. 암보험금   다. 질병보험금
>   라. 연금보험금   마. 저축보험금   바. 종신보험금
>   사. 자동차보험금   아. 화재보험금   자. 선박보험금
>   차. 배상책임보험금 카. 신용보증보험금 타. 이행보증보험금
> 3. 같은 종류의 보험금이 여러 있는 때에는 증권번호가 빠른 보험금부터 압류 한다.
>
> 단, 민사집행법 제246조 제1항 제7호, 제8호 및 같은 법 시행령 제6조, 제7조의 규정에 의하여 압류가 금지되는 보험금 및 예금은 압류에서 제외한다.

(12) 판결에 기한 채권이 있는 경우

> 금 20,000,000원정
> 채무자가 제3채무자들에 대하여 가지는 서울중앙지방법원 2010가압2345호, 서울고등법원 2010나298호 대여금 청구사건의 판결정본에 기하여 제3채무자로부터 지급받을 위 대여금채권 중 위 청구금액.

(13) 보상금인 경우

ex-1. 금 20,000,000원정
  채무자가 사용하던 파주시 조리면 등원리 379-1 소재 건축물이 제3채무자의 공사명 '교하-조리 간 도로확장 포장공사'로 인하여 철거됨에 따라 이에 대한 이주보상비 명목으로 지급받을 보상금청구채권 중 위 청구금액.

ex-2. 금 20,000,000원정
  채무자가 제3채무자로부터 지급받을 채무자 소유의 경기도 연천군 왕징면 무둥리 18-10 대 185㎡의 토지수용보상금 청구채권 중 위 청구금액.

ex-3. 금 20,000,000원정
  제3채무자가 시행하는 '경기도 하남시 지역현안사업2지구 도시개발사업'에 기하여 채무자가 아래 기재 부동산의 수용에 따라 제3채무자로부터 지급받게 되는 보상금(토지보상금, 지장물보상금, 이주비 등 채무자에게 지급되는 일체의 보상금) 청구채권 중 위 청구금액
  1. 경기도 하남시 신장동 228 대 200㎡
  2. 위 번지상 단층 블록조 스래트지붕

주의할 점

❖ 제 3 채무자가 지방자치단체인 경우에는 행정청을 기재하는 것이 아니라 지방자치단체 그 자체를 기재한다. 예컨대 '경기도'라고 기재하여야지 '경기도청'이라고 기재하여서는 안된다.

---

(14) 경매 매각대금 배당금인 경우

금 20,000,000원정
채무자가 제3채무자에 대하여 가지는 서울중앙지방법원 2010타경4312호 부동산임의경매 사건에 관하여 채무자가 임차인으로 배당받을 배당금 청구채권 중 위 청구금액.

배당금압류에 대한 제3채무자

❖ 경매 매각대금에 대한 채무자의 배당금에 대하여 채권 압류를 신청할 때 '제3채무자'는 대한민국이지만 '소관'은 법원경매계를 소관처로 하지 아니하고 「○○지방법원 세입세출외 현금출납공무원」가 됨에 유의한다.

> ❖ 세입세출외현금출납공무원이라 함은 세입세출외현금을 출납 또는 보관하는 출납공무원[10]을 말하며 (출납공무원사무처리규칙 제3조), 세입세출외현금이란 ① 민사예납금(소송·조정·비송·신청·집행 등 사건의 비용예납금), ② 매수신청보증금, ③ 매각대금, ④ 세출예산 집행에 따른 계약보증금·입찰보증금·하자보수보증금, ⑤ 공무원의 급여 채권에 대한 가압류금등 법령에 의하여 법원이 보관하는 법원보관금을 말한다(법원보관금취급규칙 제2조).
> ❖ 제3채무자에 대한 결정문은 「○○지방법원 세입세출외 현금출납공무원」, 즉 보관금계에서 수령을 한 후 담당 경매계로 송부를 한다.

(15) 소유권이전등기청구권에 대한 압류

> 금 20,000,000원정
> 채무자가 제3채무자에게 채무자 소유의 서울특별시 금천구 시흥동 266-3 일대 재개발 사업 벽산아파트 521동 1004호 해당의 대지 및 건물을 재개발사업에 제공하고 그 재개발사업이 완료된 후 제3채무자로부터 분배받을 동, 호수 미정의 아파트에 대한 부동산 소유권이전등기청구권.
> * 채무자 이건달 (720930-1237341)

> **압류 이후의 보관인 선임과 등기절차**
>
> ❖ 등기청구권에 대한 압류는 제3채무자에 대한 송달로써 한다. 이는 등기청구권 목적물인 부동산에 대한 것이 아니므로 공시방법이 없다.
> ❖ 압류이후 채권자는 부동산이 있는 곳의 지방법원에 대하여 목적 부동산의 보관인을 정하고 제3채무자에 대하여 그 부동산을 보관인에게 인도하거나 관리이전등기 절차를 이행하라는 결정을 하여 주도록 신청할 수 있고, 채권자가 그 신청을 지체하는 경우에는 제3채무자도 면책을 위하여 이를 신청할 수 있다(민집 244조).
> ❖ 이 신청은 부동산 소재지 지방법원에서 하여야 하므로 압류명령을 내린 집행법원의 관할 구역내에 목적 부동산이 존재하지 않는 경우 압류명령을 내린 법원과 보관인선임결정과 인도, 권리이전명령을 내린 법원이 다를 수 있다. 두 법원이 같은 경우에는 압류명령 신청과 함께 보관인 선임과 인도, 권리이전명령신청을 할 수 있지만 다를 때에는 각 부동산이 있는 곳의 지방법원에 대하여 신청하여야 한다.

---

10) 출납공무원은 이를 (1) 수입금출납공무원, (2) 일상경비출납공무원, (3) 세입세출외현금출납공무원, (4) 조체급출납공무원으로 구분한다. 우선 '수입금출납공무원'은 조세 기타 세입금을 수납하는 출납공무원을 말하며, '일상경비출납공무원'은 현금지급을 하기 위하여 지출관, 통합지출관, 지출확인관 또는 타출납공무원으로부터 교부될 자금을 출납 또는 보관하는 출납공무원을 말하고, '조체급출납공무원'은 기업예산회계법시행령 제27조의 규정에 의하여 그 취급하는 현금을 조체수급하는 출납공무원을 말한다(출납공무원사무처리규칙 제3조).

❖ 신청이 이유 있으면 법원은 결정으로 '보관인을 선임'하고, 그 부동산을 보관인에게 '인도'하거나 보관인에게 부동산에 대하여 채무자 명의로 '권리이전 등기' 절차를 이행할 것을 명한다. 그러나 이 결정으로 목적물의 점유를 강제취득하거나 일방적 등기는 신청할 수 없다. 권리이전 청구권의 집행에 있어서 보관인은 채무자 명의로 관리이전등기를 신청함에 있어서 채무자의 대리인이 된다(민집 244조).
❖ 제3채무자가 임의로 등기의무를 이행하는 경우 채무자의 대리인인 보관인과 제3채무자 사이에 등기신청으로 등기가 이루어지고 이로써 청구권의 집행은 종료된다. 제3채무자가 보관인에 대하여 임의 이행을 협력하지 않는 경우 압류채권자는 추심명령을 얻어 추심소송을 제기할 수 있다.

(16) 출자금인 경우

ex-1. 금 20,000,000원정
채무자가 제3채무자의 조합원자격을 상실할 때 제3채무자로부터 지급받을 조합원 출자금 중 위 청구금액.

ex-2. 채무자가 제3채무자에 대하여 가지고 있는 채무자가 제3채무자에 가입시 출자금 명목으로 예치한 금원으로 탈퇴시 출자금반환청구채권.

출자금 압류

❖ 채무자가 통상 조합원이라면 조합에 대하여 출자금이 있다. 예를 들어 다단계사업 회사는 방문판매등에관한법률 제34조에 따라 소비자피해보상보험을 설정해야 하는데 통상 1○판매공제조합에 가입을 하고 있다. 만일 보상이 곤란할시 피해자들은 다단계사업 회사가 조합원으로 가입할 때 출자한 출자금이 있으므로 조합원 자격상실시 반환받을 출자금을 압류할 수 있다.

(17) 백화점 매장판매대금(제3채무자가 2명이상인 경우)

금 38,000,000원정

1. 제3채무자 수원애경역사 주식회사 : 금 18,000,000원정
채무자가 제3채무자(소관: 수원애경점)에 대하여 가지는 매월 결제되는 판매대금 청구채권 중 위 청구금액.

2. 제3채무자 주식회사 뉴코어 : 금 20,000,000원정
채무자가 제3채무자(소관: 명동점)에 대하여 가지는 매월 결제되는 판매대금 청구채권 중 위 청구금액.

제3채무자가 여러 명인 경우

❖ 제3채무자가 2명 이상일 때는 과잉 채권압류가 되지 않도록 제3채무자별로 채권금액을 분할해야 한다. 위는 채권자가 채무자에 대하여 3,800만 원의 채권이 있고, 제3채무자가 2인인 경우이다.

(18) 세금반환 청구권의 경우

금 20,000,000원정
채무자와 제3채무자간 서울중앙지방법원 201○구단2342호 양도소득세부과처분취소청구 사건에 의하여 채무자가 제3채무자로부터 반환받을 양도소득세 및 주민세 반환청구채권 중 위 청구금액.

(19) 의사의 진료비 채권(약사의 약제비)

금 20,000,000원정
채무자가 진료비(약제비) 등 채권으로서 제3채무자로부터 교부받게 될 진료비(약제비) 등 공단부담금 중 위 청구금액

❖ 제3채무자는 건강보험의 보험자인 국민건강보험공단이 된다.

(20) 전세권부 채권의 경우

금 20,000,000원정
채무자와 제3채무자간의 아래 표시 부동산에 관하여 201○. 5. 6. 전세금 50,000,000원, 존속기간 및 반환기 201○. 5. 5.로 전세권설정계약을 체결하고 201○. 5. 10. 청주지방법원 음성등기소 접수 제2345호로 마친 전세권에 기한 전세권부채권 중 위 청구금액.

* 부동산의 표시
생 략

(21) 근저당권부 채권의 경우

금 20,000,000원정
채무자가 제3채무자에 대하여 가지는 아래 표시 부동산에 대하여 의정부지방법원 의정부등기소 201○. 3. 4. 접수 제3432호로 경료된 근저당권설정등기에 기한 채권최고액 금 50,000,000원의 근저당권부 채권.

* 부동산의 표시
생 략

(22) 유치권부 채권의 경우

금 20,000,000원정
채무자가 제3채무자에 대하여 가지는 아래 표시 부동산에 대한 인천지방법원 201○타경 3988호 부동산 임의경매사건에서 유치권을 행사하는 중인 유치권부 공사대금 채권.

* 부동산의 표시
: 채무자가 유치권을 행사하여 점유중인 부동산으로서 채권자가 위임하는 집행관에게 인도하여야 할 부동산의 표시
1. 인천광역시 남동구 만수동 1005 대 1200㎡ 및 지상 신축건물

> **신청취지에서 유의할 점**
> ❖ "채무자는 채권자가 위임하는 집행관에게 별지기재 부동산을 인도하여야 한다."

(23) 예탁유가증권인 경우

금 20,000,000원정
채무자가 제3채무자 예탁자 하나증권(주)(취급점: 강남지점)의 고객으로서 가지는 다음 주식을 대상으로 하는 예탁주권에 관한 공유지분.
- 다 음 -
1. 거성기업(주) 보통주식 1,000주
2. 제1항의 주식에 관하여 압류 후에 주식의 병합 또는 분할, 회사의 합병, 무상증자(주식배당) 등이 이루어져 새로이 주식이 발행된 때에는 그 새로이 발행된 주식
3. 제2항의 주식에 관하여 다시 제2항에 든 사유에 의하여 새로이 주식이 발행된 때에는 그 새로이 발행된 주식

2. 제3채무자에 대한 진술최고신청

1) 진술최고신청

채권압류의 경우에는 채권자가 제3채무자에게 압류집행을 할 때, 압류한 채권에 대해 채권자가 만족을 얻을 수 있는지 여부를 제3채무자에게 진술하도록 한 것이 제3채무자에 대한 진술최고의 신청이다(민집 제237조).

진술최고의 신청권자는 압류채권자(배당요구채권자는 포함되지 않음), 압류 및 추심명령을 신청한 채권자, 압류 및 전부명령을 신청한 채권자, 가압류채권자이다.

> 注意
> ❖ 가령, 채권자 A가 채무자 B의 급여를 압류 및 추심(전부)함에 있어서 제3채무자(주식회사 C)에게 채권을 인정하는지 여부 및 인정한다면 그 한도, 다른 사람으로부터 청구가 있는지의 여부 및 청구가 있다면 그 종류 등의 사실을 진술하게 함으로서 채권자는 피압류채권에 대해 궁금증을 해소시킬 수 있다.

2) 신청의 시기

신청서는 채권압류 신청서와 별도로 서식을 작성하여 압류신청서와 함께 또는 늦어도 압류결정문이 제3채무자에게 발송되기 전까지 제출할 수 있다. 결국 <u>채권압류 및 추심(또는 전부)명령 신청서와 동시에 제출</u>하도록 해야 하며, 신청서와 별도로 제3채무자에 대한 진술최고만을 할 수는 없다.

진술최고서를 받은 제3채무자는 1주일 내에 서면으로 진술서를 법원에 제출하며 채권자는 법원에 가서 제출된 진술서를 열람할 수 있다.

> 注意
> ❖ 제3채무자의 진술은 단순한 사실의 진술에 불과하고 채무의 승인으로는 볼 수 없어 그 자체만으로는 아무런 구속력이 없다. 그러나 제3채무자가 고의 또는 과실로 허위의 진술을 함으로써 압류채권자에게 손해가 발생한 때에는 그 손해를 배상할 의무가 있다.
> ❖ 제3채무자가 위 진술의무를 이행하지 않는 때에 법원은 직권으로 제3채무자를 심문할 수 있고, 채권자도 법원의 직권발동을 촉구하는 의미에서 집행법원에 <u>심문신청</u>을 할 수 있다(민집 237③).

[서식] 심문요청서

심 문 요 청 서

사　　　　　건　　201○타채9876호 채권압류 및 추심명령
신 청 인(채 권 자)　　김 성 실
　　　　　　　　　　인천 남동구 담방로 105, 801동 208호
　　　　　　　　　　(만수동, 주공아파트)
　　　　　　　　　　연락처 : 010-8765-0987
피신청인(제3채무자)　이 건 달
　　　　　　　　　　인천 서구 서달로 149번길 6-5(석남동)

신 청 취 지

채무자에 대하여 위 사건과 관련하여
1. 채권을 인정하는지의 여부 및 인정한다면 그 한도
2. 채권에 대해 지급 의사가 있는지의 여부 및 의사가 있다면 그 한도
3. 채권에 대해 다른 사람으로부터 청구가 있는지의 여부 및 청구가 있다면 그 종류
4. 다른 채권자에게 채권을 압류 당한 사실이 있는지의 여부 및 그 사실이 있다면 청구의 종류 등을 심문하여 주실 것을 구합니다.

신 청 이 유

1. 채권자는 신청외 채무자 주식회사 하이텍링크에 대하여 전자부품 등을 납품하고 받지 못한 물품대금 청구 채권 금 35,456,120원이 있습니다.
2. 채권자가 알아본 바에 의하면 채무자는 피신청인(제3채무자)과 체결한 계약에 의하여 전자부품 물품을 공급하고 받을 물품대금 청구채권이 있으며 인천지방법원 201○가단10922 물품대금 청구 소송의 판결문에 터잡아 귀원에 201○. 3. 23. 제3채무자로부터 채무자가 받을 물품대금에 대한 채권 압류 및 추심명령을 신청하고 201○. 3. 27. 동 신청은 인용되었습니다.
3. 채권자는 본 사건의 채권 압류 및 추심명령 신청과 같이 피신청인에 대한 진술최고 신청을 하였고, 또한 압류 추심결정문도 피신청인에게 201○. 4. 3. 송달되었습니다.
4. 그러나 피신청인은 동 진술최고신청서를 송달받고도 지금까지 아무런 진술을 하지 않고 있으므로 민사집행법 제237조 제3항에 따라 직접 심문하여 주실 것을 구합니다.

202○.　　.　　.

위 채권자 김 성 실　　(인)

인천지방법원 기타집행계 귀중

접수방법

- 심문요청서 1부를 진술최고를 한 바 있는 집행법원에 접수한다.
- 제3채무자가 진술최고의 송달을 받고도 소정의 기간내에 진술서를 제출하지 아니한 때에는 법원은 직권으로 제3채무자를 소환, 심문할 수 있다(민집 237②).
  실무에서 흔하지는 않지만 이러한 직권발동을 촉구하는 의미에서 심문요청을 하는 경우가 있으며 집행법원 사법보좌관은 이를 받아들여 심문할 수가 있다.
- 비용 : 없음

[서식] 제3채무자에 대한 진술최고 신청서

제3채무자에 대한 진술최고 신청서

채 권 자   김 성 실
채 무 자   이 건 달
제3채무자 주식회사 한국물산

위 당사자간의 귀원 201○타채   호 채권압류및추심명령 사건에 관하여 제3채무자에게 민사집행법 제237조에 의하여 아래 사항을 진술하라는 명령을 하여 주시기 바랍니다.

- 아   래 -

1. 채권을 인정하는지의 여부 및 인정한다면 그 한도
1. 채권에 대해 지급 의사가 있는지의 여부 및 의사가 있다면 그 한도
1. 채권에 대해 다른 사람으로부터 청구가 있는지의 여부 및 청구가 있다면 그 종류
1. 다른 채권자에게 채권을 압류 당한 사실이 있는지의 여부 및 그 사실이 있다면 청구의 종류

202○.   .   .

위 채권자 김 성 실   (인)

서울북부지방법원 기타집행계 귀중

> **접수방법**
>
> - 채권압류의 경우에는 채권자가 제3채무자에게 압류집행을 할 때, 압류한 채권에 대해 채권자가 만족을 얻을 수 있는지 여부를 확인하고자 제3채무자에게 진술하도록 한 것이 '제3채무자에 대한 진술최고신청'이다.
> - 비용 - 인지 : 없음
>   - 조회비용 : 금융기관(제3채무자) 숫자 × 2,000원
> - 신청서는 제3채무자가 다수이더라도 1부를 제출한다.
> - 압류채권자는 제3채무자로 하여금 압류명령을 송달 받은 날부터 1주 이내에 서면으로 위 각 호의 사항을 진술하게 하도록 법원에 신청할 수 있으므로 진술최고신청은 적어도 압류명령과 동시에 하거나 압류명령의 발송전에 하여야 한다.
> - 금융기관에 대한 조회비용은 법원보관금 형태로 납부한다.
> - 집행법원은 신청이 있는 경우에만 제3채무자에게 진술최고를 할 수 있고 직권으로 최고를 할 수는 없다. 이에 대하여 제3채무자는 의견서, 진술서 등의 방식으로 별도 비용없이 1부를 법원에 제출할 수 있다.

3. 추심명령의 효력

(1) 추심명령은 제3채무자(채무자는 아님)에게 송달됨으로써 그 효력이 발생하고(제229조 제4항, 제227조 제2항), 채무자에 대한 송달은 추심명령의 효력발생요건이 아니다. 추심명령에 대하여 채무자 혹은 제3채무자로부터 즉시항고가 제기되더라도 추심명령의 효력발생에는 영향을 미치지 아니한다(제15조 제6항).

> **注意** **제3채무자에 대한 송달**
>
> 여러 명의 제3채무자가 있는 경우 제3채무자로서 압류명령에 표시되고 그 송달을 받은 사람에 대하여만 압류의 효력이 생긴다. 저당권이 있는 채권을 압류한 경우에는 그 부동산의 소유자(물상보증인, 제3취득자)에게도 송달한다(민집 제228조 제2항).
>   제3채무자가 있는 곳을 알 수 없어 송달불능이 된 경우에는 채권자의 신청에 따라 압류명령을 공시송달 할 수 있다(87. 6. 9. 민사 제1206호 통첩). 다만 실무상 제3채무자에게 송달되지 않은 경우 주소보정을 명하고 보정명령에 따르지 않는 경우 압류명령을 취소하고 신청을 각하하고 있다.

(2) 추심명령을 받은 채권자는 압류된 채권의 추심에 필요한 채무자의 일체의 권리를 채

무자를 대리하거나 대위하지 아니하고, 자기의 이름으로 재판상[11] 또는 재판 외에서[12] 청구할 수 있다.

4. 제3채무자의 채무액의 공탁

1) 가압류만 있는 경우

민사집행법은 집행공탁의 요건을 완화하여 채권자가 경합하는 경우에 한정하지 않고 '압류'채권자가 1사람인 경우 또는 '가압류'가 집행된 경우에도 압류에 관련된 금전채권의 면책을 위하여 <u>제3채무자는 그 전액에 상당하는 금전을 공탁하는 것을 권리로서 인정하고 있다</u>(제248조 제1항, 제297조, 제291조).

▶ 서울중앙지방법원 공탁계의 모습

즉, 제3채무자에게 가압류결정문이 송달된 경우 제3채무자에게 공탁을 하게 함으로써 번거로운 집행관계로부터 벗어날 수 있도록 인정함으로써 제3채무자의 불이익을 피하기 위하여 가압류된 채권 전액의 공탁을 인정한 것이다.

---

11) * **재판상의 청구** : 추심채권자는 스스로 원고가 되어 제3채무자를 상대로 추심의 소를 제기하거나(제238조, 제249조 제1항), 지급명령신청을 할 수 있다. 추심을 위한 소를 제기한 때에는 채권자는 채무자에게 그 '소송고지'를 하여야 한다. 이 경우 소송고지의 방식은 민사소송법 제85조 규정에 의한다. 채권자가 소송고지를 게을리하고 그로 말미암아 제3채무자에 대한 소송에서 패소함으로써 채무자에게 손해가 발생한 때에는, 채권자는 제대로 소송고지를 하였더라도 패소하였을 것이라는 점을 항변으로서 주장과 입증하지 못하는 한 그 손해배상책임을 진다고 보아야 한다.

12) * **재판외의 청구** : 채권자는 이행을 '최고'하거나 '변제'를 수령할 수 있다.
ex> 공탁금출급청구권 또는 공탁금회수청구권에 대하여 추심명령을 받은 채권자는 '추심명령정본' 및 그 '송달증명서'를 첨부하여 공탁공무원에게 공탁금의 출급 또는 회수를 청구하면 되고, 공탁서나 공탁통지서를 첨부할 필요는 없다.

공 탁 서(금전)

처리인	접수	조사	수리	원표작성	납입	출납부 정리	통지서발송
			년 월 일㊞		년 월 일㊞		

서울중앙지방법원 공탁관 귀하

공탁번호	201○년 금 제 호	202○년 월 일 신청	법령 조항	민사집행법 제248조 제1항, 제291조

| 공 탁 자 | 성 명 | 이 호 준 (650507-1116133) | 피공 탁자 | 성 명 | 김 소 영 (670915-20292822) |
| | 주 소 | 서울 강남구 선릉로222, 102동 1701호(대치동,아이파크아파트) | | 주 소 | 서울 강남구 개포로516, 701동 707호(개포동,주공아파트) |

공탁금액	금 오천오백만원 (₩55,000,000)
공탁 원인 사실	공탁자는 피공탁자에게 금 55,000,000원의 전세보증금반환 채무가 있어 이를 변제하고자 하나 공탁자는 채권자 김영기, 채무자 김소영간 서울중앙지방법원 201○카단 1232호 채권가압류 사건에 의하여 가압류명령을 송달받았으므로 이의 제3채무자인 공탁자는 그 채무액을 공탁함.
비고(첨부서류등)	1. 채권가압류결정 사본, 2. 피공탁자 주민등록초본, 3. 위임장

1. 공탁으로 인하여 소멸하는 질권, 전세권 또는 저당권
2. 반대급부 내용

위와 같이 공탁합니다.
　　　　　　　　　서울 강남구 개포로128길14, 303호(일원동)
　　　공탁자 이 호 준　　　대리인 이 호 신　㊞

위 공탁을 수리합니다.
공탁금을 　년　월　일까지 은행 공탁관의 계좌에 납입하시기 바랍니다.
동일까지 납입하지 않을 때는 이 공탁의 수리는 효력을 상실합니다.
　　　　　　　　　　　　　　　　　　　　　　년　월　일
　　　　　　　　　　　　　　　　　　　　　　법원 공탁관

(영수증) 위 공탁금이 납입되었음을 증명합니다.
　　　　　　　　　　　　　　　　　　　　　　년　월　일
　　　　　　　　　　　　　　　　　　　　　　공탁물보관자

※ 대리인에 의한 공탁일 때에는 공탁자의 인을 날인하는 대신 대리인의 주소, 성명을 기재하고 대리인의 인을 날인합니다.
※ 공탁금은 그 회수청구권의 소멸시효 완성으로 인하여 국고에 귀속될 수 있음을 알려 드립니다.

공 탁 통 지 서(금전)

공탁번호	201○년 금 제 호	년 월 일 신청	법령조항	민사집행법 제248조 제1항, 제291조
공탁자	성명	이 호 준 (650507-1116133)	피공탁자	성명	김 소 영 (670915-20292822)
	주소	서울 강남구 선릉로222, 102동 1701호(대치동,아이파크아파트)		주소	서울 강남구 개포로516, 701동 707호(개포동,주공아파트)
공탁금액	금 오천오백만원 (₩55,000,000)				
공탁원인사실	공탁자는 피공탁자에게 금 55,000,000원의 전세보증금반환 채무가 있어 이를 변제하고자 하나 공탁자는 채권자 김영기, 채무자 김소영간 서울중앙지방법원 201○카단1232호 채권가압류 사건에 의하여 가압류명령을 송달받았으므로 이의 제3채무자인 공탁자는 그 채무액을 공탁함.				
1. 공탁에 의하여 소멸할 질권, 전세권, 저당권 등 2. 반대급부 내용	없 음				

위와 같이 통지합니다.

                         서울 강남구 개포로128길14, 303호(일원동)
    공탁자 이 호 준   대리인 이 호 신 ㉑

1. 위 공탁금이 년 월 일 납입되었으므로 아래와 같은 구비서류를 갖추어 우리 공탁소에 출급청구하실 수 있음을 알려드립니다.
   귀하가 공탁금출급청구를 하거나 공탁을 수락한다는 취지의 서면을 우리 공탁소에 제출하기 전에는 공탁자가 공탁금을 회수 청구할 수 있음을 알려드립니다.
2. 공탁금출급청구의 구비서류 : 공탁금출급청구서 2통, 공탁통지서,
                    공탁금 수령용 인감증명 1통
3. 수령자는 주민등록증과 인감도장을 지참하시기 바랍니다.
4. 공탁금은 그 출급청구권을 행사할 수 있는 때로부터 10년간 행사하지 아니하면 소멸시효 완성으로 인하여 국고에 귀속될 수 있음을 알려드립니다.
5. 공탁금에 대하여 이의가 있는 경우에는 공탁금출급청구서 해당란에 이의유보사유(예컨대 "손해배상금 중의 일부로 수령함" 등)를 기재하고 공탁금을 지급받을 수 있으며, 이 경우에는 후에 다른 민사소송 등의 방법으로 권리주장을 할 수 있습니다.

                                   년 월 일 제 호 발송
                              서울중앙지방법원 공탁관   ㉑
                               (문의전화 :   )

※ 대리인에 의한 공탁일 때에는 공탁자의 인을 날인하는 대신 대리인의 주소, 성명을 기재하고 대리인의 인을 날인합니다.

서울중앙지방법원

공탁사실통지서

가압류채권자   김 영 기   귀하
사   건   201○카단1232호 채권가압류
채 권 자   김 영 기
채 무 자   김 소 영
제 3 채무자   이 호 준

위 가압류사건의 피가압류채권이 아래와 같이 공탁되었음을 통지합니다.

- 아   래 -

공탁사건번호   201○년 금 제 876호
금   액   금 오천오백만원
공 탁 자   이 호 준
피 공 탁 자   김 소 영
공 탁 일 자   201○. 7. 7.

202○. . .

서울중앙지방법원 공탁관   김성실 (인)

접수방법

가압류채권자만에 대하여 공탁할시 준비서류로서는

(a) 공탁서 2통
(b) 공탁통지서 1통
(c) 공탁사실통지서 1통
(d) 피공탁자가 되는 채무자의 주민등록등초본(법인인 경우 법인등기부)
(e) 가압류결정문사본을 첨부하여야 한다. 그리고 법령조항은 제248조 제1항 외에 제291조를 추가한다.
(f) 공탁통지서(채무자)와 공탁사실통지서(가압류채권자)의 수에 맞게 2회분을 우표(4,800원 × 2)로 제출한다. 채무자와 가압류채권자의 주소가 각 기재된 우편봉투 2개를 준비한다.

> ❖ 위 가압류공탁이후 가압류채권자가 집행권원을 취득했을 때에는 제3채무자를 '공탁소'로 하여 '가압류를 본압류로 전이하는 채권압류및추심(전부)명령결정'(본압류)을 받아야 하며, 공탁소로서는 본압류가 들어온 경우 바로 집행법원에 '사유신고'를 하게 되고 본압류채권자는 집행법원으로부터 지급위탁증명서를 받아 금전을 수령하게 된다.
> ❖ 제3채무자의 공탁 후 가압류가 실효된 경우 채무자의 출급절차
> 금전채권에 대한 가압류를 이유로 제3채무자가 민사집행법 제291조 및 제248조 제1항에 의하여 공탁한 후에, 가압류명령이 취소되거나 신청의 취하 등으로 인하여 가압류가 실효된 경우, 가압류채권자는 (피공탁자)는 공탁통지서와 가압류가 실효되었음을 증명하는 서면(ex 가압류해제증명원)을 첨부하여 공탁금의 출급을 청구할 수 있다.

2) 금전채권에 관하여 배당요구서를 송달받은 제3채무자는 배당에 참가한 채권자의 청구가 있으면 '압류된 부분'에 해당하는 금액을 공탁하여야 한다(제248조 제2항).

금전채권 중 압류되지 아니한 부분을 초과하여 거듭 압류명령 또는 가압류명령이 내려져 그 명령을 송달받은 경우에 압류채권자나 가압류채권자의 청구가 있으면 그 채권전액에 해당하는 금액을 공탁하여야 한다(제248조 제3항).

채권자가 경합하는 경우 채권자가 경합하는 것만으로 공탁의무가 생기는 것은 아니고 위와 같은 배당을 받을 채권자의 청구가 있는 때에만 공탁의무가 생긴다. 공탁할 의무가 있다는 것은 공탁의 방법에 의하지 아니하고는 면책을 받을 수 없다는 것이므로 한사람의 채권자에게 변제한 경우에는 이중지급의 위험을 부담하게 된다.

그러나 압류가 중복한 경우에도 경합한 집행채권의 합계액보다도 압류된 채권(피압류채권)의 총액이 많은 경우에는 공탁의 의무가 없다.

제3채무자가 채무자에 대하여 지급거절사유를 갖는 때(예컨대, 기한미도래, 동시이행, 선이행의 항변 등)에는 집행의 경합이 있더라도 공탁의무를 부담하지 아니한다.[13]

3) 본압류가 있는 경우

압류채권자가 1사람인 경우, 제3채무자는 권리로서 공탁하는 것이므로 실질적으로 변제

---

[13] 따라서 임대인(제3채무자)은 가압류결정문이 송달되었다고 바로 공탁을 해야 할 의무를 지는 것이 아니고, 세입자인 채무자가 건물을 비워준 후에야 보증금을 내줄 의무가 발생하는 것이므로, 명도시까지 발생한 지체임료 및 공과금 등을 우선적으로 임대인이 공제한 후 남은 금전을 공탁하도록 한다.

공탁의 성질을 가지는 것으로 해석되고 따라서 공탁에 의하여 집행채무자와 관계에서 채무의 변제로서 효과가 생기고 또한 그 효과를 압류채권자 등에게 대항할 수 있다. 즉 공탁을 함으로서 채무를 면한다.

그러나 위 공탁은 형식적으로는 집행절차상의 집행공탁이므로 배당재단을 형성하고, 압류금액에 상당하는 부분에 대하여는 제3채무자가 채무액을 공탁한 때에는 그 사유를 법원에 신고하여야 한다(제248조 제4항). 공탁사유신고시 인지는 붙이지 않는다.

'압류'된 채권에 관하여 다시 압류명령 또는 가압류명령이 송달된 경우에는 먼저 송달된 압류명령을 내린 법원에 사유신고를 하여야 한다(규칙 제172조 제3항). 다만 가압류와 본압류가 경합한 경우에는 본압류를 내린 법원에 사유신고를 하여야 한다.

공 탁 서(금전)

처리인	접수	조사	수리 년 월 일 ㉑	원표작성	납입 년 월 일 ㉑	출납부정리	통지서발송 년 월 일 ㉑

서울중앙지방법원 공탁관 귀하

공탁번호	201○년 금 제 호	202○년 월 일 신청	법령 조항	민집법 제248조 제3항

공탁자	성 명	금강개발 주식회사	피공탁자	성 명	
	주 소	경기도 양평군 양평읍 시민로 7		주 소	

공탁금액	금 일천일백일십구만삼천팔백칠십구원 (₩ 11,193,879)

공탁 원인 사실	제3채무자인 공탁자는 유화자(오성산업 대표)에 대한 공사물품대 미지급 채무금이 위 공탁금액인 금11,193,879원인 바, 이 채권에 대하여 공탁자를 제3채무자로 하여 <별지>기재 '압류채권'과 같이 채권가압류 2건 및 전부명령 1건이 들어왔으므로 이에 채권자들을 위하여 집행공탁금으로 공탁합니다.

비고(첨부서류등)	1. 채권가압류 결정문사본 2통 2. 채권압류 및 전부명령결정사본 1통 3. 법인등기부등본 4통 4. 위임장 1통

1. 공탁으로 인하여 소멸하는 질권, 전세권 또는 저당권 2. 반대급부 내용	

위와 같이 공탁합니다.
　　　　　　　　　금강개발 주식회사
　　　　　　　공탁자 대표이사 이 홍 구 ㉑　　　　대리인 성명

위 공탁을 수리합니다.
공탁금을　년　월　일까지 은행 공탁관의 계좌에 납입하시기 바랍니다.
동일까지 납입하지 않을 때는 이 공탁의 수리는 효력을 상실합니다.
　　　　　　　　　　　　　　　　　　　　　　　　　년　월　일
　　　　　　　　　　　　　　　　　　　　　　　　　법원 공탁관　㉑

(영수증) 위 공탁금이 납입되었음을 증명합니다.
　　　　　　　　　　　　　　　　　　　　　　　　　년　월　일
　　　　　　　　　　　　　　　　　　　　　　　　　공탁물보관자　㉑

(영수증) 위 공탁금이 납입되었음을 증명합니다.
　　　　　　　　　　　　　　　　　　　　　　　　　년　월　일
　　　　　　　　　　　　　　　　　　　　　　　　　공탁물보관자　㉑

접수방법

공탁서 2부를 제출하여 공탁을 한 후, 그 사본을 첨부하여 법원 기타집행계에 사유신고를 한다. 인지 없음. 피공탁자란은 기재하지 않는다.

〈별지〉

압류한 채권

1. 채권가압류
   사　　건　　　　201○카단5202 (서울서부지방법원)
   채 권 자　　　　내쇼날씨엔디 주식회사
   채 무 자　　　　유 화 자
   가압류채권액　　4,667,900원 물품대금
   송달받은 날짜　201○. 1. 26.[14])

2. 채권가압류
   사　　건　　　　201○카단4896 (서울서부지방법원)
   채 권 자　　　　주식회사 세종에스제이씨
   채 무 자　　　　유 화 자
   가압류채권액　　4,203,700원 물품대금
   송달받은 날짜　201○. 2. 29.

3. 채권압류 및 전부명령
   사　　건　　　　201○타채1163 (서울서부지방법원)
   채 권 자　　　　용성개발 주식회사
   채 무 자　　　　유 화 자
   전부채권액　　　45,000,000원
   송달받은 날짜　201○. 5. 16.　　이상.

---

14) 송달받은 날짜 대신 '압류 결정일'을 기재하여도 무방하다. 각 기재는 특정의 의미를 갖기 때문이다.

[서식] 공탁사유신고서

공 탁 사 유 신 고 서

공탁번호 201○년 금 제 12321호
공탁금액 금 일천일백일십구만삼천팔백칠십구원 (₩ 11,193,879)
공탁일자 201○. 6. 10.
공 탁 자 금강개발 주식회사
          경기도 양평군 양평읍 시민로 7
          ☎ 02) 400-1924, 011-9926-0234

1. 공탁자는 공탁외 유화자(오성산업 사장)에 대하여 공사물품대 미지급 채무금으로 201○. 6. 10. 현재 금 11,193,879원이 있는 바, 이 채무에 대하여 공탁외 유화자의 채권자들이 공탁자를 제3채무자로 하여 아래와 같이 채권가압류 2건 및 전부명령 1건을 각 결정받아 각 결정문이 공탁자에게 송달되어 왔습니다.

2. 이에 공탁자인 제3채무자는 201○. 6. 10. 위 채권자들을 위하여 민사집행법 제248조 제3항에 따라 공탁외 유화자에 대한 공사물품대 미지급금 금 11,193,879원을 서울서부지방법원 공탁공무원에게 공탁하였습니다.

3. 위 공탁에 따라 공탁서를 첨부하여 민사집행법 제248조 제4항과 민사집행규칙 제172조에 의하여 다음 아래의 사항을 기재하여 사유신고 합니다.

- 아   래 -

1. 채권가압류
   사   건   201○카단5202 (서울서부지방법원)
   채 권 자   내쇼날씨엔디 주식회사
   채 무 자   유 화 자
   가압류채권액 4,667,900원 물품대금
   송달받은 날짜 201○. 1. 26.

2. 채권가압류
   사   건   201○카단4896 (서울서부지방법원)
   채 권 자   주식회사 세종에스제이씨
   채 무 자   유 화 자
   가압류채권액 4,203,700원 물품대금
   송달받은 날짜 201○. 2. 29.

3. 채권압류 및 전부명령
   사   건   201○타채1163 (서울서부지방법원)
   채 권 자   용성개발 주식회사
   채 무 자   유 화 자
   전부채권액   45,000,000원
   송달받은 날짜   201○. 5. 16.   이상.

첨 부 서 류

   1. 위임장   1통
   1. 공탁서 원본   1통
   1. 채권가압류결정문   2통
   1. 채권압류및전부결정문   1통
   1. 법인등기부등본   4통

202○.   .   .

신고인(공탁자) 금강개발주식회사

대표이사 이 흥 구   (인)

서울서부지방법원   귀중

위 임 장

대리인   김 정 식
         서울 서대문구 통일로36나길 3, 402호(홍제동)

위 사람을 대리인을 정하고 귀 법원에 (집행)공탁사유 신고하는 일체의 권한을 위임합니다.

202○.   .   .

위임인 금강개발 주식회사

대표이사 이 흥 구   (인)

서울서부지방법원   귀중

5. 추심명령에 대한 불복

추심명령 인용결정에 대하여 채무자 또는 제3채무자는 '**즉시항고**'를 할 수 있으며, 추심명령신청을 기각 또는 각하한 결정에 대하여는 <u>7일 내</u> 신청채권자가 '**즉시항고**'를 할 수 있다(민집 제227조 제4항).[15]

<u>즉시항고의 사유로서 '제3채무자'의 경우는 압류된 채권이 '특정되지 않았다'거나 압류금지채권에 해당한다는 것을 들 수 있다.</u> 만일 집행채권의 부존재나 피압류채권의 부존재와 같은 실체상의 이유는 즉시항고 사유로 주장할 수는 없으며, 추심금(또는 전부금)청구의 소송에서 주장하여야한다. 한편 '채무자'의 경우는 집행채권의 부존재를 **청구이의의 소송**에서 주장할 수 있으며 즉시항고에 의하여 주장할 수는 없다.

> 📖 판례 **즉시항고와 청구이의의 소**
> 채권압류 및 전부(추심)명령의 '신청'에 관한 재판에 대하여는 '즉시항고'에 의하여 불복할 수 있으나, 집행채권이 그에 대한 압류명령 및 전부(추심)명령에 의하여 제3자(집행채권의 채권자)에게 이전되었다거나 변제에 의하여 소멸되었다는 등과 같은 실체상의 사유는 적법한 항고이유가 되지 않는다[95마601]. 즉 채무소멸이라는 실체상의 이유는 채무자는 청구이의의 소송으로써, 제3채무자는 추심금(또는 전부금) 소송에서 다투어야 한다.

6. 추심신고

1) 신고방법

추심채권자가 채권을 추심한 때에는 추심한 채권액을 법원에 신고하여야 한다(제236조 제1항). 추심신고는 사건의 표시, 채권자·채무자와 제3채무자의 표시, 제3채무자로부터 지급받은 금액과 날짜를 적은 서면으로 한다.

추심신고의무는 추심명령의 대상인 채권의 일부만이 추심된 경우에도 발생하며, 계속적

---

15) 항고권자는 결정을 받은 1주일의 불변기간 내에 항고장을 원심법원에 제출하여야 한다(법 제15조 제2항). 민사집행법은 종선과 달리 항고이유서 제출강제주의를 도입하였는데, 항고장에 항고이유를 기재하지 않은 때에는 항고장 접수일로부터 10일 안에 법령위반, 또는 사실오인 등 구체적인 사유를 기재한 항고이유서를 원심법원에 제출하여야 한다(법 제15조, 규 제13조).
  ※ 즉시항고 및 재항고시 인지대 8,000원, 송달료 5회(45,000원).

수입채권이 압류된 경우에는 매 추심시마다 신고를 한다. 추심신고가 있으면 다른 채권자들에 의한 배당요구는 더 이상 허용되지 않는다(제247조 제1항).

압류 등의 경합이 있음에도 불구하고 추심을 완료한 채권자가 공탁의 의무를 이행하지 않을 경우에 다른 경합채권자는 추심 채권자를 상대로 추심한 금원을 법원에 공탁하고 그 사유를 신고할 것을 구하는 소송을 '다음'과 같은 형식으로 제기할 수 있다.

> 피고는 원고에게 서울중앙지방법원 2010타채21123호 채권압류 및 추심명령에 따른 추심금 10,000,000원을 공탁의 방법으로 지급하고, 그 사유를 신고하라.

2) 추심신고 후 정본의 회수

추심의 신고가 있는 때에는 집행법원은 추심금의 충당관계를 조사하여 보고 집행채권 전액이 변제된 경우에는 집행력 있는 정본을 **채무자**에게 교부하고, 일부변제가 된 경우에는 그 취지를 집행력 있는 정본 등에 적은 다음 **채권자**에게 돌려주는 등의 조치를 취해야 한다.

[서식] 채권추심신고

채 권 추 심 신 고

사 건   2010타채922 채권압류 및 추심
채 권 자   홍 영 수
채 무 자   이 기 호
제3채무자 주식회사 국민은행

위 사건에 관하여 채권자는 민사집행법 제236조 제1항에 의하여 2010. 3. 23. 제3채무자로부터 추심명령결정금액 금 20,000,000원 가운데 금 15,000,000원을 추심하였음을 신고합니다.

2020. . .

위 채권자 홍 영 수

서울중앙지방법원 귀중

> **접수방법**
>
> - 추심신고서 1부를 압류결정을 내린 집행법원에 제출한다.
> - 인지 등의 비용납부는 없다.

7. 집행권원의 반환

채권압류 및 추심명령을 얻은 채권자는 취하하거나 추심권을 포기할 수 있다. 그런데 취하는 언제든 할 수 있는 것은 아니며 채권압류 및 추심명령이 제3채무자에게 송달이 되어 추심명령의 효력이 발생한 이후에도 채권자가 <u>추심권에 기하여 제3채무자로부터 추심을 한 후 '추심신고'를 하였으나, 다른 경합하는 채권자가 없는 경우에는</u> 그 때 현금화절차가 종료하게 되므로 이 때 압류의 목적은 달성되는 것이다. 따라서 압류의 목적은 달성되고 더 이상 압류명령을 취하할 수 없게 된다.

한편 추심권의 취하(또는 포기)에 따라 집행력 있는 정본의 반환을 구하는 경우에 채권자가 집행법원에 제출할 서류로는 '채권추심포기 및 집행해제신청서'(또는 취하서)를 제출하며 제3채무자의 미지급확인서 내지 동의서는 불필요하다(재민 84-13).

따라서 채권자가 동일 채권에 기하여 다른 재산권에 대하여 강제집행을 하고자 하여 집행권원을 반환받고자 한다면 채권추심포기 및 집행해제서를 함께 제출하여야 한다.

추심권의 포기신고가 있으면 법원은 그 포기신고서의 등본을 제3채무자와 채무자에게 송달하게 된다(제240조). 따라서 채권자는 포기신고서의 등본을 채무자와 제3채무자의 수만큼 제출하여야 한다. 제3채무자에 대한 송달은 공시송달로도 가능하다.

> **정본의 환부**
>
> ❖ 실무상 '집행해제신청 및 추심포기서'를 제출하면서 정본 환부신청서를 한다고 하여 바로 집행권원 정본을 반환받을 수 있는 것은 아니며, 채무자 등에게 추심포기서의 송달이 이루어지면 환부를 해주므로 적어도 1주일정도의 시간이 소요된다(서울중앙지방법원의 사례).

[서식] 채권압류및추심명령 취하 및 집행해제신청서

채권압류및추심명령 취하 및 집행해제신청서

사 건   201○타채43221 채권압류 및 추심명령
채 권 자 이 승 우
　　　　　서울 광진구 천호대로130길20, 203호(구의동)
　　　　　☎ 02) 3437-9807, 010-9926-1234

채 무 자 김 병 필
　　　　　서울 성동구 행당로9길 43, 501호(하왕십리동)

제3채무자 대한민국
　　　　　위 법률상대표자 법무부장관
　　　　　(소관 : 서울동부지방법원 공탁관)

　귀원 위 사건에 관하여 채권자는 201○. 3. 6. 별지목록 기재 채권에 대하여 금 20,000,000원을 추심하는 권리를 취득하였으나, 금번에 채무자와 원만히 합의를 하였으므로 신청을 취하 및 집행을 해제하여 주시기 바랍니다.

첨 부 서 류

1. 신청서부본　　　　　　　　1통

202○.　.　.

위 채권자 이 승 우   (인)

서울동부지방법원 귀중

〈별 지〉

압류 및 추심채권의 표시

청구금액 금 20,000,000원
　채무자가 제3채무자로부터 가지는 서울동부지방법원 201○ 금 제2321호 공탁사건의 공탁금출급청구채권 또는 위 공탁금에 대한 서울동부지방법원 201○ 타채 9871 사건의 추가배당절차에서 채무자가 제3채무자로부터 수령할 배당잔여청구채권 가운데 위 금액에 이르기까지의 금액. 끝

> **접수방법**
>
> - 신청서 1부와 부본 2부(채무자용 + 제3채무자용)를 압류 및 추심명령을 신청한 법원 기타집행계에 제출한다. 제3채무자가 2명이라면 부본은 2부가 된다.
> - 관할법원은 압류를 신청한 법원(집행법원)이다.
> - 인지는 없음.
> - 송달료는 제3채무자 1명인 경우 2회분 9,600원을 우표로 납부한다.
>   (2회 × 4,800원 = 9,600원)
> - 대리인에 의하여 제출할 경우 신청서에는 신청인의 인감날인과 간인을 하고, '제출대리위임장'에는 신청인의 인감날인과 인감증명서를 첨부하여야 한다.
> - 집행권원이 필요한 경우 원본환부신청서 1부(비용없음)도 함께 제출한다.

제 3 절 채권압류 및 전부명령절차란

1. 전부명령신청

1) 의 의

> 〈사례〉 채권자 甲은 채무자 乙에 대하여 1,000만 원을 가지고 있고, 최근 채무자 乙이 잘 나가는 회사에 취직을 하고 있는 사실을 알고는 매월 지급받는 급여에 대하여 채권압류 및 추심명령 혹은 전부명령을 취하고자 한다. 이미 채무자는 주위 많은 채무를 지고 있는데 취업사실은 甲만이 알고 있다. 어느 것이 좋겠는가? 답 : [Knowledge is Power]에서

전부명령(轉付命令)이란 채무자가 제3채무자에 대하여 가지는 압류한 금전채권을 집행채권과 집행비용 청구권의 변제에 갈음하여 압류채권자에게 이전시키는 집행법원의 결정을 말한다.

전부명령의 기본적인 효력은 피전부채권의 전부채권자에게의 이전(권리이전효력)과, 그로 인한 집행채권의 소멸(변제효)이다.

이렇듯 피전부채권은 그 동일성을 유지한 채로 전부채권자에게 이전이된다. '피전부채권'(채무자가 제3채무자에 대하여 갖는 채권)이 '집행채권'(전부채권자가 채무자에 대하여 갖는 채권)보다 적으면 피전부채권의 전액이 이전되지만, 피전부채권이 많으면 집행채권을 한도로 이전된다.

예컨대 채무자(B)가 회사(C)에 대하여 급여받을 채권을 전부채권자(A)에게 이전시키고 그 대신 그 금액만큼 전부채권자는 채무자에게 받을 채권이 소멸한다. 이후 채권자(A)는 제3채무자(C)에게 압류한 금액을 청구할 뿐 채무자에게는 청구하지 못한다.

전부명령을 신청하여야 할 관할법원은 압류명령의 집행법원과 동일한 지방법원이다. 전부명령의 신청은 압류명령의 신청과 동시에 할 수도 있고, 사후에 신청할 수도 있으나 동시에 신청하는 예가 많다.

Knowledge is Power 앞 〈사례〉의 답변

❖ 추심명령과 전부명령은 모두 채권회수를 위한 채권자의 정당한 권리라는 점에서 공통점을 갖는다. 그런데 양자의 절차는 채권자의 권리의 강도에서 큰 차이가 난다.

❖ <u>전부명령이 확정된 경우 원래의 채권자와 채무자와의 관계는 해소되고 채권자와 제3채무자와의 채권·채무관계만 남는다.</u> 즉 제3채무자가 해당 채무를 변제할 능력이 안되는 경우 전부명령은 원래의 채무자는 탈락하고 부실한 제3채무자만이 채무를 지는 것이므로 제3채무자의 재정상태나 능력을 잘 살펴야 할 것이다.

❖ <u>추심명령은 해당 채권이 완전히 해소될 때까지 원래의 채권·채무관계(: 채권자와 채무자와의 관계)가 그대로 유지된다.</u> 제3채무자에 대한 피압류채권에 대하여 채권자 본인 이외에 또 다른 채권자가 추심신고 이전에 압류가 들어온 있는 경우 각 채권의 비율대로 배분을 받게된다.

❖ 사례에서, 채무자가 제3채무자(회사)에게 매월 지급받는 급여를 채권자 甲이 가장 먼저 전부명령을 신청하여 확정된 경우, 채무자에게 다른 채권자들이 많아 이들이 뒤이어 압류 등이 있더라도 전부채권자만이 피압류채권에 대하여 우선적 만족을 얻는다. 따라서 다른 선압류가 없으며 제3채무자가 재력이 있는 경우라면 전부명령이 아주 유용하다.

[서식] 채권압류 및 전부 명령 신청서

채권압류 및 전부 명령 신청서

채 권 자   전 혜 원 (521020-1557142)
              충청남도 홍성군 홍성읍 청기2길 2
              송달장소: 서울 서초구 서초동 1699-8
              법률센터 506호
              ☎ 010-4416-0234
채 무 자   최 영 섭
              충청남도 홍성군 홍성읍 조양로 272
제3채무자   경기도 의왕시
              위대표자 시장 (소관 : 택지개발과)

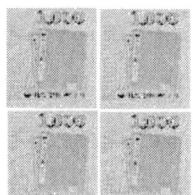

청구채권의 표시

<u>금 100,000,000원정 (집행채권 176,061,000원 중 "일부금"임)</u>
  가. 원금 50,000,000원
  나. 이자 126,575,342원 {50,000,000원 × 3696일(19.9.9.-201○.10.21.) × 1/365 × 25%}
  위 합계(가+나) = 176,575,000원(1,000원 이하절사)

집행권원의 표시

  대전지방법원 홍성지원 99가합1741호 매매대금 청구사건의 집행력 있는 판결정본(원금 50,000,000원 및 이에 대한 1999. 9. 9.부터 완제일까지 연 25%의 비율에 의한 지연 손해금)

압류 및 전부하여야 할 채권의 표시

  별지목록 기재와 같음.

신 청 취 지

1. 채무자의 제3채무자에 대한 별지목록 기재의 채권을 압류한다.
2. 제3채무자는 채무자에 대하여 위 압류된 채권을 지급하여서는 아니된다.
3. 채무자는 위 채권의 처분과 영수를 하여서는 아니된다.
4. 위의 압류된 채권은 지급에 갈음하여 채권자에게 전부한다.
라는 재판을 구합니다.

신 청 이 유

  채권자는 채무자에 대하여 귀원 99가합1741호 매매대금 청구의 집행력 있는 판결 정본에 의하여 채무자로부터 변제 받을 채권이 있는바, 채무자는 현재까지도 이를 변제치 아니하고 있습니다.
    따라서 별지 목록과 같이 채무자가 제3채무자로부터 받을 채권을 위 청구금액의 변제에 충당하기 위하여 동 채권을 압류하고 전부 받아 변제에 충당하고자 본 신청에 이른 것입니다. 다만 채권자 채권 중 일부금으로서 이건 신청을 합니다.

첨 부 서 류

1. 집행력 있는 판결정본   1통
2. 송달·확정증명원   1통
3. 채무자의 주민등록초본   1통
   (집행권원상의 주소와 현주소가 다른 경우 첨부)
4. 제출위임장   1통
   (본안소송대리위임장 사본도 가능)

202○.   .   .

위 채권자 전 혜 원 (인)

대전지방법원 홍성지원 귀중

〈별 지〉

압류 및 전부하여야 할 채권의 표시

<u>금 100,000,000원정</u>

채무자가 제3채무자에 대하여 가지는 채무자 소유의 부동산인 여주군 북내면 외룡리 321-8 공장용지 6631㎡, 동소 321-9 공장용지 9480㎡, 동소 321-10 공장용지 13304㎡ 중 일부를 외룡-하림간 도로확장포장공사 편입으로 인하여 제3채무자가 일부 수용하고 채무자에게 지급될 손실보상금채권 중 채권자가 청구하는 위 금원.

접수방법

- 송달료 : 28,800원(당사자수3명 × 4,800원 × 2회)
- 인지대 : 4,000원(압류2,000원 + 전부2,000원)
- 전부명령은 먼저 제3채무자에게 송달되고 즉시항고 기간(7일)이 경과함으로써 전부효과(채권양도)가 전부결정서가 제3채무자에게 송달된 시기로 소급하여 발생한다.

- 신청서 1부를 기타집행계에 1부를 접수한다.
- 접수시 '사용증명원'을 발부받을 수 없음에 유의한다. 예외로 '일부' 신청인 경우에 한하여 사용증명원을 발부받을 수 있다.
- 첨부서류 : 집행력 있는 판결정본(사본은 안됨), 송달증명원, 확정증명원(확정된 경우), 채무자주민등록초본(관할법원임에 관한 소명자료이며 3개월 이내 발부받은 것).
- 이자, 지연손해금을 계산할시 '날짜계산'은 포털사이트 네이버(또는 다음)의 날짜계산프로그램을 이용한다. 즉 검색창에 '날짜계산'이라고 치면 계산프로그램이 나타난다. 아래 프로그램에 이자계산의 기산일(ex 1999. 9. 9.)을 입력하면 오늘까지의 총 날짜(ex 3696일)를 알 수 있다.

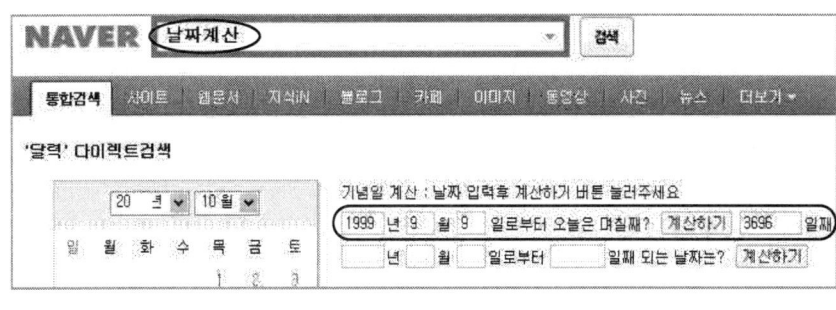

2) 전부명령의 요건

전부명령은 압류된 채권을 그 실질적 가치를 고려하지 아니하고 그 권면액을 채권자에게 이전하는 효력을 가지고 있다는 점에서 다음과 같은 요건이 필요하다.

가. 유효한 채권압류명령이 존재할 것

전부명령이 유효하기 위해서는 우선 채권압류명령이 있어야 한다. 압류명령과 전부명령을 동시에 신청하여도 무방하나, 유효한 압류명령이 없는 한 전부명령의 효력이 생길 여지가 없다.

나. 압류된 채권이 금전채권으로 권면액(券面額)16)을 가질 것

전부명령은 압류된 채권을 지급에 갈음하여 압류채권자에게 이전시키고 그것으로 채무자가 채무를 변제한 것으로 간주하는 것이므로 전부명령의 대상인 채권은 집행채권과 마찬가지로 '금전채권'이어야 한다.

따라서 금전채권이 아닌 채권은 피전부채권으로서의 적격이 없다 그러므로 유체물의 인도나 권리이전청구권에 대하여는 전부명령을 하지 못한다. 또한 건설공제조합 조합원의 지분 내지 지분권은 금전채권이 아니므로 피전부적격이 없다.

> 📖 **판례** 채권압류 및 전부명령이 유효하기 위하여 결정문이 제3채무자에게 송달될 당시 반드시 피압류 및 전부채권이 현실적으로 존재하고 있어야하는 것은 아니고, **장래의 채권이라도 채권 발생의 기초가 확정되어 있어 특정이 가능할 뿐만 아니라 권면액이 있고** 가까운 장래에 채권이 발생할 것이 상당한 정도로 기대되는 경우에 채권압류 및 전부명령의 대상이 될 수 있다(대법원 2002. 1. 8. 선고 2002다7527 판결).

다. 피전부채권이 양도가능할 것

'양도할 수 없는 채권'은 원칙적으로 압류도 할 수 없다.

따라서 전부명령의 대상이 되기 위해서는 그 채권이 양도할 수 있는 것이어야 한다. 다만 당사자 사이에 양도금지의 특약이 있음에 불과한 채권에 대한 전부명령은 압류채권자가 양도금지의 특약이 있는 사실에 관하여 선의인지 악의인지를 불문하고 유효하다.

라. 피전부채권에 대하여 압류, 가압류의 경합이나 배당요구가 없을 것

① 전부 명령은 실질적으로 피압류채권을 압류채권자에게 이전시킴으로써 그에게 독점적인 만족을 주는 제도이므로 다른 채권자에 의한 압류나 가압류가 경합되거나 배당요구(교부청구 包含)가 있을 경우에는 그러한 경합채권자를 배제하고 압류채권자에게만 독점적 만족을 주는 것은 민사집행법상의 채권자 평등주의 원칙에 어긋난다.

따라서 전부명령이 제3채무자에게 송달될 때까지 그 금전채권에 관하여 다른 채권자가 압류, 가압류 또는 배당요구를 한 때에는 전부명령은 효력을 가지지 않는다.

---

16) 권면액이라 함은 채권의 목적으로 '표시'되어 있는 금전의 확정된 일정액을 말한다.

② 압류 등의 경합이 있었는지의 여부를 결정하는 기준시점은 전부명령이 제3채무자에게 송달된 때이다.
③ 동일한 채권에 대하여 중복하여 압류 등이 있다고 하더라도 그 압류 등의 효력이 미치는 범위가 채권의 각 일부에 국한되고 이를 합산하더라도 총 채권액에 미치지 아니할 때에는 여기서 말하는 압류의 경합이라고 할 수 없다.
④ 이처럼 전부명령이 제3채무자에게 송달될 당시에 압류 등의 경합이 있으면 그 전부명령은 무효이고, 후에 경합된 압류나 가압류 또는 배당요구 등의 효력이 소멸된다고 하더라도 그 전부명령의 효력이 되살아나는 것은 아니다.
⑤ 전부명령이 압류의 경합 등으로 인하여 무효가 되는 경우에 그 전부명령의 기초가 되었던 압류명령까지 무효가 되는 것은 아니므로 무효인 전부명령을 얻었던 압류채권자도 위의 압류명령에 기초하여 추심명령을 얻을 수 있다.
⑥ 전부명령이 그 요건을 갖추지 못하여 무효가 되는 경우 제3채무자는 이를 이유로 하여 전부명령을 얻은 채권자의 이행청구를 거부할 수 있다. 제3채무자가 무효인 전부명령을 얻은 채권자에게 변제를 한 경우에는 채권의 준점유자에 대한 변제(민법 제470조)가 된다.

3) 전부명령의 효력

> 〈사례〉 최고봉은 채권압류 및 전부결정문을 송달 받은 제3채무자이다. 그런데 채무자 홍길동의 말을 들으니 채권자 김무정은 무효의 약속어음공정증서를 발급받아 위 전부결정을 받은 것이라고 한다. 제3채무자 최고봉은 어떻게 대응해야할까? 답 : [Knowledge is Power]에서

① 전부명령은 채무자와 제3채무자에 대하여 송달이 이루어지고 각 즉시항고기간 7일이 경과되어야 효력이 '확정' 된다(제229조 제7항).[17]
그리고 그 확정에 의하여 발생하는 효력은 전부명령이 제3채무자에게 송달된 때로 소급하여 집행채권(:전부채권자의 채권)의 범위 안에서 당연히 전부채권자에게 이전하

---

[17] 전부명령이 확정되어 버리면 설령 무효인 집행증서에 기초한 강제집행일지라도 전체적으로 집행이 끝난 뒤에서 청구이의의 소 등으로 다툴 소의 이익이 없게 됨에 유의한다.

고 그와 동시에 채무자는 채무를 변제한 것으로 간주된다.18) 이후에는 채권압류 및 전부명령을 '취하'(또는 집행해제)할 수 없게 된다.

전부명령에 대하여는 '제3채무자'뿐만 아니라 '채무자'도 즉시항고를 제기할 수 있다(제229조 제6항). 제3채무자뿐만 아니라 채무자에게도 전부명령이 송달되므로 즉시항고의 기회가 있다. 따라서 제3채무자는 물론 채무자에게도 모두 전부명령이 송달되지 않으면 전부명령이 확정되지 않은 것이므로 효력이 발생하지 않는다.

> **注意**
> ❖ '채무자'에 대한 송달이 소재불명 등으로 불능된 때에는 직권 또는 채권자의 신청에 의하여 공시송달이 가능하다.19)
> ❖ 전부명령은 제 3 채무자와 채무자에 대한 송달이 효력발생 요건이다.

② 이러한 전부명령으로 압류채권자는 만족을 얻게 되므로, 그 뒤의 위험부담은 채권자에게 이전된다.

금전채권을 압류하였을 때, 압류채권자는 전부명령과 추심명령(推尋命令) 중 하나를 선택하여 신청할 수 있는데, 전부명령은 다른 채권자의 배당가입이 허용되지 않고 압류채권자가 우선적 변제를 받을 수 있는 경우에는 아주 유용한 신청이다. 압류채권자의 전부명령 또는 추심명령의 신청에 대해서는 즉시항고를 할 수 있다.

전부명령이 있은 후에 즉시항고가 제기된 경우에는 항고법원은 다른 이유로 전부명령을 취소하는 경우를 제외하고는 항고에 관한 재판을 정지하여야 한다.

③ 전부명령이 있는 때에는 '채권자'는 압류채권의 주체가 된다.

피압류채권은 채무자로부터 채권자에게 '이전'되며, 채권자는 피전부채권을 처분함에 있어 채무자의 간섭을 받지 아니한다. 피전부채권에 담보권이 있으면 그 담보권도 채권자에게 이전된다. 집행채권은 전부명령에 의해 변제된 것으로 보기 때문에, 그 채권의 위험부담은 앞으로 채권자에게 돌아간다.

전부명령이 제3자에게 송달될 때까지 그 금전채권에 관하여 다른 채권자가 압류·가압류 또는 배당요구를 한 때에는 전부명령은 효력이 없다. 전부명령은 확정되어야 효력이 있다.

---

18) 대법원 1995. 9. 26. 선고 95다4681, 대법원 1999. 12. 10. 선고 99다36860.
19) 손진홍, 채권집행의 이론과 실무(법률정보센타, 2004), 414면.

④ 전부채권자는 채권을 양도받은 경우와 같이 제3채무자가 임의로 변제하지 않을 때에는 그에 대하여 민사집행법 제238조에 따라 이행을 구하는 소송(전부금 청구의 소)을 제기할 수 있다. 이 경우 집행채무자에 대하여 '소송고지'[20]를 하여야 한다.

⑤ 피전부채권이 집행채권과 집행비용의 합산액보다 적으면 피전부채권의 전액이 이전되지만, 피전부채권이 위 합산액보다 많으면 그 합산액을 한도로 이전된다. 전부명령으로 인한 이전의 효력은 피전부채권의 종된 권리, 즉 전부 후의 이자 및 지연손해금, 보증채무, 저당권 등에도 미친다.

⑥ 임차인의 임차보증금반환채권에 관하여 전부명령이 있는 경우, 전부채권자로서는 제3채무자인 임대인을 대위하여 그가 무자력이 아니더라도 그의 임차인에 대한 임차목적물 명도청구권을 대위행사 할 수 있다[대결 88다카4253].

⑦ 피전부채권이 존재하지 않는 경우[21]에는 전부명령은 실체법상 무효이므로 변제의 효과 즉 집행채권소멸의 효력은 발생하지 않는다[대결 92마213].

> **전부명령에서 정본의 재도부여 또는 환부**
>
> ❖ 위 ⑦ 항의 경우, 전부채권자는 전부명령 신청당시 제출한 집행권원의 반환을 청구할 수는 없고(재민 62-9), 피전부채권이 존재하지 아니함을 입증하여 다시 집행력 있는 정본을 부여받아 강제집행을 할 수 있다[96다37176].
> ❖ 피전부채권이 존재하지 않는다는 입증방법은 실무상 전부금 청구소송에서의 전부채권자 패소 판결문을 제출하는 것이 보통이다.
> ❖ 다만 전부명령이 확정되지 않은 경우(전부결정문이 채무자 및 제3채무자에게 송달되고 7일이 경과하지 않은 시기) 취하를 한 경우라면 집행권원을 환부받을 수 있다.

---

20) [용어해설] 소송고지
　　 소송고지란 당사자가 소송에 참가할 수 있는 이해관계를 가진 제3자에게 소송계속(係屬)사실을 정해진 방식에 따라서 통지하는 것을 말한다. 소송고지는 그 이유와 소송의 정도를 기재하여 서면으로 법원에 제출하여야 한다(민소 제84조, 제85조).

21) 전부명령의 송달 당시 피전부채권이 처음부터 존재하지 않거나, 소멸 내지 제3자에게 양도된 경우, 송달 당시에는 피전부채권이 존재하고 있었으나 그 후 제3채무자의 취소, 해제 또는 상계 등에 의하여 소급하여 소멸한 경우를 들 수 있다.

⑧ 전부명령에 대하여 제3채무자는,
  채권자에 대하여서만 채무이행의 의무가 있고, 전부명령의 송달 전에 채무자에 대하여 주장할 수 있었던 모든 항변사유(ex 취소, 해제, 상계 등의 형성권행사나 동시이행 내지 선이행의 항변으로써 채권자에게 대항할 수 있는 것, 대판 84다카545)로 대항할 수 있다.

> 판례 전부명령이 확정되면 피압류채권은 제3채무자에게 송달된 때에 소급하여 집행채권의 범위 안에서 당연히 전부채권자에게 이전하고 동시에 집행채권 소멸의 효력이 발생하는 것으로, 이 점은 피압류채권이 그 존부 및 범위를 불확실하게 하는 요소를 내포하고 있는 장래의 채권인 경우에도 마찬가지라고 할 것이나, <u>장래의 채권에 대한 전부명령이 확정된 후에 그 피압류채권의 전부 또는 일부가 존재하지 아니한 것으로 밝혀졌다면</u> 민사소송법 제564조(현, 민집 제231조) 단서에 의하여 그 부분에 대한 전부명령의 실체적 효력은 소급하여 실효된다[99다15177].

> 판례 **전부명령과 제3채무자의 상계처리**
> 압류(가압류)의 효력발생 당시에 제3채무자의 자동채권과 채무자의 수동채권이 상계적상에 있거나 자동채권이 압류 당시 변제기에 달하지 아니한 경우에는 피압류채권인 수동채권의 변제기와 동시에 또는 그보다 먼저 변제기에 도달하는 경우라면 전부명령 송달 이후에도 상계할 수 있다[대판 88다카25120].
> 다만 제3채무자의 압류채무자에 대한 자동채권이 수동채권인 피압류채권과 동시이행의 관계에 있는 경우에는 압류명령이 제3채무자에게 송달되어 압류의 효력이 생긴 뒤에 자동채권이 발생하였다고 하더라도 <u>제3채무자는 동시이행의 항변권을 주장할 수 있고, 따라서 그 채권에 의한 상계로 압류채권자에게 대항</u>할 수 있다[대판 2000다43819].

> 판례 임대차보증금 반환채권이 압류·전부된 경우에 그 임대차보증금은 임대인이 임차인의 목적물 명도시까지 임대차계약에 의하여 임차인에 대하여 가지는 일체의 채권을 담보하는 것으로서 그 피담보채무는 목적물 반환시 별도의 의사표시 없이 당연히 공제되는 것이므로, <u>제3채무자인 임대인</u>은 전부명령 송달시까지 발생한 임차인에 대한 채권뿐만 아니라 그 이후에 발생한 채권도 공제한 나머지를 전부채권자에게 지급하면 된다 [대판 99다50729].

앞 〈사례〉의 답변

❖ 전부채권자가 무효인 집행증서(ex 약속어음 공정증서)에 기하여 전부명령결정을 받은 경우, 제3채무자

> 는 매우 주의하지 않으면 안된다.
> 　　전부명령이 확정되기 전 이를 다투기 위해서 제3채무자는 '청구이의의 소'를 제기하여야하는데 만일 전부명령이 확정되어 버리면 무효인 집행증서에 기초한 강제집행은 전체적으로 끝난 뒤여서 청구이의의 소로 다툴 소의 이익이 없다고 보기 때문이다[대판 96다52489].
>
> ❖ 전부명령이 확정되면 '피압류채권'(채무자가 제3채무자에 대하여 갖는 채권)은 제3채무자에게 송달된 때에 소급하여 집행채권의 범위안에서 당연히 전부채권자에게 이전하고 동시에 집행채권(전부채권자의 채권) 소멸의 효력이 발생하여 집행이 종료된다.
>
> ❖ 따라서 무효의 집행증서인 경우 전부명령의 확정 전에 청구이의의 소제기와 함께 그 본안재판부로부터 집행정지결정을 받아 그 정본을 전부명령 결정을 내린 법원에 제출하면서 즉시항고를 하면 항고에 관한 재판을 정지하고 청구이의의 소의 결과에 따라 구제받을 수 있다.
>
> ❖ 그런데 실무에서는 이 방법을 모른 채 무효의 집행증서에 기한 전부결정이 확정될 때까지 채무자이든 제3채무자이든 아무런 대응을 않는 통에 전부명령이 확정되는 경우가 많다. 심지어 즉시항고를 제기하였지만 각하나 기각을 당한 후에야 청구이의의 소를 제기하였다가 전부명령이 확정되었기 때문에 결국 소 각하 판결을 받고 집행을 당하는 억울한 일이 수도 없이 많다.

2. 집행력 있는 정본의 교부여부

　집행채권 전액에 관하여 '전부명령'이 내린 경우 절차 종료 후 법원은 추심명령정본과 달리 전부명령 집행정본을 채무자 또는 채권자에게 반환하지 않는다.22)

　그러나 그 후 피전부채권이 존재하지 않는 것으로 소송상 밝혀진 경우에는 패소판결문과 확정증명원을 첨부하여 전부결정을 받은 법원에 '전부결정 집행해제신청'을 하면서 원본환부신청을 하여 집행권원을 반환받을 수 있다.

　또한 집행채권의 '**일부**'에 관하여 전부결정을 받은 경우 채권자의 요구가 있으면 법원은 민사집행법 제159조 제3항을 준용하여 집행력 있는 정본에 채권의 일부가 전부된 취지를 기재한 후 집행력 있는 정본을 채권자에게 반환하여 준다(재민80-11).

---

22) 사용증명원도 발부받을 수 없다.

[서식] 일부집행에 따른 집행권원 부기환부신청

일부집행에 따른
집행권원 부기환부신청

사 건　　201○타채3994　채권압류 및 전부명령
채권자　　이영섭
채무자　　정은순

　위 사건에 관하여 채권자는 집행채권 중에서 "일부" 금액만을 정하여 위 채권압류 및 전부명령을 신청하였으므로 민사집행법 제159조 제3항에 따라 집행력있는 집행권원 정본을 부기하여 환부하여 주시기 바랍니다.

202○. ． ．
위 채권자　　이 영 섭　　(인)

서울동부지방법원　기타집행계　귀중

접수방법

- 신청서 1부를 민사신청과 기타집행계에 접수한다. 비용없음.
- 담당자는 집행권원에 전부된 금액을 기재(부기)한 후 환부하여 준다.

3. 본압류로의 전이

(1) 지명채권의 가압류에서 본압류에로 전이함에 있어서는 압류를 다시 할 필요없이 직접 추심명령, 전부명령 등을 하면 족하다는 것이 학설의 대세이나, 실무에서는 다시 압류부터 하고 있다.
　　본압류로 전이하는 신청서에는 '**가압류의 본압류로의 전이**'라는 것을 밝히고(이때 본압류신청에 필요한 집행력 있는 정본, 그 송달증명서등을 첨부함을 물론이고)가압류에 대한 소명자료로서 보통 가압류결정의 사본을 첨부한다.
　　그러나 가압류 결정의 사본, 동결정의 송달증명 등 채권가압류의 내용 및 효력을 확인할 수 있는 소명자료를 제출하지 않을 경우에는 신청인에 대하여 동 소명자료의 제출을 명하지 않고 직권으로 당해 가압류사건기록을 조사하여 동 기록에 의해 채권자가압류에 관한 사항을 확인하여 처리하게 돼있다(송민 85-2예규).

(2) 채권가압류가 본압류로 전이되는 경우에 있어서의 집행법원

　채권가압류는 본안 관할법원 또는 제 3채무자의 보통재판적 소재지(물건의 인도를 목적으로 하는 채권과 물상담보권 있는 채권은 그 물건의 소재지)를 관할하는 지방법원에 전속하고, 채권압류는 채무자의 보통재판적 소재지를 관할하는 지방법원에 전속하되 그 법원이 없는 경우에는 제 3채무자의 보통재판적 소재지 또는 일정한 경우의 물건소재지의 관할 지방법원에 전속한다.

　종래 구민사소송법에서는 채권자가 하나의 채권에 대하여 순차로 가압류와 본압류를 하는 경우에 그 전속관할법원이 다르게 규정되어 있고 실무상으로도 일치하지 않는 때가 적지 않다고 할 수 있는데, 본압류 법원으로서는 가압류사건에 관하여 가압류결정과 그 송달여부 및 피보전권리의 내용을 확인하여야만 그 압류가 가압류로부터 전이되는 것인지를 알 수 있었다.

　그리하여 위와 같은 실무처리가 예규에 의하여 규정되고 있으나 이 문제를 근원적으로 해결하기 위하여는 집행법원이 간편하게 가압류기록을 확인할 수 있는 방법을 도입하는 것이 최선일 것이기에 민사집행법에서는 <u>채권을 가압류 한 다음 그 본압류를 신청하는 경우에는 그 집행 사건을 가압류법원의 전속관할로 하였다</u>(민집 제224조 제3항).

[서식] 가압류로부터 본압류로 전이하는 채권압류 및 전부명령신청

가압류로부터 본압류로 전이하는
채권압류 및 전부명령신청

채 권 자 김 기 남
        서울특별시 영등포구 영등포로13길 10
        (양평동1가)
        ☎ 673-1342, 010-9926-0232
채 무 자 박 지 덕
        경기도 수원시 팔달구 동말로48번길 66
제3채무자 대한민국 (소관: 수원지방법원 공탁관)
        위 법률상 대표자 법무부장관

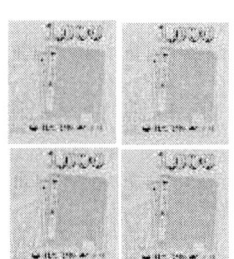

청구채권의 표시
    금 17,205,400원정
    원금 10,000,000원
    이자 7,205,400원 (2006. 3. 2. ~ 201○. 10. 6.까지 1315일간 20%의 이자금)
      (계산) 10,000,000원 × 1315/365 × 20% = 7,205,400원(100원 미만 절사)

집행권원의 표시
수원지방법원 200○가소83524호 구상금청구사건의 판결상 채권
(원금 10,000,000원 및 20%에 의한 부대이자)

가압류로부터 본압류로 전이하는 채권압류 및 전부채권의 표시
별지목록 기재

신 청 취 지

1. 채무자의 제3채무자에 대한 별지기재 채권 중 채권자와 채무자간 수원지방법원 200○카단 23340호 채권가압류 결정에 의하여 가압류된 채권금 10,000,000원을 본압류로 전이하고, 나머지 금 7,205,400원을 압류한다.
2. 제3채무자는 채무자에 대하여 위 압류된 채권을 지급하여서는 아니된다.
3. 채무자는 위 채권의 처분과 영수를 하여서는 아니된다.
4. 위의 압류된 채권은 지급에 갈음하여 채권자에게 전부한다.
라는 재판을 구합니다.

신 청 원 인

1. 채권자는 채무자에 대하여 구상금채권을 가지고 있는데 그 집행을 위하여 귀원 200○카단 23340호로서 채권가압류 신청을 하여 채무자가 제3채무자에 대하여 가지고 있는 압류채권표시 기재의 채권을 가압류하였습니다.

2. 그 후 채권자는 채무자를 상대로 하여 귀원 200○가소 83524호 본안소송을 제기하여 200○. 10. 22. 승소판결을 받았습니다.

3. 그러나 채무자는 채권자의 수차에 걸친 독촉에도 불구하고 임의 변제치 않으므로, 채권자는 위 청구채권의 변제에 충당키 위하여 제3채무자들에 대한 귀원 200○ 카단 23340호 채권가압류를 본 압류로 전이하고, 아울러 이에 관한 전부명령을 얻고자 이 신청을 하게 되었습니다.

첨 부 서 류

1. 집행력 있는 판결정본   1부
1. 송달, 확정증명원   1부
1. 가압류결정문 사본   1부
1. 송달증명원 [23]   1부

202○. . .

위 채권자 김 기 남   (인)

수원지방법원 기타집행계 귀중

〈별 지〉

가압류로부터 본압류로 전이하는 채권압류 및 전부채권의 표시

금 17,205,400원정
채무자가 제3채무자에 대하여 가지는 수원지방법원 200○ 카단 8739 부동산가압류신청사건에 대하여 그 집행취소를 위한 해방금으로서 200○ 금제 1226호로 공탁한 가압류해방금 회수청구채권 중 위 청구금액.

접수방법

- 송달료 : 28,800원(당사자수 3명 × 4,800원 × 2회)

제4장 채권에 대한 강제집행 385

- 인지대 : 4,000원(압류2,000원 + 전부명령2,000원)을 납부한 후 가압류결정을 내린 법원 기타 집행계에 접수한다.
- 전부명령은 채무자나 제3채무자가 즉시항고 할 수 있으므로 전부명령을 송달받고 7일 내에 항고하지 않은 경우 전부채권이 존재하는 한 그 권면액 상당의 '집행채권'은 전부명령이 제3채무자에게 송달된 때로 소급하여 확정된다.
  만일 채무자나 제3채무자가 항고한 경우에는 항고가 기각되고 재항고하지 않거나, 재항고한 경우에는 재항고가 기각된 때에 전부명령은 확정된다. 단순히 제3채무자에게 송달됨으로써 압류효과가 나타나는 추심명령과 차이가 있다.
  Cf) 즉시항고 및 재항고 : 인지대 8,000원, 송달료 5회(45,000원).

4. 전부명령신청취지

1) 기 본 형

1. 채무자의 제3채무자에 대한 별지 기재의 채권을 압류한다.
2. 제3채무자는 채무자에게 위 채권에 관한 지급을 하여서는 아니된다.
3. 채무자는 위 채권의 처분과 영수를 하여서는 아니된다.
4. 위 압류된 채권은 지급에 갈음하여 채권자에게 전부한다.

2) 본압류전이 : 가압류금액이 본압류 금액보다 클 경우

1. 채권자와 채무자간 서울중앙지방법원 201○카단32323호 채권가압류결정에 의한 별지 목록 기재 채권에 대한 가압류 금 5,000,000원 중 금 3,000,000원은 이를 본압류로 전이한다.
2. 제3채무자는 채무자에게 위 채권에 관한 지급을 하여서는 아니된다.
3. 채무자는 위 채권의 처분과 영수를 하여서는 아니된다.
4. 위 압류된 채권은 지급에 갈음하여 채권자에게 전부한다.

---

23) 가압류결정문에 대한 '송달증명원'을 말한다.

3) 본압류전이 : 가압류금액과 본압류 금액이 같을 경우

> 1. 채권자와 채무자간 서울중앙지방법원 201○카단32323호 채권가압류결정에 의한 별지 목록 기재 채권에 대한 가압류는 이를 본압류로 전이한다.
> 2. 제3채무자는 채무자에게 위 채권에 관한 지급을 하여서는 아니된다.
> 3. 채무자는 위 채권의 처분과 영수를 하여서는 아니된다.
> 4. 위 압류된 채권은 지급에 갈음하여 채권자에게 전부한다.

4) 본압류전이 : 가압류금액보다 본압류 금액이 클 경우

> 1. 채무자의 제3채무자에 대한 별지 기재 채권 중 채권자와 채무자간 서울중앙지방법원 201○카단32113호 채권가압류 결정에 의하여 <u>가압류된 채권금 금 5,000,000원을 본압류로 전이하고, 나머지 금 1,342,130원을 압류한다.</u>
> 2. 제3채무자는 채무자에게 위 채권에 관한 지급을 하여서는 아니된다.
> 3. 채무자는 위 채권의 처분과 영수를 하여서는 아니된다.
> 4. 위 압류된 채권은 지급에 갈음하여 채권자에게 전부한다.

제4절 추심명령과 전부명령은 어떻게 다른가

1. 사례(事例比較)

1) 채권의 이전유무

채권자(A)가 채무자(B)에게 공사대금을 줄 것이 있는 건설회사(C)를 제3채무자로 하여 1,000만원을 압류하였지만 제3채무자(C)는 차일피일 미루며 채권자(A)에게 지급하지 않은 경우, 추심명령과 전부명령은 차이가 있다.

① 추심명령의 경우

채권자가 제3채무자에게 대금을 받지 못했기 때문에 채무자에게 받을 채권은 소멸하지 않고 그대로 존속한다. 즉 채권자는 여전히 채무자에게 공사대금을 청구 할 수 있다.

② 전부명령의 경우

채권자는 채무자에게 1,000만원을 청구할 수 없고 새로이 제3채무자에 대하여만 1,000만원 청구할 수 있는 채권이 성립한다. 따라서 제3채무자가 대금을 지불할 자력이 없다면 채권자는 채무자에 대한 채권이 소멸되고 제3채무자에게 새로운 불량채권만 얻게 되는 것이다. 그러므로 전부명령을 취할 경우 제3채무자가 자력이 있는가 잘 살펴서 채권압류를 하여야 할 것이다. 제3채무자가 채무를 이행하지 않으면 채권자로서는 제3채무자를 상대로 전부금청구 소송을 제기할 수 있다.

2) 채권의 경합시

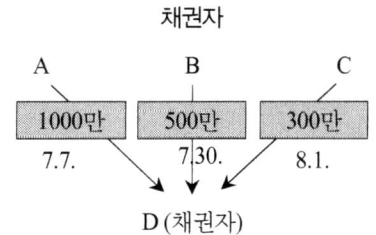

채권자가 여러 명(A, B, C)인 경우 가령 채권자(A)가 채무자(D)에게 1,000만 원(2009. 7. 7. 압류결정), 채권자(B)는 채무자에게 500만 원(2009. 7. 30. 압류결정), 채권자(C)는 채무자에게 300만 원(2009. 8. 1. 압류결정) 받을 채권이 있다고 가정하면 전부명령과 추심명령은 다음과 같은 차이가 있다.

① 추심명령의 경우

채권자(A)가 우선적으로 채권압류 및 추심명령을 받고, 채권자(B), (C)가 후에 채권압류 및 추심명령을 받은 경우, 채권자(A)의 결정문이 먼저 제3채무자에게 송달되었다고 하더라도 우선적으로 1,000만 원을 독점하여 만족을 얻는 것이 아니다. 법원은 압류한 채권자들에게 금액비율로 안분하여 배당을 한다.

② 전부명령의 경우

채권자(A)가 다른 채권자들 보다 먼저 전부명령을 받았다면 채권자 (B), (C)에 우선하여 금 1,000만 원 전액을 독점하여 만족을 얻는다. 따라서 나머지 채권자 (B), (C)는 남는 금액이 없어 배당받지 못한다. 이와 같이 우선적으로 전부명령을 취한 채권자 (A)는 다른 채권자들보다 우선하여 압류한 채권을 독점한다.

3) 대상의 차이

추심명령과 전부명령은 집행대상에 차이가 있다. 추심명령은 금전채권이외에 유체물의 인도나 권리이전의 청구권에 대하여도 할 수 있으나, 전부명령은 금전채권에 한하여만 전부명령을 할 수 있다.

4) 독점적 만족여부

추심명령이나 전부명령을 신청하기 전에 이미 가압류, 압류, 배당요구가 있는 경우 차이가 있다. 압류채권에 대하여 선행 가압류, 압류, 배당요구가 있는 경우 추심명령은 취할 수 있지만 전부명령은 취할 수 없다.

사례에서 채권자(A)가 2009. 7. 7. 1,000만 원으로 한 추심명령을 받고, 채권자(B)가 2009. 7. 30. 500만 원으로 한 추심명령을 받은 경우 채권자(C)가 2009. 8. 1. 300만 원으로 한 추심명령을 받을 수 있겠는가? 채권자(A)가 먼저 추심명령을 받았다고 하더라도 채권자(B)와 (C)는 추심명령을 할 수 있다. 그러나 채권자(A)가 먼저 2009. 7. 7. 전부명령을 받았다면 남는 금전이 없기에 나머지 채권자들은 전부명령을 취하지 못한다. 이 경우 채권자 (B)와 (C)는 추심명령만을 취할 수 있을 뿐이다.

압류 등의 경합이 있었는지의 여부를 결정하는 기준시점은 전부명령이 제3채무자에게 송달된 때이다. 다만 동일한 채권에 대하여 중복하여 압류 등이 있었다 하더라도 그 압류 등의 효력이 미치는 범위가 채권의 각 일부에 국한되고 이를 합산하더라도 총채권액(압류된 채권)에 미치지 아니할 때에는 압류의 경합이 있다고 할 수 없다. 따라서 채권의 일부에 관하여 발부된 전부명령은 유효하다.

5) 추가청구여부

추심명령을 한 경우라도 추심할 가망이 적으면 추심권을 포기하고 다른 집행방법(다른 재산집행 등)을 행사 할 수 있지만, 전부명령은 다른 집행방법을 취할 수 없다.

2. 도표비교

구 분	추 심 명 령	전 부 명 령
집행범위	금전 이외의 유체물의 인도를 목적으로 하는 채권	금전채권에 대해서만 할 수 있다.
선택시기	압류하고자 하는 채권에 제3자의 가압류가 경합하는 경우 등에 활용하는 것으로 경합하는 채권자간에 추심된 금액을 배당받는다.	압류하고자 하는 채권을 제3자가 아직 가압류하지 않은 상태에서 독자적으로 확보하고자 할 때 활용한다.
신청방법	서면 또는 구술로서 압류명령 신청과 병합하거나 단독으로 신청 가능	추심명령과 동일하다.
권리이전	압류명령 자체로는 권리이전이 되지 않고 추심권만 이전한다.	압류명령 자체로 전부채권자에게 이전한다.
위험부담	제3채무자의 무자력으로 인한 손실에 따른 위험은 채무자에 귀속한다.	전부명령을 얻으면 변제의 효력이 발생하며 제3채무자의 변제능력이 없는 경우에도 채무자에게 변제 청구할 수 없다.
배당요구	채권을 추심(영수)하여 집행법원에 신고할 때까지 다른 채권자가 배당요구할 수 있다.	명령이 제3채무자에게 송달될 때까지 다른 채권자가 당요구를 할 수 있지만 송달 후에는 배당요구 불가능
행사책임	일정한 기간 내에 추심권을 행사할 책임이 있고 만일 이를 게을리 하면 손해배상 책임발생	전부채권자는 완전한 자기채권이기 때문에 하등의 의무를 부담하지 않는다.
소멸시기	배당을 받거나 현실로 만족을 얻었을 때에 소멸한다.	전부명령의 확정을 정지조건으로 전부명령 송달시에 소급하여 소멸한다.
집 행 의 변 경	추심할 가망이 적으면 추심권을 포기하고 다른 집행방법을 행사할 수 있다.	압류한 채권이 부존재라면 몰라도 그렇지 않으면 다른 집행방법을 행사할 수 없다.

신고의무	채권자가 압류한 채권을 추심하였으면 이를 집행법원에 신고하여야 한다.	신고 의무 없다.
자발적 미이행시	추심금 청구의 소 제기	전부금 청구의 소 제기

제5절 압류시 채무자는 어떻게 불복하는가

1. 압류금지채권의 범위변경신청

가. 의미

민사집행법 제195조는 압류가 금지되는 물건들을 규정하고 있다. 이를테면 의복·침구·가구·부엌기구·2월간의 식료품·조명재료·생활에 필요한 1월간의 생계비 등이다. 또한 동법 제246조는 압류가 금지되는 채권을 규정하고 있다. 이를테면 150만 원 이하의 예금계좌, 보험금, 수급권이 부장되어 있는 국민연금, 기초생활수급비 등이 입금되는 경우 등이다.

이렇게 압류가 금지되어 있는 물건 또는 채권에 채권압류 및 추심(전부)명령에 따라 압류되거나 그 밖에 특별한 사정이 있으면 '채무자'는 법원에 '압류금지채권의 범위변경신청'을 하여 압류의 전부 또는 일부의 취소를 구할 수 있다.

그리하여 그 얻어진 결정문을 받아 은행 등에 제출하면 예금을 인출받는 방식으로 업무가 처리되고 있다. 이렇듯 채무자의 채권이 있다고 하더라도 채무자의 최소한의 생존권을 보장하여 기초 생계를 할 수 있도록 압류가 금지되는 채권이 있는 것이다.

나. 압류금지채권

1) 민사집행법상의 압류금지채권

다음의 채권은 압류하지 못한다(민집 246조①).

> 1. 법령에 규정된 부양료 및 유족부조료.
> 2. 채무자가 구호사업이나 제3자의 도움으로 계속 받는 수입.
> 3. 병사의 급료.
> 4. 급료·연금·봉급·상여금·퇴직연금, 그 밖에 이와 비슷한 성질을 가진 급여채권의 2분의 1에 해당하는 금액(시행령 3조). 급료채권의 압류금지금액을 정리하면 아래와 같다.
>   ⅰ. 월급여가 185만 원 이하인 경우에는 전액
>   ⅱ. 월급여가 185만 원을 초과하고 370만 원 이하이면 185만 원
>   ⅲ. 월급여가 370만 원을 초과하고 600만 원 이하이면 월급여의 2분의1
>   ⅳ. 월급여가 600만 원을 초과하면 300만 원 + {(월급여의 2분의1 - 300만 원)/2}
> 5. 퇴직금 그 밖에 이와 비슷한 성질을 가진 급여채권의 2분의 1에 해당하는 금액.
> 6. 「주택임대차보호법」제8조, 같은 법 시행령의 규정에 따라 최우선변제를 받을 금액.
> 7. 생명, 상해, 질병, 사고 등을 원인으로 채무자가 지급받는 보장성보험의 보험금(해약환급 및 만기환급금을 포함). 다만, 압류금지의 범위는 생계유지, 치료 및 장애 회복에 소요될 것으로 예상되는 비용 등을 고려하여 대통령령으로 정한다.24)
> 8. 채무자의 1월간 생계유지에 필요한 예금 150만 원(적금·부금·예탁금과 우편대체를 포함).

2) 건설산업기본법상 하도급 근로자의 임금은 압류금지채권

건설산업기본법 제88조 제1항은 "건설업자가 도급받은 건설공사의 도급금액 중 그 공사(하도급한 공사를 포함한다)의 근로자에게 지급하여야 할 임금에 상당하는 금액은 압류할

---

24) [압류금지의 범위] (시행령 6조)
   1. 사망보험금 중 1,000만 원 이하의 보험금
   2. 상해·질병·사고 등을 원인으로 채무자가 지급받는 보장성보험의 보험금 중 다음 각 목에 해당하는 보험금
      가. 진료비, 치료비, 수술비, 입원비, 약제비 등 치료 및 장애 회복을 위하여 실제 지출되는 비용을 보장하기 위한 보험금
      나. 치료 및 장애 회복을 위한 보험금 중 가목을 제외한 보험금의 2분의 1에 해당하는 금액
   3. 보장성보험의 해약환급금 중 다음 각 목에 해당하는 환급금
      가. 「민법」제404조에 따라 채권자가 채무자의 보험계약 해지권을 대위행사하거나 추심명령 또는 전부명령을 받은 채권자가 해지권을 행사하여 발생하는 해약환급금
      나. 가목에서 규정한 해약사유 외의 사유로 발생하는 해약환급금 중 <u>150만 원</u> 이하의 금액
   4. 보장성보험의 만기환급금 중 150만 원 이하의 금액

수 없다"라고 규정하고 있으며, 동법 시행령 제84조 제1항은 "법 제88조 제2항의 규정에 의한 노임에 상당하는 금액은 당해 건설공사의 도급금액 중 산출내역서에 기재된 노임을 합산하여 이를 산정한다"고 규정하고 있습니다.25)26)

채권압류를 신청한 경우 법원은 「건설산업기본법 제88조 및 같은 법 시행령 제84조에 따라 공사대금 채권의 경우 그 공사의 근로자에게 지급하여야할 임금에 상당하는 금액은 압류 또는 가압류 할 수 없으므로 이에 맞게 이 사건 가압류 대상 공사대금 채권의 범위를 한정하고, <u>수정한 별지목록을 제출</u>하시기 바랍니다.」라고 보정명령을 내리게 될 것이다.

따라서 사전에 신청서에 혹은 보정을 한다면 별지 하단에 「단, 위 공사대금 청구채권 중 건설산업기본법 제88조 제1항 및 같은 법 시행령에 의하여 압류가 금지되는 당해 공사의 근로자에게 지급해야할 임금에 해당하는 금액은 제외한다.」라고 기재하여야 한다.

Question

: 발주처 A는 X건설회사에 체육관 건축공사를 공사대금 10억 원으로 도급을 주었는데, 도급계약 첨부 산출내역서에 임금은 2억 원으로 기재되어 있다. 그런데 공사 진행 중에 X주식회사의 채권자 B는 X주식회사로부터 대여금을 받지 못하자 X건설회사의 발주처 A에 대한 공사대금채권에 대하여 압류 및 전부명령을 받은 다음 발주처 A에 전부금의 지급을 요구하고 있다. 이에 발주처 A는 공사대금 중 임금에 해당하는 부분을 지급할 수 없다고 주장하고 있다면 A의 주장은 타당한가?

Answer

: 건설산업기본법은 건설근로자의 생존권을 보장하는 차원에서 건설업자의 공사대금 채권 중 임금에 해당하는 금액에 대한 압류를 금지하고 있다.
　위 사안에서 X주식회사의 발주처 A에 대한 공사대금 중 산출내역서에 기재된 임금은 위 건설산업기본법에서 압류를 금지하는 압류금지채권에 해당하므로 비록 채

---

25) 건설산업기본법 제88조(임금에 대한 압류의 금지)
　① 건설업자가 도급받은 건설공사의 도급금액 중 그 공사(하도급한 공사를 포함한다)의 근로자에게 지급하여야 할 <u>임금에 상당하는 금액은 압류할 수 없다.</u>
　② 제1항의 임금에 상당하는 금액의 범위와 산정방법은 대통령령으로 정한다.
26) 건설산업기본법 시행령 제84조(압류대상에서 제외되는 노임의 산정방법등)
　① 법 제88조제2항의 규정에 의한 노임에 상당하는 금액은 당해 건설공사의 도급금액중 산출내역서에 기재된 노임을 합산하여 이를 산정한다. <개정 1999. 8. 6.>
　② 건설공사의 발주자(하도급의 경우에는 수급인을 포함한다)는 제1항의 규정에 의한 노임을 도급계약서 또는 <u>하도급계약서에 명시하여야 한다.</u>

권자 B가 공사대금채권을 압류하였다고 하더라도 그 압류의 효력은 무효에 해당한다.

그러면 B의 전부금 청구에 대하여 발주처 A는 전부명령의 전제가 되는 압류가 무효이기 때문에 그 전부명령은 효력이 없다고 주장하여 임금에 상당하는 금액에 대한 지급을 거절할 수 있다고 보아야 할 것이다.

관련한 대법원 판례도 건설업자가 도급받은 건설공사의 도급금액 중 근로자에게 지급하여야 할 노임에 상당하는 금액을 압류하는 것은 강행법규에 위반되어 무효이며, 그 압류를 전제로 하는 전부명령은 절차법상으로는 당연 무효라고 할 수 없다 하더라도 실체법상으로는 그 효력을 발생하지 아니하는 의미의 무효라 할 것이다. 따라서 제3채무자는 압류채권자의 전부금 지급청구에 대하여 위와 같은 실체법상의 무효를 들어 항변할 수 있다[대법원 2000. 7. 4. 선고 2000다21048 판결]"고 판시하였다.

다. 압류명령의 취소신청

1) 취소신청

법원은 압류금지채권에 해당하는 한 채무자의 신청이 있는 한 채권자와 채무자의 생활상황 기타의 사정을 고려할 필요가 없이 압류를 취소하여야 한다. 다만 그 신청시기는 채권압류 및 추심명령에 기하여 추심이 완료되거나(추심신고가 있는 때), 전부명령이 확정된 이후에는 압류금지 범위의 확장신청이 불가능하다.

법원 직권에 의할 수는 없으며 신청서에는 1,000원의 인지를 붙인다. 취소를 구하는 관할법원은 압류명령의 관할법원, 즉 채무자 주소지 전속관할이므로 압류결정을 내린 법원과 같게 된다.

2) 범위변경 신청대상

압류금지채권이 채무자의 예금계좌로 입금된 경우에는 그 예금채권에 대하여 더 이상 압류금지의 효력이 미치지 아니하므로, 그 예금은 압류금지채권에 해당하지 아니한다.[27]

그와 같은 경우에도 원래의 압류금지의 취지는 참작되어야 할 것이므로 집행법원이 '채무자'의 신청에 의하여 채무자와 채권자의 생활 상황 기타의 사정을 고려하여 압류명령의

---

27) 대법원 1996. 12. 24.자 96마1302, 1303 결정

전부 또는 일부를 취소할 수 있다(민사집행법 제246조 2항).

압류의 범위변경을 신청하는 자는 채권자·채무자 모두 가능하다. 채권자 입장에서는 압류금지채권에 대한 압류를 구하는 신청을 하는 것이고, 채무자 입장에서는 압류금지의 확장을 구하여 압류명령이 전부 또는 일부의 취소를 구하는 신청을 한다. 통상 채무자 입장에서 압류의 취소를 구하는 경우가 대부분일 것이다.

3) 신청사례

(1) 압류금지채권이 '급여'인 경우

> 신청인과 피신청인 사이의 이 법원 201○. 7. 7.자 201○타채2663 채권압류 및 추심명령 사건에 관하여 제3채무자 주식회사 국민은행에 대한 예금(계좌번호 : 027-24-9876-207) 중 매월 입금되는 금액 중 185만 원[28] 이하 부분에 관한 압류 및 추심명령을 취소한다.

(2) 압류금지채권이 '특별법'에 기한 경우

> 신청인과 피신청인 사이의 이 법원 201○. 7. 7.자 201○타채2774 채권압류 및 추심명령 사건에 관하여 제3채무자 주식회사 국민은행에 대한 예금(계좌번호 : 027-24-9876-207) 중 국민기초생활보장법(또는 장애인복지법·장애인연금, 기초노령연금법)에 의하여 입금되었거나 장차 입금될 금원에 대한 부분을 취소한다.

(3) 압류금지채권이 '185만 원 이하 예금'인 경우

> 신청인과 피신청인 사이의 이 법원 201○. 7. 7.자 201○타채2885 채권압류 및 추심명령 사건에 관하여 제3채무자 주식회사 국민은행에 대한 예금(계좌번호 : 027-24-9876-207) 중 매월 입금되는 금액 중 597,965원에 대한 부분을 취소한다.

---

28) 예금과 생계비에서 압류금지 금액이 종전 150만 원에서 185만 원으로 변경되어 시행(2019.4.1.)되었다.

[서식] 압류금지채권의 범위변경신청서

압류금지채권의 범위변경신청서

신 청 인(채무자) 박영재 (550212-1279222)
　　　　　　　　강원도 속초시 번영로 33(청학동)
　　　　　　　　연락처 010-6543-0987

피신청인(채권자) 김종숙 (601107-2276912)
　　　　　　　　경기도 의정부시 가능로 49번길 27-11(가능동)

제 3 채 무 자 대한민국 (미래창조과학부 우정사업본부)
　　　　　　　법률상 대표자 법무부장관

신 청 취 지

　신청인과 피신청인 사이의 춘천지방법원 속초지원 201○타채331호 채권압류 및 추심명령 사건에 관하여 제3채무자 대한민국(소관: 미래창조과학부 우정사업본부)에 대한 예금(계좌번호 : 113-02-918-3876) 중 국민기초생활보장법에 의하여 입금되었거나 장차 입금될 금원에 대한 부분을 취소한다.

신 청 이 유

1. 피신청인은 신청인의 제3채무자에 대한 채권에 대하여 채권압류 및 추심명령을 신청하여 귀원은 201○. 9. 3.자 결정에 의해 별지목록 기재 채권에 대하여 채권압류 및 추심명령을 한 바 있습니다.

2. 그런데 신청인은 기초생활보장수급자로서 정부지원생계비로 매월 평균 50만 원을 제3채무자인 우체국 계좌(113-02-918-3876)로 받고 있으며, 이렇다 할 별도의 수입이 없어서 위 정부지원생계비만으로 근근이 생활하고 있습니다.

3. 그렇다면 위 생계비는 국민기초생활보장법 제35조에 의하여 압류금지채권으로 정한 그 취지상 또한 위 계좌에 입금된 금원은 채무자의 생계유지를 위하여 쓰이고 있으므로 민사집행법 제246조 제2항에 근거하여 부득이 이 사건 채권압류 및 추심명령의 일부의 취소를 구하고자 본 신청에 이른 것입니다.

소 명 방 법

1. 소갑제 1 호증　　채권압류 및 추심명령결정문(사본)

1. 소갑제 2 호증   기초생활수급증명서
1. 소갑제 3 호증   정부지원생계비 수령 통장계좌
1. 소갑제 4 호증   계좌통합관리서비스 은행별상세조회

2021 ○. .
신청인 박 영 재   (인)

춘천지방법원   속초지원   기타집행계   귀중

접수방법

1. 신청서 원본 1부와 부본 1부를 채권 압류결정 법원에 제출한다.
2. 인지대 : 1,000원을 신청서 상단 여백에 첨부(붙임)한다.
3. 송달료 : 5회분 45,000원(당사자수 2명 × 1회분 4,500원 × 5회)을 납부한 후 납부서(법원보관용)를 신청서 표지 뒷면에 호치킷으로 부착한다.
4. 첨부서류 : ① 채권압류 및 추심(전부)결정문, ② 기초생활수급증명서(또는 기초연금수급자 확인서 등), ③ 연금등 수령 통장거래내역, ④ 계좌통합관리서비스 은행별상세조회[29]
5. 접수 후 사건번호는 타기 부호로 부여된다.
6. 신청에 대한 재판시 흠결사항은 보정명령을 받고 보정한다.
   취소 결정이 인용된 경우 법원은 그 결정문을 제3채무자 기관에 송달을 하여 주고 있다.

라. 압류금지 채권의 압류

법원은 당사자가 신청하면 채권자와 채무자의 생활형편, 그 밖의 사정을 고려하여 압류명령의 전부 또는 일부를 취소하거나 압류금지채권에 대하여 압류명령을 할 수 있다(민집 246조②).

압류금지채권에 대한 취소(또는 범위확장변경) 신청은 채무자에 의한 신청이다. 반면 압류금지채권에 대한 압류명령신청은 채권자에 의하여 이루어지는 경우이다. 즉 '채권자'는 채무자로부터 채권을 변제받지 못함으로써 받고 있는 경제적 곤궁의 정도를 적시하고, 한편으로 압류금지 채권을 압류하더라도 채무자가 경제적 곤궁에 처하지 않는다는 소명을 통하

---

[29] 계좌통합관리서비스는 전국은행연합회에서 제공하며 웹사이트 www.accountinfo.or.kr에서 제공한다. 공인인증서가 있는 경우 조회 및 출력이 가능하다.

여 압류금지채권을 압류할 수 있을 것이다.

2. 집행의 취소

가. 의미

집행취소란 강제 집행절차 진행 중에 이미 실시한 집행 처분(ex 채권압류 및 추심명령, 전부명령)의 전부 또는 일부의 효력을 상실시키는 집행기관(법원, 집행관)의 행위를 말한다.

집행개시 전에는 집행취소가 있을 수 없으며, 이미 금전을 현실 수령하여 추심신고가 이루어지거나 전부명령이 확정된 경우와 같이 집행절차가 종료한 후에는 집행취소를 구할 수는 없다. 집행처분이 당초부터 당연 무효인 경우라 하더라도 외관상 존재하고 있는 이상 이에 따른 장애를 제거하기 위하여 집행취소를 구할 수 있다.

나. 집행취소의 원인

집행정지의 원인이 되는 법정서류 중 민사집행법 제49조[30] 제1, 3, 5, 6호의 각 서류가 첨부되어 집행취소 신청이 접수된 경우에 집행기관(법원, 집행관)은 이미 실시한 집행을 취소하여야 한다.

다. 그 밖의 집행취소사유

(1) 집행요건의 흠결을 발견한 때, 집행절차가 당연 무효로 되는 사유가 발견된 경우에는 집행을 취소한다.

---

30) 민집법 제49조
    강제집행은 다음 어느 하나에 해당하는 서류를 제출한 경우 정지하거나 제한하여야 한다.
    1. 집행할 판결 또는 그 가집행을 취소하는 취지나 강제집행을 허가하지 아니하는 취지 또는 집행처분의 취소를 명한 취지를 적은 집행력 있는 재판의 정본
    2. 강제집행의 일시정지를 명한 취지를 적은 재판의 정본
    3. 집행을 면하기 위하여 담보를 제공한 증명서류
    4. 집행할 판결이 있은 뒤에 채권자가 변제를 받았거나, 의무이행을 미루도록 승낙한 증서
    5. 집행할 판결, 그 밖의 재판이 소 취하 등의 사유로 효력을 잃었다는 것을 증명하는 조서등본
    6. 강제집행을 하지 아니한다거나 취하한다는 취지의 화해조서 정본 또는 공정증서 정본

다만 집행 장애 사유인 회생절차인가결정 또는 파산선고가 있거나, 개인회생절차에서 면책결정이 확정된 경우 등에는 관련법에 의하여 강제집행이 당연히 효력을 잃게 되므로 별도로 집행취소 결정을 할 필요가 없이 그 결정등본 등을 첨부하여 제3채무자에게 집행취소의 통지를 하는 것이 실무 처리예이다.

(2) 승계집행문이 부여되기 전 또는 부여된 후에 한정승인신고가 수리되었으나 집행문 부여기관(법원)이 이를 알지 못한 채 그 한정승인 상속인에게 승계집행문이 부여되어 이를 기초로 압류명령이 있는 경우에는 그 한정승인이 있었다는 사실은 집행문 부여에 대한 이의의 사유가 될 뿐 위 압류명령에 대한 적법한 항고사유가 될 수 없어서 한정승인을 이유로 위 압류명령을 취소할 수는 없다.[31] 상속포기의 경우에도 마찬가지라 볼 것이다.

(3) 다만 채무자의 상속인이 상속을 포기하였음에도 불구하고 집행채권자가 상속을 원인으로 한 승계집행문을 부여받아 채무자의 상속인에 대하여 채권압류 및 전부명령을 신청하고, 이에 따라 집행법원이 채권압류 및 전부명령이 집행채무자 적격이 없는 자를 집행채무자로 하여 이루어진 이상 피전부채권의 전부채권자에게의 이전이라는 실체법상의 효력은 발생하지 않는다.[32]

라. 집행취소의 방법

(1) 집행취소는 원칙상 당사자의 신청에 의하여 그 집행처분을 한 집행기관(법원, 집행관)이 한다. 집행취소는 집행정지의 경우와 마찬가지로 당사자 또는 제3자의 신청에 의하는 것이 원칙이나, 취소사유가 명백한 때(ex 집행요건의 흠결 등)에는 집행기관 자체에서 직권으로 취소할 수 있다.

(2) 집행취소는 이미 행한 집행처분의 존재를 소멸시키는 방법으로 하는데 집행처분의 취소명령을 당사자에게 송달한다고 하여 당연히 취소의 효과가 생기는 것이 아님에 유

---

31) 의정부지방법원 2008. 6. 24.자 2008라89 결정
32) 대법원 2002. 11. 13. 선고 2002다41602 판결

의한다.

집행취소 명령서를 집행기관에 제출하여 집행기관이 그 집행처분의 존재를 완전히 없애고 집행을 종료하게 함으로써 비로소 그 취소목적을 달성하게 된다.

다만 집행법원이 민사집행법 제49조 제1, 3, 5, 6호의 각 서류의 제출에 따라 집행을 취소하는 결정을 하거나 집행장애 사유가 발생하여 집행이 무효로 되는 경우(특히 채무자 회생 및 파산과 관련하여 강제집행 등 실효되거나 집행절차가 취소되는 경우)에는 법원 사무관 등은 압류명령을 송달받은 제3채무자에게 그 사실을 통지하여야 한다. 추심명령, 전부명령 또는 특별현금화명령의 신청이 취하되거나 이를 취소하는 결정이 확정된 때에도 같다(규칙 제16조, 제160조).

마. 집행취소의 효과

(1) 집행행위는 집행취소에 의하여 법률상 존재하지 아니한 것으로 되어 이를 기한 효과도 소멸한다.

따라서 채무자는 제3채무자에게 변제할 수도 있다. 그러나 취소가 있더라도 이미 완결된 집행행위의 효과는 소급하여 소멸되지 아니하고 원상회복을 하여야 하는 것도 아니다. 따라서 추심명령이 취소되더라도 제3채무자가 압류채권자에게 한 채무의 변제는 유효하다.

(2) 집행취소에 의하여 그 집행절차 또는 집행처분은 종료하며 집행정지의 경우처럼 집행의 속행을 구할 수는 없다.

그러므로 채권자는 취소사유가 없어진 경우, 예컨대 취소를 명한 재판 또는 취소를 수반하는 재판이 불복신청에 의하여 취소되더라도 원상회복이 되는 것이 아니고 다시 새로운 집행신청을 하여 집행을 개시할 수 밖에 없다.

(3) 집행력 있는 집행권원 정본에 기하여 배당요구의 신청이 있는 경우, 당해 집행권원에 관하여 집행 취소 서류가 제출된 때에는 법원은 그 배당요구를 각하하여야 할 것이다. 다만 실무상으로는 대부분 별도로 각하결정을 하지 않고 사실상 배당에서 배제하는 방식으로 처리하고 있다.

(4) 집행취소에 대하여는 원칙적으로 확정되어야 효력이 발생하고 이에 대하여는 즉시항고가 허용되나(민집 제17조), 민사집행법 제49조 제1, 3, 5, 6호의 집행 취소 서류의 제출에 의한 취소의 경우에는 취소결정문이 송달되면 곧바로 효력이 발생하고 즉시항고도 허용되지 않는다(민집 제50조②). 그러나 집행에 관한 이의신청은 할 수 있다고 할 것이다.33)

[서식] 사례1 - 청구이의의 소송에서 승소판결을 받은 채무자(상속인)가 신청

집 행 취 소 신 청 서

사 건   201○타채15206 채권압류 및 전부명령
채 권 자   한영순
채 무 자 망 최인규
    위 상속인(신청인) 최미향 (750130-2173615)
        경기도 남양주시 진접읍 부평로 32, 113동 1102
        (진접센트레빌시티아파트)
        ☎ 010-8758-6305
제3채무자   대한민국
    (소관 : 의정부지방법원 세입세출외 현금출납공무원)

  위 당사자간 귀원 201○타채15206 채권압류 및 전부명령은 본안사건이었던 의정부지방법원 201○가단19246호 판결상 채권에 기한 것입니다.
  그러나 채무자 망 최인규의 상속인인 신청인은 귀원 201○ 가단 43638 청구이의의 소송을 제기하여 "위 201○가단19246호 판결에 기한 강제집행은 이를 불허한다."는 승소판결을 받았고, 201○. 5. 2.자 확정되었습니다.

  이에 따라 위 본안에 터잡은 위 201○타채15206 채권압류 및 전부명령사건은 집행처분이 소멸되었으므로, 이에 집행취소를 신청합니다.

* 첨부 : 1. 판결서   1통
       2. 송달·확정증명원   1통

---

33) 대법원 2000. 3. 17.자 99마3754 결정

202○.   .
위 신청인(채무자의 상속인)   최 미 향   (인)
☎ 010-8758-6305

의정부지방법원 기타집행계   귀중

접수방법

1. 신청서 2부를 압류결정 법원에 제출한다.
2. 인지대 없음, 송달료는 제3채무자 수의 2회분의 우표(4,500원×2회)를 구입하여 신청서 우측상단에 호치킷으로 고정시켜 제출한다.

[서식] 사례2 - 소 취하 화해의 성립으로 채무자가 신청

집 행 취 소 신 청 서

사 건	201○타채16 채권압류 및 전부명령
채권자(피신청인)	김영길
	정읍시 상동 명진 로얄 101동 101호
채무자(신 청 인)	박정원
	정읍시 수성동 주공1단지아파트 104동 1408호
	연락처 010-5432-0972

제 3 채 무 자 1. 대한민국(소관: 우정사업본부)
             2. 대한민국(소관: 육군중앙경리단)
             3. 군인공제회
             4. 주식회사 국민은행

 위 당사자간 귀원 201○타채16 채권압류 및 추심명령 사건에 관하여 201○. 1. 10. 채권압류 및 추심명령 결정이 있었으나, 이에 채무자는 위 본안사건이었던 전주지방법원 정읍지원 201○가소7781호 대여금 사건에 대하여 피고로서 추완 항소를 제기한바 있습니다.
 그 결과 채권자인 원고(피신청인)가 '201○. 12. 20.까지 소취하' 하는 것으로 201○. 12. 13. 자 화해가 성립하였습니다.

이는 민사집행법 제49조 5호「집행할 판결, 그 밖의 재판이 소의 취하 등의 사유로 효력을 잃었다는 것을 증명하는 조서등본 또는 법원사무관 등이 작성한 증거」에 해당되어 집행취소가 가능한 경우라 할 것입니다.
　이에 따라 위 본안에 터잡은 위 201○타채16 채권압류 및 추심명령사건은 소취하로 집행권한이 소멸되었으므로, 집행취소를 신청합니다.

* 첨부　1. 화해조서 등본　1통
　　　　2. 송달증명원　　　1통

202○. .
위 채무자(신청인)　박 정 원
☎ 010-5432-0972

전주지방법원　정읍지원　기타집행계　귀중

접수방법

1. 신청서 2부를 압류결정 법원에 제출한다.
2. 인지대 없음
3. 송달료는 제3채무자 수의 2회분의 우표(4,800원 × 2회)를 구입하여 신청서 우측상단에 호치킷으로 고정시켜 제출한다. 사례와 같이 제3채무자가 4명인 경우 우표 4,500원어치 4회분을 첨부한다.

동산 등에 대한 강제집행

제1절 유체동산에 대한 강제집행절차는 • 405

제2절 자동차·건설기계 등에 대한 강제집행 • 437

제 5 장
동산 등에 대한 강제집행

제1절 유체동산에 대한 강제집행절차는

1. 유체동산에 대한 강제집행

1) 집행기관

 금전채권의 만족을 위하여 채무자의 유체동산에 대하여 하는 강제집행을 말한다. 유체동산에 대한 금전집행은 **집행관**이 이를 실시하는 것이 원칙이나, 채권자가 경합하고 배당할 금전이 각 채권자를 만족시키는데 부족할 경우에 실시하는 배당절차는 **집행법원**이 담당한다.
 채권자가 집행관에 대하여 집행신청(집행위임)을 하면 집행관은 채무자 소유의 유체동산 중 압류금지물(제195조)을 제외하고 압류를 실시한 뒤, 압류물을 입찰 또는 호가경매, 그 밖의 적당한 매각의 방법으로 현금화한다.
 집행법원은 당사자의 신청 또는 직권으로 일반 현금화의 규정에 의하지 아니한 다른 방법이나 다른 장소에서의 매각, 또는 집행관 아닌 다른 사람에 의한 매각과 같은 특별한 방법으로 현금화하도록 명할 수 있다(제214조).
 모든 채권자를 만족시키지 못할 때에는 채권자 사이에 배당협의가 성립되면 협의의 결과에 따라 배분·교부하면 되나, 협의가 이루어지지 아니하면 집행관은 현금화한 대금(또는 압류금액)을 공탁하고 그 사유를 집행법원에 신고하여야 한다. 위 공탁 및 사유신고가 있으면 집행법원은 배당절차를 실시한다.

2) 대 상

민법에서 말하는 동산은 다른 법령에 특별한 규정이 있는 경우를 제외하고는 원칙적으로 유체동산 집행의 대상이 된다.

등기할 수 없는 토지의 정착물로서 독립하여 거래의 객체가 될 수 있는 것, 예컨대, <u>송신용 철탑, 정원석, 정원수, 벽돌이나 옹기 굽는 가마, 과목, 식재된 수목, 임야 내의 자연석을 조각하여 제작한 석불 등은 '유체동산'</u>의 집행대상이 될 수 있다.

또 토지에서 분리하기 전의 과실로서 1월 내에 수확할 수 있는 것과, 유가증권으로서 배서가 금지되지 아니한 것도 대상이 된다.

2. 압 류

1) 압류할 수 있는 경우

가. 채무자가 점유하고 있는 경우(제189조 제1항)

집행관은 본래 채무자의 소유인 유체동산에 대하여 압류를 하여야 마땅하나, 집행관은 실체상의 권리귀속관계에 관하여 조사할 권한이 없으므로 채무자가 점유하고 있는 유체동산이라면 그것이 진실로 채무자의 소유에 속하는지 여부를 묻지 않고 일단 그 물건을 압류할 수 있다.

여기서의 점유는 민법상의 점유를 말하는 것이 아니라 물건에 대한 순수한 사실상의 지배상태인 소지를 의미한다. 따라서 간접점유는 여기서 말하는 점유에 해당하지 아니한다.

나. 채권자가 점유하고 있는 경우(제191조)

채무자 소유의 재산이라면 채권자가 점유하고 있더라도 압류할 수 있다. 채무자의 의사에 반하더라도 마찬가지이다.

다. 점유자인 제3자가 압류를 승낙하여 목적물을 제출한 경우(제191조)

제3자가 채무자의 소유물을 점유하고 있는 경우에는 그 제3자가 압류를 승낙하여 제출을 거부하지 아니한 경우에 한하여 압류할 수 있다. 제출 거부시에는 제243조(유체동산에 관한 청구권의 집행)에 따를 수밖에 없다.

2) 압류의 제한

유체동산에 대한 금전집행도 동산집행의 일종이므로 초과압류금지 및 무익한 압류의 금지원칙이 적용됨은 물론이다. 집행관은 압류한 뒤 초과압류한 사실이 밝혀진 때에는 그 초과한 한도에서, 남을 것이 없다고 인정된 때에는 압류 전부를 각 취소하여야 한다(규칙 제140조).

위와 같은 일반적인 압류제한 외에 유체동산에 특유한 압류제한으로 다음과 같은 것들이 있다.

가. 국가에 대한 강제집행에서의 압류의 제한

국가에 대한 강제집행은 국유재산의 어느 것이나 압류하는 것이 아니고 국고금을 압류함으로써 한다(제192조). 지방자치단체 그 밖의 공법인에 관하여는 아무런 제한이 없다.

나. 압류금지물

채무자의 보호와 공공복리를 도모하기 위한 사회정책적인 고려에서 압류 금지물을 규정하고 있는데(제195조),[1] 채무자의 최저생활의 보호를 목적으로 하는 것(1호~3호), 직업유지를 목적으로 하는 것(4호~6호, 10호~12호), 품위보전을 목적으로 하는 것(7호~9호), 사회복지적 측면을 고려한 것(13호~16호) 등이 있다. 그 외에 특별법상의 압류금지규정도 있다.

---

1) 민사집행법 제195조 제1호는 구 민사소송법 제532조 제1호의 '그 동거가족'을 '그와 같이 사는 친족(사실상 관계에 따른 친족을 포함한다)'으로 바꾸었다.

다. 재판에 의한 압류금지의 확장·축소

집행법원은 신청에 의하여 채권자와 채무자의 생활형편 기타의 사정을 고려하여, 유체동산 압류의 전부 또는 일부의 취소를 명하거나 압류금지물(제195조)인 유체동산의 압류를 명할 수 있다(제196조 제1항).

3. 강제집행 위임

1) 강제집행의 신청

유체동산에 대한 강제집행은 채권자가 집행관에게 서면으로 집행신청을 함으로써 시작된다(제4조). 신청서에는 집행력 있는 집행권원 정본을 붙여야 한다(규칙 제131조).

강 제 집 행 신 청 서

의정부지방법원 집행관사무소 집행관 귀하

채권자	성 명	최 고 봉	우편번호: 480-814
	주 소	의정부시 신촌로53번길 20	(전화번호 : 875-2757)
	대리인	김 영 숙	(전화번호 : 010-9611-2754)
채무자	성 명	권 영 민	우편번호: 482-850
	주 소	경기도 양주시 덕정1길 5, 103동 806호 (덕정동, 융보아파트)	
집행목적물소재지		위 채무자 주소지	
집행권원		의정부지방법원 201○가소3679호 대여금 청구사건의 판결	
집행의 목적물 및 집 행 방 법		동산압류, 동산가압류, 동산가처분, 부동산점유이전금지가처분, 건물명도, 철거, 부동산인도, 자동차인도, 기타( )	
청구금액		금 16,900,800원 내역은 <별지>와 같음	

위 집행권원에 기한 집행을 하여 주시기 바랍니다.

202○. . .

위 채권자 대리인 김 영 숙   (인)

※ **특약사항**	채권자 주민등록번호	660916-1211218
1. 본인이 수령할 예납금잔액을 본인의 비용부담하에 오른쪽에 표시한 예금계좌에 입금하여 주실 것을 신청합니다. 　채권자(대리인)　김 영 숙　(인) 2. 집행관이 계산한 수수료 기타 비용의 예납통지 또는 강제집행 속행의사 유무 확인 촉구를 2회 이상 받고도 채권자가 상당한 기간내에 그 예납 또는 속행의 의사표시를 하지 아니한 때에는 본건 강제집행 위임을 취하한 것으로 보고 종결처분하여도 이의 없습니다. 　채권자(대리인)　김 영 숙　(인)	집행예납금등 잔액계좌입금 신청서	
	개 설 은 행	국민은행 이문동 지점
	예 금 주	김영숙
	계 좌 번 호	027-24-1283-205[2]
	※ **첨부서류** 1. 집행권원　　　　　1통 2. 송달증명원　　　　1통 3. 위임장　　　　　　1통 4. 목적물 소재지 약도　1통[3]	

---

2) 계좌번호는 통상 채권자 명의의 계좌이지만, 다른 사람의 계좌라도 무방하다.

〈별 지〉

청구금액계산서

1. 원금 11,000,000원
2. 이자 5,900,821원
   {11,000,000원 × 979일(200○.2.1 ~ 201○.10.6) × 20% × 1/365}

   ─────────────────────────

   위 원리금 16,900,800원(100원 미만절사)

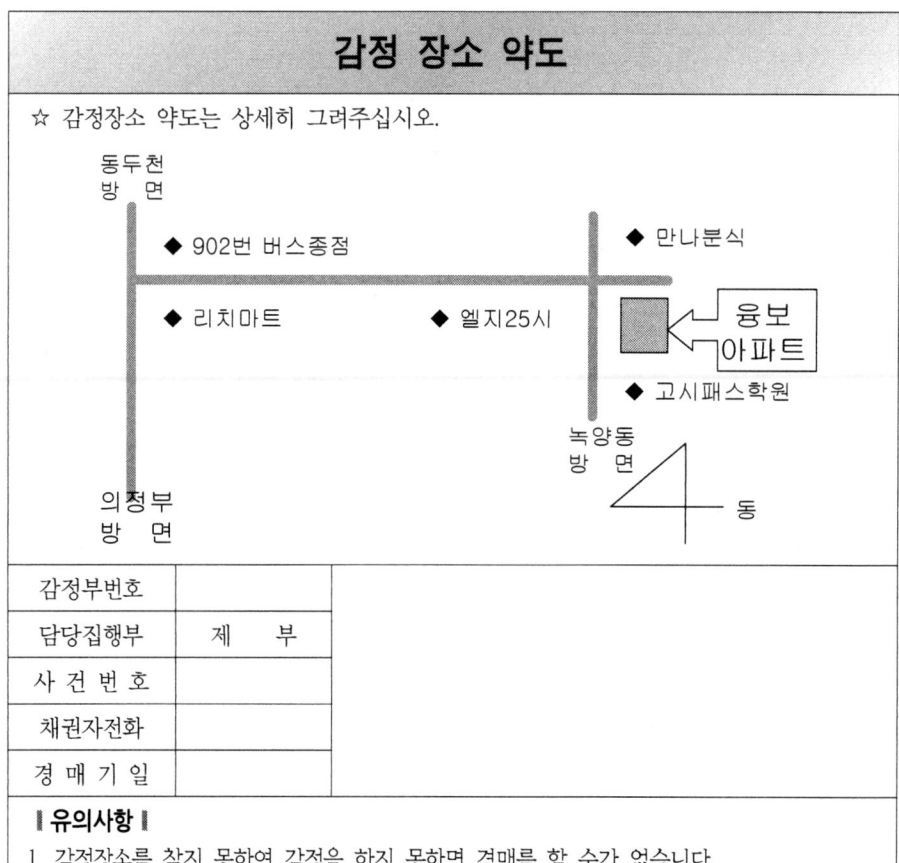

감정부번호	
담당집행부	제 부
사 건 번 호	
채권자전화	
경 매 기 일	

∥유의사항∥
1. 감정장소를 찾지 못하여 감정을 하지 못하면 경매를 할 수가 없습니다.
2. 약도를 그릴 수 없으면 안내를 하여 주십시오.

---

3) 약도는 통상 집행관이 장소를 찾는데 어려움이 없도록 표시한다.

2) 집행위임

채권자는 집행관에게 집행력 있는 정본 및 송달증명서 등의 요건충족 증명서류를 제출하여 집행에 관한 위임을 할 수 있다. 이는 민법상의 위임과는 달리 신청에 불과하다 할 수 있다. 집행의 위임은 강제집행개시의 전제요건이며 강제집행 개시를 위해서는 일정한 '요건'을 필요로 하는 바 이는 다음과 같다.

▶ 집행관사무실 : 주간에는 주로 밖에서 활동하므로 자리가 비어있는 경우가 많다.

가. 위임자의 능력

위임자는 소송 능력자이어야 한다. 대리인을 통한 위임이 가능하다.

나. 집행위임의 방식

위임자는 채권자의 이름과 주소, 채무자의 이름과 주소, 집행목적물의 소재지, 집행권원, 집행의 목적물(유체동산의 경우 소재지) 및 집행방법, 청구금액 등이 적혀 있는 정해진 양식의 서면으로 한다. 이는 집행관사무소에 비치되어 있다. 신청시 집행력 있는 정본과 집행개시 요건충족 증명서류를 첨부하고 '비용'을 예납하여야 한다.

다. 집행관비용

집행관은 집행관수수료규칙(대법원규칙)에 따라 정해진 수수료를 받는다. 위임시 위 '수수료' 외에 '감정료', '여비'를 예납하여야 하며 집행관사무실에서 고지한 대로 구내 은행에서 납부한다.

* 집행관 수수료

집행 채권액	압류/가압류(기본수수료)
50,000까지	2,000원
100,000까지	2,500원
250,000까지	4,000원
500,000까지	6,000원
750,000까지	8,000원
1,000,000까지	10,000원
3,000,000까지	20,000원
5,000,000까지	30,000원
5,000,000초과	40,000원

라. 집행위임의 거절

형식요건 상 요건이 성립되면 정당한 사유 없이 위임을 거절할 수 없으나 흠결이 있는 경우 보완요구 후 보완이 없으면 거절할 수 있다. 이에 불복하려면 집행법원에 이의를 신청할 수 있다.

마. 집행위임의 취하

채권자는 집행종료 이전에 언제든지 취하할 수 있으나, 집행관은 정당한 사유 없이 직무수행을 그만둘 수 없다.

바. 집행위임의 효과

위임 받은 집행관은 집행관으로서 독립하여 자기책임과 판단으로 법규에 따라 그 직무를 수행한다. 집행관은 명령 또는 위임자의 승낙 없이는 그 집행을 재위임하지 못한다.

사. 특별위임

집행관은 채권자로부터 특별한 위임을 받은 때에는 일정한 사법상의 권한을 대행할 수 있는데, 이때 집행관은 채권자의 임의대리인 신분을 획득한다.

4. 집행관의 집행

1) 집행방법

유체동산에 대한 강제집행은 집행관이 실시한다. 집행관은 집행을 하기 위하여 필요한 경우에는 채무자의 주거, 창고 그 밖의 장소를 수색하고 잠근 문과 기구를 여는 등 적절한 조치를 할 수 있고, 집행을 함에 있어 저항을 받는 경우에는 경찰 또는 국군의 원조를 받을 수 있다.

압류는 집행관이 목적물을 점유함으로써 한다(제189조 제1항). 집행관이 압류할 유체동산을 선택하는 때에는 채권자의 이익을 해치지 아니하는 범위 안에서 채무자의 이익을 고려하여야 한다(규칙 제132조).

> **注意** | **집행방법**
> ❖ 집행관이 집행을 실시함에 있어 저항을 받거나 채무자의 주거에서 채무자나 선정한 그 친족, 고용인을 만나지 못한 때에는 성년 2사람이나, 시·구·읍·면 직원 또는 경찰공무원 1인을 증인으로 참여케 하여야 한다.
> ❖ 공휴일과 야간에는 법원의 허가가 있어야 하고 집행시 허가명령을 내보여야 하며 집행을 실시한 경우 집행조서를 작성하여 놓으므로, 이해관계인은 일정 수수료를 부담하고 집행조서등본을 떼어 볼 수 있다.

> **Knowledge is Power** 집행시 채무자가 부재중인 때
> ❖ 실무상 채무자가 부재중인 경우 집행관은 첫 집행 때부터 성인 두 사람을 세우는 등으로 강제적으로 문을 열고 들어가는 경우는 드물고, 두 번째 집행 때부터 채권자로 하여금 성인 두 사람의 증인을 세우게 하고 열쇠수리공을 대동하여 문을 따고 들어간다.

2) 보관 위탁

채권자의 승낙이 있거나 운반이 곤란한 때에는 '채무자'에게 보관시킬 수 있다(제189조 제1항 단서). 이 경우에는 집행관은 봉인 그 밖의 방법으로 압류물임을 명백히 하는 표지를 하여야 한다.

'채권자' 또는 '제출을 거부하지 아니하는 제3자'가 점유하고 있는 유체동산을 압류하는 경우에는 집행관은 압류물을 그 채권자 또는 제3자에게 보관시킬 수 있다(제191조).

3) 압류물의 보존을 위한 처분

집행관은 압류한 뒤 압류물을 보존할 필요가 있는 경우, 즉 압류물을 그대로 두면 값이 크게 내리거나 보관에 지나치게 많은 비용이 들어 채권의 만족을 위태롭게 할 우려가 있는 경우에는 적당한 처분을 하여야 한다(제198조 제1항).

제49조 제2호 또는 제4호의 집행정지문서가 제출된 경우에 압류물을 즉시 매각하지 아니하면 값이 크게 내릴 염려가 있거나, 보관에 지나치게 많은 비용이 필요한 때에는 집행관은 그 물건을 매각할 수 있다(제198조 제3항). 집행관은 그 매각대금을 공탁하여야 한다(제198조 제4항).

4) 어음·수표 등을 압류한 경우

집행관은 어음·수표 그 밖의 금전의 지급을 목적으로 하는 유가증권으로서 그 권리의 행사를 위하여 일정한 기간 안에 인수 또는 지급을 위한 제시 또는 지급의 청구를 필요로 하는 것을 압류하였을 경우에 그 기간이 개시되면 채무자에 갈음하여 필요한 행위를 하여야 한다(제212조 제1항).

이는 유가증권을 압류한 집행관의 선량한 관리자로서의 주의의무를 명백히 한 것이다.

▶ 유체동산 경매현장에서 매각물건을 둘러보는 상인들

집행관이 지급제시에 의하여 금전을 지급받았을 때에는 그 지급금은 압류물의 매각대금과 같이 취급된다.

집행관이 미완성의 어음 등(백지어음·수표 등)을 압류한 경우에는 채무자에게 기한을 정하여 백지부분을 보충하도록 최고하여야 한다(제212조 제2항).

5) 군인·군무원에 대한 집행의 특칙

군인·군무원을 집행채무자로 하여 병영, 군사용 청사 또는 군용선박에서 군인·군무원의 재산을 압류할 때에는, 채권자의 신청에 따라 집행법원은 군판사 또는 부대장이나 선장에게 압류를 촉탁하여야 한다. 위 촉탁을 받은 군판사 등은 채무자의 유체동산을 압류하여 이를 채권자가 위임한 집행관에게 교부하여야 한다(제54조).

6) 그 밖의 절차

그 밖에 집행관이 압류를 실시할 때 취할 절차에는 임의이행의 수령과 영수증서, 집행정본의 교부(제42조), 집행현장에서의 절차(제43조), 집행목적물의 수색, 저항의 배제(제5조), 증인의 참여(제6조), 압류조서의 작성(제10조, 규칙 제134조), 공휴일·야간의 집행(제8조 제1항) 등이 있다.

[서식] 압류물건 보관장소 이전신고

압류물건 보관장소 이전신고

사　　건　　201○본 제123호 (7부)
채 권 자　　안 형 석
채 무 자　　조 장 형

　위 당사자간 공증인가 코리아로 합동법률사무소 작성 201○년 증서 제4323호 집행력 있는 약속어음공정증서에 의하여 201○. 7. 23.일자 귀 직원으로 하여금 위 채무자의 유체동산을 압류집행 하였으나, 금번 사정에 의하여 다음 장소로 압류물을 이전하고자(이전하였기에) 신고합니다.

1. 이전연월일 : 201○. 8. 24.
1. 이전장소 : 서울 중랑구 동일로114길 7 지하창고
1. 약도 : 별지

　　　　　　　　　　　　202○.　　.　　.
　　　　　　　　　　채무자　조 장 형　　(인)

서울북부지방법원 집행관　귀하

접수방법

- 채무자가 거주를 이전하거나 압류물을 이전할 때 신고하는 것이다.
- 신고서 2부를 집행관사무실에 접수한다.
- 인지대, 송달료 등 비용 없음

[서식] 압류물점검신청

압 류 물 점 검 신 청

사　　건　201○본 제123호 (7부)
채 권 자　안 형 석
채 무 자　조 장 형

　위 당사자간 공증인가 코리아로 합동법률사무소 작성 201○년 증서 제4323호 집행력 있는 약속어음공정증서에 의하여 201○. 7. 23.일자 귀 직원으로 하여금 위 채무자의 유체동산을 압류집행 하였던 바 그 압류물의 부족 또는 손상의 유무에 대하여 점검을 하여 주실 것을 신청합니다.

202○.　.　.

채권자　안 형 석　　(인)

서울북부지방법원 집행관　귀하

접수방법

- 채무자의 보관장소 이전신고에 따라 채권자의 신청에 의하여 신 보관 장소에서 압류물건에 대한 이상 유무를 점검하는 것이다.
- 신청서 1부를 집행관사무실에 접수한다.
- 인지대, 송달료 등 비용 없음.

5. 야간휴일의 집행허가

야간(일몰부터 일출까지) 및 휴일 집행행위는 집행법원의 허가가 있어야 한다(민집 제8조). 여기서의 집행행위에는 압류, 수색과 같은 실력행사만을 말한다.

1) 허가신청

신청은 채권자 및 집행관이 한다. 채권자의 경우 1,000원의 인지를 첨부한다.

2) 재 판

법원은 자유로운 판단에 의하여 결정으로써 허부의 재판을 한다. 법원의 결정에 대해서는 이의신청을 할 수 있다.

3) 허가 없이 공휴일 또는 야간에 한 집행행위

이 경우 채무자는 '집행에 관한 이의신청'을 할 수 있다.

[서식] 야간(공휴일)집행허가신청

야 간(공휴일) 집 행 허 가 신 청

사　　건　　201○본 제123호 (7부)
채 권 자　　안 형 석
채 무 자　　조 장 형

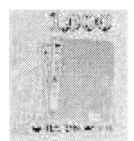

위 당사자간 서울북부지방법원 201○본 제123호 유체동산 강제집행사건에 관하여 채무자에 대한 유체동산을 집행하려고 하나 채무자는 주간에는 고의로 집을 비우고 있어 집행불능이므로 야간(공휴일)에 집행할 것을 허가하여 주시기를 신청합니다.

202○.　.　.

채권자　안 형 석　(인)

서울북부지방법원　귀하

접수방법

- 야간과 공휴일에는 집행법원의 허가가 있는 때에 한하여 집행할 수 있는 것이므로 주간에 폐문부재 또는 집행을 고의로 기피하여 집행불능케 할 때에 신청할 수 있다(민집 제8조).
- 신청서 1부를 집행법원에 접수한다.
- 인지대 1,000원, 송달료 2회분.

6. 집행조서의 작성

1) 집행조서 작성의 의무

집행관은 각 집행행위에 대해서 집행조서를 작성하여야 한다. 그러나 정형적인 사무가 아닌 행위에 관하여는 조서작성을 요하지 아니한다. 집행조서의 작성은 집행행위의 유효요건이 아니며 그 기재에 흠결이 있다 하더라도 집행행위의 효력에 아무런 영향을 주지 않는다.

집행조서의 증명력에 관하여 판례는 '매각기일조서'에 한해서만 그 증명력을 인정하고 있다. 집행조서는 가철되어 3년간 보존되며 이해관계인은 신청으로 이를 열람하고 등본을 교부받을 수 있다.

2) 집행조서의 기재사항

> **注意** 집행관은 다음과 같은 사항을 집행조서에 기재하여야 한다.
> (가) 집행한 날짜와 장소
> (나) 집행의 목적물과 그 중요한 사정의 개요 : 유체동산의 경우 종류, 재질, 수량, 평가액을 적어야 한다.
> (다) 집행참여자의 표시 : 채권자나 그 대리인, 채무자나 그 사용인, 사리를 분별할 지능이 있는 친족, 참여증인 등을 표시한다.
> (라) 집행참여자의 서명날인 : 서명무인으로 대신할 수 있다.
> (마) 집행참여자에게 조서를 읽어주거나 보여주고, 그가 이를 승인하고 서명날인 또는 서명무인한 사실
> (바) 집행관의 기명날인 또는 서명
> (사) 기타 : 실무상 당사자 이름과 사건번호 및 집행권원을 기재함이 통례이다.

3) 집행참여자의 서명날인을 받지 못한 경우의 조치

이 경우 집행관은 그 이유를 기재한다.

[서식] 집행조서등본신청서

집행조서등본신청서

사건번호   201○본 제123호 (7부)
채 권 자   안 형 석
채 무 자   조 장 형

위 당사자간 201○본 제123호 압류 사건의 집행조서 등본을 1통 교부하여 주실 것을 신청합니다.

202○. . .

신청인   안 형 석   (인)

서울북부지방법원 집행관   귀하

접수방법

- 비용 : 300원(현금)
- 집행조서등본발급 신청서 1부를 집행관사무실에 제출하며 즉시 발급받는다.

7. 압류의 효력

(1) 국가가 압류물의 처분권을 취득한다.

따라서 국가 집행기관인 집행관은 채권자의 만족을 위하여 매각 등의 처분을 할 수 있다.

(2) 채무자는 압류물의 처분권을 잃는다. 다만, 처분권의 상실은 압류의 목적에 의하여 제약을 받음에 그친다. 따라서 압류물의 처분은 압류채권자에 대한 관계에서만 무효이다(상대적 무효).

압류물을 채무자에게 보관시킨 경우라도 사용권은 상실됨이 원칙이다. 다만, 채무자는 압류표시를 훼손하지 않고 압류물의 가치감소를 가져오지 않는 한도에서 통상의 용법에 따라 사용하는 것이 허용된다. 채무자는 압류물의 수익권도 상실한다. 또 압류 후에 압류물에서 산출된 천연물에도 압류의 효력이 미치며(제194조) 수취권도 상실한다.
(3) 채권자는 압류금액 또는 매각대금으로부터 만족 또는 배당을 받는다(평등주의).
(4) 시효의 중단(민법 제168조 제2호).

8. 현금화

1) 압류물의 매각방법

집행관은 압류를 실시한 뒤 채권자 또는 법원의 특별한 위임이 없어도 그 고유의 권한으로 이를 매각한다.

매각방법으로는 구 민사소송법은 경매의 방법만을 인정하였으나(제535조), 민사집행법은 입찰 또는 호가경매의 방법을 모두 인정하고(제199조), 동산의 일괄매각도 인정한다(제197조).

▶ 집행관 면전에서 여러 매수인들이 매수가격을 호가하며 경합이 붙은 모습

2) 압류물의 매각절차

(1) 판례는 매각의 성질을 사법상의 매매로 본다.
(2) 매각은, 감정평가 → 매각기일의 지정 → 매각일시·장소의 공고와 통지 → 매각의 실시(→ 재매각)의 순으로 이루어진다.
(3) 매각할 물건 중 고가물이 있는 경우에는 적당한 감정인에게 평가를 하게 할 의무가 있다. 감정인의 평가액은 단순히 매각의 참고자료로 됨에 불과하므로, 금·은붙이가 아닌 한 그 평가액 이하로 경매하여도 현저히 부당하게 저렴한 가격이 아니라면 위법은 아니다.

매각기일은 압류일과 매각일 사이에 원칙적으로 1주 이상의 기간을 두어야 한다(제202조). 그러나 집행관의

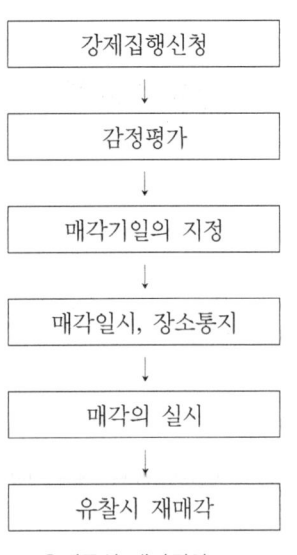
▶ 유체동산 매각절차

판단에 따라 조기경매나 긴급매각을 할 수 있다.

(4) 매각의 장소는 압류한 유체동산이 있는 시·구·읍·면이며(제203조 제1항), 집행관은 매각일자와 장소를 정하여 공고하고(제203조 제2항, 규칙 제145조, 제146조, 제151조 제4항), 매각의 일시와 장소를 압류채권자, 배당요구채권자, 채무자 및 압류물 보관자에게 미리 통지하여야 한다.

▶ 집행관사무실에 비치된 동산의 매각일자와 장소 등이 기재된 동산목록

[서식] 의정부지방법원 동산경매기일통지서

의정부지방법원
동산경매기일통지서

김 대 숙 귀하

사　　　건 : 201○본 제3442 (3부)
채 권 자 : 최고봉, (대리인) 김대숙
채 무 자 : 전병열
집행권원 : 의정부지방법원 201○차12182

　위 집행권원에 의하여 201○년 5월 9일에 압류한 물건에 대하여 경매의 일시와 장소를 다음과 같이 정하였으므로 통지합니다.

매각일시 : 201○년 7월 15일 11시 20분부터
매각장소 : 경기도 양주시 덕정1길 5, 103동 806호 (덕정동, 용보아파트)
최저(일괄)매각가격 : 1,700,000원

　　　　　　　　　　202○년　월　일
　　　　　　　　　　집행관 김 성 실

> **注意** **경매현장**
> - 집행관은 압류 유체동산(매각물)이 소재한 현장에서 매각을 진행하며, 호가경매의 방법으로 매수여부를 묻고 최고가를 제시한 사람이 있을 때 매각을 허가한다.
> - 매각물은 매각 현장에서 최고가 매수인이 매각 대금을 지불하고 인도받는다(제205조 제2항). 매각은 집행관의 권한으로 개별매각이 가능하지만 실무상 유체동산의 경우 대부분 일괄매각으로 진행하며 매수인은 전체 유체동산 매각물 해당의 대금을 지불하고 매수하게 된다.

(5) 채무자와 그 배우자의 공유로서 채무자가 점유하거나 부부 공동으로 점유하고 있는 유체동산은 압류할 수 있다.

이 때 압류한 부부 공유의 유체동산을 부부 일방을 채무자로 하여 매각하는 경우에 배우자는 매각기일에 출석하여 우선 매수할 것을 신고할 수 있다(제206조).4)

또한 자기 공유지분에 대한 매각대금을 집행관이 매각현장에서 매각대금을 영수할 때까지 말로 지급하여 줄 것을 요구할 수 있다(민집 제221조 제1, 2항).5)

배우자의 지급요구가 있는 때에는 집행관은 그 사유를 배당에 참가한 채권자와 채무자에게 통지를 한다.

> **注意** **매득금의 지급요구 시기**
> - 공유자의 지분해당의 매득금의 지급요구의 시기는 집행관이 매각대금을 영수할 때까지이며 이 시기 내에 지급요구가 없으면 매각대금 전액이 압류채권자 및 배당요구채권자에게 지급된다.

[서식] 공유자우선매수신고

공유자우선매수신고

사　　건　　201○본 제3100호(5부)
채 권 자　　이 영 준
채 무 자　　허 성 익
공 유 자　　최 해 순

---

4) 매각기일 전에 서면으로 우선매수신청서를 제출하여도 무방하다.
5) 매각기일 전에 서면으로 매득금지급요구서를 제출하여 지급요구하는 것이 안전한 방법이다.

위 당사자간 서울동부지방법원 201○가단14199호 사건에 기한 위 유체동산 경매사건 관하여 신청인은 배우자로서 공유자이므로 최고 매수신고가격과 동일한 가격으로 우선 매수할 것을 사전에 신고합니다.

* 주민등록등본 1통

202○. . .

지급요구인 최 해 순
서울 광진구 천호대로130길20, 203호(구의동)
☎ 010-423-5426

서울동부지방법원 집행관사무실 귀중

접수방법

- 신고서 1부를 집행관사무실에 접수한다.
- 인지대, 송달료 등 비용 없음.

[서식] 매득금지급요구서

매득금지급요구서

사 건   201○본 제1234호(2부)
채 권 자   홍 길 동
채 무 자   최 고 봉
집행권원   서울중앙지방법원 201○가합4434호 대여금

위 사건에 관하여 압류한 유체동산은 채무자와 지급요구인의 부부공유에 속하므로 매득금에서 집행비용을 공제한 금액의 2분의 1의 지급을 요구합니다.

첨 부 서 류

1. 가족관계증명서   1통

202○. . .

지급요구인 이 영 자   (인)

서울 도봉구 노해로66길 29, 101호(창동)
☎ 967-1232

서울북부지방법원   귀중

> 접수방법
>
> - 신고서 1부를 집행관사무실에 접수한다.
> - 인지대, 송달료 등 비용없음.
> - 매득금지급요구
>   공유자 중 어느 일방의 채무로 인하여 공유물 전부가 경매신청 되었다면 다른 공유자는 경매 매득금에서 자신 지분해당의 금전을 청구할 수 있다. 유체동산인 경우, 부부공유재산으로 추정하므로 위 공유재산에 대한 지분 금전 청구와 마찬가지로 부부 중 일방의 채무에 기해 경매신청 되었다면 타방은 매득금에서 자신의 지분인 1/2해당의 금전을 청구할 수 있다.
> - 신청서 1부를 집행관사무실에 매각 기일 전에 제출하여 매각기일까지 매득금을 요구하는 시기(민집 제220조 제1항)를 도과하지 않도록 한다.

3) 공유관계부인의 소

(1) 채무자가 아닌 배우자의 지급요구가 있는 경우, 이에 이의가 있는 채권자는 그 배우자를 상대로 소를 제기하여 압류물이 채무자와 그 배우자의 공유가 아니라 채무자의 단독소유라는 것을 확정함으로써 부당한 지급요구를 배제할 수 있다(민집 제221조 제3항). 이를 공유관계부인의 소라고 한다.

(2) 공유관계부인의 소는 성질상 확인의 소이며, 따라서 소송결과에 따라 집행관이 배우자에게 매각대금을 지급하거나 지급하지 않게 되는 것은 판결의 부수적 효과 내지 반사적 효과가 된다.

(3) 관할은 원칙적으로 집행법원이 속한 지방법원의 관할에 속하며, 소송물가액은 원고의 채권액을 한도로 한 목적물, 즉 압류물의 가액의 2분의1이다(인지규칙 제16조 제7호). 기타 절차는 민사집행법 배당이의의 소에 관련된 규정을 준용한다(민집 제221조 제4항).

(4) 공유관계부인의 소를 제기한 자는 배당기일부터 1주일 이내에 집행관에 대하여 그 소를 제기한 사실을 증명하는 서류(소접수증명원, 변론기일통지서 등)를 제출하지 아니한 때에는 이의가 취하된 것으로 본다.

소　장

원　고　김 세 헌 (750615-1047513)
　　　　수원시 팔달구 동말로48번길 66, 마동 407호(고등동, 주공아파트)
　　　　☎ 010-9926-0134

피　고　김 정 식
　　　　수원시 영통구 동탄원천로 1035, 11동 1701호(매탄동, 삼성아파트)
　　　　송달장소 : 경기도 안성시 대덕면 내리 72-1
　　　　　　　　중앙대학교 연구산학협력처 연구지원과

공유관계부인의 소

청 구 취 지

1. 원고가 소외 김미향에 대한 수원지방법원 2010차2343호 약정금 독촉사건의 확정된 지급명령정본에 의하여 압류한 별지목록 기재의 동산에 대하여 피고는 공유지분 1/2을 가지지 아니함을 확인한다.
2. 소송비용은 피고의 부담으로 한다.
라는 판결을 구합니다.

청 구 원 인

1. 원고는 소외 김미향(다음부터 소외인이라고 함)에 대한 수원지방법원 2010차2343호 약정금 독촉사건의 확정된 지급명령정본에 기하여 2010. 12. 10. 소외인 점유의 별지목록 기재 동산에 대하여 압류를 하였습니다.
2. 그런데 피고는 위 소외인이 법률상 처이고 위 압류동산의 공유점유자라는 이유로 매각대금의 1/2에 해당하는 금액을 지급하라고 요구하고 있습니다.
3. 그러나 피고는 불과 1개월 전에 소외인과 재혼하였고 별지목록 기재 동산은 소외인이 전 남편(사망)과 혼인 중에 취득한 물건이므로 피고의 공유지분 주장은 잘못된 것입니다.
4. 그러므로 원고는 청구취지와 같은 판결을 구하고자 이 사건 소제기에 이른 것입니다.

입 증 방 법

　　　1. 갑 제1호증　　　　판결문사본
　　　1. 갑 제2호증　　　　동산압류조서

1. 갑 제3호증	지급요구서
1. 갑 제4호증	가족관계증명서

202○. . .

위 원고 김 세 헌   (인)

수원지방법원 민사과 귀중

접수방법

- 송달료 : 단독사건의 경우 15회분, 사례의 경우 144,000원
  (당사자 2명 × 15회 × 4,800원).
- 인지대 : 공유관계부인의 소의 소가는 원고의 채권액을 한도로 한 목적물, 즉 압류물의 가액의 **2분의 1**이다. 사례의 경우 원고채권액이 1,000만 원이고, 압류물 가액인 감정가액이 200만 원이라면 소가는 100만 원(낮은 금액인 200만 원 × 1/2)이 된다. 따라서 인지대 계산식에 따라 인지대는 5,000원(= 100만 × 5/1,000).
- 관할 : 현재 동산집행이 진행되는 법원에 소장 2부(법원용 1부 + 상대방 수에 맞는 부본)를 제출한다.
- 소접수후 접수증명을 발부받아 동산집행중인 집행관사무실에 제출한다.

〈별 지〉

물 건 목 록

품 명	수 량(대)
엘지 에어컨(23평형)	1
지펠 냉장고(67L)	1
삼성 16인치 스탠드 선풍기	1

수원시 영통구 동탄원천로 1035, 11동 1701호(매탄동, 삼성아파트)

4) 특수한 압류물의 현금화

(1) 금전을 압류한 경우

압류물이 내국통화인 때에는 현금화가 불필요하므로 집행관은 바로 변제에 충당하여야 한다(제201조 제1항). 외국통화인 때에는 외국환거래법의 규정에 따라 내국통화로 환전하여야 한다.

(2) 금·은붙이를 압류한 경우

금·은붙이는 시장가격 이상의 금액으로 일반 현금화의 규정에 따라 매각하며, 시장가격 이상의 금액으로 매수하려는 자가 없으면 시장가격에 따라 적당한 방법으로 매각할 수 있다(제209조).

(3) 유가증권을 압류한 경우

유가증권을 압류한 때에는 시장가격이 있는 것은 매각하는 날의 시장가격에 따라 적당한 방법으로 매각하고, 시장가격이 형성되지 않은 것은 일반 현금화의 규정에 따라 매각한다(제210조).

권리의 이전이나 대항요건의 취득에 배서나 명의개서가 필요한 기명식 유가증권에 관하여 집행관은 매수인을 위하여 채무자에 갈음하여 배서 또는 명의개서에 필요한 행위를 할 수 있다(제211조).

5) 집행법원의 명령에 따른 특별한 현금화 방법

집행법원은 필요하다고 인정하는 때에는 직권으로 또는 압류채권자, 배당을 요구한 채권자, 채무자의 신청에 따라 일반 현금화의 규정에 의하지 아니하고 다른 방법이나 다른 장소에서 압류물을 매각하게 할 수 있고, 집행관이 아닌 다른 사람으로 하여금 매각하게 하도록 명할 수 있다(제214조).

특별현금화명령의 종류로는 ① 양도명령, ② 매각명령, ③ 관리명령, ④ 그 외 적당한 방법에 의한 현금화명령을 들 수 있다.

(1) 양도명령

'양도명령'이란 피압류채권을 법원이 정한 값으로 집행채권의 지급에 갈음하여 압류채권자에게 양도하는 명령이다(제241조 제1항 제1호). 양도명령은 채권자가 경합하는 때에는 허용되지 않는다.

제3채무자에게 양도명령결정이 송달되어 확정되면 그 재판이 제3채무자에게 송달된 때에 소급하여 평가액의 한도 내에서 집행비용청구권 및 집행채권은 소멸하게 되고 채무자는 채무를 변제한 것으로 간주된다. 양도가액이 집행채권 및 집행비용액을 초과하는 때에는 법원은 양도명령을 발하기 전에 채권자에게 그 차액을 납부시켜 양도명령이 확정된 때 그 금액을 채무자에게 교부한다.

> **┃양도명령 주문례┃**
> ❖ 채권자와 채무자 사이의 서울중앙지방법원 2010타채2345호 채권압류명령에 의하여 압류된 별지기재의 채권을 금 10,000,000원으로 지급에 갈음하여 채권자에게 양도한다.

압류채권자가 양도명령신청을 하였으나 납부기한까지 위 차액을 납부하지 아니한 때에는 법원은 양도명령의 신청을 각하하고, 다른 특별현금화명령을 선택할 수 있다. 저당권부채권에 관하여 양도명령 또는 매각명령이 확정되면 법원사무관 등은 신청에 의하여 등기공무원에게 채권을 취득한 채권자 또는 매수인에 대한 저당권이전등기와 압류기입등기의 말소를 동시에 촉탁하게 된다.

(2) 매각명령

'매각명령'이란 추심에 갈음하여 법원이 정한 방법으로 피압류채권을 매각하도록 집행관에게 명하는 명령이다. 매각방법은 보통 유체동산경매의 방법에 의하여 매각할 것을 명하는 것이 대부분이나 집행관이 적당하다고 판단되는 방법으로의 임의매각을 명하기도 한다.

> **┃매각명령 주문례┃**
> ❖ 채권자와 채무자 사이의 서울중앙지방법원 2010타채2345호 채권압류명령에 의하여 압류된 별지기재의 채권을 추심에 갈음하여 매각할 것을 명한다.
> 채권자의 위임을 받은 집행관은 유체동산경매에 관한 절차에 따라 매각한다.

법원은 압류된 채권의 매각대금으로 압류채권자의 채권에 우선하는 채권 및 절차비용을 변제하면 남을 것이 없겠다고 인정하는 때에는 매각명령을 발하지 못한다.

집행관은 대금을 지급받은 뒤에 매수인에게 채권증서를 인도하고, 채무자를 대신하여 제3채무자에게 서면으로 양도통지를 하여야 한다(민집 제241조 제5항, 규칙 제165조 제3항). 집행관은 매각절차를 마친 때에는 스스로 배당할 수 없고 바로 매각대금 및 매각에 관한 조서를 집행법원에 제출하여야 하고 매각대금이 제출된 때에는 '법원'에 의한 배당절차가 개시된다.

(3) 관리명령

'관리명령'이란 관리인을 선임하여 피압류채권의 관리를 명하고 그 수익으로 집행채의 만족을 얻도록 하는 명령이다. 보통 피압류채권이 차임채권이나 지적재산권 사용료채권처럼 계속적, 반복적으로 발생하는 경우에 주로 이용된다.

수익의 지급의무를 부담하는 제3자가 있는 경우에는 그 제3자의 표시와 함께 지급의무의 내용도 신청서에 기재하고 관리명령은 제3채무자에게도 송달한다. 관리명령에 의한 관리는 부동산에 관한 강제관리와 거의 유사하므로 이의 규정이 준용된다(민집 제241조 제6항).

여러 채권자를 위하여 동시에 관리명령이 결정된 경우에는 관리인은 수익을 공탁하고 법원에 그 사유를 신고하여야 하고, 수익금이 공탁된 때에는 법원에 의한 배당절차가 개시된다.

(4) 그 외 적당한 방법에 의한 현금화명령

'그 외 적당한 방법에 의한 현금화명령'은 위에서 열거한 방법 외에 특정의 제3자에 대하여 평가액에 상당하는 대금을 납부시키고 그 사람에게 채권의 양도를 명하는 방법 등을 생각 할 수 있는데, 이 경우 집행관에게 양도절차를 밟도록 명하지 아니하고 법원이 직접 양도절차를 주관하기도 한다.

특수한 기계류나 고가의 수집품 등과 같이 다수의 매수희망자를 기대할 수 없는 경우 또는 총포, 화약류, 독극물과 같이 법령에 의하여 일정한 자격이나 허가가 있어야만 취득할 수 있는 물건을 현금화하는 경우 등과 같이 매각이 용이하지 아니하여 채권자가 직접 피압류채권을 취득하고자 하는 자를 구해오는 경우에 이용된다.

그 밖에 압류채권자 또는 제3자로 하여금 피압류채권을 매각하게 하는 방법, 압류채권자에게 특수한 추심권능(제3채무자와 지급조건 등을 합의하는 등)을 부여하는 방법 등이 있다.

(5) 효력발생과 불복제기

특별현금화명령은 제3채무자 및 채무자에게 '송달'하여야 한다. 특별현금화명령을 기각하는 결정은 신청채권자에게만 고지하면 된다. 채무자와 제3채무자는 특별현금화명령에 대하여 1주일 내에 '즉시항고'할 수 있다(민집 제241조 제3항). 기각하는 결정에 대하여는 명문의 규정이 없으나 즉시항고 할 수 있다고 보는 것이 통설이다. 특별현금화명령은 확정되어야 효력이 있다.

[서식] 유체동산 특별현금화 명령신청

유체동산 특별현금화 명령신청

압 류 채 권 자 서 학 섭
　　　　　　　　서울 강남구 도산대로81길 12
　　　　　　　　☎ 010-2532-0987
배당요구채권자 홍 상 덕
　　　　　　　　성북구 화랑로48길 16, 114동 1101호(석관동, 두산아파트)
채 　 무 　 자 박 두 만
　　　　　　　　서울 강남구 학동로20길 21, 203호(논현동, 고급빌라)

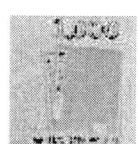

신 청 취 지

위 당사자간의 서울중앙지방법원 201○가단1884호 약속어음청구사건의 집행력있는 판결정본에 기하여 201○. 1. 9. 압류(201○본 제8765호)한 별지목록기재의 물건을 서울중앙지방법원 집행관은 서울 서초구 원지동 137-15 소재 서울고물상사로 운반하여 그곳에 거주하는 김창수에게 매각할 수 있다.
라는 재판을 구합니다.

신 청 이 유

1. 채권자의 채무자에 대한 위 사건에 관하여 압류채권자는 귀원 소속 집행관에 위임하여 201 ○. 1. 9. 압류(201○본 제8765호)한 별지목록 기재의 압류물은 골동품인바, 이를 동인의 집

에서 일반 경매규정에 의한 방법으로 시도하여 보았으나 성공하지 못하였습니다.

2. 그런데 이를 또다시 같은 방법으로 경매한다면 현금화하기가 용이하지 않으므로, 보다 현금화가 용이한 서울 서초구 원지동 137-15소재 골동품 전문취급상인 서울고물상사로 운반하여 그곳에 거주하는 고물상 김창수에게 매각할 수 있도록 장소이전 및 매각허가결정을 하여 주시기를 민사집행법 제214조에 의하여 이에 신청합니다.

첨 부 서 류

1. 동산압류조서등본   1통
1. 납부서   1통

202○. . .

위 압류채권자   서 학 섭   (인)
배당요구채권자 홍 상 덕   (인)

서울중앙지방법원 귀중

접수방법

1. 인 지 대 : 1,000원
2. 송 달 료 : 당사자수의 2회분
   ex 당사자가 3인인 경우 : 28,800원(= 3명 × 2회 × 4,800원)
3. 신청인 : 압류채권자, 배당요구채권자 또는 채무자가 신청할 수 있으며, 집행관이나 매각에 참가하여 압류물을 매수하려고 하는 자 등에게는 신청권이 없으므로 이들의 신청은 집행법원의 직권발동을 촉구하는 의미가 있을 뿐이다.
4. 관 할 : 압류물 소재지를 관할하는 지방법원 전속관할에 속하며(민집 제3조, 제21조), 신청서 1부를 제출한다.
5. 심 리 : 재판은 결정으로 하고 변론없이 할 수 있으며, 결정에 대해 법원은 신청인과 집행관에게 고지한다.

9. 집행의 경합

1) 동시압류(공동압류)

동시압류는 같은 집행관이 다수의 채권자를 위하여 동시에 같은 재산을 압류하는 것을 말한다. 동시압류는 공동의 집행신청에 따른 경우와 사건의 병합에 따른 경우가 있다. 동시압류에 의하여 집행의 경합이 생긴다.

2) 이중압류(중복압류)

(1) 이중압류의 허용

유체동산의 압류 또는 가압류가 있은 뒤에 매각기일에 이르기 전에 같은 채무자에 대하여 다른 강제집행신청(집행위임)이 있으면 집행신청을 받은 집행관은 집행신청서를 먼저 압류한 집행관에게 교부하여야 하고, 이 때 더 압류할 물건이 있으면 이를 압류한 뒤 추가압류조서를 작성하여 교부하여야 한다(제215조 제1항).

(2) 이중압류의 방법

(가) 추가압류할 물건이 있는 경우

집행관은 먼저 압류한 압류조서의 열람을 청구하여 압류물을 대조한 후 더 압류할 물건이 있으면 모든 채권 및 집행비용을 충당하는데 필요한 범위 내에서 추가로 압류를 하고 추가압류조서를 작성하여 집행신청서와 추가압류조서를 먼저 압류한 집행관에게 교부하면, 각 압류한 물건은 강제집행을 신청한 모든 채권자를 위하여 압류한 것으로 본다.

(나) 추가압류할 물건이 없는 경우

더 압류할 물건을 발견하지 못한 경우 또는 더 압류할 필요가 없는 경우에는 집행신청서만 먼저 압류한 집행관에게 교부한다.

(다) 이중압류의 시적 한계

이중압류는 먼저 한 압류가 개시된 때부터 그에 따른 매각기일에 이르기 전까지 사이에만 가능하다(제215조 제1항).

(라) 이중압류의 부기

집행신청서를 교부받으면 먼저 압류한 집행관은 뒤에 강제집행을 신청한 채권자를 위하여 다시 압류한다는 취지를 덧붙여 그 압류조서에 적어야 한다(제215조 제4항).

이중압류의 효력은 뒤의 집행신청서가 먼저 압류한 집행관에게 교부된 때에 생긴다고 해석할 것이므로, 이중압류의 취지의 부기는 이중압류의 효력발생요건이 아니고 단순히 이중압류사실의 공시를 위한 것에 불과하다.

(3) 이중압류의 효력

(가) 집행위임의 이전

뒤의 집행신청서가 먼저 압류한 집행관에게 교부되면 <u>뒤에 집행신청을 한 채권자의 집행위임은 먼저 압류한 집행관에게 법률상 이전한다</u>(제215조 제2항).

(나) 압류의 효력

뒤의 집행신청서와 추가압류조서가 먼저 압류한 집행관에게 교부되면 각 압류한 물건은 강제집행을 신청한 <u>모든 채권자를 위하여 압류한 것으로 본다</u>(제215조 제3항).

즉 뒤의 집행신청서가 먼저 압류한 집행관에게 교부되면 뒤에 집행신청을 한 채권자는 먼저 압류한 물건에 이중압류를 한 것으로 되고, 반대로 추가압물물에 대하여도 먼저 한 압류채권자를 위하여 압류의 효력이 생긴다.

또한, 이중압류 뒤에는 압류채권자 모두를 위한 공동집행이 되므로, 모든 압류채권자는 먼저 압류한 물건 및 추가로 압류한 물건 전체를 현금화한 대금에서 배당을 받을 수 있고, 압류채권자 중의 1인에 관하여 생긴 집행신청의 취하나 집행의 정지·취소는 다른 채권자에게 아무런 영향을 미치지 아니하므로 이러한 사유가 발생하여도 다른 압류채권자를 위하여 집행절차가 속행된다.

10. 배당절차

1) 채권자가 1인인 경우

집행관은 압류금전이나 매각대금으로부터 집행비용을 빼고 채권자에게 채권액을 교부하고, 나머지가 있으면 이를 채무자에게 교부하여야 한다(제201조 제1항, 규칙 제155조 제1항). 다만, 정지조건 또는 불확정기한이 붙어있는 채권, 가압류채권, 강제집행이나 담보권의 실행을 일시 정지하도록 명한 취지를 적은 재판의 정본이 제출되어 있는 때에는 집행관은 그 배당 등의 액수에 상당하는 금액을 공탁하고 그 사유를 법원에 신고하여야 한다(규칙 제156조 제1항).

집행관은 배당 등을 수령하기 위하여 출석하지 아니한 채권자 또는 채무자에 대한 배당 등의 액수에 상당하는 금액도 공탁 한다(같은 조 제2항).

2) 채권자가 수인인 경우

(1) 각 채권자의 채권을 만족시킬 수 있는 경우
채권자가 1인인 경우와 같이 처리한다(규칙 제155조 제1항).

(2) 각 채권자가 채권을 만족시킬 수 없는 경우
(가) 배당협의기일의 지정
집행관은 매각 허가된 날부터 2주 이내의 날을 배당협의기일로 정하여 각 채권자에게 그 일시 및 장소를 서면으로 통지하여야 한다.
(나) 배당협의가 이루어진 경우
배당협의기일까지 모든 채권자간에 배당협의가 이루어진 때에는 그 협의의 결과에 따라 매각대금을 배분 또는 인도한다(규칙 제155조 제3항).
(다) 배당협의가 이루어지지 아니한 경우
각 채권자간에 배당협의가 이루어지지 아니하면 집행관은 압류금전, 매각대금을 공탁하고 그 사유를 집행법원에 신고하여야 한다(제222조). 사유신고가 있으면 집행법원은 배당절차를 밟는다.

11. 압류의 취소(해제)

1) 압류해제의 원인

압류의 취소(해제)라 함은 이미 실시된 압류를 제거하는 집행기관의 행위를 말한다. 집행취소의 한 방법이다. 집행관은 '다음'의 사유가 있을 때 압류를 해제하여야 한다.

> **집행해제의 원인**
>
> 가. 집행취소의 재판정본이 제출된 때(민집 제50조, 제49조).
> 나. 압류채권자가 집행신청의 취하 또는 압류해제의 신청을 한 때.
> 다. 압류 후에 매각의 한도를 초과한 사실이 밝혀진 경우 그 초과한 한도(초과압류, 민집 제188조 제2항, 민집규 제140조 제1항).
> 라. 압류물을 현금화 하여도 집행비용 외에 남을 것이 없는 경우(무잉여압류, 민집 제188조 제3항, 민집규 제140조 제2항).
> 마. 압류물의 일부에 대한 매각대금으로 채권자에게 변제하고 강제집행비용을 지급하기에 충분하게 되어 잔여 압류물에 대한 경매를 중지한 때(민집 제207조).
> 바. 압류물이 매각될 가망이 없는 때(민집규 제141조).
> 사. 압류 후 집행비용을 예납하지 아니하여 신청을 각하하는 경우.

2) 압류해제의 방법

집행관이 압류를 해제(취소)한 때에는 채권자에게 그 이유를 통지하여야 한다(민집규 제17조). 또한 압류물을 수취할 권리가 있는 자에게 그 취지를 통지하고, 압류물의 소재장소에서 봉인표 및 공시서를 제거하고 이를 인도하여야 한다.

다만 압류물을 수취할 권리를 갖는 사람이 그 압류물을 보관중인 때에는 그에게 압류취소의 취지를 통지하면 되고, 이때에는 보관인이 봉인표 및 공시서를 제거하면 된다.

강제집행신청 취하서 등

서울중앙지방법원 집행관사무소 집행관   귀하

사건번호   201ㅇ본 제9833호(담당 5 부)
채 권 자   최 고 봉
채 무 자   홍 길 동
집행권원   서울중앙지방법원 201ㅇ차2092호 대여금 청구의 확정된 지급명령정본

1. 강제집행신청취하서
   위 집행권원에 의하여
   .   .   . 자로 한 강제집행신청을 취하합니다.

2. 정본회수신청서
   위 집행권원 정본의 회수를 신청합니다.
   위 집행권원 정본을 영수합니다.

   202ㅇ.   .   .
   영수인 최 고 봉   ㉑

3. 신청취하접수증명원
   위 강제집행신청 취하서가 접수되었음을 증명하여 주시기 바랍니다.

   202ㅇ.   .   .
   서울중앙지방법원 집행관   ㉑

   202ㅇ.   .   .
   위 (1항, 2항, 3항) 신청인 최 고 봉   ㉑

신청인 확인	주민등록번호		확인자	위 본인의 무인임을 증명함. 202ㅇ. . . 담당 ㉑

접수방법

1. 인지대 : 취하시 또는 정본회수시는 비용없음. 단 취하접수증명원을 받고자 할 경우 500원을 우측상단에 첩부한다.
2. 제 출 : 위 신청서 1부를 제출한다. 단 취하접수증명원을 받고자 할 경우 2부를 제출.

제 2 절 자동차 · 건설기계 등에 대한 강제집행

1. 자동차 · 건설기계

1) 강제집행의 근거

자동차관리법에 의하여 등록된 자동차, **건설기계관리법**에 의하여 등록된 건설기계에 대한 강제집행은 대법원규칙에 의한다(제187조). 이에 따른 민사집행규칙은 제109조 내지 제128조를 두고 이를 제외하고는 부동산에 대한 강제경매의 규정을 따르도록 하였다(제108조, 제130조).

자동차에 대한 집행에는 부동산강제경매에 관한 규정을 기본으로 하면서 선박집행에 관한 요소를 가미하고, 다시 유체동산집행에 관한 요소를 보강하여 규정하고 있다. 다만, 자동차 · 건설기계의 공유지분에 대한 강제집행은 '그 밖의 재산권에 대한 강제집행'의 예에 따라 실시한다(규칙 제129조).

2) 인도명령

자동차등록원부에 기재된 사용본거지를 관할하는 지방법원을 집행법원으로 하나(규칙 제109조 제1항), 강제경매신청 전의 **인도명령**에 따라 집행관이 자동차를 인도받은 경우에는 자동차가 있는 곳을 관할하는 지방법원도 집행법원으로 된다(동조 제2항).

강제경매 신청 전에도 인도명령을 할 수 있고, 강제경매개시결정을 하는 때에는 집행관에게 인도할 것을 명하여야 하며, 인도집행이 불능인 때는 집행절차를 취소하여야 하고, 또 집행법원은 영업상 필요 그 밖에 상당한 이유가 있다고 인정하는 때에는 이해관계인의 신청에 따라 운행을 허가할 수 있다는 점이 부동산경매와 다른 점이다.

[서식] 자동차 강제경매신청전 인도명령신청

자동차 강제경매신청전 인도명령신청

채 권 자   이 태 호 (650309-1028811)
　　　　　서울 강북구 한천로139가길80, 204호(수유동, 동일하이츠빌라)
　　　　☎ 010-780-9119
채 무 자(소유자)   이 해 복 (580719-1020416)
　　　　　서울 강북구 도당로2길 23, 202호(쌍문동)

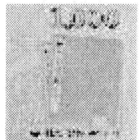

목적자동차의 표시
　　별지목록 기재와 같습니다.

신 청 취 지

채무자는 채권자가 위임한 집행관에게 별지목록 기재의 자동차를 인도하라.
라는 재판을 구합니다.

신 청 이 유

1. 채권자는 채무자에 대하여 서울북부지방법원 201○가소1234호 손해배상(기) 청구사건의 집행력 있는 판결정본에 기하여 별지목록 기재 자동차에 대한 강제경매신청을 준비 중에 있습니다.
2. 그런데 채무자는 강제집행을 회피하려는 목적으로 위 자동차를 가지고 잠적할지도 모르는 실정이어서, 채무자가 고의로 위 자동차를 잠적시킨다면 집행법원의 자동차 강제경매개시결정을 받아서 위 자동차의 인도집행을 하도록 한다 하더라도, 압류가 불가능 하게 되어 경매절차를 진행할 수 없게 되므로 신청 취지와 같이 신청합니다.
3. 현재 인도대상 자동차는 채무자의 주소지에서 운행 중에 있습니다.

첨 부 서 류

　　1. 집행력 있는 판결정본　　1통
　　1. 집행문　　　　　　　　　1통
　　1. 송달증명원　　　　　　　1통
　　1. 자동차등록원부　　　　　1통
　　1. 별지목록 6)

202○.　.　.

위 채권자 이 태 호   (인)

서울북부지방법원 귀중

접수방법

1. 인 지 대 : 1,000원
2. 송 달 료 : 2회분, 19,200원(= 당사자수(2) × 2회 × 4,800원),
3. 법원보관금 : 자동차보관료선납으로서 예납금납부가 있음(기타집행계의 안내에 따름)
4. 접수방법 : 자동차의 소재지를 관할하는 지방법원 기타집행계에 접수한다.
5. 집행방법 : 4~5일 후경 인도명령결정 정본을 수령하여 집행관사무실에 집행위임한다. 인도집행시 현장에 차량만이 있고 채무자가 없다면 인도집행 결정의 고지를 못하기 때문에 채권자는 입회인 2명을 미리 준비하여 한다. 자세한 것은 집행전 집행관으로부터 협조사항을 듣도록 한다.
6. 경매신청 : 인도집행이 있은 후 10일 이내에 집행관 소속법원에 '경매신청'을 하고 그 접수증명원을 발부받아 인도집행 집행관에게 제출하여야 한다. 즉 집행관이 인도집행을 한 날로부터 10일 이내에 채권자가 강제경매신청을 하였음을 증명하지 못하면 집행관은 자동차를 채무자에게 반환하게 됨에 유의한다.

〈별 지〉

경매할 자동차 목록

1. 자동차등록번호 : 경기 34도 7857
1. 자 동 차 명 : 싼타페(SANTAFE)
1. 승 인 번 호 : 7SM2WVA-03
1. 차 대 번 호 : KMHSE81VP3U441314
1. 원 동 기 형 식 : D4EA
1. 연   식 : 2003
1. 사 용 본 거 지 : 경기도 의정부시 가능동 633-20
1. 소   유   자 : 이 해 복

---

6) 별지목록은 자동차등록원부(갑구) 사본으로 대체하여도 무방하다.

[서식] 자동차 강제경매 신청서

자동차 강제경매 신청서

채 권 자 이 태 호 (650309-1028811)
　　　　　서울 강북구 한천로139가길80, 204호(수유동, 동일하이츠빌라)
　　　　　☎ 010-780-9119
채 무 자(소유자) 이해복 (580719-1020416)
　　　　　서울 강북구 도당로2길 23, 202호(쌍문동)

청구채권의 표시 : 19,106,840원정
　가. 원금 10,000,000원
　　　서울북부지방법원 200○가소1234호 손해배상(기) 청구사건의 집행력 있는 판결정본
　　　에 기한 원금 10,000,000원
　나. 이자금 9,106,840원
　　　위 금원에 대한 200○. 2. 5.부터 201○. 6. 19.까지 500일간 연 5%의 이자 금
　　　684,930원(1,000만 × 500/365 × 5%) 및 위 금원에 대한 200○. 6. 20.부터 201○. 9. 3.
　　　까지 1537일간 연 20%의 이자 금 8,421,910원(1,000만 × 1537/365 × 20%)
　　　위 합계금(가+나) : 19,106,840원

경매할 자동차의 표시
　　별지목록 기재와 같습니다.

신 청 취 지

　위 청구금액의 변제에 충당하기 위하여 별지기재 자동차(건설기계)목록에 대하여 강제경매
개시결정을 구한다.
라는 재판을 구합니다.

신 청 원 인

　채권자는 채무자에 대하여 2005가소1234호 손해배상(기) 청구사건의 집행력 있는 판결정
본에 의한 위 청구채권을 가지고 있는 바, 채무자가 이를 임의변제하지 않으므로 채권자는
위 집행권원에 의하여 채무자 소유의 별지목록 기재 자동차에 대하여 강제경매개시 결정을
구하기 위하여 이 건 신청에 이르렀습니다.

첨 부 서 류

　　1. 별지목록

1. 이해관계인표[7]
1. 집행력 있는 판결정본   1통
1. 집행문   1통
1. 송달증명원   1통
1. 자동차 등록원부   1통
1. 경매예납금납부서(법원보관금납부서)   1통
1. 송달납부서   1통
1. 별지목록   30통

202○. . .

위 채권자 이 태 호   (인)

서울북부지방법원 귀중

접수방법

1. 인지대 : 집행권원1개당 5,000원, 등기신청수수료대 없음
2. 송달료 : (이해관계인수 + 3) × 10회분(48,000원)
3. 등록세 : 자동차 1대당 7,500원(지방교육세는 없음)
   경매목적 자동차 등의 등록을 관할하는 구청(=차고지 관할구청)에서 납부서를 발급받아 은행에 납부한 후 영수필통지서와 영수필확인서는 신청서에 첨부하고, 영수증은 채권자가 보관한다.
4. 경매예납금납부 : 청구금액을 기준으로 경매접수담당자에게 문의하도록 한다.
   고지된 금액은 법원보관금납부서(구내은행비치)로 납부한다.[8]
5. 관 할 : 자동차, 건설기계의 등록원부에 기재된 채무자 주소지를 관할하는 법원이 원칙적인 전속관할이며, 다만, 집행관이 경매신청전의 자동차인도명령에 의해 자동차 등을 인도받은 경우에는 자동차 소재지를 관할하는 법원도 관할법원이 된다.
6. 접수방법 : 신청서1부를 관할법원 경매계에 접수한다. 접수하면 사건번호 "201○타경1234호"로 부여되고 경매예납금 납부명령서를 주므로(또는 사건번호를 알고 나서 구내은행에 비치된 법원보관금납부서를 이용) 이를 지참하여 법원 구내은행에 납부를 하고 그 납부영수증을 접수담당자에게 제출하면 접수절차는 종료된다.
7. 이후절차 : 경매신청채권자는 법원으로부터 경매개시결정이 있은 날로부터 2개월 이내에 자동차 등의 소재를 파악하여 그 소재지를 관할하는 집행관에게 자동차 등의 인도집행을 위임하여 집행관의 점유하에 두어야 하고, 만일 위 2개월 이내에 집행관의 인도집행이 이루어지지 못하면 경매신청이 취소됨에 유의한다.
   ※ 경매개시결정문을 첨부하여 집행관사무실에 인도집행을 위임한다.

2. 선박에 대한 강제집행

채무자 소유의 선박을 압류한 후 이것을 현금화하여 얻은 금전으로 채권자가 금전채권의 만족을 얻는 집행절차이다.

집행대상은 선박등기를 할 수 있는 선박에 한한다(제172조). 선박은 수상 또는 수중을 항행하는 것이어야 하며, 수상비행기나 수상비행선은 선박이 아니다.

총톤수 20톤 이상의 기선(機船)과 범선(帆船) 및 총톤수 100톤 이상의 부선(艀船)은 등기를 하여야 한다. 다만, 선박계류용·저장용 등으로 사용하기 위하여 수상에 고정하여 설치하는 부선은 등기할 수 없다(선박등기법 제2조). 등기할 수 있는 선박이라면 미등기라도, 또 외국선박이라도 선박집행의 대상이 된다.

압류 당시(경매개시결정시의 의미임)에 그 선박이 있는 곳을 관할하는 지방법원이 집행법원으로 된다(제173조).

집행절차는 부동산의 강제경매에 관한 규정에 따르며(제172조 본문), 현금화도 부동산강제경매의 경우와 마찬가지로 호가경매나 기일입찰 또는 기간입찰의 방법으로 실시된다. 또한, 매각대금의 배당절차도 부동산강제경매의 경우와 같다.

다만, 사물의 성질에 따른 차이가 있거나 법에 특별한 규정이 있는 경우에 한하여 부동산강제경매절차와 차이가 있을 뿐이다. 즉 경매신청의 첨부서류에 관한 특칙, 선박국적증서 등의 제출, 신청 전의 선박국적증서 등의 인도명령, 선장에 대한 판결에 의한 집행의 효력, 관할위반으로 말미암은 절차의 취소, 정박명령 및 운행허가, 감수 및 보존처분, 보증의 제공에 의한 경매절차 취소 등이 부동산경매와 다르다.

3. 항공기에 대한 강제집행

항공법에 따라 등록된 항공기에 대한 강제집행은 선박에 대한 강제집행의 예에 따라 실시한다(제187조, 규칙 제106조). 그러나 미등록의 항공기 또는 등록할 수 없는 항공기에 대하여는 선박과 달리 아무 규정이 없으나 유체동산집행방법에 의하여야 할 것이다.

---

7) '별지목록'과 '이해관계인표'는 통상 첨부서류에 기재하지 않아도 무방하다. 경매신청서의 연결문서로 신청서와 같이 간인을 한다.
8) 소가 3,000만 원의 경우 예납금은 109만 원(의정부지방법원 기준).

부록

1. 송달료 기준표 • 445
2. 사건별 부호문자 • 447
3. 전국법원 관할구역표 • 448
4. 민사접수서류에 붙일 인지액 • 457

1. 송달료 기준표(2019. 5. 1. 변경)

1회분 송달료 : 4,800원 (단위 : 원)

	적용사건	당사자 1인 기준		적용사건	당사자 2인 기준
민사	1심 합의	당사자수 × 15회분=144,000	특허	1심(허)	10회분 = 71,000
	1심 단독	15 = 144,000		상고(후)	8 = 76,800
	1심 소액	10 = 96,000	가사 호적	1심(드)	12 = 115200
	2심 항소	12 = 115,200		2심 항소(르)	10 = 96,000
	3심 상고	8 = 76800		3심 상고(므)	8 = 76,800
				가사신청	3 = 28,800
	항고(라) 재항고(마)	5 = 48,000		가사조정	5 = 48,000
				호적비송 (호적정정, 개명)	5 = 24,000 (비송은 당사자가 1인임)
	제소전화해(자)	4 = 38,400		가사비송	4 = 19,200(라류) 12 = 57,600(마류) (비송은 당사자가 1인임)
	지급명령(차)	4 = 38,400	강제 집행	부동산경매	(신청서상의 이해관계인+3) × 48,000
	지급명령 이의신청(차)	1 = 4,800 (우표)		강제집행정지	2 = 19,200
	집행관 특별송달신청	16,500(야간) 16,000(주간) + 9,600(우표)		기타집행(추심, 전부, 인도명령, 강제관리, 집행이의, 집행문부여이의)	2 = 19,200
	민사조정(머)	5 = 48,000		재산조회(카조)	(송달필요기관수 + 2) × 4,800
	비송(비단, 비합)	2 = 9,600 (+ 사건본인 등)			
	가압류가처분	3 = 28,800		재산명시(카명)	5 = 48,000
	가압류·가처분 결정에 대한 이의, 취소	8 = 56,800		판결(결정)경정, 증거보전, 특별대리인선임, 해방공탁사건(카기)	2 = 19,200

	적용사건	당사자 1인 기준		적용사건	당사자 2인 기준
행정	가압류가처분집행해제	2 = 9,600 (등기소·제3채무자 수의 2회분, 우표)	신청	담보취소(카담)	2 = 19,200
	제소명령	2 = 19,200		권리행사최고에 의한 담보 취소	3 = 28,800
	기타 민사 신청 (카기)	2 = 19,200		공시최고(카공)	3 = 10,650 (당사자가 1인임)
행정	1심(구) 2심 항소(누) 3심 상고(두)	10 = 96,000 10 = 96,000 8 = 76,800	도산	파산(하) 개인회생신청	10회(48,000) + (채권자 수 × 4,800 × 3)
				면책(하면)	
	행정신청(아)	2 = 19,200		회사정리(파)	40회 : 신청인등
	행정항고(루)	3 = 28,800			
	행정재항고(무)	5 = 48,000		화의(거)	40회 : 신청인등

2. 사건별 부호문자

민사제1심 합의사건	가합	형사제1심합의공판	고합	특허제1심사건	허
민사제1심단독사건	가단	형사제1심단독공판	고단	특허상고사건	후
민사소액사건	가소	약식사건	고약	특허신청사건	카허
민사항소사건	나	전자약식사건	고약전	특별신청사건	쿠
민사상고사건	다	형사항소공판(2심)	노		
민사항고사건	라	형사상고공판(3심)	도	소년보호사건	푸
민사재항고사건	마	감호제1심사건	감고	소년보호항고사건	크
민사특별항고사건	그	감호항소사건	감노	가정보호사건	버
민사준항고사건	바	감호상고사건	감도	피해자보호명령사건	처
화해사건	자	형사항고사건	로	가사비송합의사건	느합
독촉사건	차	형사재항고사건	모	가사비송단독사건	느단
전자독촉사건	차전	치료감호항고사건	감로	가족관계등록비송	호파
가압류,가처분등 합의	카합	치료감호재항고사건	감모	협의이혼의사확인	호
가압류,가처분등 단독	카단	형사준항고사건	보	가사제1심소송합의	드합
공시최고사건	카공	비상상고사건	오	가사제1심소송단독	드단
담보취소등 사건	카담	즉결심판사건	조	가사항소사건	르
기타민사신청사건	카기	체포·구속적부심사건	초적	가사상고사건	므
전자독촉경정신청	카기전	보석사건	초보	가사항고사건	브
소송비용액확정결정	카확	치료감호신청사건	감초	가사재항고사건	스
확정소송기록열람신청	카열	형사보상청구	코	가사특별항고사건	으
부동산등경매사건	타경	형사공조사건	토	가사신청합의사건	즈합
기타집행사건	타기	재정신청사건	초재	가사신청단독사건	즈단
비송합의	비합	기타형사신청사건	초기	성매매관련보호사건	성
비송단독	비단	부착명령1심사건	전고	인신보호사건	인
파산합의	하합	부착명령2심(항소)	전노	법정질서위반감치등	정고
파산단독	하단	부착명령3심(상고)	전도	법정질서위반감치등	
면책사건	하면			항고사건	정로
회생합의	회합	행정제1심사건	구	기타감치신청사건	정기
회생단독	회단	행정항소사건	누		
회생채권회생담보권조사확정	회확	행정상고사건	두	의무불이행자감치등	정드
기타 회생관련 신청	회기	행정항고사건	루	의무불이행자감치등	
개인회생사건	개회	행정재항고사건	무	항고사건	정브
개인회생채권조사확정	개확	행정특별항고사건	부	의무불이행자감치등	
가사조정사건	너	행정준항고사건	시	재항고사건	정스
민사공조사건	러	행정신청사건	아		
민사조정사건	머	선거소송사건	수	과태료체납자감치	정과
가정보호사건	버	선거항고(재항고,	수흐	과태료체납자감치	정러
가정보호항고사건	서	준항고 및 특별항고)		항고사건	
가정보호재항고사건	어	선거상고사건	우	과태료체납자감치	
가정보호신청사건	저	선거신청사건	주	재항고사건	정머

3. 전국법원 관할구역표 1)

고등	본원	지원	시·군	관할 구역	법원 주소 (1)
서울고등법원	서울중앙			강남구·관악구·동작구·서초구·종로구·중구	서울 서초구 서초중앙로157(서초동) 02) 530-1114
	서울동부			성동구·광진구·강동구·송파구	서울 광진구 아차산로 404 02) 2204-2114
	서울남부			영등포구·강서구·양천구·구로구·금천구	서울 양천구 신월로 386(신정동) 02) 2192-1114
	서울북부	*2010. 5. 청사이전		동대문구·중랑구·도봉구·강북구·노원구·성북구 (2014.3.1.자)	서울 도봉구 마들로749(도봉동) 02) 910-3114
	서울서부			서대문구·마포구·은평구·용산구	서울 마포구 마포대로 174(공덕동) 02) 3271-1114
	의정부지방			의정부시·동두천시·구리시·남양주시·양주시·연천군·포천시·가평군·철원군	경기 의정부시 녹양로34번길 23 031) 828-0114
			포천시	포천시	경기 포천시 포천읍 신북리 33-4 031) 535-6765
			연천군	연천군	경기 연천군 연천읍 차탄리 57-45 031) 834-3673
			철원군	철원군	강원 철원군 갈말읍 신철원리615-1 033) 452-2783
			동두천시	동두천시	경기 동두천시 지행동 284-20 031) 862-2411
		고양	고양시	고양시	경기 고양시 일산동구 장항동 885-1 031) 920-6114
			파주시	파주시	경기 파주시 금촌동 78 031) 945-8668
		남양주 *2022. 3. 개원		남양주시·구리시	경기 남양주시 지금동 158-4 031) 553-6098
			가평군	가평군	경기 가평군 가평읍 읍내리 685-1 031) 582-9747
	인천지방법원			인천광역시	인천 남구 소성로163번길17(학익동) 032) 860-1113~4
			강화군	강화군	인천 강화군 강화읍 갑곶리 340-2 032) 934-8947
		부천	김포시	김포시	인천 김포시 김포읍 사우리 240-2 031) 210-1114
				부천시	경기 부천시 원미구 상일로129(상동) 032) 210-1114

고등	본원	지원	시·군	관할 구역	법원 주소 (2)
서울 고등 법원	수원 지방 법원			수원시·오산시·용인시·화성시	경기 수원시 팔달구 원천동 80 031) 210-1114
			오산시	오산시·화성시	경기 오산시 오산동 884-11 031) 374-0329
			용인시	용인시	경기 용인시 역북동 391-28 031) 338-2213
		안양		안양시·과천시·의왕시·군포시	경기도 안양시 동안구 관양동 1593 031) 8086-1114
		성남		성남시·하남시·광주군	경기 성남시 수정구 단대동 031) 737-1111
			광주군	광주군·하남시	경기 광주군 광주읍 경안리 63-1 031) 763-2188
		여주 *2013. 2. 이전		여주시·이천시·양평군	경기 여주군 여주읍 현암리 640-10 031) 880-7500
			양평군	양평군	경기 양평군 양평읍 양근리 448-7 031) 772-5998
			이천시	이천시	경기 이천시 안흥동 116 031) 635-7040
		평택		평택시·안성군	경기 평택시 동삭동 152-3 031) 650-3114
			안성시	안성시	경기 안성시 안성읍 구포동 8 031) 673-8596
		안산 *2002. 9. 개원		안산시·시흥시	경기 안산시 고잔동 711 031) 481-1114, 1112
			광명시	광명시	경기 광명시 철산동 252 02) 681-6390
	춘천 지방 법원 / 서울 고등 법원 춘천 재판부			춘천시·화천군·양구군·인제군·홍천군	강원 춘천시 효자2동 033) 253-4156
			인제군	인제군	강원 인제군 인제읍 상동1리 345-8 033) 462-6222
			홍천군	홍천군	강원 홍천군 홍천읍 신장대리 67-12 033) 434-7243
			양구군	양구군	강원 양구군 양구읍 중리 5-2 033) 481-1544
			화천군	화천군	강원 화천군 화천읍 상1리 033) 442-0124

1) 근거 : 「각급 법원의 설치와 관할구역에 관한 법률」

고등	본원	지원	시·군	관할 구역	법원 주소 (3)
서울 고등 법원	춘천 지방 법원	강릉		강릉시·동해시·삼척시	강원 강릉시 교동 846-7 033) 643-7371
			삼척시	삼척시	강원 삼척시 성내동 12-1 033) 574-8256
			동해시	동해시	강원 동해시 천곡동 219 033-531-8929
			※ 강릉지원 합의부 : 강릉시, 동해시, 삼척시, 속초시, 양양군, 고성군		
		원주 *2012. 5. 이전		원주시	강원 원주시 무실동 1800 033) 738-1000
			횡성군	횡성군	강원 횡성군 횡성읍 읍상리 300-1 033) 343-5281
		속초		속초시·양양군·고성군	강원 속초시 동명동 300 033) 633-2182
			고성군	고성군	강원 고성군 간성읍 상리 202 033) 681-4131
			양양군	양양군	강원 양양군 양양읍 성내리 7 033) 672-2081
		영월		태백시·영월군·정선군·평창군	강원 영월군 영월읍 영흥리 876 033) 372-4922
			정선군	정선군	강원 정선군 정선읍 봉양리 145-3 033) 563-7401
			태백시	태백시	강원 태백시 황지 1동 49-220 033) 553-3628
			평창군	평창군	강원 평창군 평창읍 중리 334 033) 333-0397
대전 고등 법원	대전 지방 법원			대전광역시·세종특별자치시·금산군	대전시 서구 둔산1동 1390 042) 470-1114
			세종 특별자치시 *2012.7.1. 개원	세종특별자치시	충남 세종특별자치시 교리 8-11 044) 867-4500
			금산군	금산군	충남 금산군 금산읍 상리 91-12 041) 754-1722
		홍성		보령시·홍성군·예산군·서천군	충남 홍성군 홍성읍 오관리 108 041) 634-6700~4
			서천군	서천군	충남 서천군 장항읍 원수리 893-5 041) 956-7550
			보령시	보령시	충남 보령시 대천동 423-14 041) 931-0341
			예산군	예산군	충남 예산군 예산읍 예산리 696-1 041) 334-2826

고등	본원	지원	시·군	관할 구역	법원 주소 (4)
대전고등법원	대전지방법원	공주 * 2012. 12. 청사이전		공주시·청양군	충남 공주시 금흥동 610-1 041) 840-5700
			청양군	청양군	충남 청양군 청양읍 읍내리 216-3 041) 942-0486
		논산		논산시·부여군·계룡시	충남 논산시 강경읍 대흥동 46-1 041) 745-2035
			부여군	부여군	충남 부여읍 동남리 689 041) 745-2035
		서산		서산시·태안군·당진시	충남 서산시 동문동 804-8 041) 665-4300
			태안군	태안군	충남 태안읍 남문리 300-6 041) 672-6745
			당진시 * 2013.7.30 市로승격	당진시	충남 당진읍 읍내리 171-1 041) 355-9436
		천안		천안시·아산시	충남 천안시 신부동 72-16 041) 551-3802
			아산시 * 2011.6 청사이전	아산시	충남 아산시 용화동 970 041) 549-0698
대전고등법원	청주지방법원 / 대전고등법원 청주재판부 2008. 2. 설치			청주시·청원군·진천군·보은군·괴산군	충북 청주시 흥덕구 수곡1동 93-1 043) 270-7114
			괴산군	괴산군	충북 괴산군 괴산읍 동부리 673-3 043) 834-9922
			진천군	진천군	충북 진천군 진천읍 교성리 237-2 043) 534-0855
			보은군	보은군	충북 보은군 보은읍 교사리 54-13 043) 543-2520
		충주		충주시·음성군	충북 충주시 교현2동 720-2 043) 843-2003~7
			음성군	음성군	충북 음성군 음성읍 읍내리 725-2 043) 872-0881
		제천		제천시·단양군	충북 제천시 중앙로 2가 16-2 043) 643-2002
			단양군	단양군	충북 단양군 단양읍 별곡리 303 043) 423-3166
		영동		영동군·옥천군	충북 영동군 영동읍 계산리 681-4 043) 742-3702~3

고등	본원	지원	시·군	관할 구역	법원 주소 (5)
대구고등법원	대구지방법원				
		영동	옥천군	옥천군	충북 옥천군 옥천읍 금구리 3-1 043) 731-2025
				대구광역시 : 중구·동구·남구·북구·수성구, 영천시, 경산시, 칠곡군, 청도군	대구시 수성구 범어2동 053) 757-6600
			영천시	영천시	경북 영천시 창구동 89 054) 332-2365
			칠곡군	칠곡군	경북 칠곡군 왜관읍 왜관리 777-10 054) 973-2867
			경산시	경상시	경북 경산시 사동 택지개발지구 29블럭내 053) 816-3719
			청도군	청도군	경북 청도군 화양읍 범곡리 124-1 054) 373-6794
		서부 2007. 3. 1. 개원		대구광역시 : 서구·달서구, 달성군, 고령군, 성주군	대구시 달성구 용산동 053) 570-2114
			고령군	고령군	경북 고령군 고령읍 지산리 2-4 054) 955-9999
			성주군	성주군	경북 성주군 성주읍 경산리 661-3 054) 931-8400
		안동		안동시·영주시·봉화군	경북 안동시 동부동 447-8 054) 856-3204
			영주시	영주시	경북 영주시 영주동 19-2 054) 634-3885
			봉화군	봉화군	경북 봉화군 봉화읍 포저 1리 350-1 054) 672-6644
		경주		경주시	경북 경주시 동부동 203 054) 741-5005~9
		포항		포항시·울릉군	경북 포항시 북구 양덕동 산97-1 054) 251-1882
		김천		김천시·구미시	경북 김천시 삼락동 1224 054) 420-2114
			구미시	구미시	경북 구미시 송정동 46 054) 455-6660
		상주		상주시·문경시·예천군	경북 상주시 만산동 652-2 054) 533-1503
			문경시	문경시	경북 문경시 모전동 63-3 054) 555-9485
			예천군	예천군	경북 예천군 예천읍 서본리 44-5 054) 652-0608

고등	본원	지원	시·군	관할 구역	법원 주소 (6)
	대구 지방 법원	의성		의성군·군위군·청송군	경북 의성군 의성읍 중리동 748-7 054) 834-1882
			군위군	군위군	경북 군위군 군위읍 서부리 30-2 054) 383-1271
			청송군	청송군	경북 청송군 청송읍 월막리 385 054) 783-6043
		영덕 * 2010. 9. 청사이전		영덕군·영양군·울진군	경북 영덕군 영덕읍 화개리 226-1 054) 730-3000
			영양군	영양군	경북 영양군 영양읍 서부1리 333 054) 683-1698
			울진군	울진군	경북 울진군 울진읍 읍내리 658-2 054) 783-8011
부산 고등 법원	부산 지방 법원			부산광역시 : 중구·동구·서구·북구·사상구·강서구·사하구·영도구·부산진구·금정구·연제구·금정구	부산 연제구 거제동 1500 051) 590-1114
		동부		남구·수영구·기장군·해운대구 <2001. 10>	부산 해운대구 재송동 1133 051) 780-1114
		서부 * 2017. 3. 개원		서구, 북구, 사상구, 사하구, 강서구	예정
	울산 지방 법원			울산광역시, 양산시	경남 울산시 남구 옥동 635-3 052) 228-8000~2
			양산시	양산시	경남 양산시 북부동 373 055) 388-4072
	창원 지방 법원 / 부산 고등 법원 창원 재판부			창원시·진해시·김해시·마산시·함안군·의령군	경남 창원시 사파동 1 055) 266-2200~1
			김해시	김해시	경남 김해시 부원동 619-1 055) 322-6221
			진해시	진해시	경남 진해시 중앙동11-1 055) 222-5363
		마산 * 2011. 3. 개원		마산시	경남 마산시 내서읍 평성리 140
			함안군	함안군	경남 함안군 가야읍 590-3 055) 583-8260~1
			의령군	의령군	경남 의령군 의령읍 중동리 261-3 055) 572-5320~1
		진주		진주시·사천시·남해군·하동군·산청군	경남 진주시 상대동 295-4 055) 752-4146

고등	본원	지원	시·군	관할 구역	법원 주소 (7)
부산고등법원	창원지방법원	진주	사천시	사천시	경남 사천시 동금동 83-9 055) 833-9485
			남해군	남해군	경남 남해군 남해읍 북변리 235-2 055) 864-6904
			하동군	하동군	경남 하동군 하동읍 읍내리 237-3 055) 884-0603
			산청군	산청군	경남 산청군 산청읍 산청리 181-1 055) 973-5608
		통영		통영시·거제시·고성군	경남 통영시 용남면 동달리 857 055) 649-1500~4
			거제시	거제시	경남 거제시 신현읍 고현리721-11 055) 637-3096, 8
			고성군	고성군	경남 고성군 고성읍 동외리 509-1 055) 672-4792
		밀양		밀양시·창녕군	경남 밀양시 삼문동 220-547 055) 354-3101
			창녕군	창녕군	경남 창녕군 창녕읍 말흘리 318-1 055) 533-8104
		거창		거창군·함양군·합천군	경남 거창군 거창읍 중앙리 443 055) 944-1214
			함양군	함양군	경남 함양군 함양읍 운림리 39-3 055) 963-8682
			합천군	합천군	경남 합천군 합천읍 합천리 325-1 055) 934-0071, 963-8682
광주고등법원	광주지방법원			광주광역시·나주시 화순군·장성군·담양군·곡성군·영광군	광주시 동구 지산 2동 342-1 062) 239-1114
			나주시	나주시	전남 나주시 송월동 1126 061) 336-0044
			화순군	화순군	전남 화순군 화순읍 훈리 26-4 061) 374-6124
			장성군	장성군	전남 장성군 장성읍 영천리 1090-4 061) 393-3138
			담양군	담양군	전남 담양군 담양읍 지침리 56-1 061) 381-0852
			곡성군	곡성군	전남 곡성군 곡성읍 읍내리 160 061) 363-0073

고등	본원	지원	시·군	관할 구역	법원 주소 (8)
광주 고등 법원	광주 지방 법원	목포	영광군	영광군	전남 영광군 영광읍 무령리 363 061) 351-2546
				목포시·무안군·신안군· 함평군·영암군	전남 목포시 옥암동 1201 061) 270-6600 * 2011. 6.청사이전
			무안군	무안군	전남 무안군 무안읍 성남리 175-4 061) 452-8692
			함평군	함평군	전남 함평군 함평읍 함평리 122 061) 324-2343
			영암군	영암군	전남 영암군 영암읍 서남리 70-1 061) 473-4560
		장흥		장흥군·강진군	전남 장흥군 장흥읍 남동리 88 061) 863-7351
			강진군	강진군	전남 강진군 강진읍 동성리 19-4 061) 433-6199
		순천		순천시·여수시·여천시· 광양시·여천군·구례군 ·고흥군·보성군	전남 순천시 매곡동 412 061) 752-2103
			보성군	보성군	전남 보성군 보성읍 보성리 770 061) 852-1660
			고흥군	고흥군	전남 고흥군 고흥읍 옥하리 190 061) 833-0180
			여수시	여수시	여수시 학동 97-1 061) 681-1688
			구례군	구례군	전남 구례군 구례읍 봉암리 218-2 061) 782-8440
			광양시	광양시	전남 광양시 중동1314-1 061) 791-8018
		해남		해남군·완도군·진도군	전남 해남군 해남읍 구료리 390-1 061) 534-9151
			완도군	완도군	전남 완도군 완도읍 군내리 341 061) 554-9809
			진도군	진도군	전남 진도군 진도읍 성내리 53-1 061) 544-4890

고등	본원	지원	시·군	관할 구역	법원 주소 (9)
광주고등법원	전주지방법원 / 광주고등법원 전주재판부 2008. 2. 설치			전주시·김제시·완주군·임실군·진안군·무주군	전북 전주시 덕진구 덕진동 1가 1416-1 063) 259-5400~3
			김제시	김제시	전북 김제시 신풍동 190-1 063) 547-2806
			임실군	임실군	전북 임실군 임실읍 이도리 266-5 063) 642-1991
			진안군	진안군	전북 진안군 진안읍 군하리 81-4 063) 433-2810
			무주군	무주군	전북 무주군 무주읍 읍내리 831-2 063) 322-0591
		군산		군산시·익산시	전북 군산시 조촌동 880 063) 450-5080
			익산시	익산시	전북 익산시 주현동 127 063) 854-5592
		정읍		정읍시·부안군·고창군	전북 정읍시 수성동 610 063) 535-5101
			부안군	부안군	전북 부안군 부안읍 서외리 301-14 063) 584-8608
			고창군	고창군	전북 고창군 고창읍 교촌리 70-1 063) 561-2011
		남원		남원시·장수군·순창군	전북 남원시 동충동 141 063) 625-2015
			장수군	장수군	전북 장수군 장수읍 장수리 454-10 063) 351-4385
			순창군	순창군	전북 순창군 순창읍 순화리 292 063) 653-6203
	제주지방법원 / 제주재판부			제주시·서귀포시·남제주군·북제주군	제주 제주시 이도2동 950-1 064) 729-2000
			서귀포시	서귀포시	제주 서귀포시 서홍동 441-15 064) 762-3881

4. 민사접수서류에 붙일 인지액

서류의 종류	조문	인지액 [1]
관할법원지정신청서	민소28	1,000원
관할합의서	민소29	- (없음)
소송이송신청서	민소34①	-
소송이송신청서	민소34②, 35, 36	1,000원
합의부재판신청서	민소34③	-
법원직원의 제척 또는 기피신청서	민소42, 43, 50	1,000원
당사자선정서, 변경서, 취소서	민소53	-
법정대리권 등의 증명서	민소58	-
소송능력보정서	민소59, 61	-
소송행위추인서	민소60	-
특별대리인선임신청서	민소62, 64	1,000원
대리권의 소멸 또는 변경통지송달신청서	민소63	-
필수적 공동소송인 추가신청서	민소68	* 종전 500원이었지만 면제됨
예비적·선택적 공동소송인 추가신청서	민소70, 68	
보조참가신청서	민소71	
보조참가에 대한 이의신청서	민소73	
공동소송적 보조참가신청서	민소78	
독립당사자 참가신청서	민소79	민소인지법 2조, 6조 소정액
소송탈퇴서, 동의서	민소80	-
권리승계인의 소송참가신청서	민소81	- 단, 피신청인이 승계를 다투는 경우는 민소인지법 2조, 6조 소정액
의무승계인의 소송참가신청서	민소81	-
승계인의 소송인수신청서	민소82	-
원고측 공동소송참가신청서	민소83	민소인지법 2조, 6조 소정액
피고측 공동소송참가신청서	민소83	-
소송고지신청서	민소85	-
소송대리인 허가신청서	민소88	-

서류의 종류	조문	인지액 [2]
소송대리권의 증명서(위임장, 지정서)	민소89	-
소송대리인 해임(사임)신고서	민소89	-
제3자에 대한 소송비용액 상환신청서	민소107	1,000원
소송비용액 확정신청서	민소110, 113, 114	1,000원
소송비용담보제공신청서	민소117①, 규칙22	1,000원
지급보증위탁계약체결문서의 제출에 의한 담보제공허가 신청서	민소122, 규칙22	-
담보취소신청서	민소125, 127	1,000원
담보권리자동의서	민소125②	-
담보권리행사최고신청서	민소125③	1,000원
담보취소결정확정증명원	민소162	500원
담보물 변경신청서	민소126	1,000원
소송구조 신청서	민소128	1,000원
소송구조 취소신청서	민소131	1,000원
변호사(또는 집행관)의 보수지급신청서	규칙26①	-
변호사(또는 집행관)의 보수와 체당금의 비용액확정신청서	민소132②, ③	1,000원
구석명신청서	민소136	-
재판장(또는 합의부원)의 처치에 대한 이의	민소138	-
법원의 석명처분(당사자본인 또는 법정대리인 출석 명령, 당사자가 소지하는 문서 또는 물건제출명령)신청서	민소140①	-
변론의 제한, 분리, 병합 또는 재개를 구하는 신청서	민소141, 142	-
실기한 공격방어방법의 각하신청서	민소149	-
소송절차에 관한 이의권에 기한 이의	민소151	-
조서기재 생략에 대한 이의	민소155	-
변론의 속기(또는 녹음)신청서	민소159①	-
녹음테이프(또는 속기록) 요지의 조서기재 신청서	민소159③	-
녹음테이프(또는 속기록)폐지에 대한 이의	민소159④	-
소송기록의 열람·복사신청서	민소162①	500원
재판서, 조서의 정본, 등본, 초본 교부 신청서	민소162	1,000원 (5장초과시 50원추가)
확정된 소송기록에 대한 열람신청서	민소162②	**1,000원**
비밀보호를 위한 열람 등의 제한 신청서	민소163①	1,000원

서류의 종류	조문	인지액 [3]
열람 등 제한 결정 취소신청서	민소163③	1,000원
조서의 기재에 대한 이의	민소164	-
전문심리위원 참여결정 신청서	민소164의2①	-
전문심리위원 참여결정 취소신청서(한쪽 당사자신청시)	민소164의3①	-
전문심리위원 참여결정 취소신청서(당사자 합의로신청)	민소164의3②	-
기일지정(또는 연기, 속행, 변경)신청서	민소165①	-
기간 신장 또는 단축신청, 부가기간의 신청서	민소172	-
재송달신청서	민소174	-
집행관송달신청서(특별송달신청)	민소176①	-
송달영수인신고서	민소184	-
송달장소변경신고서	민소185	-
휴일(또는 야간) 송달신청서	민소190	-
공시송달신청서	민소194	-
판결(또는 화해, 인낙, 포기 등의 조서, 지급명령 기타 결정 명령)경정신청서	민소211	* 종전 1,000원이나 면제됨
추가재판신청서	민소212	-
가집행선고신청서	민소213①	-
	민소406, 435	-
가집행선고 면제신청서	민소213②	-
가집행선고 실효로 인한 원상회복(또는 손해배상)신청서	민소215②, ③	민소인지법 4조② 소정액
법원사무관 등의 처분에 대한 이의신청서	민소223	1,000원
화해권고결정에 대한 이의신청서	민소226	-
화해권고결정에 대한 이의신청의 취하서	민소228	-
화해권고결정에 대한 이의신청의 취하에 대한 부동의서	민소228	-
화해권고결정 취소 신청서	규칙59①	-
소송절차수계신청서	민소233부터 241(238제외)	-
당사자의 장애로 인한 중지신청 및 그 취소신청서	민소246	-
소장	민소248	민소인지법 2조 소정액
정기금판결에 대한 변경의 소장	민소252	민소인지법 2조 소정액
인지·주소보정서	민소254①	-

서류의 종류	조문	인지액 [4]
피고경정신청서	민소260	-
청구취지(또는 청구원인)변경신청서	민소262	민소인지법 5조 소정액
청구취지(또는 청구원인)변경불허신청서	민소263	-
중간확인의 소	민소264	민소인지법 5조 소정액
소(상소)취하서	민소266①, 393①, 425	-
소취하에 대한 이의(또는 부동의서)	민소266⑥	-
기일지정신청서	민소268②	-
소취하 효력을 다투는 기일지정 신청서	규칙67	-
반소장	민소269	민소인지법 4조 소정액
준비서면, 답변서	민소272, 256	-
사실조사촉탁신청서	민소294	-
증인신문신청서	민소308	-
촉탁신문신청서	민소313	-
증인불출석신청서	규칙83	-
증인구인신청서	민소312	-
증언거부신청서	민소314, 315	-
증인대질신청서	민소329	-
감정신청서	민소333	-
감정인 기피신청서	민소336	-
감정증인 신문신청서	민소340	-
문서제출명령신청서	민소343	-
서증의 신청서	민소343, 360	-
문서송부촉탁신청서	민소352	-
법원외 서증조사신청서	규칙112	-
검증신청서	민소364	-
당사자본인(또는 법정대리인)신문신청서	민소367, 372	-
증거보전신청서	민소375	1,000원
제소전화해신청서	민소385	민소인지법 7조①, ④소정액

서류의 종류	조문	인지액 [5]
화해불성립으로 인한 소제기신청서	민소388	민소인지법 7조③ 소정액 (피신청인이 소제기신청을 하는 경우는 불첩)
항소장	민소397	민소인지법 3조 소정액
항소취지확장신청서	민소390, 397, 408	민소인지법 2조, 3조 소정액
불항소합의서	민소390단서	-
상소취하서	민소393①, 425, 443	-
상소권포기서	민소394, 425, 443	-
부대상소장	민소403, 425, 443	민소인지법 3조 소정액
상고장(비약상고장 포함)	민소422	민소인지법 3조 소정액
상고이유서	민소427	-
상고이유에 대한 답변서	민소428②	-
추완항소(상고)장	민소173, 397, 422	민소인지법 3조 소정액
항고장(보통항고장, 즉시항고장, 재항고장, 준항고장), 추완항고장	민소439, 441②, 442, 443, 444	민소인지법 11조 소정액
수명법관, 수탁판사의 재판에 대한 이의신청	민소441①	-
특별항고장	민소449	민소인지법 11조 소정액
재심소장(준재심소장)	민소451	민소인지법 8조 소정액
지급명령신청서	민소462	민소인지법 7조②④ 소정액
소제기신청서	민소466①	민소인지법 2조 소정액에서 지급명령신청서에 붙인 인지액을 뺀 금액
지급명령에 대한 이의신청서	민소469②	-
공시최고 신청서	민소477	1,000원
관리 또는 청구의 신고서	민소482, 485	-
제권판결에 대한 불복의 소장	민소490②	민소인지법 2조 소정액

서류의 종류	조문	인지액 [6]
판결확정증명 신청서	민소499	500원
강제집행정지 등의 신청서	민소500, 501	1,000원
야간(휴일)집행허가 신청서	민집8	1,000원
즉시항고장	민집15	민소인지법 11조 소정액
집행에 관한 이의신청서	민집16①	1,000원
집행에 관한 이의신청에 기한 잠정처분신청서	민집16②	-
집행관의 집행위임거부 등에 대한 이의신청서	민집16③	1,000원
집행판결을 구하는 소장	민집26	민소인지법 2조 소정액
집행(승계집행)문 부여신청	민집28, 31, 58, 292	500원
집행문 부여의 소장	민집33, 59④	민소인지법 2조 소정액
집행문 부여에 대한 이의신청서	민집34	1,000원
집행문부여에 대한 이의신청에 기한 잠정처분신청서	민집34②	-
집행문 수통(또는 재도)부여신청서	민집35	500원
판결등 집행권원 정본의 송달증명원	민집39	500원
청구에 관한 이의의 소장	민집44	민소인지법 2조 소정액
집행문부여에 대한 이의의 소장	민집45	민소인지법 2조 소정액
잠정처분신청서	민집46②, 48③	1,000원
제3자 이의의 소장	민집48	민소인지법 2조 소정액
경매절차 정지 신청서	민집49	-
채무자 유산의 강제집행을 위한 특별대리인 선임신청서	민집52	1,000원
집행비용액확정결정신청서	민집53, 민집규24①	1,000원
군인, 군무원에 대한 집행의 촉탁신청서	민집54	1,000원
외국에서 할 강제집행에 대한 촉탁신청서	민집55	1,000원
공증인의 집행문부여에 대한 이의신청서	민집59②	1,000원
재산명시 신청서	민집61	1,000원
명시명령에 대한 이의신청서	민집63	1,000원
재산목록 정정허가 신청서	민집66	-

서류의 종류	조문	인지액 [7]
재산목록의 열람·복사신청서	민집67	500원
명시명령 이행신청서	민집68⑤	-
채무불이행자명부 등재신청서	민집70	1,000원
채무불이행자명부 열람·복사신청서	민집72④	500원
명부등재말소 신청서	민집73	1,000원
재산조회 신청서	민집74	1,000원
재산조회결과의 열람·복사출력신청서	민집75	500원
부동산경매신청서	민집80, 264	5,000원
매각기일연기(변경)신청서		-
미등기 부동산에 대한 집행관조사신청서	민집81③	-
부동산에 대한 침해행위방지 조치신청서	민집83③	-
채권계산서	민집253, 84	-
경매개시결정에 대한 이의신청서	민집86, 265	1,000원
경매개사결정에 대한 이의신청에 기한 잠정처분신청서	민집86②	-
후행 경매개시결정에 의한 절차속행신청서	민집87③	-
채권자의 배당요구신청서	민집247, 88	-
경매신청취하서	민집93	-
부동산의 멸실 등에 의한 경매취소신청서	민집96	-
부동산재평가 신청서	민집97	-
부동산일괄매각 신청서	민집98	-
채권자의 매수신청서	민집102②	-
합의에 의한 매각조건 변경신청서	민집110	-
최고가(차순위) 매수신고인의 송달영수인 신고서	민집118	-
매각허가결정에 관한 이의신청서	민집120	-
매각부동산 지정서	민집124②	-
부동산훼손등에 의한 매각불허가 신청서	민집127①	1,000원
부동산훼손등에 의한 매각허가결정의 취소신청서	민집127①	1,000원
매각허가여부에 대한 항고장, 재항고장	민집129	2,000원
매각부동산 인도명령신청서	민집136①	1,000원
매각부동산 관리명령신청서	민집136②	1,000원
공유자의 우선매수신고서	민집140	-
매수대금과 배당액의 상계신청서	민집143②	-

서류의 종류	조문	인지액 [8]
매수인의 채무인수 신청서	민집143①	-
매수인의 채무인수 또는 상계에 대한 이의신청서	민집143③	-
배당표에 대한 이의신청서	민집151②	-
배당이의의 소장	민집154	민소인지법 2조 소정액
집행력있는 정본의 환부신청서	민집159③, 172	-
배당액 계좌입금 신청서	민집160② 규칙82②	-
부동산강제관리 신청서	민집163	5,000원
관리인 해임신청서	민집167③	-
강제관리에 대한 제3자이의의 소장	민집168	민소인지법 2조 소정액
배당협의 불성립사유신고서	민집169③	-
수익처리신고서	규칙91⑥	-
관리인의 계산에 대한 이의신청서	민집170②	-
선박에 대한 강제집행신청서	민집172	5,000원
선박국적증서 인도명령신청서	민집175	1,000원
선박국적증서등 수취불능신고서	규칙97	-
선박국적증서등의 재수취명령신청서	규칙101	-
압류선박의 항행허가신청서	민집176②	-
선박등기부초본 또는 등본의 송부청구신청서	민집177②	-
선박감수보존처분	민집178	1,000원
보증의 제공에 의한 선박강제경매절차의 취소신청서	민집181	1,000원
자동차인도명령신청서	규칙113①	1,000원
자동차 운행허가 신청서	규칙117, 210③	-
선박지분에 대한 강제집행신청서	민집185	2,000원
제3자 점유물인도명령신청서	민집193①	1,000원
압류금지물의 범위변경신청서	민집196	1,000원
유체동산 특별현금화 명령신청서	민집214	1,000원
집행관에 대한 매각실시명령신청서	민집216	1,000원
공유부인의 소장	민집221③	민소인지법 2조 소정액
매각대금의 공탁사유신고서	민집222③	-

서류의 종류	조문	인지액 [9]
가압류를 본압류로 이전하는 신청서	민집225	2,000원
채권압류명령신청서	민집225	2,000원
저당권있는 채권압류명령의 등기부기입신청서	민집228①	-
전부명령신청서	민집229	2,000원
채권압류 및 전부(추심)명령신청서	민집229	4,000원
추심명령신청서	민집229	2,000원
저당권있는 채권전부명령의 등기부기입신청서	민집230	-
압류액의 제한(또는 초과액처분)허가신청서	민집232	-
압류채권자의 추심신고서	민집236①	-
추심금액 공탁사유신고서	민집236②	-
제3채무자에 대한 진술최고신청서(가압류 사건은 제외)	민집237	-
추심권포기신고서	민집240	-
채권 기타 재산권특별현금화명령신청서	민집241	2,000원
유체동산 인도나 권리이전청구권에 대한 압류명령신청서	민집242, 243	2,000원
유체물인도청구권에 대한 추심명령 신청서	민집243②	2,000원
부동산 인도나 권리이전 청구권에 대한 압류명령신청서	민집244①②	2,000원
부동산 청구권에 대한 추심명령신청서	민집244④	2,000원
압류금지채권의 범위변경신청서	민집246②③	1,000원
제3채무자의 채무액공탁사유신고서	민집248④	-
채권가압류를 원인으로 한 제3채무자의 권리공탁신고서	민집규172조①②	-
추심의 소장	민집249①	민소인지법 2조 소정액
제3채무자의 배당요구채권자 참가명령신청서	민집249③	-
배당요구채권자의 압류채권추심허가신청서	민집250	1,000원
그 밖의 재산권의 압류명령신청서	민집251	2,000원
제3자 점유 물건에 대한 인도청구권의 이부명령신청서	민집259	2,000원
대체집행신청서	민집260①	2,000원
대체집행비용 선지급결정신청서	민집260②	1,000원
간접강제신청서	민집261	2,000원
가압류신청서	민집276	10,000원
가압류결정에 대한 이의신청서	민집283	10,000원
가압류이의신청 사건의 이송신청서	민집284	1,000원
가압류 신청취하서	민집285	-

서류의 종류	조문	인지액 [10]
가압류이의·취소에 관한 결정에 대한 항고장, 재항고장	민집286⑦	신청서에 붙인 인지액의 2배
제소명령신청서	민집287①	1,000원
제소기간도과에 의한 가압류취소 신청서	민집287③	10,000원
사정변경등에 의한 가압류취소 신청서	민집288	10,000원
가압류취소 재판의 효력정지 신청서	민집289	1,000원
강제관리의 방법에 의한 가압류 집행신청서	민집294	5,000원
채권자의 가압류(가처분) 집행해제 신청서		-
채권자의 가압류(가처분) 신청취하를 이유로 하는 채무자의 집행취소신청서		-
가압류취소재판의 취소재판에 의한 가압류집행신청서	민집298②	-
해방공탁에 의한 가압류집행의 취소신청서	민집299	1,000원
가처분신청서	민집300	10,000원
임시의 지위를 정하기 위한 가처분신청서	민집300	본안의 소에 따른 인지액의 2분의1 (상한액: 50만 원)
가처분신청 취하서		-
가처분결정에 대한 이의신청서	민집301,283	10,000원
임시의 지위를 정하기 위한 가처분결정에 대한 이의신청서	민집301,283	본안의 소에 따른 인지액의 2분의1 (상한액: 50만 원)
가처분이의·취소에 관한 결정에 대한 항고장, 재항고장	민집286⑦, 307②	신청서에 붙인 인지액의 2배
사정변경등에 의한 가처분취소 신청서	민집301, 288	10,000원
사정변경등에 의한 임시의 지위를 정하기 위한 가처분취소 신청서	민집301, 288	본안의 소에 따른 인지액의 2분의1 (상한액: 50만 원)
특별사정에 의한 가처분취소 신청서	민집307	10,000원
특별사정에 의한 임시의 지위를 정하기 위한 가처분취소신청서	민집307	본안의 소에 따른 인지액의 2분의1 (상한액: 50만 원)
가처분 원상회복 신청서	민집308	-
가처분 집행정지 신청서	민집309	1,000원
변론기일 지정신청서	소액심판규칙 3조의3	-
이행권고결정에 대한 이의신청서	소액심판규칙 5조의4	-

서류의 종류	조문	인지액 [11]
민사조정 신청서	민사조정법2	민사조정규칙 3조① 소정액
조정사건 이송신청서	민사조정법4①	-
조정사건 이송신청서	민사조정법4②	1,000원
조정회부 신청서	민사조정법7②	-
조정위원 선정합의서	민사조정법10조의2	-
피신청인 경정신청서	민사조정법17①	-
대표당사자 선정신고서	민사조정법18①	-
조정에 갈음하는 결정에 대한 이의신청서	민사조정법34①	-
과태료 재판에 대한 이의신청서	비송사건절차법 250②	-
재산조회	채무자회생및파산에관한법률29①	1,000원
회생절차개시의 신청서	회파법 34①	30,000원
보전처분(회생절차)	회파법 43①	2,000원
중지 또는 금지명령신청서(회생)	회파법 44①	2,000원
포괄적 금지명령신청서(회생)	회파법 45①	2,000원
포괄적 금지명령 적용배제신청서(회생)	회파법 47①	2,000원
중지된 절차 또는 처분의 속행 또는 취소신청서(회생)	회파법 44④, 45⑤, 58⑤	2,000원
부인의 청구서(회생)	회파법105①	1,000원
부인의 청구인용결정에 대한 이의의 소(회생)	회파법107①	민소인지법 제2조 소정액
이사등의 재산에 대한 보전처분신청서(회생)	회파법114①,③	2,000원
손해배상청구권등의 조사확정재판신청서(회생)	회파법115①	1,000원
손해배상청구권 등의 조사확정재판에 대한 이의의 소(회생)	회파법116①	민소인지법 제2조 소정액
회생채권, 회생담보권 조사확정재판신청서	회파법170①	1,000원
회생채권, 회생담보권 조사확정재판에 대한 이의의 소	회파법171①	민소인지법 제2조 소정액
파산신청서	회파법294①	30,000원 (단 채무자(법인포함)가 신청하면 1,000원)
보전처분신청서(파산)	회파법323①	2,000원
이사 등의 재산에 대한 보전처분신청서(파산)	회파법351①	2,000원
손해배상청구권등의 조사확정재판신청서(파산)	회파법352①	1,000원

서류의 종류	조문	인지액 [12]
손해배상청구권등의 조사확정재판에 대한 이의의 소(파산)	회파법353①	민소인지법 제2조 소정액
면제재산 결정신청서(파산)	회파법383②	-
부인의 청구서	회파법396①	1,000원
부인의 청구인용결정에 대한 이의의 소(파산)	회파법396④,107①	민소인지법 제2조 소정액
파산채권 조사확정재판신청서	회파법462①	1,000원
파산채권 조사확정재판에 대한 이의의 소	회파법463①	민소인지법 제2조 소정액
배당표에 대한 이의신청서	회파법514①	-
면책신청서(파산)	회파법556	1,000원
면책의 취소신청서	회파법569	1,000원
복권신청서	회파법575	1,000원
면제재산 결정신청서(개인회생절차)	회파법580, 383	-
부인의 청구서(개인회생)	회파법584, 396	1,000원
부인의 청구인용결정에 대한 이의의 소(개인회생)	회파법584, 396, 107	민소인지법 제2조 소정액
개인회생절차 개시신청서	회파법588	30,000원
보전처분신청서(개인회생)	회파법592	2,000원
중지 또는 금지명령신청서(개인회생)	회파법593	2,000원
중지 또는 금지명령의 취소 또는 변경신청서(개인회생)	회파법593	2,000원
포괄적 금지명령신청서(개인회생)	회파법593, 45	2,000원
포괄적 금지명령의 적용 배제신청서(개인회생)	회파법593, 47	2,000원
중지된 절차 또는 처분의 속행 또는 취소신청서(개인회생)	회파법593, 45, 600	2,000원
개인회생채권 조사확정 신청서	회파법604	1,000원
개인회생채권 조사확정재판에 대한 이의의 소	회파법605	민소인지법 제2조 소정액
면책신청서(개인회생)	회파법624	-
면책취소신청서(개인회생)	회파법626	1,000원
사건이송신청서(국제도산)	회파법630	1,000원
외국도산절차의 승인신청서	회파법631	1,000원
승인전 명령신청서	회파법635, 636	2,000원
외국도산절차에 대한 지원신청서	회파법636	2,000원

서류의 종류	조문	인지액 [13]
외국도산절차의 지원 결정의 변경 또는 취소신청서	회파법636⑥	
중지된 절차의 취소신청서(국제도산)	회파법636	2,000원
소송허가신청서	증권관련집단소송법7	1,000원
대표당사자 선임신청서	증권관련집단소송법10	-
심리할 법원지정신청서	증권관련집단소송법14, 규칙9	1,000원
제외신고서	증권관련집단소송법18, 27	-
대표당사자 허가신청서	증권관련집단소송법21, 규칙16	-
대표당사자 소송수행 금지신청서	증권관련집단소송법22	1,000원
소송대리인 선임허가신청서	증권관련집단소송법26, 규칙18	-
총원범위 변경신청서	증권관련집단소송법27, 규칙19	1,000원
소취하·청구포기·화해 허가신청서	증권관련집단소송법35, 규칙22	-
상소취하·상소권포기허가신청서	증권관련집단소송법38, 35	-
분배관리인선임·변경신청서	증권관련집단소송법41	-
분배계획안 인가전비용지급 허가신청서	증권관련집단소송법44, 규칙35	-
변호사보수 감액신청서	증권관련집단소송법44	1,000원
분배계획 변경신청서	증권관련집단소송법48	1,000원
권리확인신청서	증권관련집단소송법50	1,000원
소송허가신청서	소비자기본법73①	1,000원
공동소송참가허가신청서	소비자단체소송규칙13①	1,000원

찾아보기

ㄱ

간접강제 25
감치결정 135
강력사용권 28
강제경매 159
강제집행 21
개별경매 225
경매신청 162
경매신청대리인 164
경매예납금 165, 174
공과금 286
공동입찰 223
공매 160
공유관계부인의 소 424
공유자우선매수신고 422
공유자의 우선매수신고 219
공탁사유신고서 364
과잉매각 246
국유재산 160
권리신고 및 배당요구 196
기간입찰 229

기간입찰표 230

ㄴ

날짜계산 374

ㄷ

당해세 285
대금지급기한 163, 255
대리입찰 222
대물변제증서 123
대법원홈페이지 203
대위상속등기 165
대체집행 25, 31

ㅁ

매각결정기일 163, 238
매각기일 162
매각기일의 변경 210
매각기일의 종결 219
매각명령 428
매각물건명세서 201

매각불허가결정 244
매각조건 206
매각허부결정에 대한 이의 182
매득금지급요구서 423
미등기부동산 45
민사접수서류에 붙일 인지액 457
민사집행 22

ㅂ

배당금교부 297
배당금압류 347
배당액의 공탁 303
배당요구종기일 162
배당이의의 소 294, 307
배당절차 433
배당표에 대한 이의 291
배당표의 확정 290
법정매각조건 207
변제증서 189, 190, 191
보증보험증권 215
본압류전이 333

ㅅ

사건별 부호문자 447
상계신청 262
상호저축은행중앙회 332
새매각 226
소송대리인 30
송달료기준표 445
송달증명 58
수소법원 30
수탁재산 160

ㅇ

압류물점검신청 416
압류액 제한허가 325
압류할 채권의 표시례 339
야간특별송달 282
양도명령 428
예금계좌 압류 342
유입자산 160
유체동산에 대한 강제집행 405
이중경매 42, 178
이중압류(중복압류) 432
이해관계인 199
인도명령 276
인수주의 207
일괄경매 226
임금채권 286
임대아파트 220
임의경매 160
임의경매취소방법 185
입찰보증금 214
입찰표 212
잉여주의 207

ㅈ

자산관리공사 160
재매각 267
재산명시 127
재산명시기일 131
재산목록 132
재산조회 138
재항고 250
전국법원 관할구역표 448
전국은행연합회 151
전부명령신청 370
전부명령신청취지 385
제3자이의의소 101

제3채무자의 공탁 356
주택담보대출비율(LTV) 258
즉시항고 83, 187, 209
직접강제 25
진술최고신청 352
집행개시요건 113
집행관 26
집행권원 39
집행권원의 반환 368
집행기관 26
집행당사자 37
집행문 41
집행문부여거부처분이의 63
집행문부여에 대한 이의 70
집행문부여에 대한 이의의 소 71
집행문부여의소 64
집행법원 29
집행비용 104
집행비용액확정결정 107
집행에 관한 이의 75
집행장애 120
집행조서 418
집행취소 126

ㅊ

차순위매수신고인 219, 222
채권계산서 166, 194
채무면제증서 123
채무불이행자명부 147
채무인수신청 260
청구이의의소 86
총부채상환비율(DTI) 258
추심명령 323
추심명령 신청취지 338
추심신고 366
추완항고 248
취하간주 316

ㅌ

통정허위표시 309
특별매각조건 208
특별항고 126

ㅍ

피압류채권 320

ㅎ

확정증명 60
환산보증금 287, 288
회생채권자표 39

이 병 일

법무법인 天佑 등 변호사 사무장 경력 10년
한국외대 법학과 졸업
한국외대 일반대학원 행정법 석·박사졸업
전국부동산중개업협회 사전교육 강사
나홀로닷컴 콘텐츠팀장
토요링컨센타(링컨로펌) 상담위원
한국소비자보호원 직무교육 강사
법무사 2차 시험(넥서스) 강사
법무행정실무협회 교수
호원대학교 법경찰학부 겸임교수
후즈후코리아:『21C한국의인물』인명사전에 등재
법무법인 誠佑 사무국장
중앙법률사무교육원 교수
현, 지식경제부공무원교육원 강사(국가소송수행자전문교육)
현, 법무법인 링컨로펌 사무국장

[2판] 이병일의 나홀로 하는 민사집행

2024年 12月 11日 初1版 印刷
2025年 1月 10日 初1版 發行

著　者　　이 병 일
發行人　　김 정 원
發行處　　도서출판 유로
　　　　　서울특별시 강북구 도봉구34길 62
　　　　　電話 948-5824 팩스 959-9994
　　　　　登錄 2006. 9. 14. 제310-2006-00022호

破本은 바꿔드립니다. 本書의 無斷複製行爲를 禁합니다.

定　價　43,000원

ISBN 978-89-93796-61-2 14360
ISBN 978-89-93796-34-6 (세트)